[MIRROR]
理想国译丛
imaginist

073

想象另一种可能

理
想
国

imaginist

理想国译丛序

“如果没有翻译，”批评家乔治·斯坦纳（George Steiner）曾写道，“我们无异于住在彼此沉默、言语不通的省份。”而作家安东尼·伯吉斯（Anthony Burgess）回应说：“翻译不仅仅是言词之事，它让整个文化变得可以理解。”

这两句话或许比任何复杂的阐述都更清晰地定义了理想国译丛的初衷。

自从严复与林琴南缔造中国近代翻译传统以来，译介就被两种趋势支配。

它是开放的，中国必须向外部学习；它又有某种封闭性，被一种强烈的功利主义所影响。严复期望赫伯特·斯宾塞、孟德斯鸠的思想能帮助中国获得富强之道，林琴南则希望茶花女的故事能改变国人的情感世界。他人的思想与故事，必须以我们期待的视角来呈现。

在很大程度上，这套译丛仍延续着这个传统。此刻的中国与一个世纪前不同，但她仍面临诸多崭新的挑战。我们迫切需要他人的经验来帮助我们应对难题，保持思想的开放性是面对复杂与高速变化的时代的唯一方案。但更重要的是，我们希望保持一种非功利的兴趣：对世界的丰富性、复杂性本身充满兴趣，真诚地渴望理解他人的经验。

理想国译丛主编

梁文道　刘瑜　熊培云　许知远

[加] 丽贝卡·克利福德 著　　张露露 译

他们也是幸存者：纳粹大屠杀亲历儿童的人生与记忆

REBECCA CLIFFORD

SURVIVORS:
CHILDREN'S LIVES AFTER THE HOLOCAUST

上海三联书店

著作权合同登记图字：09-2025-0373

图书在版编目（CIP）数据

他们也是幸存者：纳粹大屠杀亲历儿童的人生与记忆 /（加）丽贝卡·克利福德著；张露露译.--上海：上海三联书店，2025.9. -- ISBN 978-7-5426-8994-8

Ⅰ.K152

中国国家版本馆CIP数据核字第2025FC8548号

他们也是幸存者：纳粹大屠杀亲历儿童的人生与记忆

[加] 丽贝卡·克利福德 著；张露露 译

责任编辑 / 苗苏以
特约编辑 / EG
装帧设计 / 陆智昌
内文制作 / EG
责任校对 / 王凌霄
责任印制 / 姚　军

出版发行 / 上海三联书店
（200041）中国上海市静安区威海路755号30楼
邮　　箱 / sdxsanlian@sina.com
联系电话 / 编辑部：021-22895517
发行部：021-22895559
印　　刷 / 山东临沂新华印刷物流集团有限责任公司

版　　次 / 2025 年 9 月第 1 版
印　　次 / 2025 年 9 月第 1 次印刷
开　　本 / 965mm × 635mm　1/32
字　　数 / 378 千字
印　　张 / 22.5
书　　号 / ISBN　978-7-5426-8994-8/K·847
定　　价 / 98.00 元

如发现印装质量问题，影响阅读，请与印刷厂联系：0539-2925659

献给我的母亲茱莉亚（Julia，1944 年生于布达佩斯），

以及我的孩子麦克斯和艾蒂

（Max and Addie，和平年代生于斯旺西）

目　录

关于名字

对纳粹大屠杀的幸存儿童来说，名字是个令他们困扰的事情。当他们藏匿起来，或者被送到犹太人隔离区、拘留营、集中营时，很多幼童失去了自己的本名。出于保护的目的，他们中的一些人被取了非犹太的化名，后来很多年可能都沿用该化名，直至本名在意识中完全模糊。有些在战后很快被收养，用上了收养家庭的姓氏，直到成年可能才知道自己出生时另有姓名。儿童如果在战争结束时对不上本名，就很难再找到自己幸存的父母、兄弟姐妹或别的亲人。

本书中考察的人物比大多数人都更强烈地懂得名字的力量，它象征着人的身份和对自己人生故事的所有权。我在研究过程中采访了很多幸存儿童，也听了别的研究者做的几十场采访；除一人外，所有幸存者都更愿意用真名而非化名讲述自己的故事。我能理解这种冲动：你已经失去了自己的家、父母和亲戚，许多年里苦苦追寻自己是谁、从何处来这些最基本的细节。如果到最后，你在自己的人生故事中还要失去名字，这实在太难以承受了。

在本书的研究过程中，我结合了口述史采访和档案记录。我一

般从档案开始，从中找到一些名字，据此去追溯幸存儿童成年后的
生活。我会利用他们在已有口述史项目中的访谈内容，或是寻找他
xvi 们的下落，亲自去采访。但是，很多档案要求查阅的研究者隐去幸
存儿童的名字才能使用材料。这让我处于一个伦理困境：我可以采
访这些幸存者，或使用他们此前接受过的采访，但必须隐去他们的
名字。我只能从他们的故事里剥离其真实身份。

和档案馆员商讨后，我在本书里折中了一下：使用幸存儿童的真实名字和姓的首字母。这个折中并不完美，但这能让我既符合档案的使用要求，又确保这些故事的主人公不失去他们身份中最根本的一部分。那一代欧洲犹太儿童的名字十分多样，打上了欧洲大陆每个国家和文化的印记，为了保有这种多样性，我使用了他们在档案中的儿时名字，而非后来英语化的或改成其他语言特别是希伯来语的名字，亦非婚后姓名。这也意味着本书里有几位人物用了收养家庭给的名字，因为那就是他们在早期档案中所用的姓名。

我只在很少情况下使用了化名：当我使用了档案，但没有后续采访时（因为我无法找到该幸存者，或此人已经过世）；档案明确要求完全匿名；或者就是唯一那位受访者要求我不要使用她的真名。除此之外，我尽全力保全了这份最宝贵的财富。

引言

1946年夏，在7岁的丽琪·S（Litzi S）和别的纳粹大屠杀幸存儿童同住的照护之家里，有一个男人来找她。丽琪是从泰雷津（Theresienstadt，Terezín）的隔都营幸存的儿童，被解放后来到了英国。男人表示自己是她的父亲，和他一起的女人是她母亲。在那时，这听起来很有可能：在位于萨里（Surrey）的这座宁静小村的照护之家里，工作人员和孩子们自己都不知道孩子父母的遭遇。红十字会的国际寻人服务局（International Tracing Service）等机构在欧洲大陆及其他地区搜寻失踪人口，但进展缓慢，等待亲人信息的人长期面临着不确定的状态，心情焦灼。战后一年，照护之家的孩子们一直在等待，而丽琪的家人是第一个活着出现的。对丽琪和她的小伙伴来说，那一定像是个奇迹。

丽琪和来找她的家庭走了，从此过上了正常的童年生活——至少从表面上如此。她和家人团聚前的生活渐被淡忘，成为过去。有时候，她会被一些她无法解释的记忆困扰，比如粗糙的木制上下床和全是孩子的大房间。但父母不理睬她的问题，没多久她也就不再问了。18 岁时，有一次和家人争吵，她对着那个 11 年前来找她的男人怒吼道："我真希望你不是我爸爸！"男人答道："我不是。"
2 事实上，他是丽琪父亲的兄弟。和很多战后照顾幸存儿童的人一样，他认为最好隐瞒丽琪父母被杀的事，而不是冒着风险说出真相。[1]

与此同时，在同一所照护之家里，另一名泰雷津隔都营的幸存儿童、11 岁的米娜 · R（Mina R，化名）让工作人员感到棘手。米娜的行为令人费解：她语言生硬，情感似乎也不自然。据工作人员记载，她脸上总是凝固着假笑，让他们担忧。一天，米娜突然告诉工作人员，她在战争中曾亲眼看着自己的母亲被枪打穿了头。照护之家的主管爱丽丝 · 戈德伯格（Alice Goldberger）认为，讲述战时记忆能对孩子们有治疗作用，因此她鼓励米娜倾吐痛苦的回忆。据她记述，在这次戏剧性的、突如其来的吐露之后，米娜的行为有了改善，看来讲述确有疗愈作用。但六年后，米娜的母亲突然活着出现，根本没有被子弹打穿头，收容所的工作人员都目瞪口呆。[2]

丽琪和米娜的故事证明，战后早期，纳粹大屠杀的幸存儿童身处一个奇怪的世界，在其中，表面的真相可能瞬间就被惊人地颠覆。人们以为有些父母还活着，结果已经死了，就像丽琪那样最终惊讶地得知所谓的"父亲"只是她的叔伯；人们以为有些父母已经过世，结果却像米娜的母亲那样活着，虽然这种例子更罕见。人们往往不知道真相，但也很有可能是故意瞒着孩子。有些大人会倾听孩子们的不安记忆和问题，但更多时候大人们会选择转移孩子们对过去的好奇。

在那时，没有人认为这些孩子是"大屠杀幸存儿童"，他们被称为"无人陪伴儿童""犹太战争孤儿""被战争伤害的儿童"等等。更多情况下，人们干脆说他们是幸运儿：别人死了，他们却活了下来。人们说，他们应该感到幸运，因为他们还活着，年纪够轻，适应能
3 力也还强，能够卸下不堪记忆的包袱；也因为他们是战后重建的对

象，而非重建的主体——毕竟后者要从物质上、经济上、心理上重建被毁掉的家庭和社群，这些事情既辛劳，又常常令人泄气。这样的说法实在太沉重了。告诉一个孩子她能活下来很幸运，叫她放下过去关注未来，就是要否认她试图理解自身历史的努力。幸存儿童长大后，他们中的很多人都开始质疑这种陈词滥调，开始向亲生父母、寄养父母、亲戚及照护工作者提出关于他们早年生活的尖锐问题："我真名叫什么？""我到底从哪里来？""为什么不给我讲讲我妈妈的事？""你为什么没有我婴儿时期的照片？"这些问题很可能让个人及整个家庭陷入与过去的艰难冲突。

本书试图揭露大屠杀幸存幼童的战后生活，他们此前被学者们忽略了。[3] 本书聚焦生于 1935—1944 年的人群，他们在 1945 年解放时最多只有 10 岁。除了最年长的人群外，这群儿童是大屠杀期间所有年龄层里生存机会最小的。但并非（或说不只是）这一点让他们的故事吸引人。他们的经历有助于我们理解一个影响深远的问题：我们要是不知自己的来处，又该如何理解自己的人生？由于这些幸存儿童的战前记忆并不清晰甚至根本没有，往往又没有活着的成年人能够或愿意为他们早年生活填补关键细节，他们常常要花费数十年努力拼凑他们的出身故事。这看起来简单，却是一个人的自述活动最关键的部分，对自我身份至关重要。如果你无法讲述自己家庭、家乡的故事或是自己的成长经历，该如何理解你的童年及其影响？要做些什么才能解释自己是谁？我们大多数人都理所当然地认为我们多少可以理解自己童年的一些记忆，很少会静下心来想一想这是一种特权。本书的核心，就是探讨当我们没有这种特权，当我们迫于条件，只能从破碎片段中编织自己的故事时，长大、变老
究竟意味着什么。这是一本关于大屠杀的书，但本质上更是一本关 4
于经历了混乱的童年后如何劫后余生的书。

根本上，这本书关乎的是记忆，尤其是早期记忆及其在人成长

过程中的作用。当被问及最早的记忆时，大多数人总是会高兴地讲述。我最早的记忆是关于叠衣服。我想记忆中的事情大概是发生在我 3 岁的时候，因为我能记得当时我站在屋里的家具旁边有多矮小。记忆里，我身处我们在安大略省金斯顿市的客厅，我们叫“电视屋”的房间里。我面前是一个塑料洗衣篮，放在我父亲打的木箱子上。篮子里有件桃色的套头毛衣。我伸手要把它拉出来，因为我认出那是奶奶送我的礼物。刚从烘干机里拿出来的衣服还很暖和，我摸到毛衣时，一股惬意的热流传到我手心。我一拽它，神奇的事发生了：明亮的火花在空气中飞舞起来。刚烘干的毛衣还带着静电，加拿大仲冬的干燥空气让它噼啪作响，火花就在我指尖跳跃。这段记忆一直印在我心里，我想大概是因为那一刻既让我惊讶，又有动人心魄的美丽。

但我怎么就能理解这段记忆呢？我怎么知道那个箱子是我爸爸打的，毛衣是奶奶织的？我怎么知道我是在电视屋里，也就是自己家里？我又怎么知道，我独自待着，愉快地探索，而我妈妈其实就在附近？这是因为，和所有的记忆一样，这段记忆也是一种社会建构，我周围的成年人帮我理解了我的经历。是他们告诉我谁打的箱子、谁织的毛衣，为何冬天的干燥空气会打火花。不仅这段记忆如此，我所有的早期记忆都如此，你们的也是如此。我们绝大多数人之所以能把自己的故事从头讲到当下，是因为别人帮助我们建立了叙事。我们的父母、家庭和社群是我们生活的集体和社会背景，是他们提供了我们无法记住或解释的细节，帮我们给心里保存的记忆提供了上下文，没有这些，我们就很难做解释。

5 大屠杀幸存儿童的人生故事之所以吸引人，部分原因是他们的社会背景已经被撕成碎片：通常父母、亲属、社群能发挥关键作用，但在他们这里却行不通。没了这些，幸存儿童只有无法解释的记忆和千疮百孔的早年人生故事。随着不断长大，他们必须为自己把所有事情拼凑起来。他们搜寻档案、照片和流散四处的在世亲人，所有这些都是为了回答一个最根本的问题：我是谁?

本书跟随一群大屠杀幸存幼童，讲述他们从战争废墟中劫后余生，经历童年后期和青春期长成大人，步入婚姻，直至自己成为父母并最终老去的故事，勾勒 70 年里他们与自己的过去不断变化的关系。本书也研究他们如何与成年人、幸存的父母和亲戚、收留家庭（host family）和寄养家庭（foster family）的父母、人道援助工作者、精神健康从业人员等互动。这些人努力为他们打造人生的参量，观察、照顾、养育他们，但有时也忽视、欺骗甚至抛弃他们。本书还探讨幸存儿童的童年经历对其身份的短期和长期影响，试图挑战我们关于儿童的主体性、创伤的本质，以及自我与记忆之关系的基本假定。

谁是大屠杀的幸存儿童? 研究他们的人生，我们需要接受一个事实：他们的很多事我们永远无从得知。首先，我们永远无法精确知道有多少犹太儿童从二战中存活了下来。美犹联合救济委员会*在战后早期做出估计：战前 150 万欧洲犹太儿童中，只有 15 万人活了下来。[4] 历史学家们如今基本还在沿用这个数字，但这涉及很多复杂情况，带来很多问题。[5] 这些问题对我们研究二战时期和战后 6
的儿童有广泛的影响：哪些儿童能被美犹联救会等援助组织知晓? 哪些儿童可以算作犹太人? 哪些儿童可以算作幸存者? 哪些，能算作儿童?

美犹联救会的估计基于的是战后在援助机构待过的儿童的数量；但如果要计算战后从未接受过任何援助的儿童数量，就会很困

* 美犹联合救济委员会（American Jewish Joint Distribution Committee，JDC）是成立于 1914 年的犹太人援助机构，总部设在美国纽约市。（本书脚注若无特别说明，均为译者注）

难，近乎不可能。被幸存的父母、亲人或寄养家庭照顾的儿童就不会被援助机构注意，而这样的儿童或有成千上万。[6]我们也可以思考这些战后数据如何反映了纳粹对犹太人和非犹太人的定义：比如我们不知道这个数字是否包括父母一方为非犹太人的儿童，如果他们在战后与犹太人组织和社群联系很少的话，就更不易被发现。我们也需要思考在援助机构乃至后来的历史学家眼里，哪些儿童算作“幸存者”。1946 年起，身在苏联的大量幸存犹太人纷纷涌入德国、奥地利、意大利的战后难民营（难民当时叫“流离失所者”，displaced person，简写为 DP）。美犹联救会记载道，他们最初的估计没有纳入身在苏联的 3 万战争幸存儿童。修订后的数字达 18 万，却从未被历史学家采用，这也表明，传统上这些儿童未被历史学家群体视为“幸存者”。[7]最后，我们还要问，“儿童”在这种情况下是如何定义的。美犹联救会、联合国善后救济总署（联总）*和其他相关援助机构并未就儿童的年龄上限达成共识，但大多数划定为 17 或 18 岁。战后的这些估计，再加上援助机构在募捐资料上常用的婴幼儿图片，共同掩盖了一个事实，即大多数幸存儿童其实是青少年（和今日的儿童难民一样）。[8]出于以上原因，我们应该记住，
7 关于战后幸存儿童的数字掩盖了儿童年龄范围、幸存的性质等一系列更大的问题。因此我们也应该接受，在人口群体意义上，幸存儿童的很多问题我们将永远无法知晓。

不过，在数字之外，幸存儿童显然是整整一代欧洲犹太人的孑遗，因此他们在战后早期就成了成年人照顾和忧心的重点。但讽刺的是，直到最近他们才作为一个群体获得历史学家的注意。广泛而

---

* 联合国善后救济总署（United Nations Relief and Rehabilitation Administration，UNRRA）是 1943 年由 44 个国家的代表在美国成立的旨在援助救济的国际组织。其名称中的“联合国”并非指当今的联合国，而是二战期间的同盟国。该组织的部分功能在二战后转移至现今联合国的相关机构。该组织于 1948 年解散。

言，儿童及其经历在传统上一直处于历史研究的边缘，如今在许多方面依然如此。研究儿童的历史学家倾向于关注童年的建构，而非儿童本身。这些历史学家研究过去的成年人如何看待儿童，而非儿童如何看待自身和世界，也不把儿童作为成人行为的重要见证者。研究战争和冲突的历史学家尤其如此。在 20 世纪的战争中，儿童前所未有地成为暴力的目标，但战争研究却极少涉及他们。我们对冲突的理解很少包括儿童，往往只是把他们当作广大受害群体的一部分，很难超越他们的受害者身份去看问题。但事实上，即使非常年幼的儿童，在战争史上也是行动者和行为主体。二战期间落入纳粹种族大屠杀政策之网的犹太儿童当然非常脆弱，但如果只把他们看作受害者，我们就会错过一个事实，即他们也能用巧计逃跑、参与谈判、操控他人，甚至成为暴力报复的行凶者。二战后，他们在发现自己成了大规模人道运动的对象、作为欧洲的“无成人陪伴儿童”被收容照护和遣送回国时，也能够并确实采取了行动，阻碍、颠覆、拒绝成年人为他们的未来做出的好心安排。他们在战后开辟了自己的道路。因此，如果只把他们看作受害者，就是对他们极大的不公。

历史学家研究战后帮助幸存儿童的成年人，可能比研究幸存儿童本身更为轻松。近年来有一波作品探讨这些成年人的关切和愿景，包括塔拉·扎赫拉（Tara Zahra）的《失落的儿童》（*The Lost Chil-* 8
dren）和丹妮拉·多伦（Daniella Doron）的《战后法国的犹太青少年及其身份》（*Jewish Youth and Identity in Postwar France*）。成年人对儿童的担心和希望当然是引人入胜的历史学话题，但我们必须抵制诱惑，不能将其看作观察儿童自身的窗口，因为儿童是有自身目标的独立个体。我们都做过儿童，因此都深知，拥有权威的成人，其愿望和几无权威的儿童有时会大相径庭。本书认为，儿童不单是权力的接受方：虽然成人往往把儿童看作客体，但其实儿童是主体。我们对儿童与其家人或其他照护者、与各种机构形成的关系网的探

究，以及对这些机构和公民社会之间关系的探究，都表明我们需要寻找新的路径，将儿童史纳入我们对过去的理解。[9]

儿童可以如何坚持自己的主体地位呢？一个简单方法是找成年人探问自己的过去，但这种方法容易碰到问题。无论是幸存的家人还是援助机构的工作人员，成年照护者对于战时到战后早期那段漫长又动荡的煎熬时期往往也知之甚少。就如丽琪和米娜的故事所揭示的，在那段时期，很难知道到底谁活着、谁过世了；况且很多成年人即使知道这些信息，也不想透露给儿童，给他们徒增负担。对于让儿童讲述战时经历到底有益还是有害，照护者们也意见不一；但即使照护者鼓励儿童讲述切近的过去，他们预想的目标也是帮助孩子们放下伤痛、继续前进。这种情况下，成人假定了儿童心理可塑性强、容易复原。1945 年 8 月，一位法国记者在评论贝尔根–贝尔森（Bergen-Belsen）集中营的幸存儿童时如是说："幸好这个年龄的记忆不深，生存的需要却很强烈。他们是不是只是觉得自己经历了一场模模糊糊的噩梦，而对这场噩梦的记忆已经开始消失？"成年人坚持认为儿童很快就会忘记，还认为忘却对孩子们好，因此
9 很多儿童只得压制好奇，避而不问刚刚过去的战时经历。当然有一些环境下可以公开讨论战争经历，但能对孩子的战争经历从道义上给予任何成人同等待遇的环境实属罕见。

人们认为儿童能够也一定会忘记过去、着眼未来，认为儿童是"幸运的"，幸运到足以抹去记忆，此类假定持续了很长时间方始消退；最后挑战它的是幸存儿童自己，但那也花费了数十年之久。菲丽丝 · Z（Felice Z）的故事可以让我们一窥端倪。1983 年，菲丽丝刚开始了解自己的身份。前一年，她 42 岁时，才确认自己的父母已在奥斯维辛罹难。当年，他们全家人被从德国巴登地区（Baden）的小镇瓦尔迪恩（Walldürn）遣送到法国南部居尔（Gurs）的拘留营，包括她的父亲大卫（David）、母亲莉迪亚（Lydia）、她年仅 3

岁的姐姐贝亚特（Beate）以及1岁的她。她和姐姐得红十字会营救，没被关进拘留营，而是藏身于法国天主教家庭，直至解放。她的父母则被遣送，惨遭杀害。[10]从20多岁起，菲丽丝就在努力寻找自己的早年生活及父母是死是活的细节，但总有缺漏。1983年4月，美国华盛顿特区举行第一届美国犹太大屠杀幸存者集会（American Gathering of Jewish Holocaust Survivors），这是当时最大的大屠杀幸存者集会，她鼓起勇气去参会。她想认识和她有类似故事的人，但又不知自己的故事如何融入更宏大的“大屠杀幸存”语境。她还得勇敢面对年长幸存者的责难，他们对她说：“那时你还是个孩子，你懂个什么？你什么都不记得。”菲丽丝在集会上接受了一个志愿者的简单采访，并被记录下来。她当时的心情沮丧到了极点：

> 人们不理解我，我也无从说起。我感到格格不入，我没被送进集中营，没有那样受难。没有任何证据。[……]我感到我不是一个幸存者，但我又想：我就是幸存者，只是以我自己的方式。我父母死了，整个家都不在了，除了我和姐姐，所有人都死了。[11]

大约同一时期，大洋彼岸的丹尼·M（Denny M）也在经历同 10
样沮丧的事情。他想加入英国大屠杀幸存者的早期互助小组，却得不到年长幸存者信任，甚至还遭到敌视。丹尼生于1940年11月，还是婴儿时就被送到了泰雷津，对自己被杀的父母毫无印象。战争结束来到英国时，他还不满5岁。他知道自己在泰雷津的经历和奥斯维辛或布痕瓦尔德（Buchenwald）集中营的成年人不一样，但当他发现自己的经历在幸存者互助小组里被严重贬低时仍感震惊：年长的幸存者表示他实际上在“巴特林度假村*似的地方”度过了战争

* 巴特林度假村（Butlin's holiday camp）是英国一家著名连锁度假企业，20世纪30年代成立。

岁月。他和菲丽丝，以及无数幸存儿童一次又一次地碰到同样的障壁：年长的战争亲历者，包括很多年长的幸存者，都不愿意把儿童的经历“看作”幸存。[12]

菲丽丝和丹尼的故事也让我们进一步看到为何大屠杀幸存儿童的历史长期被边缘化。他们与年长的幸存者关系糟糕，又感到格格不入，这都凸显出围绕着“幸存者”这一概念的“记忆排外性”。我们如今对大屠杀幸存、对谁可自称幸存者定义广泛，但之前这一定义狭窄得多。战后数十年里，“幸存者”主要指从集中营生还的人，这就将大多数幸存儿童乃至很多成人排除在外。集中营幸存者这一形象有文化影响力，又得到舆论加持，而且集中营幸存者自己也严守这一定义，不愿让他们眼中受难较少的人淡化“幸存”概念的力量。

幸存儿童不仅要回击来自年长幸存者的外部批评，他们自己内心也有一种声音，质疑自己不是真正的幸存者，而是幸运儿，质疑自己的战争经历没有集中营幸存者那么货真价实。妮可·D（Nicole
11 D）1991 年组织了第一场针对大屠杀时期被藏匿的幸存儿童的国际大会。她观察到：“受难的等级坚不可摧。”[13] 直至近年，幸存儿童才担起此前不久还专属于年长幸存者的部分角色。他们和学生交流，在大屠杀博物馆和展览中做志愿者，在大屠杀纪念日发表演讲。二战结束后 75 年，他们终于被承认为幸存者，而且这一转变背后的原因很明显：他们已是仅存的幸存者。

这些幸存幼童的故事跨越国界。战争结束时，他们可能身处欧洲的任何一个国家；有些在战时设法逃跑，流落到欧洲大陆之外；还有些在战争期间至少一段时间内在不同国家间逃亡。战争结束时，很多人开始了全球流散，离开欧洲大陆到了英语世界、巴勒斯坦或别的地方。他们的集体故事无法从单个区域或国家的视角讲述完整。因此，在本书中，为了捕捉这种几乎难以应对的多样性经历，我先是研究了上百名儿童的故事，然后制定了一些较为宽松的标准来缩小我的选择。首先，本书的核心关切是一个人如果无法讲述自己的早年故事，该如何理解自己的人生。因此，我选择了1945年时年龄不超过10岁的幸存者：我想寻找的是战时在欧洲生活，但不一定对相关经历有清晰记忆的儿童。[14] 其次，鉴于本书试图探索人们在数十年里的不同阶段如何回忆、理解自己的童年，我倾向于选择那些我既能通过档案资料，又能通过后续口述证词重构其故事的人。当我在档案中发现一个儿童的名字时，我会去寻找他们是否在后来接受过采访讲述自己的经历，同时我自己也会去采访。这样，我就可以探究在不同的历史时期和生命阶段，过去对不同个人的不同意 12
义，我也可以考量短期选择带来的长期后果，这是单凭档案难以做到的。最后，我更倾向于选择战后离开了欧陆的幸存儿童（多数如此）的故事。我对人随着时间推移会如何理解自己的童年最感兴趣，而我假定的出发点是，如果儿童不仅失去了家庭和社群，还失去了语言和文化，那么他们理解童年的过程就会更加复杂。战争和移民带来的双重错位带来扣人心弦、跨越国界的集体故事：生于安特卫普（Antwerp）、里加（Riga）、萨洛尼卡（Salonika，Thessaloníki）的孩子，最后到了东伦敦（East London）、西雅图（Seattle）或温尼伯（Winnipeg）；但即使他们出身的社群和后来生活的地方存在巨大的时空差距，即使他们出生和最终落脚的地方文化各异，他们的故事也出乎意料地拥有一些意义丰富又影响深远的共同元素。

为了讲述这些故事，本书利用了源自十几个国家的大批档案资料，包括照护机构的文件和记录、赔偿请求、精神科报告、信件、照片和未出版的回忆录。这些关于幸存儿童的资料带领着我们跨越全球。但尽管数量可观，这些资料里很少能听到幸存儿童自己的声音。关于这些孩子的战后资料几乎都由成年人制作，我们很难知道孩子们自己当时的想法和感受。我在搜寻档案的过程中，有时会碰到幸存儿童在战后书写的信件、短文和诗歌，他们的画作也零星可见；但大多数时候，档案保存的都是被认为重要的文件，而儿童的作品很少被评估为重要。即使年幼的幸存儿童留下了档案，我们也得怀疑这些档案能在多大程度上反映他们自己的情绪和想法。儿童写什么、画什么，往往是被人要求的，他们也愿意选择令照顾他们的成年人高兴的主题。因此，从出现在档案中的那些珍稀信件和画作中梳理出意义颇具挑战，但这样的尝试也令人兴奋。[15]

13 即使是最有说服力的档案也不足以追踪儿童长大成人的过程，进而探究遭遇重大变故的童年的长期后果。因此，本书也利用了幸存儿童长大后的采访资料，这些采访从 20 世纪 70 年代后五年（一系列开拓性的大屠杀主题口述史项目纷纷启动之时）开始直至今日，让我们可以对那些单凭档案绝无可能了解的经历一窥究竟。丽琪 · S 的故事就是一个颇有意思的例子。她所在的照护之家的档案按常规记录道，丽琪“离开我们，现在和她的叔叔婶婶住在伦敦”。[16] 如果没有她后来的访谈，我们就永远不会知道很多年里她一直以为叔叔婶婶是她的亲生父母，更无法分析这种经历的影响。

当然，口述史也让我们得以窥见，幸存儿童长大之后，经过漫长的反思和考量，从成人视角如何看待过去。比起儿童在当时的想法和感受，它更多是关于儿时经历的影响和后果，关于人如何从童年经历中找寻意义并让过去成为现在身份的一部分。如心理学家所言，儿童的利益和目标罕与大人一致。我们回忆童年的自己时，会把长大成人后认为重要、有意义的东西投射到自己的叙事之中，于是就改变了故事本身。[17] 因此，对幸存儿童的采访不仅让我们了解他们的童年，也让我们看到他们理解自己童年的过程。

本书将遭受战乱的童年的故事置于人生弧光之中，由此我们看到，随着时间流逝，很多人逐渐回归了普通生活，令人欣喜。但我们要谨防把“普通”等同于“容易了解”。本书每一章探索的问题

和结论，都让我这个20年来一直致力于思考、阅读、写作大屠杀
主题的历史学家感到意外乃至震惊。儿童和成人所做的选择，他们
对对方的单方面看法以及双方的关系，颠覆了我对大屠杀之后家庭
和社群的所有理解。幸存儿童的生平故事揭示出童年回忆对人生持
久又不可预测的影响，让我重新认真思考我对记忆本质的理解。所 14
有这些意想不到的元素起了一个重要作用，即让我们发现在任何意
义上，我们对大屠杀及其后果的理解都还远远不够。进而言之，对
于人类在漫长的一生中如何与被撕裂的童年共存，又如何对抗、否
认、掩盖、理解这样的童年，我们的了解依然非常有限。

第一章

另一场战争开始了

1940 年 6 月，齐拉·C（Zilla C）出生于德国曼海姆（Mannheim）。6 个月大时，她与父母、当时两三岁的哥哥埃里克（Eric），以及德国南部的巴登、普法尔茨（Palatinate）的其他大多数犹太人一道被遣送至位于法国南部居尔（Gurs）的拘留营。她在拘留营里度过了 1 岁生日。她的父母后来被送去了法国里沃萨尔特（Rivesaltes）的中转营，继而转至奥斯维辛，但她和哥哥在居尔被儿童救助会（Oeuvre de Secours aux Enfants，OSE）营救——据估计，该援助组织解救了约 5000 名被困维希法国 * 的犹太儿童。[1] 齐拉被带到儿救会在利摩日（Limoges）的一间婴儿照护机构"婴儿之家"（Pouponnière）。1942 年 11 月，法国未被占领区也落入纳粹控制，儿救会被迫关闭，齐拉被偷运到乡下，与一名 18 岁的法国女孩藏在一起。战争接近尾声时，她又被转移给安德尔省（Indre）乌尔什（Oulches）

---

* 维希法国（Vichy France）即二战期间贝当政府治下的法国政权，以其事实首都，南法小城维希为名。起初由于与纳粹德国的"停战协议"，一半领土（北部）被德军占领；1942 年 11 月，德国因担心其倒向盟军而占领其全境。存续时间为 1940—1944 年。

的阿帕尔（Apard）一家，这家人给她起了化名塞茜尔·阿帕尔（Cécile Apard），把她藏了起来。[2] 二战胜利后，儿救会又把齐拉接了回去，先安置在蒙丹丹（Montintin）的一间照护之家，1945 年 8 月又把她送往德拉韦伊（Draveil）的一户人家，在那里她与哥哥埃里克团聚，但已经不记得他了。齐拉那时才 5 岁，却已经在七个“家”里生活过：她出生的家庭，一所拘留营，两个寄养家庭，三所照护之家。战争结束了，解放来了又去，但齐拉颠沛流离的生活似乎还在继续：对人和地方的依恋不停变换，这是她唯一熟悉的生活。[3]

1987 年，当精神分析师朱迪丝·凯斯滕伯格（Judith Kesten-
16 berg）采访齐拉时，齐拉说，尽管已经 47 岁，她仍然不了解自己早年的生活。战争的结束并未给她带来一种终结的感觉，反倒让她开始试图拼凑自己的人生故事。这个过程长达数十年，但她手头只有零散的信息，几乎没有家人可以帮忙，也没有可以复苏的战前记忆。

> 朱迪丝·凯斯滕伯格：你属于哪里？
>
> 齐拉·C：你看，我哪里都不属于。我哪里都不属于。[……] 你知道，大多数不是幼儿的幸存者都有个过去。有个过去。他们的生活曾经是正常的，然后遭到可怕的破坏，再然后他们尽其所能地继续生活。他们有家庭的基础，有宗教的基础，有……他们有一定的正常状态。但你知道，我从未正常过。[……] 战争结束了，我没有任何可以回去的基础。[4]

对幸存幼童来说，欧洲大陆上的战争结束后，另一场战争就开始了。幸存的成人，甚至年纪稍大的儿童和青少年，都有战前生活的记忆和自我身份。这一身份可能难以找回，也可能在战后不得不丢掉，但总归存在过。而幸存幼童的生活和经历则与成人及处在青春期或前青春期的儿童截然不同：幸存幼童没有任何可以回忆的战前自我，没有任何可以重拾、接续或丢弃的身份。对这些幼童来说，他们不是突然堕入战争的疯狂，战争就是他们早年生活的全部。他们习惯了把特殊当作平常，而且因为没有别的生活可以对照，那些受迫害的日子倒不一定显得危险、紧张或混乱。对他们中的很多人来说，真正的震惊、迷失时刻并非战争期间，而是战后的年月。

所谓的“解放”有种黑暗的情感内核。它带来生理、经济、地理和生存上的深深不安，也迫使人开始直面无法衡量的损失。即使像齐拉·C这样四五岁的儿童都要开始重塑自己的身份，而成年人 17
能提供的帮助并不多。不管是幸存的父母、亲人还是援助机构的工作人员，这些战后照顾儿童的成人都希望“重建”幸存儿童的身份，但对于不记得早年生活的儿童来说，所谓的“协助其回归战前真我”全无意义。毕竟，幸存儿童往往是通过故意隐瞒自己的出身、犹太人身份、母语及名字才幸免于难的。新名字和新身份是他们战时童年的一部分，构成了他们对自我、归属感和日常生活的认知。战争结束彻底颠覆了这些建构。

战争期间，大人们给儿童的生存规划，以及儿童自己的规划，都着重在眼下。他们的决定体现的是他们多活一天算一天的愿望，因为长远的未来根本无法预测。到了战后，他们则不得不开始既为短期又为长期的未来做打算，但未来已然崩塌，俨然不再属于他们。幸存成人和儿童都长期脱离自己出身的社群。几乎所有的大家庭都被破坏，没有哪个犹太社群在经历屠杀后人丁无损。家庭和财产都没了，再也无法找回。成人和儿童都被迫要认识到自己的亲人不会再回来，他们要花上数年乃至数十年才能完全承认这一痛苦的事实。因此，幸存者在战后面临的抉择并不能让他们真正继续前进。他们都得考虑在物质和情感都无所凭依的情况下该如何继续生活。[5]

尽管本书着重探究的是幸存儿童的战“后”生活，但我们只有在知道他们如何度过战争后，才能理解他们的战后情感、经历和决

定。虽然面临巨大困难，儿童还是有无数方式从大屠杀中幸存下来。但在本书中，我们主要研究决定儿童战时经历的四种关键路径：靠
18 藏匿生存、逃到中立国或同盟国、在犹太人隔离区和中转营生活，以及在集中营生活。这四种情形固然大相径庭（而其间的界限系出人为：很多孩子经历过不止一种情况），但孩子们从这些情况脱身的情感历程又惊人地相似。战争结束意味着大多数幸存儿童开始面临明显的不确定。儿童过去的经历和他们理解过去的能力之间开始出现裂痕，因为人们让他们迅速丢弃战时身份，代之以“重构”的身份，他们的战争经历似乎不再能融入自己的故事。如果成年人拒绝与儿童讨论过去，鼓励他们遗忘，或者回避他们提出的问题，就会进一步撕裂他们的记忆的社会背景。我们试图探索的是如果不知道自己的来处，该如何讲述自己的人生故事；在此过程中，我们发现对很多幸存儿童来说，“解放”意味着他们的人生故事开始瓦解，而对一些儿童来说，这也是他们此后数十年重新拼凑人生故事的开端。

我们在引言中提过的菲丽丝 · Z 于 1939 年 10 月出生在德国巴登地区的小村瓦尔迪恩，和齐拉 · C 一样，她也在 1940 年 10 月与巴登及普法尔茨的其他犹太人一道被遣送至法国居尔。那时她刚度过 1 岁生日。[6] 1941 年初，一位援助工作者问菲丽丝的父母大卫和莉迪亚是否同意将菲丽丝及其姐姐贝亚特送到儿童救助会，菲丽丝就这样被带到利摩日的照护之家，齐拉也在那里。[7] 这所“婴儿之家”关闭后，菲丽丝就和姐姐分开了，被带到加斯东和朱丽叶 · 帕图夫妇（Gaston and Juliette Patoux）家里。帕图一家是农民，住在旺多佛（Vendoeuvres）附近的卡约迪埃尔村（La Caillaudière）的一所小房子里。多年后，菲丽丝回忆道：

帕图太太是位非常单纯的女士。我到他们家的时候，她可

> 能是 60 多岁。她热心、体贴，她丈夫也是如此。他们最在意的就是照顾我。可以说是她救了我的命。她总是做好准备逃跑。19 她把她的所有首饰都藏在地底下，从不穿睡袍睡觉，而总是穿着衬裙，因为她知道 [藏匿一个犹太孩子] 有多么危险。我理所当然地认为她是我的母亲，我叫她“奶奶”（mémé），那是我第一次和人产生亲密关系。我对他们变得很依恋，非常依恋。[8]

尽管和家人分离，菲丽丝还是在帕图一家安全有爱的环境里度过了战争岁月。她和亲生父母分开时年纪太小，根本不记得他们。她不知道帕图夫妇不是她的亲生父母，不知道自己是犹太人，不知道自己有个姐姐，甚至不知道自己在藏匿。她最早的记忆就是与帕图一家在战争中度日，宁静又幸福。战争结束，她的生活才变得动荡起来。

1944 年夏，同盟国在法国登陆，终结了战争，在法国藏匿着的成千上万犹太儿童不再躲藏。菲丽丝回忆起与姐姐重逢的不快经历，她已经忘记了姐姐：“我看到一个小女孩向我走来，手里拿着个梨，我不喜欢她的样子，她和我长得实在太像了。我根本不知道我有个姐姐。”姐妹的重逢不仅不愉快，反而让她们感到困惑，让她们思考自己到底属于哪里、属于谁。对菲丽丝而言，从那时开始的经历，比战时岁月让她不安得多。姐姐出现后不久，菲丽丝就和帕图一家分开了：

> 儿童救助会说我们必须离开，我不明白。他们没跟我解释。他们好像说：“你不能待在这里，因为 [帕图一家] 不是犹太人。你必须开始做犹太人。”但我弄不懂做犹太人是什么意思。我们什么也做不了，我们必须离开。太痛苦、太受伤了。战争结束了，他们却说我们必须离开。[9]

20 菲丽丝和帕图一家相处期间，监护人一直还是儿童救助会，而后者的政策是战后必须尽快把藏匿中的孩子送回犹太人环境。对菲丽丝和贝亚特来说，这就意味着被转送去儿救会在德拉韦伊的照护之家（齐拉和她哥哥埃里克也被送去了那里），后来又被送到该组织在塔韦尼（Taverny）的另一间照护之家。菲丽丝最终还是适应了这种变化，但“和 [帕图] 这对夫妇的分离对我影响特别大，过了很久我才恢复过来”。她还强调：“[战后] 两年我什么都不记得。与他们的分离实在太痛苦了。” [10]

藏匿期间，孩子们可能和父母一方或双方、和兄弟姐妹躲在一起，但在更多情况下是独自一人。[11] 他们被人从犹太人隔离区或拘留营偷运出来，或是被将要逃难的父母放在寄养家庭里。[12] 他们可能和认识的家庭待在一起，也可能和陌生人待着。有些人是收钱来藏匿这些犹太儿童，有些虽然不是为了经济收益，但可能也有别的目的，而不尽是出于纯粹的利他精神。孩子们被各种各样的人接收：单身女性（有时也有单身男性）、没有孩子的夫妇，以及各种社会阶层的家庭。他们很可能被藏在乡下的农民家中，而非城里的富裕家庭，因为在偏远的农村更有可能逃过搜捕。他们也被藏在各种机构，尤其是女修道院里。[13]

可以想见，儿童们的藏匿经历从最好到最坏不一而足。他们容易遭受身体、性、情感虐待，但更多的是感到害怕或孤独。战时寄养家庭，或是和他们一起藏匿的父母和哥哥姐姐的恐惧会影响到他们，他们牢记禁令，不得外出，要保持安静，或者待在阁楼、地下室以免于被抓。除了恐惧，很多儿童还得忍受寒冷、饥饿、与世隔绝，有时甚至是极度孤独。幼儿原本需要接触社会来发展语言和认知，但很多藏匿中的孩子只要是醒着的时候都是孤身一人。

21 但是，即使很多儿童在藏匿期间经历了物资匮乏和孤独，那段时间也相对稳定安全。这也解释了为何很多儿童认为是从战争结束的那一刻而非战争期间，他们的生活才真正出现了冲突。有些被寄养家庭照顾了好些年，形成了深厚的感情。在许多情况下，寄养家庭的主人是孩子们唯一记得的父母。但战争的结束意味着不再需要躲避纳粹及其同伙，因此也不再需要寄养家庭。有些儿童在战后继续和寄养家庭生活在一起，[14]但绝大多数都被迫离开他们熟悉的环境（有些甚至用了强力），回到幸存的父母或亲属身边，而他们可能已经不记得这些人，往往语言也不通。如果找不到能够或者愿意接收他们的亲人，他们就会被送到犹太儿童照护之家。这是一个撕裂的时刻，藏匿生活的安静日常被打乱，孩子们被推入一个充满了不确定的新世界。毛里茨 · C（Maurits C）战时躲在荷兰，他在二战结束四十年后与历史学家黛博拉 · 德沃克（Debórah Dwork）的访谈中就如此回忆道：

> 在战争中，我是个小孩，专注于日常生活。我是在战争结束后才体验到战争的影响。我的战争不是开始于 1940 年，而是 1945 年。当我知道我的父亲、母亲、兄弟们都不在了，我的战争才开始。[15]

有些犹太儿童逃到欧洲中立国（特别是瑞士，其次是西班牙、葡萄牙和瑞典）较安全的地方或者苏联的领土，人数不多，但也比较可观。战争期间，佛朗哥统治下的西班牙针对犹太难民的边境管控较为宽松，但政府拒绝发放永久居留许可，这就意味着尽管战时有超过 10 万犹太难民进入西班牙，但其中大多数被迫要马上继续 22
逃难。[16]有些接着去了葡萄牙，当地能容忍他们待更长时间。而有些援助机构，尤其是总部在美国的贵格派组织美国公谊服务委员会（American Friends Service Committee），试图将犹太儿童从维希法国救出，送到西班牙和葡萄牙，争取再从那里带到美国。但战时欧洲只有200名儿童是以此方式获救的。[17]其实西班牙和葡萄牙也较难抵达：难民通常要经由比利牛斯山进入，这就意味着只有本来已经在法国未占领地区的难民才能用此方式逃到西班牙。瑞典也有类似的问题：尽管瑞典援助挪威和丹麦犹太人的事迹闻名于世，同时也是战时唯一一个采取积极援救政策的中立国，但除了北欧的一小波犹太人群体外，别的犹太人很难到达那里。[18]1941年春夏，东方战场开启，数以万计的波兰犹太人也开始逃难，但遭遇危险和坎坷，经受了营养不良、饥饿以及肆虐的斑疹伤寒等病症。其中估计有3万犹太儿童幸存至战后，但不知有多少已然殒身。[19]

对于因逃入中立国得以幸存的儿童来说，最重要的目的地是瑞士，但瑞士并不是一个友好的避难所，其政府对援助包括儿童在内的犹太难民无甚兴趣。战争初期，瑞士政府多次否决了将犹太儿童带来瑞士的提案。瑞士红十字会儿童救助协会（Swiss Red Cross – Children's Relief）在临近的维希法国边境内开设了照护之家，那里的儿童在1942年秋季之后面临危险，协会向瑞士政府请求援助，政府也置之不理。这样的政策就意味着大多数犹太儿童是非法进入瑞士的。1939年9月至1945年5月间，有51129名犹太和非犹太平民难民未持有效签证进入瑞士，以意大利和法国来的最多。他们当中有超过1万名儿童。[20]

23 穿越边境的过程困难重重。瑞士和纳粹（或纳粹同伙）的警察把守着边境。多达24500名难民被抓住、被拒绝入境。他们往往被交给德国警方，然后关进中转营，比如巴黎附近的德朗西（Drancy），之后再被遣送到东边的奥斯维辛等集中营。非法入境要想成功，依赖很多因素。必须找到一个“摆渡人”（passeur），也就是熟悉当地情况的向导，带领难民穿越山脉。求助当地人的过程中，难民有可能遭到偷窃、恐吓，也有被抛弃的风险。同时，瑞士政府在边境建立了一片12公里宽的区域，被抓者有被移交给德国人的风险。不过，针对难民的规定也有漏洞。从 1943 年初开始，成功越境的 16 岁以下儿童可以被认定为“困难案例”（hardship cases），这意味着他们不会被遣返。因此，儿童救助会等援助组织从 1943 年春天开始将儿童从法国非法跨境送入瑞士。借助儿救会精密的逃难网络，估计有 2000 名儿童依此法门进入了瑞士。但对儿童及其救援者来说，这个过程毕竟充满危险。值得一提的是，这一救援网络主要由一群勇敢的少年和青年组成，多数是女性，她们反复冒着生命危险，带着孩子们穿越阿尔卑斯山进入瑞士。1943 年 5 月，21 岁的玛丽安·科恩（Marianne Cohn）带着一群犹太儿童，在法国阿尔卑斯山的安纳马斯（Annemasse）附近被捕，盖世太保将她关入监狱，最终用铁锹把她打死。解放后，她的遗骨才被救援网络中的友人发现。[21]

儿救会援救的儿童没有和家人一起进入瑞士，但其他儿童是和父母或其他亲属一同来的。非法入境后，这些家庭发现当地不允许他们待在一起，还要面临一连串漫长的拘留营之旅。他们会被关在警方设在边境的集散中心，直到有别的地方能暂且安置他们，然后家人就被系统性地拆散：父亲被送进劳工营，母亲往往被送入私人 24
家庭为佣，孩子们则被寄养到瑞士家庭。[22] 不仅瑞士政府鼓励父母和儿童分开，就连帮助犹太儿童难民的主要援助机构“瑞士移民儿童援助组织”（Schweizer Hilfswerk für Emigrantenkinder，SHEK）也认为孩子寄养在“正常”环境下比和父母或亲属待在拘留营、劳工营要好。[23]

塞茜尔 · H（Cecile H）就是这样的孩子。她于 1937 年 11 月出生在布鲁塞尔，父母是东欧人，20 世纪 20 年代移居比利时。塞茜尔早年在安特卫普度过。1940 年 5 月，纳粹入侵比利时，他们一家试图取道法国逃去英国，结果被阻止，只能回到安特卫普的家中，不知接下来如何是好。塞茜尔记得父母当时很紧张，一家人躲进地窖，以免夜间被捕。1942 年，父亲在街上被抓，送进梅赫伦

（Mechelen，Malines）的中转营，继而转去了奥斯维辛，之后又被送入一座劳动营。塞茜尔和母亲于是怕得不敢出家门。塞茜尔还记得家里“极其紧张”的气氛，她从早睡到晚，只为缓解时刻和担惊受怕的母亲共处一室的无聊。爸爸被捕后不久的一天夜里，塞茜尔叔叔的女佣开着卡车来了她家。这位女青年喜欢塞茜尔一家，她和男朋友想出了一个帮塞茜尔母女逃难的计划。她把母女俩带到男朋友的父母在博姆（Boom）的土豆农场，她们就在那里藏了一年半。塞茜尔记得农场是个温暖有爱的地方，但到了 1944 年，由于担心这对母女的存在让农场一家有危险，农场女主人便与比利时地下组织取得联系，想要为她们寻找一个新的藏身之处。[24]

比利时抵抗组织白色旅（La Brigade Blanche）试图最大化利用有关“困难案例”的规定。1944 年 2、3 月份，该组织偷偷将数群犹太人从比利时经法国运到瑞士，塞茜尔母女就在其中。白色旅精
25 心设计了一套系统，尽可能利用“困难案例”这一警方规定，也就是编造虚假家庭：没有孩子的成人从另一家“借”一个孩子，父母伪造自己孩子的生日，或是单身男子和孕妇伪装成夫妻。[25] 塞茜尔还记得穿越边境时的欺瞒行为，虽然孩提时的她并不理解。“大概有三十个人一起穿越边境，我们需要‘收留’一个男人。[……] 我一直跟他说：‘你不是我的父亲，我不能叫你爸爸’。他说：‘就是装装’。”[26] 这一行人都是通过虚假文件进入的瑞士，塞茜尔母女也不例外，她们伪造的身份是“以斯帖和塞茜尔 · 莱斯勒”（Esther and Cecile Reisler）。直到在瑞士待了两个月，瑞士警方才发现塞茜尔的身份造了假。那时，军事警察已经开始广泛调查白色旅的活动。[27]

塞茜尔和母亲先是被带到边境的一所拘留营，在那里待了一个月，然后又送到另一所拘留营又待了一个月，瑞士当局这才定好如何处置他们。及至此时，对白色旅的调查已发现该组织广泛使用虚假身份文件，瑞士警方因此决定将比利时难民关进战俘营。塞茜尔

的母亲被送到日内瓦郊区的一处营区，塞茜尔则被送到 250 公里外位于阿尔高州（Aargau）布雷姆加滕（Bremgarten）的另一处营区。[28] 塞茜尔后来又被送给佛德姆瓦尔德（Vordemwald）一个偏远村庄的家庭寄养。她回忆道："一天，他们让我们所有人排成一排，然后瑞士红十字会就来了。我记得他们给我们梳了头。一对年长的夫妻走到我面前，说：'我们就带她走。'" 那是 1944 年 8 月。塞茜尔别无选择，只能和这对夫妇回家。她后来回忆："[这位年长的养父] 身体很差。[……] 你看，我喜欢女主人，叫她'妈妈'，他想让我叫他'爸爸'，我没叫。我受不了他。" 6 岁的塞茜尔很快发现养父似乎很享受折磨她：

> 他好些次威胁我，但 [有一次] 让我最害怕。他把我一个
> 人丢在林子里，天变黑了，我听见动物叫声，我估计是狼。一 26
> 个樵夫发现了我，他说："你真是个淘气孩子，爸爸在找你哦。"当我们回家后，[养父] 警告我如果我告诉他妻子，他就把我的头砍掉。

有一天，在毫无预兆的情况下，养父干脆把塞茜尔送回了红十字会。[29]

红十字会把塞茜尔安置在另一个家庭，他们对她很好，尽管第一次见面时，她对他们"拳打脚踢，大声哭喊"。彼时战争已近尾声。塞茜尔的母亲从战俘营获释，两人在 1945 年 7 月一起离开了瑞士。但战争的结束让 7 岁的塞茜尔陷入新的冲突：家庭成了战场，他们的问题在于在家庭的亲密氛围中，父母和孩子能在多大程度上讨论过去五年的经历。塞茜尔的父亲从集中营活着归来，但当他到家时，塞茜尔记得他"只有 85 磅，肺部因营养不良和被打而穿孔。"他们也不再使用同一种语言，因为那时的塞茜尔只会说瑞士德语。战争

本就给塞茜尔和父亲之间造成了隔阂，待到塞茜尔震惊地面对父亲的战时经历时，隔阂愈发加深了：

> 被解放时，父亲在营房或是党卫军的储物柜里发现了照片，他带了一些回来，因为他怕没人会相信他。他把这些照片藏在家里一个壁橱的顶部，有一次我拿了那些照片，把它们都铺在地上看。至死它们都会飘在我眼前。太可怕，太恐怖了。壕沟，烧了一半的尸体，火葬堆。被肢解的尸体，烧了一半，手，腿。太可怕了，实在太可怕了。我父亲知道我看了照片。那以后我总是做噩梦，他就把照片烧了。他说："我再也不会讲那时的事情。"战后那段时间，我们过得很艰难。[30]

和很多战后回到幸存父母身边的儿童一样，塞茜尔独自经历了
27 很多，但在重逢的家里，她没有机会去谈论自己的战时故事，也无法询问父母的经历。父母希望把过去的事情抛诸脑后，但对塞茜尔而言，那些问题持续不断困扰着她，打破了重聚家庭的安宁。

虽然听起来难以置信，但纳粹营的日常生活对幼童来说可能算相对平稳。泰雷津隔都营尤其如此，不过那里的运行方式和别的纳粹拘留营也明显不同。我们在引言里提到的丽琪 · S 在 3 岁时就是与父母及 5 岁的哥哥赫舍尔（Herschel）一起被送到那里的。丽琪活下来了，她哥哥却没有。不过在那时，她并不懂得这份不幸。她对集中营的记忆"只有图像和印象"，但她记得到达时的情景：

> 我们到了那里，被带到一个房间，我当时最主要的感觉就是"木头"，那种能割破手的木头。迎接我们的是一位怒气冲冲的女士，命令我们进去。我必须控制住自己，不能哭。我有种

> 感觉，我们必须听吩咐。[……] 我并不知道那是什么，我们在哪里，在做什么。反正就是那样了。那就是我所知道的全部。[31]

我们在引言中还提到过丹尼 · M，他 2 岁时被送到泰雷津。和丽琪一样，他在隔都营的日子也“是一堆混乱的记忆，关于一些现在看上去没什么意义的事”。但他也记得：“和其他很多孩子还有照护者生活在集体环境中。有很多大房间，很多张床，我就和其他很多孩子待在这些房间里。”[32]

泰雷津和纳粹集中营系统（univers concentrationnaire）中的其他营区完全不同。用历史学家塔拉 · 扎赫拉的话说，它“在纳粹控制下的欧洲，是隔离犹太人的高墙之内最具野心的儿童福利计划”
的所在地，这一计划不仅大胆，而且从很多方面来看非常成功。营 28
区位于波希米亚小镇泰雷津，曾是布拉格北部要塞，于 1941 年底被征用，原居民被清理，成为隔都营。纳粹安全局（Sicherheitsdienst，SD）局长莱因哈德 · 海德里希（Reinhard Heydrich）计划用泰雷津将波希米亚和摩拉维亚保护国*的犹太人运出来。他最初基本只打算将其作为犹太人和政治犯的中转营，从那里将他们送往东部的集中营和灭绝营。结果，泰雷津发展出一种新的专门功能，即掩盖纳粹对欧洲犹太人大搞种族灭绝的事实。海德里希意识到，泰雷津可以用来平息针对被遣送犹太人境遇的批评，尤其是老年人等无法被送到东部去劳动的人。1941 年 11 月，第一波捷克犹太人抵达，到 1942 年秋，约 43000 名来自德国、捷克和奥地利的犹太人被送到泰雷津，其中大多数是老年人。[33] 其实，纳粹当局是将其宣传为温泉小镇的，声称年长的犹太人可以用所有财产换取在那里安度晚年。

---

* 波希米亚和摩拉维亚保护国（Reich Protectorate of Bohemia and Moravia），纳粹德国于 1939 年在当时的捷克斯洛伐克西部建立的傀儡政权，1945 年随着纳粹德国投降而灭亡。

如果不是1942年12月，12个同盟国政府抗议纳粹对犹太人的处理，纳粹领导人试图缓和批评，这一欺骗话术可能也会短命。1943年春，为了向外界展示“模范隔都”，纳粹开始了一场“美化”泰雷津的行动，这一行动于1944年6月达到顶峰，当时纳粹精心安排了红十字代表团的来访。和泰雷津的其他一些幸存幼儿一样，丹尼·M记得在阳光充沛的日子里，他和其他孩子在一个院子里围成圆圈，光着身子散步。他是泰雷津“美化工程”的不知情的参与者，警卫让他们晒太阳，以便在红十字会来访时看起来健康些。[34]

当然，美化工程完全是自欺欺人。从1942年1月开始，泰雷津的囚犯就被转给党卫军特别行动队的行刑队，从7月起则直接拉到东部的集中营和灭绝营的毒气室。从首批转运到1945年5月解放，
29 共有141184人被遣送到泰雷津，其中88202人接着被运到奥斯维辛–比尔克瑙集中营（Auschwitz-Birkenau），大多数刚到达就被杀害。大概有33456人（多为老年人）因疾病和饥饿死在营里。到解放时，只有16832名受关押者还活在世间。

泰雷津根本不是什么“模范”隔都营，但党卫军在那里投入了资源，让德国任命的犹太长老雅各布·埃德尔斯坦（Jacob Edelstein）及其领导的理事会可以重视儿童福利问题。营里的犹太理事会成立了一个青少年福利部，确保儿童可以得到珍贵的口粮配给（事实上是营里的老年人要全面忍饥挨饿，以供给孩子们更多食物）。理事会还努力让儿童不被纳入转运名单，尽管往往难以成功。最重要的是，他们在那里建立起一个独特的“儿童之家”（Kinderheim）系统，让4岁以上的儿童多少能远离营里别处常见的饥饿和疾病。他们还为不到4岁的孩子建起婴儿之家，让泰雷津中没有父母的幼儿获得相对的安全。营里孩子的数量时多时少，但一般情况下，15岁以下儿童保持在2700到3875人之间，其中约一半生活在儿童之家。[35]

1944年9、10月间，儿童之家被清除，大多数儿童被送去了奥

斯维辛-比尔克瑙的毒气室。尽管在大规模转运后，只有 819 名儿童还留在泰雷津，但其他营区的大量儿童很快又被送来。1945 年 4 月，离解放只有三周时，从贝尔根-贝尔森和达豪（Dachau）来了 300 名儿童，带来了斑疹伤寒。[36] 那时，泰雷津是仅存的几个还在德国控制之下的营区，其他营区的囚犯很快就经“死亡行军”被扔来了这里。到 4 月底，共有 15000 人被运至此处。5 月 4 日，捷克的医务人员进入泰雷津，试图阻止斑疹伤寒的传播，那时德国军队还在。但次日，党卫军悉数离开，包括该营指挥官卡尔·拉姆（Karl
Rahm）。[37] 泰雷津终于自由了。这里共关押过 12000 名儿童，而迎 30
接解放的孩子是 1600 名。成千上万被送去东部的 15 岁儿童中，只有 142 人活了下来。[38] 尽管如此，很多泰雷津的幸存儿童回忆起来，还是认为解放及其后续时期是他们的战争经历中最困惑的时刻，最后几个月混乱的营中生活反而不是。

彼得 · B（Peter B）是少有的解放时和母亲同在泰雷津的幸存儿童。1936 年 7 月，他出生在柏林，在反犹政策的压力下，他的家庭很快开始瓦解。1938 年，彼得刚 2 岁时，父亲从德国逃到了上海。母亲没有办法，只能每天出去工作，把彼得独自留在柏林的公寓里。1943 年，彼得 7 岁，某天他一人在家，盖世太保来敲门。他和几个秘密警察坐在安静的公寓里，等待母亲回来。母子二人被捕，一起被送到了泰雷津。到那里之后，他们又被分开，彼得被送到一所儿童之家。他记得：“[见母亲是] 每隔一个周末或每个周末。见面没什么特殊的。我记得那时候见得不多。[……] 我主要是自己待着。”[39] 和丽琪、丹尼等其他很多幸存幼儿一样，彼得对营中的日常生活只有模糊的记忆。在他脑海里挥之不去的是战争的结束，而非战争本身。回忆起泰雷津营解放前后的时刻，他颇感不解：

距我们离开只有几天的时候，一天深夜里，我醒过来，外

> 面一片骚乱，声响很大。我往窗外望去，那里有很大一堆篝火，大概有 20 至 25 人围着。他们拿着叉子、棍子和扫帚，要逼一个德国兵跳进火里。他没办法逃脱。每次他试图逃出篝火，他们就把他打回去。最后他倒在火里，死了。这就是我跟那片营区的告别。[40]

解放时，彼得和妈妈处境艰难。妈妈找了个新丈夫，他在战争
31 接近尾声时从布痕瓦尔德来到泰雷津，因而与彼得妈妈结识。一家三口无处可去，也没有任何可以利用的资源。他们回到柏林，只能从垃圾堆里找吃的：“我们只是为了能活着。我们跟在 [美国] 士兵后面，他们一扔烟头，我们就捡起来，全带回家给父母；我们也捡一些吃的。”士兵要是做了咖啡：“我们就去垃圾箱，趁着热咖啡渣还没沾到别的垃圾时，小心翼翼地舀出来带回家。你一定想不到，[我家] 可以用那些咖啡渣做四五次咖啡。”彼得一家既没有工作和财产，又想移民去美国，于是进入了德肯多夫（Deckendorf）的一所难民营。在那里，彼得每天都会遭遇反犹暴力，那程度他在泰雷津都从未经历过：

> [母亲] 送我去了一所外面的学校。不知她怎么想的。我到了那儿肯定还没 10 分钟，他们就知道我是难民营来的，还是犹太人。你听我说，在那里上学的六七个月，我经历了这辈子最严重的反犹主义。我每天都得打三场架，而且不是一对一，是五对一。那阵子我回家的时候——如果还能称之为家的话——常是衣服被撕烂，鼻子流着血。我妈熟视无睹。[……] 这是我对那个难民营的所有记忆，我们在那里待了大约两年半。[41]

和塞茜尔一样，彼得在战后和家人重聚，但重建的家庭无法让

他感到舒服甚至安全。战后，他每天都在遭受暴力，感觉比他在隔都营里见识过的任何一种都还严重。他的母亲和继父也在经历情绪上的动乱，对他无暇顾及，因此他只能将自己封闭起来，伴随他的是混乱的记忆、疑问和恐惧相伴。

到目前为止，我们谈到的幸存儿童都来自中西欧且待在了这一 32
地区。齐拉和菲丽丝从德国被运送至法国，塞茜尔从比利时逃入，彼得从德国被遣送到捷克斯洛伐克。我们不该感到意外：比起东欧，西欧有更高比例的孩子从战争中存活下来，因为战争和大屠杀的性质在两边大不相同。欧洲共有约 11% 犹太儿童幸存，而在波兰等国，这一数字还不到 3%。在西边，纳粹努力掩盖迫害、拘留犹太人的行径，不让别人发现：居尔等中转营和泰雷津的“模范隔都”都藏在乡下，远离可能抗议遣送之人的众目睽睽。[42] 与此相反，东欧的犹太人隔离区一眼就能看见。在波兰，以及后来在波罗的海国家和苏联被占领地区，犹太人隔离区就建在大量犹太人居住的市中心。在占领者眼中，在东欧无须依照所谓的法律体系，即对犹太人要先剥夺财产，再隔离进远离其他市民视线的偏僻营区。纳粹在东欧施用的是类似殖民的占领方式，根本用不到这些举措。[43]

东欧的犹太人隔离区对儿童来说乃是危险、致命的地方，尽管被关在那里的人最初并不都知道。和西欧的中转营不同，华沙、罗兹（Łódź）、维尔纽斯（Vilnius，Vilna）、拉多姆（Radom）等地隔离区的犹太人身处的是他们熟悉的地方，很多人就被监禁在自己之前自由生活的街道。家人仍在一起，但因为大人们在隔离区内被强迫劳动，孩子们在围墙之下倒获得了一丝丝自由。对于在战争早期进入隔离区的人来说，虽然居住拥挤、食物短缺，但带着孩子的家庭还是保有了一定程度的正常生活，因为他们至少是居住在熟悉的市区。但情况并未一直如此。从 1942 年年中开始，党卫军加大

33 力度清除隔离区里“没用”、不工作的居民，包括老年人、长期病患和幼童。遣送变得愈加频繁。这种情况下，太过年幼、不能工作的儿童不得不藏起来，或者像“大遣送”开始后那样逃出隔离区，在外面的“雅利安世界”东躲西藏，处境危险。华沙隔离区的大遣送于 1942 年 7 月 22 日开始，旨在清除“非生产性元素”，其中就包括从孤儿院、医院和家里被围捕的儿童。大遣送持续至 9 月，隔离区里 51458 名 10 岁以下的儿童中，只有 498 人在遣送浪潮结束后活了下来。[44] 同月，罗兹隔离区的犹太理事会负责人哈伊姆 · 鲁姆科夫斯基（Chaim Rumkowski）让隔离区居民自愿交出自家孩子接受遣送，以换取党卫军保护隔离区 10 万劳工的承诺。无人响应。[45]

1940 年 11 月 6 日，茜比尔 · H（Sybil H）出生于克拉科夫（Kraków），1 岁时和父母及姨母* 被送到拉多姆的犹太人隔离区，在那里待到 3 岁。在隔离区，她母亲以斯帖（Ester）在纺织厂工作，阿姨运气很好，在医院找到了工作，能拿到安眠药，最终这在很大程度上帮助茜比尔活了下来。如果隔离区里的孩子必须变得隐形才能生存，那么藏匿一个被镇静过的 3 岁孩子要比藏一个精力旺盛的孩子来得容易。“我经常被喂药。”茜比尔后来回忆道。尽管能拿到药物，茜比尔的父亲艾拉扎（Elazar）还是因肺炎死在隔离区。茜比尔记得，父亲弥留之际，她看见他躺在床上，母亲“在哭泣，我走到她身边，求她不要哭，我对她说，如果她哭，我就跟着哭，她这才不哭了”。[46]

父亲死后，茜比尔的母亲、阿姨和叔叔被送往布利任（Bliżyn）的一所强制劳动营，在拉多姆西南 40 公里。一同前往的还有拉多姆及其他几处隔离区的囚犯，他们于 1943 年夏到达布利任。到了

---

* 此处明确是“妈妈的姐妹”，其他地方的 aunt、uncle 多不确知对应汉语中姑、姨、婶、叔、伯、舅、姑父、姨父等哪种称谓。无线索时，笼统译为“阿姨”“叔叔”。——编注

1943 年底或 1944 年初，大多数儿童都被从该劳动营带走杀害，但茜比尔没有——她的母亲和阿姨很可能像之前一样给她喂了药。1944 年仲夏，东方战场的战斗开始迫近劳动营，活着的囚犯被转 34
往奥斯维辛。1944 年 7 月 31 日，这批人到了奥斯维辛-比尔克瑙，其中有 715 名妇女和女童。她们被文上编号，茜比尔的母亲以斯帖是 A15212，3 岁的茜比尔是 A15213。[47]

数十万犹太儿童从欧洲的各个角落被运到奥斯维辛，绝大多数甫一到达即遭杀害，带小孩的母亲则照例是被直接送入毒气室处死。茜比尔则不一样，她的经历罕见，和大多数被带到奥斯维辛的孩子命运不同。但和所有的大型纳粹集中营一样，奥斯维辛也有儿童囚犯。在奥斯维辛，数千名儿童被登记为犯人，多数是青春期或前青春期的少年，大多数被用作奴工，和成人经受一样的艰辛：饥饿、虐待、点名以及繁重的劳动。儿童也免不了被党卫军殴打，以及惩罚性工作等官方惩罚。[48] 奥斯维辛的儿童数量时高时低：1942 年，14 岁以下的儿童几乎不会被送去，但到 1944 年，儿童数量就达到了顶峰。据有些文件记载，那时该集中营共有多达 18000 名 17 岁以下的儿童及青少年（尽管其中多数不是犹太人）。[49]

茜比尔于 1944 年夏到达奥斯维辛，那是儿童最多的时候。儿童数量增加有多重原因。东方战场上战事扩大，对奴工的需求也随之增加，遣送至奥斯维辛的囚犯有部分批次就被全数招录，其中就有儿童（但大多数儿童后来死在了营里）。[50] 此外还有政治上的考量。1943 年 9 月，从泰雷津来了两批遣送犯，其中有 5000 名捷克犹太人，包括 760 名儿童，年龄从 2 个月到 14 岁不等，[51] 奥斯维辛-比尔克瑙的所谓“家庭营房”就是在此时建立。家庭营房里相对有“特权”，不做严格的性别分隔，儿童有时能和父母待在一起， 35
囚犯可以保留头发，穿普通的衣服，食物配给也比奥斯维辛别的地方好。这些都是党卫军的计谋。家庭营房里的人不知道，红十字会计划考察泰雷津及比尔克瑙的家庭营房。因此，家庭营房是为了掩盖种族灭绝而精心策划的骗局的一部分，在这场骗局中，泰雷津的“模范隔都”和奥斯维辛尚可的家庭营房异曲而同工。后来红十字会的比尔克瑙考察计划并未成行，因此，当这一国际检视过去后，家庭营房于 1944 年 7 月 11、12 日被摧毁，其中 3200 名囚犯被选为奴工，剩下近 7000 名儿童及成人被送往毒气室杀害。[52] 家庭营房的拆除意味着那里绝大多数小孩都被屠杀，但也有一些侥幸存活，靠着可充当劳工、藏在医院，或是党卫军守卫在选人时碰巧喝醉而躲过一劫。[53]

在奥斯维辛，茜比尔和母亲在一起短暂地待了一段时间。但母亲年轻健康，很快就被发配到赫拉斯塔瓦（Kratzau，Chrastava）的强制劳动营，那是大罗森（Gross-Rosen）集中营的一座分营。茜比尔就独自待在儿童营房，虽然阿姨还算在附近，在比尔克瑙集中营里的医院工作。回忆起奥斯维辛−比尔克瑙，茜比尔“没什么特别的情绪性联想”。她不记得自己当时是否饥饿，但记得“出于某种原因，我不愿意吃饭”。她也不记得自己对周遭的死亡感到恐惧，但她确实知道同一个营房里的孩子夜里会死在床上。然而，集中营的解放时刻带来的不确定感，后来倒一直萦绕在她的记忆里。1944 年和 1945 年之交的冬天，苏联红军逼近奥斯维辛，里面的很多囚犯被迫离开营区西行。茜比尔的母亲于 1944 年 11 月被送往赫拉斯塔瓦，她的叔叔阿姨则于 1945 年 1 月踏上向西的死亡行军，同行的还有奥斯维辛及其附属营区里 13 万囚犯中的约一半人。[54] 在比
36 尔克瑙，等到最后一批撤离性遣送结束后，剩下的幸存者被医院的医务人员在冰天雪地里集合起来。据这些医务人员的笔记记载，在奥斯维辛解放的前一天，也就是 1945 年 1 月 26 日，14 岁以下的儿童总共还有 435 名。其中就包括茜比尔。[55]

茜比尔回忆起奥斯维辛解放时的混乱：

> 我去了储藏间，每个人都去了。我拿到了一条黑麦面包和一些果酱，但我不知要怎么弄这个面包，因为它是一整条。我去找我认识的一位女士，一位波兰女士，她和我阿姨共事过，我和她很熟。我请她帮我弄一下面包。[……] 结果她就把我带走了。[她带我] 去了塔尔努夫(Tarnow)。她在那里有个农场。[56]

带茜比尔离开比尔克瑙的是瓦拉 · D（Wala D），她是波兰人，信奉天主教，因其抵抗行动被送进奥斯维辛。[57] 瓦拉和茜比尔的阿姨同在医院工作，在茜比尔去那里的时候认识了她。[58] 红军解放集中营时，瓦拉带着茜比尔离开，回到了她在波兰塔尔努夫的家。1945 年 1 月至 5 月，茜比尔和瓦拉一家生活在一起。时间虽不长，但也足以让一个孩子产生依恋，还让她以不同的眼光去看待自己的原生家庭：在和瓦拉的天主教家庭生活的几个月里，茜比尔对犹太人形成了深深的怀疑。1945 年 5 月，茜比尔的母亲终于找到了她，而茜比尔记得是："瓦拉不想放我走，我也不想走。" 茜比尔的母亲因为饥饿和过度劳动变了模样，茜比尔回忆道："我一定知道她是我母亲。我一定认出了她，但我又没有。我否认了。我对她是犹太人感到困扰。我那时已经变成了一个反犹主义者。"[59]

从犹太人隔离区到强制劳动营再到集中营，其间的危险令茜比尔一直能意识到自己也可能被杀害，以至于这种危险对她来说竟日渐平常，不足为意。但如今她的世界充满了不一样的危险。她本已 37
暂得逃离了犹太人的身份以及随之而来的生命威胁，现在却有这么个憔悴女人突然出其不意地露面，还自称是她母亲，这让她不堪忍受：她因甩掉了犹太人身份而获得的安全感似乎被剥夺了。更重要的是，现在也不知道这个解放后的新世界是否对波兰犹太人更安全。茜比尔记得母亲带她回到克拉科夫，那里仍有反犹暴乱（pogrom）的威胁。茜比尔和母亲、叔叔、阿姨这一家人之后又非法逃离波兰，在奥地利短暂落脚，而后又去了德国斯图加特的难民营，在那里住了两年。为非法越境至西欧，茜比尔的母亲和阿姨最后一次给4岁的她喂了药。

直至近年，战后的日子一直为研究大屠杀的历史学家所忽略。学者们仍然倾向于把这个时期当作一小段插曲，是夹在恐怖的战争和战后重建生活当中的间奏。这种看法的问题在于，它认为这一阶段无关紧要，或者对人们的生活没有多少长期影响——这在大屠杀幸存儿童身上明显是不对的，而且我认为在受战争影响的其他很多儿童身上也不对。一场战争结束了，孩子们却要开始面临另一场战争。这场战争在家庭和私人生活的亲密空间中打响，影响着孩子的自我认知以及人们对他们的期望。这场战争也不局限于胜利日后的短暂几月；对很多人来说，它绵延数十年，形塑着他们在剩下的童年时光及成年后的许多年里如何看待自己的过去。

第二章 38

成人凝视

1945 年 4 月 11 日，美国军队解放了布痕瓦尔德集中营。他们在那里发现了一个儿童营房“66 号儿童营房”（Kinderblock 66），里面有超过 1000 名饥饿的犹太儿童，其中大多数都是被遣送到奥斯维辛进而囚禁的。到了 1945 年 1 月红军逼近时，这些儿童被逼迫撤离，往西行军，到了布痕瓦尔德。美军没想到能在这里看到儿童，倍感震惊，不知该拿他们怎么办。两名随军的犹太拉比，赫舍尔·沙克特（Herschel Schacter）和罗伯特 · 马库斯（Robert Marcus）联系了儿童救助会的日内瓦总部。儿救会的一些代表很快来了，开始安排将这些孩子送往法国、瑞士和英国。其中 430 名儿童，年纪从 8 岁到 18 岁不等，被选中送到儿救会在诺曼底埃库伊（Écouis）运行的一家安置中心，在那里开始新生活。[1]

但是，陪伴“布痕瓦尔德男孩”去法国的工作人员很快对这些孩子的心理状态产生了怀疑，其中一名医生强调说这些孩子是小流氓。每次火车停下来，这些男孩就从车窗跳出去大搞破坏。护送人员说，他们毁坏别人的东西，偷盗、攻击普通人，还有证据表明他们出于报复而强奸德国女孩。[2] 在四天的火车行程中，大人们对他们护送的孩子感到绝望。而且看起来他们到了法国也不会受欢迎。这些“野”孩子穿着偷来的希特勒青年团制服，在他们经过的第一
39 座法国车站就遭遇了民众的冷眼，因为那些法国人以为他们是被俘的德国人。实在不知这些孩子要怎么在普通人的世界里获得一席安身之地。他们的未来会是什么样的呢？在梅斯（Metz），有人机智地在火车侧面写上了粉笔大字“布痕瓦尔德集中营孤儿”（orphelins de KZ Buchenwald）。至少在一定程度上，这阻止了路人在火车穿过法国乡村时围攻这些孩子，但这并没有打消护送人员的担心。不管是不是孤儿，这些孩子让人感到的似乎都是恐惧，而非可怜。[3]

到达埃库伊后，儿救会首席精神科医生欧仁·明科夫斯基（Eugène Minkowski）给这些布痕瓦尔德孩子做了检查。他记录道，这些孩子看上去“彼此都差不多：没有头发，脸饿得浮肿，穿的是制服；态度冷漠、无所谓，对一切都不在乎；从来不笑，连微笑都没有；对工作人员明显有攻击性；不信任、猜疑他人”。[4] 这些男孩看起来麻木不仁，全无感情。明科夫斯基把这种状态称为“情感麻木”（affective anesthesia），他认为这种情感缺失是他们在集中营里为了抵御危险而发展出来的。他还说，这些男孩们糟糕的情绪状态也体现在戒备、攻击性行为上：他们提防大人，囤积食物，互相之间也打斗得厉害。埃库伊安置中心的负责人害怕他们，说这些孩子是精神病，而且多半从一开始就是；他甚至还说，之所以他们能从集中营幸存，而别人都死了，全是因为他们麻木不仁、漠不关心，因此可以采取任何必要手段保证自己存活，即使要以别人为代价。他在挫败感中辞了职，认定这些孩子没救了。

但不是所有人都放弃了这些布痕瓦尔德男孩。他们到达巴黎西北部塔韦尼农村的新家后，儿救会的社工尤蒂特·海门丁格（Judith Hemmendinger）担起了照顾他们的任务。她认为这些男孩只是需

要另一种形式的帮助来回归正常。她同意明科夫斯基医生的说法，即这些孩子刚到达的时候“自我封闭、冷漠、面无表情，对工作人 40
员和外界充满猜疑和攻击性”，但她并不觉得他们无药可救。海门丁格当时 22 岁，比男孩们当中最大的大不了几岁，在战争中也像他们一样遭受过迫害。她是生活在法国的德意志犹太人，在与母亲和兄弟姐妹逃往瑞士时被瑞士边境警察抓获并拘留；她的父亲则已被法国警察抓捕，关在居尔拘留营，后被遣送至奥斯维辛，刚一到达就被杀害。在塔韦尼，海门丁格决定建立一个与孩子们在集中营的经历完全不同的照护之家，一个“疗愈性社群”，男孩们可以自己制定一些规则，组织形式自由随意，温暖、包容、母亲般的工作人员替代了在集中营里掌控孩子们生活的男性权威。这里欢迎并鼓励孩子们讲述战争经历，还主动让他们按照自己选择的方式来重组宿舍，孩子们选择了和同乡住在一起。海门丁格及同事甚至特地安排孩子们去附近的旺多姆（Vendôme），让他们去找摄影师给自己拍肖像照。“他们经常看那些照片，”多年后，海门丁格写道，“那是他们活着的证据。”[5]

在布痕瓦尔德男孩的照护者们议论这些孩子还有没有救的同时，整个欧洲的援助工作者、记者、精神科医生和政策制定者也在抱着同样的忧虑观察幸存儿童。他们担心孩子们的身体可以恢复，心灵却不行。无论是担心这些幸存儿童因战争经历而遭受了永久心理损害，还是希望他们可以复原，他们一般都认为战争让孩子们变得不正常，无论是在道德上、心理上还是情感上。直接照顾孩子们的大人因此质疑如何才能（甚至能否）让这些孩子回归正常，争论何种方式最利于他们回归正常，乃至哪些标准才构成“正常”。

若想了解战后初期塑造大屠杀幸存儿童生活的环境，就必须先 41
了解掌管这一环境的成年人。他们对幸存儿童的看法既基于成见和忧虑，也基于孩子们在战时和战后初期的现实情况。成人照护者在看待幸存儿童时，其眼光反映了他们对犹太人隔离区、集中营和灭绝营里所发生之事的一大套猜想。21 世纪，我们将大屠杀幸存者看作珍贵的历史证人，尊敬他们，却容易忘记在战后初期，他们在公众心目中唤起的是截然不同的形象。那时，人们认为幸存的成年人自是做了什么不道德、昧良心的坏事才得以存活，但儿童怕也如此（比如布痕瓦尔德男孩）。幸存成人有时被认为无可挽救，而照护者们则担心幸存儿童也是这样。人们认为幸存成人已经失去了道德标准，因此在审视幸存儿童时，也怀疑他们尚未成形的道德感还能否恢复。战后初期，成人对孩子们的看法既揭示了公众对大屠杀性质的认识、围绕重建过程的希望和担忧，也揭示了一个个真实的孩子在战后努力立足的艰辛。如我们之前所见，那段时期可能比战争本身更让孩子们迷茫。

解放时，如何照顾数万幸存的“无人陪伴儿童”（既有犹太儿童也有非犹太儿童）的这一后勤问题，消耗着军方、人道援助工作者等各方面的精力。正如历史学家塔拉 · 扎赫拉所写，二战“失落的孩童”极大占据了人们战后的想象，远远超出了照顾大量孤儿这一问题。战争结束时，欧洲儿童的状态“催生了人们对混乱的欧洲文明的反乌托邦式恐惧”，但同时也从更广阔的意义上揭示了欧洲
42 儿童的身心重建与整片废土欧洲重建之间的关系。[6] 此刻，儿童的心灵承载了极大的象征意义：他们身上似乎既有战争破坏力的证据，但对乐观的观察者来说也彰显着战后一切重新开始的可能性。如果说欧洲儿童整体既表现出战争的破坏性，又体现了解放带来的重生潜力，那么犹太儿童似乎更是如此，因为他们经历的迫害最为极端。虽然很多亲见此景的大人希望这些废墟中的孩子能获得拯救，但他们也渐生忧惧，怕这其实是无望的任务。[7]

成人描述幸存儿童的语言反映了这么一种看法：战争让这些儿童脱离了可接受的人类行为和情感领域。社工和精神科医生在评价

“战争孤儿”（war orphans）尤其是“犹太战争孤儿”时，将他们描述为“异常”（abnormal）、“失调”（maladjusted）、“被战争损害”（war-damaged）或“因战争致残”（war-handicapped）。一些较为乐观的评论者则选用“去正常化”（de-normalized）一词，它至少还暗示着有可能回到正常。这些用词反映出一种底层假定，即战争从根本上败坏了这些幸存儿童，尽管很多研究此类儿童境况的知名专家无法就到底哪里败坏了达成共识。这些孩子究竟是得了“精神疾病”，还是主要是情绪障碍？用当时带有宗教色彩但绝非犹太文化的话语来说，这些孩子能得到“救赎”吗？这不单指治愈他们的“异常”，而是人生层面的拯救？如某位作者所言，他们能“恢复他们的人性传统吗”？[8]这种认为孩子们的心灵受到了持久损害的假定，也符合当时对战争损毁的更宏观讨论。评论家们对重建欧洲受损的建筑、社群、城市、设施和机构的最佳方式持不同意见，在重建成人和孩童受损的心灵问题上也意见不一。

然而，如果幸存儿童确实遭战争败坏，需要回归正常，那什么又是他们应当回归的“正常”态？专家们不仅无法就孩子们能否回归正常达成一致，甚至就何为“正常”儿童也无法统一意见。战后
初期，“正常”儿童及可接受的儿童行为的定义处在不停变动之中。 43
儿童精神分析在这一时期进入发展阶段，该领域的新进展极大影响了对正常行为和情感的定义。儿童精神分析师关注母子关系、个体自我的发展以及情绪健康概念，是重新定义何为“正常”“健康”童年的主要推手之一。因此，如果幸存儿童被战争“去正常化”，他们回归正常并非意味着回到战前人们对孩子好坏的理解，相反，人们期待他们的“重建”要符合心理和情绪健康的全新、激进的概念。这些精神分析意义上的正常行为定义倒不是战后时期的唯一，援助工作者照顾幸存儿童也不是采取划一的方式（20 世纪上半叶发生过如火如荼的教育改革运动，很多援助工作者的思想主要受彼时教育

学理论的影响），但帮儿童恢复的“心理”路径影响深远，在遍布欧陆的安置中心和照护之家里，都可见援助工作者在转向这些还在发展中的儿童心理理论。[9]

在这个意义上，战后早期幸存儿童的历史与新的一批儿童专家兴起的历史纠缠很深：这些专业人士由援助工作者、社工、心理学家和儿童精神分析师构成，他们会争论如何能最好地照顾欧洲的战争孤儿。她们大多是女性，依托主导英美的精神分析理论和社工实践经验，受美犹联合救济委员会或联合国善后救济总署资助，认为自己的人道援助工作采取的是科学、现代、无涉政治的专业方式。这些新的专业人士会跨越国界交流，主要用英语和法语发表报告和指南，传播广泛，促进建立了照顾欧洲无人陪伴儿童的统一方式。她们也受益于与英语世界及西欧纸媒的紧密关系，这些媒体广泛且
44 充满同情地报道她们的工作；她们认为重建欧洲未来公民的受损心灵关系到重建欧洲的稳定、民主及和平，媒体也宣传这种看法。在这个战后初期的世界里，是成年人安排了照料幸存儿童的方式，权衡应该让他们的身心恢复为何种样貌，同时也塑造了这些孩子可以选择的路径和未来发展的轨迹。[10]

当然，这并不是说战争结束时，大屠杀幸存儿童的心理状态不糟糕，也不是说他们没有行为怪异、情感缺失的问题，更不是否认有些人确实出现了明显的创伤应激指征。如前所述，战争一结束，很多儿童就被推入了未知的新环境，被施加了陌生的期望。他们往往已经对成年人的动机和行为产生了深刻怀疑，发展出了在成年人看来怪异甚至令人不安的应对机制。或者与之相反，战争结束后，他们的应对机制也完全失效，人也随之崩溃。另外，幸存儿童的身体状况也很不稳定：他们营养不良，很多人患有与维生素缺乏相关的疾病，有时结核等病也让他们的身体难以快速复原。因此，成年评论者认为这些幸存儿童被战争损害的看法不无道理。全面战争的

经历，加之战争带给欧洲大陆的严重摧残，让成人难以将这些儿童视为历尽异常事态依然保持正常的人类。要弄懂这些儿童在战后迈出第一步时经历了什么，要理解他们面临的困难和做出的选择，我们需要为“成人凝视”勾勒出边界——它就悬挂在怜悯和恐惧这两极之间。

1948 年，英国新闻周报《英国佬》（*John Bull*）的一名记者报道了一群 1945 年夏天到达英国的集中营幸存幼童的身心状态。他写道，得益于英国乡村的宁静和新鲜空气，这些儿童正在茁壮成长，45
和三年前刚到达时相比判若两人。他给读者描述，这些儿童刚到时，有一次看到邮政车就变得歇斯底里起来：

> 三年前的一个下午，一名乡下的邮递员把车开进萨里郡（Surrey）林菲尔德（Lingfield）的一个庄园。一群他从未见过的儿童，剃着超短发，神色胆怯，蜷缩在车道上。看到他的货车，他们惊慌逃跑，害怕得尖叫。有些孩子甚至躺倒在地，泣不成声。邮递员于是倒车离开。
>
> 这些孩子是从希特勒的集中营里幸存后被带来英国的犹太儿童。他们身心俱损，以为邮政车是集中营里运人去屠杀的车。[11]

邮政车的故事听上去扣人心弦，但并不是真的。泰雷津的幸存儿童于 1945 年 12 月到达萨里郡林菲尔德的威尔考特尼（Weir Courtney）照护之家，此前他们在湖区的温德米尔（Windermere）的一处安置中心已经休养半年，头发已经不是超短了。他们有很多时间去适应邮政车；事实上，据照护者说，他们虽然还是怕狗，但着迷于各种车辆，包括货车。[12] 邮政车的故事并未反映实际情况，但却代表了战后很快出现的一种报道幸存儿童的模式：借此类报道，读者可以偷窥这些儿童的所谓“异常”，从而更好地品味他们恢复正常的奇迹。

西欧和英语世界的纸媒记者和读者着迷于战后初期战争孤儿的苦难，但媒体报道中的幸存儿童形象其实是虚构的，充满了人们对
46 幸存本质的猜想。每每有一个故事，其中的幸存儿童拥有圆满结局，就会有另一个故事来勾画一幅反乌托邦式的景象。爱尔兰–美国作者爱丽丝·贝利（Alice Bailey）为迎合读者的极端恐惧，写下了“这些欧洲和中国的特殊的野孩子被叫作‘狼孩’”，而她肯定不是唯一一个这么做的。她写道：这些儿童不知家长权威为何物，像狼一样成群结队，毫无道德感或是文明价值观，在性方面也无任何限制；他们对法律一无所知，只知道自我保存的法则。[13]

媒体对幸存儿童身体状况的担心很快就被对他们道德状况的设想所取代。1945 年春，记者和读者借由登载于报刊的照片目睹了骨瘦如柴的尸体，也看到、听到过解放后的布痕瓦尔德和贝尔根–贝尔森传来的新闻短片或第一批情绪激动的无线广播，于是都担心有过如此恐怖经历的儿童是否能够明辨是非。很多媒体评论员质疑这些儿童是否还有可能重新变得文明。很多报道已近乎挑逗，对欧洲集中营恶劣的物质和道德状况不时展示出病态的兴趣。公众对“被战争损害的儿童”的故事表现出的极大兴趣，流露出儿童已经成了一种方便的象征，既象征着欧洲文明遭遇的损毁，也象征着人们对于重建之努力或不足以扼杀战争催生的破坏性冲动的恐惧。[14]

从事幸存儿童工作的成人能对媒体施加影响，但反过来也受媒体的影响。事实上，来自欧洲之外的照护者是将纸媒和新闻短片作为主要信源来做准备工作的。因此，在针对欧洲战争孤儿的媒体报道中即使随处可见不准确描述以及不绝如缕的偷窥欲，它们还是对战后初期首批接触大量幸存儿童的成人产生了强烈影响。玛戈特·希克林（Margot Hicklin）是一名精神科社工，1945 年 7 月时是驻扎

在湖区的温德米尔安置中心的 30 名教育工作者和社工中的一员。安置中心此前经过改造，为的是迎接 300 名泰雷津幸存儿童，这些 47
儿童是英国接收 1000 名“集中营幸存孤儿”计划的第一批。[15] 希克林回忆道，温德米尔的员工手头没有什么资源供自己了解这些儿童的战时经历，只有 1945 年春天解放后的布痕瓦尔德和贝尔根–贝尔森出现在媒体上的图片。[16] 这些图片似乎预示着一个不可能完成的任务。她写道：“很多观察家用颇为悲观的措辞来描述［这些孩子］，让很多有志之士感到自己难以为这一代人的恢复做出多少贡献。1945 年春公开的影像造成了一种印象，即这些被视为‘次等人类’（sub-human）的受害者注定要面临无可补救的劫数。”[17]

希克林记得，在孩子们到来前，她们的团队已经认定她们所有的专业知识和训练都将无济于事，她们肯定无法帮助这些深受损害的孩子。但当孩子们最终到达时：

> 只看一眼，就知道他们还是人类。我们的惊讶不止于此。他们也没有饥饿或疾病的迹象。他们看上去吃得很好，还在笑呢！他们能用德语和意第绪语交流。只要能听懂安排，他们都悉数合作。[……] 这肯定不像三个月前我们在报纸和影片中看到的孩子吧？[18]

温德米尔工作人员的经历在整个欧洲的儿童之家、收容所和安置中心反复出现。成人照护者要努力理解幸存儿童的战时经历，于是借鉴集中营解放后流传于报刊的可怕图片和故事，结果认定目睹过这些恐怖情形的孩子一定会患上精神病。[19] 但像温德米尔的例子那样，照护人士们发现这些孩子并没有因为战争经历而变得精神错乱，于是开始从更加开放的角度思考这些儿童的心理损害到底落在 48
何处——很多人开始认为或许是落在了情绪领域。

1946年初，针对难民营中的幸存儿童，美犹联合救济委员会委托了一项心理健康综合研究。该研究的第一作者是保罗·弗里德曼（Paul Friedman）。弗里德曼是精神科医生兼精神分析师，生于波兰卢布林（Lublin），在瑞士受医学培训，在纽约执业，能讲德语、法语和意第绪语。联合救济委员会最初同意资助他去难民营研究三个月，他可以和委员会资助的照护之家及“儿童群落”（children's colony）的负责人见面，也可以采访那里的儿童。[20]但最后，弗里德曼在德国区难民营待了六个月。他的报告是战后初期第一项暨唯一一项关于幸存儿童精神健康的重要研究，于1947年2月发表，引起了媒体的轰动。[21]和此前玛戈特·希克林等人一样，弗里德曼原本对他的欧洲之行做了最坏设想。他回忆道：“人们太容易把欧洲想象成一个巨大的、无人照看的医院（精神科医生尤其如此），里面全是神经症、精神病患者和无可救药的疯人。”但他真正看到的幸存者并非“精神病患”，而是遭遇了情绪问题：

> 当我被联合救济委员会任命去调查幸存成人和儿童的心理状态，以开展心理治疗和指导时，我十分害怕或将在欧洲看到的一切。但当我在营区里见到难民，在难民营[安置]中心和寄养家庭见到孩子们时，我很高兴地发现我事先的担心分明都太夸张了。当我和这些曾身处集中营或藏匿于丛林的幸存成人及儿童交谈时，我惊喜地发现他们恢复得很快。他们都展现出了难以置信的身心复原力。[……]他们不是怪物、野人，亦非精神病人。不过我很快发现那些孩子有严重的情绪问题，往往有点神经质。但他们要是没有这些问题，反倒就太不正常了。像
> 49 这些孩子一样活在希特勒控制下的欧洲，就是活在一个所有正当的人类交往模式都被摧毁、所有道德标准都被颠覆的世界。[22]

弗里德曼认为，所有难民，无论成人还是儿童，都经受着“情绪麻木”（emotional numbness），但儿童尤甚。他援引欧仁·明科夫斯基的“情感麻木”概念，认为孩子们发展出切断情绪的状态，是为了抵御在集中营里或藏匿时必须面对的危险和焦虑，当危险过去，这道心理防线可能崩溃，孩子们“那时会无计可施，只能任由长期抑制的焦虑爆发为明显的症状”。[23]

真如弗里德曼及其同行所认为的那样，这些儿童没有罹患精神疾病，而是情绪崩溃，那解决办法就应该是让他们对过去和未来的世界恢复到正常的感受。但在战后，对“正常”儿童该有何感受的界定本身也在不断变动，而在更大范围内，有精神分析背景的儿童专家正在重新定义情绪及情绪控制在儿童发展过程中的作用。战后，领军级的儿童精神分析师，尤其是在英国执业的那些（如安娜·弗洛伊德 Anna Freud、梅兰妮·克莱因 Melanie Klein、唐纳德·温尼科特 Donald Winnicott、约翰·鲍比 John Bowlby 等人），正在发展新的方法和理论，强调情绪、公民身份和民主之间的联系。正如历史学家米开尔·夏皮拉（Michal Shapira）所写，全面战争深刻影响了英国儿童精神分析师对儿童的看法，他们认为这些儿童“一方面脆弱，需要保护；另一方面又焦虑、爱挑衅，需要控制。”[24]而且，这些精神分析师越来越将恰当的情绪控制与社会民主的成功发展联系起来。执业于伦敦的精神分析师可以参与战后政策制定，其中领军的儿童精神分析师时常亮相 BBC（英国广播公司），因此他们的想法受众广泛，一时间影响巨大。他们开始提出，未来公民之间的合作，亦即民主的未来，必须基于对焦虑和攻击性等情绪的成功控制，而控制情绪必须在童年时期学习，或者毋宁说被教导。 50
因此，情绪越来越被认为不仅关乎个人，更关乎整个国家。[25]

这是一种新的动向。战争中养育儿童的主流模式最看重行为和卫生，把儿童的身体看得比感受重要。信奉“卫生”的上一代专业人士不大会强调母子联结，对过于亲切的亲子关系也抱有怀疑。相反，他们认为成年人的优良品德来自其儿时在上厕所、睡觉、吃饭、呼吸新鲜空气和洗冷水澡等方面的严格规律。战后的精神分析转向让儿童的情绪和精神走到台前，这是对早期卫生模式的直接反驳，在毁灭性的战争之后收获了大批拥趸。[26] 也因此，保罗·弗里德曼检视幸存儿童的情绪时，看到的不是某个人可能有精神疾病，而是一群可能存在问题的未来公民。[27]

精神健康专家的担忧和孩子们自己的真实感受之间有明显的脱节。这并不是说部分儿童在战后没有经历过压抑甚至心如死灰的情绪。儿童在战后的感受与其成人照护者希望他们如何感受之间有差别，但这与真的失去感受能力并不一样，而要加以区分又很困难。即使很小的孩子往往也能清晰意识到大人对他们的情绪和行为的期待，因此不符合这些期待的情绪很容易被认为是不对的，必须隐藏起来。档案里经常看到这样的例子。有机构安置了300名幸存儿童，其志愿者的笔记就揭示出孩子们的感受和成人照护者的期待之间的巨大差距：

> 这些孩子们很容易激动。有个孩子在玩耍区开始哭，我去制止。它[原文如此]回答道：“我该在哪里哭呢？在家，我不能哭，因为有房东太太；在学校也不能，因为有老师。”因此，我允许他哭五分钟，自那之后就变得安静了。[28]

51 因此，尽管一些儿童因为战争经历造成的创伤压抑了自己的情绪，另一些儿童并未失去感受能力，也没有失去迎合乃至利用某些期待、表现出特定感受的能力。专家们对情绪麻木的讨论既是对所谓“正常”儿童情绪的界定，推动幸存儿童向这一目标努力，也关涉其他一切。

对很多专业人士而言，没有什么比玩耍更能体现幸存儿童在情绪健康方面遭受的深刻损害。儿童专家固执地认为幸存儿童已经忘记了如何玩耍，这一观点也为纸媒所接纳，因为记者和读者都对这些孩子的所谓不正常感到着迷。[29] 托比 · 沙夫特（Toby Shafter）是美犹联救会在德国美占区的一名现场代表，与联合国善后救济总署的一支团队一起从事福利工作。1948 年，她写下观看当地难民营里的儿童玩耍的经历。据她观察，战争结束数月乃至数年后，犹太儿童仍然经常在游戏中表演他们的战时经历：

> 大多数儿童难民并没有想要忘记集中营经历或与德国当局的摩擦，相反，他们仍在不断表演当时的恐怖情形，有时候甚至带着最冷血的沉着。[……] 他们一直活在毒气室或焚尸场的阴影之下，几乎将其视为日常生活的一部分。但我们还是很难将这样的情形看作“正常”娱乐模式：一个小男孩四处奔跑，拿着一块写着囚犯编号的大纸板，高兴地请假不参加日常休息，因为“集中营里的所有孩子都要彩排”。[30]

沙夫特还写道，即使没在集中营待过的儿童也在玩耍中融入了
“死亡和囚禁”，这自然是让主管其照护事宜的成人担忧，但孩子们 52
自己可能很满意。她写道：“幼童的娱乐方式是其生活被严重‘去正常化’最明显、最让人痛心的例子。”孩子们不喜欢洋娃娃。娃娃车也不是以成人设想的方式玩耍，而是被孩子们征用来推东西下山：推土石，也推别的孩子。幸存儿童的玩耍方式与成年人期待他们如何玩耍之间的差距也反映了更大的问题，即儿童的感受与其照护者的相应期待之间的差距。儿童们那异常的游戏似乎指示了他们情绪异常的程度，至少成年照护者这么看，他们认为让这些儿童学习“正常”儿童的典型玩耍方式有助于他们回归“正常”感受。[31]

成年人不仅担心儿童在战后玩游戏时有时会表演他们的战时经历，也同样烦恼于儿童在解放后仍然保持战时的一些行为习惯。有意思的是，照护者对孩子们的好习惯和坏习惯都感到困扰。对“不良”行为的担心是战后更广泛思潮的一部分，也远远不限于犹太孤儿，而是反映了人们对战争剥夺了欧洲整整一代年轻人的道德培养机会的普遍担忧。[32] 但照顾犹太儿童的成年人最担心孩子们在战争中不得不采取的一些行动，如偷窃、撒谎和囤积食物等，这些在和平时期若不快速根除，会导致行为不良。解放十年后，世界犹太人大会（World Jewish Congress）英国分支的领导层表示，多亏了美犹联救会的干预，所有幸免于大屠杀的儿童才不至于行为不良。他们认为，孩子们在联救会资助的家庭和收容所里得到的照护让他们远离了“不安的残忍”和“进攻性、毁灭性的”冲动。[33]

鉴于战后初期媒体上铺天盖地的“狼孩”形象，成年人担心幸存儿童会实施一系列不良行为也就毫不意外；而当这些儿童没有
53 行为不良，成年人高兴地将此视为自己的功劳，这同样不令人意外。但或许更有意思的是，成年人对他们照管的儿童表现出的某些过于良好的行为也担心不已。托比·沙夫特写道，她观察的那些儿童难民没有表现出成人期待从正常儿童身上看到的“淘气、精力充沛、想象力丰富”等特征。她写道，让照护人员最担心的不是那些小偷小摸或者囤积食物的孩子，而是那些过于顺从，一叫睡觉就立马上床，摔倒磕破膝盖也不哭的孩子。她认为，战时的经历让他们太过服从成人的要求：他们的“自我被碾碎了”。[34] 她认为解决办法是为这些孩子树立起个人主义思想，这么想的不止她一个。英国中央基金*计划带1000名犹太战争孤儿来英国。伦纳德·蒙特菲奥

* 英国中央基金（Central British Fund，CBF）成立于1933年，是当时英国犹太人群体在希特勒上台后为援助犹太难民而成立的机构。

尔（Leonard Montefiore）爵士是该计划的设计者之一，他于 1947 年写道，回归个人主义是集中营幸存儿童的精神和情绪正在好转的最重要标志之一，因为这表明他们已经告别了在营里学到的世界观。他写道，“齐一化”（Gleichshaltung）是个充满邪恶记忆的词，意味着个人的消失，在集中营里则意味着压抑除了自我保存外的所有本能。他认为，孩子们“重新变成个体”是英国中央基金成功挽救孩子们的最明显证据。[35]

因此战后初期，儿童“正常”行为的边界处在真正的不良和谄媚地配合大人的要求之间。这在当时是合理的，因为此前法西斯主义的兴起和衰落正表明，如果攻击性和盲目服从等情绪和行为不受节制，会产生巨大的社会和政治后果。战争显然给养育儿童中要如何对待这些情绪的问题赋予了全新的政治维度，这在冷战开始后变得愈加重要。当然，战后对个人主义的痴迷很大程度上是西方视角的（塔拉·扎赫拉提醒我们，东欧国家在对待儿童恢复问题时就大大倾向于集体主义路径），但这的确是很多幸存儿童向西流散时面 54
临的情况。[36] 如果过于好斗和过于服从都因与法西斯主义等相关联而被污染，那么一个健康的民主社会的未来公民就必须持身在这二者的中间。早期养育儿童的卫生模式强调严格的规律和行为，在这种情况下就显得太“普鲁士化”了，因此基于情绪的精神分析模式开始广泛地取而代之。而在担心幸存儿童的成人眼中，回归个人主义大约就是孩子从战时行为的束缚中解脱出来的一个健康标志。

这不是说成人对幸存儿童的担心没有道理。有些儿童确实通过暴力的攻击行为表现出了内心的混乱；另一些选择低眉顺眼，通过刻意的良好行为来保护自己；还有很多儿童对成人及其动机高度怀疑，这也不无道理。但是，照顾这些孩子的成年人不是处在真空中，会受一系列因素影响：养育儿童的卫生模式的衰落及精神分析模式的兴起，受过“个案工作”*等新技能训练的“专家型”照护工作者的崛起，人们越发意识到心理健康和公民身份间的联系，媒体对幸存事件及幸存者的报道，以及人们认识到重建欧洲文明和重建其未来公民之间普遍的可比性。在这个意义上，成人观察家是通过战后最初期的大气候所产生的滤镜来阐释幸存儿童的感受和行为的。

在思考成人照护者和儿童专家在这一时期定义儿童正常行为和感受的能力时，我们也应意识到儿童也可能以自己的方式颠覆、操
55 控成人对心理重建做出的安排。儿童不仅仅是焦虑的成人所关注的对象。理解成人照护者的视角，对于我们理解幸存儿童在战后所处的环境，以及他们在此种环境中开辟出自己的道路的可能性，都会大有增进；但是，成人对儿童的认识有时也反映出儿童能意识到成人对自己进行心理、情绪重建的目标，有时他们甚至还会聪明地利用这一目标。

1947 年夏，美犹联救会邀请保罗·弗里德曼为塞浦路斯九所拘留营中的成人及儿童撰写心理健康报告，英国军方在其中关押了超过 18000 名试图非法进入巴勒斯坦的难民。[37] 弗里德曼观察到，他在欧洲难民营里见到的很多心理和情绪问题在塞浦路斯也能看到，而且更加严重，因为这里的成人和儿童是在战争结束两年后再次身陷囹圄的，因而倍感沮丧。弗里德曼讲了泽凯利亚（Dekhelia, Dhekélia）儿童拘留营里一个女孩的故事。女孩几乎失声，只能气声低语，于是来看营区医生。她靠着藏匿从战争中存活下来，是个孤儿，母亲和两个同胞被遣送而后杀害，她还亲眼看到父亲被逼着给他自己挖坟。弗里德曼的精神科团队担心这个女孩，注意到她除

---

* 个案工作（casework），社会工作的方法之一，指专业社会工作者运用有关人和社会的专业知识，以一对一的个别化方式，为个人和家庭提供支持与服务。

了失声外，还“表现出相当漠然的态度”。但当女孩被列入推荐送往巴勒斯坦的早期名单后，她的声音没几天就好了，这被弗里德曼的团队欣喜地记录下来。弗里德曼写道：“我们不是想说为她治好病状的唯一因素就是她铁定能离开塞浦路斯去往巴勒斯坦了，但当她的名字上了推荐名单之后，她就突然停止了症状，这肯定不只是巧合。”[38]

弗里德曼的遣词——女孩“突然停止了症状”——说明他自己也清楚地知道儿童可以利用令人困扰的行为来达到某些目的。他们也可以在需要的时候回归“正常”。战后初期，孩子们不仅善于理解、处理成人在乎的事情，还能对其操控。成年人规定了儿童正常感受 56
的边界，儿童就将不那么可接受的情绪隐藏起来，打磨出正确的情绪供成人消费。这一点我们在档案记录、后来的回忆录和口述史里都能看到。战争结束时，弗里茨 · F（Fritz F）6 岁，他也被带来了萨里的威尔考特尼照护之家。他在 2009 年写成的回忆录中，写到自己被同寝室两个年龄比他大的男孩霸凌。当宿管阿姨晚上来给他们掖被子时：“有时候我在哭。我告诉她我在想妈妈，但其实不是。”[39]他害怕告诉宿管他哭的真正原因，但他也很清楚如何将他的悲伤变得能被观察他行为的大人接受和理解。

然而，尽管成人对幸存儿童的看法是建立在战后初期的假定、偏见以及理解之上，这倒并不是说他们的方法没有帮助。当然，幸存儿童在战后受到的照顾是不均等的。这里讲的那些抱着忧惧或希望的大人对自己承担的照顾工作尽心尽力，相信这些努力有效，也迫切想帮助孩子们，但不是所有的孩子都遇到了如此宽厚、充满同情心的照护者。不过幸存儿童往往都对他们的照护工作者抱着深深的喜爱和尊敬。他们在成年后回忆儿时，会承认虽然有时候抗拒照护者的某些方法，但确实因为他们的关怀而受益良多。说回布痕瓦尔德男孩，他们令很多最早帮助他们的成人担惊受怕，被埃库伊安置中心的负责人说成是精神病，但他们还是没有落入这个诅咒，很多人后来还取得了非凡的成就。其中一位名叫埃利 · 威塞尔（Elie Wiesel），他长大后写出了大屠杀文学中的著名作品，自传体的《夜》（*Night*），讲述了他在奥斯维辛和布痕瓦尔德的经历。1986 年，他获颁诺贝尔和平奖，大约同一时期，他给他之前的照护者尤蒂特·海门丁格写信。他在信中回忆道，当他们被带到法国后："我们不想要你们的任何帮助、理解、心理测试或者施舍。"但他也写道，儿童救助会的照护工作者们确实挽救、改变了这些男孩：尽管照护者有一些工作让男孩们厌恶，但他们的的确确做了大好事。他写道："很快，我们就同心同力了。这个奇迹是怎么来的？我们该如何解释？是因为我们的宗教感吗？是你们的宗教感吗？事实是，所有这些孩子都可能转向暴力或者虚无主义，而你知道如何带领他们走向信任与和解。"[40]

第三章

认领儿童

没人想认领罗伯特 · B（Robert B）。

罗伯特1936年8月生于布达佩斯，是一对工人阶级夫妇的独子。他的战时经历和其他身在这座匈牙利首都的犹太儿童类似。布达佩斯的大屠杀来得晚，但倍加凶残。1941、1942年左右，他的父亲被带走送到强制劳动营，父子俩再未相见。[1] 1944年夏，罗伯特和母亲被强制送进国家指定的“黄星”* 房，就在离他家不远的公寓楼里，尽管他已不记得。他最早的记忆是，母亲将他秘密安置在瑞典外交官拉乌尔 · 瓦伦贝格（Raoul Wallenberg）保护下的藏身之处后就离开了。[2] 那所安全屋里还有很多别的孩子，大多也没有家人陪伴。罗伯特的母亲努力每个周日来看她，但他回忆道，“某个周日，她没有来”：

> 总是有很多孩子在哭，他们更小一点。我不知道我有没有

---

* 黄星（yellow star），又称犹太星，是犹太人在不同历史时期（包括纳粹时期）被要求佩戴的徽章。

> 哭，但我记得当我妈妈没有出现时，我很伤心，感到失望、孤独。我在窗边坐了又坐，巴望着 [她来]。我记得天冷了，快到秋天了。我摸了摸窗户。[3]

一个秋日，大雨倾盆，士兵出现在罗伯特和其他孩子的藏身之处。他们朝孩子们大吼，命令他们赶快出去，到街上排队。孩子们
59 在雨中站了很久，身上淋湿了，然后被赶到了布达佩斯的犹太人隔离区并关在里面。在那里，罗伯特没有大人照顾。他不记得自己是怎么逃跑的，只记得自己突然出现在街上，把外套上的黄星扯了下来。他找到认识他家人的一位女士，她把他带到罗伯特的阿姨以假身份藏匿的地方。罗伯特与阿姨及阿姨的孩子一起藏着。没多久，布达佩斯就被红军解放了。罗伯特那时 8 岁。

解放只带来了更多的不确定。他从一个阿姨家搬到另一个阿姨家，很快又去到另一个阿姨家。他的阿姨们逢人便问他妈妈的下落。有个之前的邻居从贝尔根–贝尔森回来，说他妈妈曾在那里，但这也从未证实。罗伯特记得自己当时很难管教：他会离家出走，无法控制自己的情绪，还对自己的表兄弟姐妹拳打脚踢。1946 年，他被阿姨们送到一所照护之家。

这所照护之家被犹太复国主义者像基布兹 * 那样运营着，为把孩子们送到巴勒斯坦做准备。罗伯特喜欢这里，很爱和其他孩子玩耍；这里还有泳池，这份奢华也让他激动。得知自己是犹太人后，他生出了好奇。“在那里，我才真正开始意识到我是犹太人，”他回忆道，“之前我从没意识到我被刁难是因为我是犹太人。”照护之家的工作人员给孩子们上希伯来语课，并试图给他们灌输对移居巴勒斯坦的热情。“[但] 我对那些不太在意。我的心思都在游泳池和爬树上。”

---

* 基布兹（Kibbutz），以色列的一种集体农场或工厂，混合了乌托邦主义和犹太复国主义。

一天，工作人员没有事先说明，就直接告知罗伯特不会送他去巴勒斯坦，而是去北美。美犹联合救济委员会匈牙利分支的照护者把他选入了一个送1000名犹太战争孤儿去加拿大的计划。他后来回忆，在阿姨家的餐桌上听到一些让他不舒服的对话，阿姨们大声聊着放弃她们的姐妹唯一的孩子会怎么样，以及谁该继承他父母的家具。反正他被塞入了一辆去法国的火车，在那里等着去加拿大。[4]在法国等待期间，他突然意识到自己不属于任何地方：

> [我有]这种感觉，我不属于任何地方，也不属于任何具体 60
> 的人。这在我的行为上表现了出来。野蛮，不受控制的行为，老是这样。我要是个安静小孩，大概就有哪个阿姨愿意收留我。我总在惹祸，她们应付不了我。

1948年年底，罗伯特坐船去了加拿大。他在哈利法克斯（Halifax）上岸，然后坐火车去了阿尔伯塔省（Alberta）的卡尔加里（Calgary）。他被安排在一个寄养家庭，但这家人觉得他很难对付，请求把他送走。他的第二个寄养家庭也是如此。加拿大犹太人大会*负责这一孤儿照顾计划，他们同意送他去温尼伯，那里的犹太人社群更大，他们希望在那里能找到更合适的寄养家庭。罗伯特于1949年2月到达温尼伯，那时他12岁，很快又经历了三个不同的寄养家庭。和他在布达佩斯的阿姨们一样，没有大人应付得了他。据他的照护档案记载，他聪明，“吸引人”，非常想得到他人的喜爱，但同时“很容易情绪激动、反复无常，他行为的几乎每个方面都表明他有很严重的心理障碍”。[5]除了情绪大发作，他还有相关的生理症状：尿床。

---

* 加拿大犹太人大会（Canadian Jewish Congress，CJC，1919—2011），加拿大犹太人社群的主要倡导团体。

这和很多幸存儿童都一样。遗尿症（尿床）在幸存儿童的档案里很常见。然而，尽管有精神分析背景的照护人员一般将此看作心理创伤的症状，但不是所有照护者都有这样的开明看法。[6] 如果罗伯特被安置在一个更大的城市，他的照护者可能就会将他生理和情绪方面的障碍看作幸存儿童的共性。但温尼伯的幸存儿童不多，而且很明显当地机构“犹太人家庭服务”（Jewish Family Service）不知该拿他怎么办。他们在记录里哀叹温尼伯“没有资源提供足够的精神指导”，最后没有办法，只能把他送去了不良少年之家。[7]

罗伯特 8 岁从布达佩斯的犹太人隔离区逃出来，从那以后，虽
61 然有大人想要认领他，却没有任何大人真正愿意照顾他。犹太复国主义照护之家要送他去巴勒斯坦，加拿大犹太人大会把他纳入孤儿计划。他在加拿大的寄养家庭也许曾想要收养他，但他们难以应对一个经历过极端事件的孩子的心理需求。但是，1952 年，一对 40 多岁的无孩犹太夫妇找到温尼伯的机构，询问收养事宜，最终同意做罗伯特的寄养家庭。不到半年，罗伯特的遗尿症就好了。“我的行为有了重大转变。我好像安定下来了。最明显的是我感到自己属于某个地方，有了家的感觉。”16 岁上，在一个讲新语言的新国家的新家庭，罗伯特 · B 战后颠沛流离的生活终于到了头。

正如罗伯特的故事所揭示的，战后初期，幸存儿童发现自己在成人的关注中占据着奇怪的位置。成人可能将他们看作珍贵的孑遗，也可能视他们为受损的物品。战时的收留家庭、幸存的亲人、当地犹太人机构、海外机构，以及潜在的收养家庭，可能都想认领幸存儿童，至少在理论上是这样；但有时候没有任何成人想要真正担起照顾一个麻烦小孩的重任。

本章讨论的孩子都属于“无人陪伴”，这是战后人道救援机构爱用的词，意思是这些孩子在战后孤身一人，尽管这并不一定意味

着他们没有幸存的家人甚至父母。“无人陪伴儿童”在战后占据了成年人的很多想象空间，针对谁可以、应该认领他们的焦灼讨论，也在很大程度上反映了成人基于象征意义以及政治和意识形态的角度对这些幸存儿童的看法。此类无人陪伴儿童只占幸存儿童的少数：有很多孩子在战争中与父母或亲人待在一起，还有更多的孩子在战后很快与幸存的家人团聚（他们的故事放在下一章）。战后，美犹联合救济委员会估计共有 18 万大屠杀幸存儿童，其中有 12 万人接 62
受了委员会的帮助，而在后者中，有 3.2 万人待在 350 多家由委员会资助的照护之家，8.5 万人被委员会安排到寄养家庭。[8] 但“无人陪伴”的幸存儿童发现，在战后初期，围绕着他们的身体、心智和灵魂存在着一大批需求，而他们自己则被这些纷至沓来、彼此竞争的需求推来搡去。战时的收留家庭有时不愿意放弃他们照顾多年的孩子。地方上的犹太人机构想要认领儿童以保证当地或全国犹太人社群的重建，他们看重儿童，考虑的既有人口维度，也有象征意义——儿童象征着犹太人社群拥有未来。幸存亲人认领儿童也可能有复杂的原因，包括真感情、出于对被杀亲人的责任感，也可能因为儿童属于为数不多的在世家人所以想把他们留下。欧洲之外的犹太人援助机构也试图认领儿童，他们不单是出于人道考虑，而是因为为机构运行出资的社群成员想收养犹太儿童。儿童因此被夹在相互竞争的国家、家庭和宗教之间，认领他们的过程也需要大量投入情感、物质及公共资源。孩子们被拉扯在这些竞争的利益之中，他们很快发现，被视为战争遗民和象征，与被真正当作个体和人类养育之间可能存在着巨大的鸿沟。

幸存儿童的身体被很多相关成人看作意义和记忆的载体，是怜悯的对象，脆弱又纯真，可以被拯救，同时也是在欧洲及更远的国度建设犹太未来的基石。在认领儿童时，成人在意的往往是这象征意义上的身体，用这身体来充实大量减员的犹太人社群，作为苦难过去的有形提醒（和纪念），并新建下一代犹太家庭。但是，儿童的真实身体，通过尿床、口吃、失语等“困难行为”暴露出情绪痛楚的身体，却可能与这些理想化的观念不甚匹配。因此，一些孩子发现自己处在奇怪、困扰的境地：他们的身体被寄予厚望，却没有任何人想要真正照顾他们的身体。

63 成人不仅想认领孩子们的身体，而且对他们的灵魂往往也深感兴趣，尤其如果他们在战时曾与基督教援救家庭藏匿一处。战后最初几年，有几个广获报道的案件就涉及基督教家庭不愿交还犹太儿童，这引发了犹太援助机构的担忧。这些机构一直以来都高估了藏在基督教家庭和机构的儿童数量，他们害怕这些犹太儿童被集体施洗，却没弄明白大多数犹太儿童其实“是被毒气室而非基督教夺走的”。[9] 考虑到犹太人口的减少、对遇害犹太社群成员的责任感，以及战后犹太社群领袖对其社群在政治体中地位的疑惑，这些害怕也可以理解。但如前所见，试图让儿童回归犹太身份引发了他们复杂的情感反应。年幼的儿童多年来已经熟知身为犹太人的危险，生活中一直隐藏着自己的犹太出身；有些完全忘记了自己曾经是犹太人，特别小的孩子更是从一开始就不知道。此外，在争夺儿童灵魂的过程中，成年人可能在意的是宗教和种族归属，但儿童一般更在意维持熟悉环境所带来的安全感。

正如我们所见，这些相互竞争的主张造就了一个快速变化、极不稳定、情感依恋转瞬即逝的环境。战后，孩子们去往（或被强制安排去往）许多不同的地方。和收留家庭一同藏匿的孩子被犹太援助机构或是幸存的父母或亲人认领。有些援助机构是地区性或全国性的，有些是跨国的（如联合国善后救济总署和美犹联合救济委员会），有些则坐落海外。自然，海外机构有时希望将儿童送给其所在国的犹太家庭收养。因此，一个孩子可能在很短的时间里要从收留家庭搬去当地犹太援助机构开设的照护之家，再搬到联总或联救

会运营的安置中心，然后坐上离开欧洲的船，很快抵达一个新的国 64
家，进入一个新的收养或寄养家庭，努力用一种从未用过的语言表达自己的感受。在这动荡的过程中，幸存的亲人可能在任何时候介入或抽身。这些认领诉求以各种可能的方式重建了儿童的战后世界，让他们开始全球流散。不是所有幸存儿童战后都离开了欧洲，但大多数都如此，因此认领儿童的过程和他们的全球流散紧密相连。[10]

在认领的复杂过程中，一系列因素影响着成人对儿童的态度，也影响着儿童的应对。儿童的年龄是一大因素，因为在多方的激烈竞争中，成人的愿望有一套高低排序，他们最先考虑最年幼的儿童。很多成人认为，幼童最容易适应，恢复力强，也最易受影响，能按成人的意愿重塑。同样，儿童是否身心健康也很重要，身患疾病或有严重情绪问题的儿童不会被纳入移民计划，也不容易找到寄养家庭（甚至不容易得到幸存家人的照顾）。另外，儿童是否完完全全是孤儿也是一个影响因素——或者至少能在必要的时刻佯装孤儿——因为一些资助计划和照护之家被指定专门接受孤儿，大多数移民计划也只接受孤儿。我们将会看到，有时有父母幸存，只会让儿童被多方争领的过程变得更加复杂。

儿童的性别也颇有影响，收养和寄养家庭更倾向于向机构请求认领女孩。社会阶级也是影响因素，有时还很重要。来自富裕家庭或受过教育的儿童更有机会被当地或海外援助机构作为待收养儿童领走，后续被收养也更容易进入富裕家庭。同时，幸存的家人在战后如果太过贫穷，可能难以要回自己的孩子。战后，欧洲的儿童群落和照护之家满是尚有家人在世的儿童，但这些家人没有物质资源
来领回他们（很多时候情感上也没准备好）。我们不大讨论社会阶 65
级和大屠杀的关系，但一个家庭在战后有无资源可能对家中年幼的成员造成一生的影响。

最后，面对成人提出的角色要求，孩子们的扮演能力和意愿自

然也影响了他们的经历，他们也远比看起来更有能动性。孩子们可能发现自己陷入了认领的竞争漩涡，但他们也完全有能力应对这些以达到自己的目的。他们在战时学会了塑造及重塑身份，也学会了展现部分自我供大人消费，同时隐藏别的部分。他们既被战后各种试图重塑他们的力量推来搡去，但也善于利用这些竞争为自己开路。

在战后，如何领回战时被基督教家庭藏匿的儿童，是犹太援助组织最为忧心的问题之一。这份忧心远超事情本身的严重程度，因为大多数战时的收留家庭都顺从地把孩子交给了本地或全国性的犹太援助机构，虽然很多带着遗憾。在战时大量藏匿儿童的大多数欧洲国家，都有犹太援助机构负责推进一项煎熬感情的过程：从收留家庭领回儿童，再把这些儿童归还给他们幸存的家人或送到犹太照护之家，[11] 其动机是重新壮大区域性和全国性的犹太社群，使得“我们不会失去”这些孩子。[12] 尽管认领过程通常没有冲突，但这些机构也并非没有使用过法律手段、绑架以及付赎金等方式尽力把每一个儿童带回犹太团体。如历史学家丹妮拉 · 多伦所说，援助工作者和社群领袖认为，由于战争使人口减少，“犹太人的未来取决于找回每一个剩下的犹太儿童”。[13]

66 与“务必寻回每个藏匿儿童”这一观念相关的，是犹太社群领袖坚持认为大量“失落的儿童”在解放后仍藏在基督教家庭当中，尽管事实正好相反。1947 年，伦敦周刊《犹太纪事》(*Jewish Chronicle*）的作者用冷峻笔触描绘了寻找这些儿童的情况：

> 拯救这些儿童免于被迫背教是至高无上的宗教责任。他们的父母殉道之后，保卫他们的灵性必须是所有犹太人良心上的第一要务。[……] 让这些犹太孤儿回归祖传信仰的路上布满了障碍。这些逃离了大屠杀的仅存的以色列之子身上灌注了我们

> 最深切的热望和祈盼。任何自视有灵性价值的民族都不会任由他们的未来“资本”被夺走，而我们犹太人相信我们在此世仍有道德天命，不能允许他人抢走我们的孩子。但是，有一些基督教显贵肆无忌惮地利用这些孤儿的悲惨处境，阻止他们回归原本的灵性传统。[14]

这样夸张的语言反映的是战后犹太援助组织实实在在的不安。法国犹太机构认为这样的“失落儿童”有 3000 名，英国机构估计有 5000 名，而美国机构竟表示整个欧洲有 2 万名儿童被基督教家庭和机构藏了起来。[15] 但尽管投入巨大努力和资源，犹太机构想要从基督教家庭中找到的大批孩子根本无从寻回——不是因为基督教教会不依不饶、加以阻碍，而是因为这些孩子压根不存在。战时与基督教家庭藏在一起的绝大多数孩子都被顺利找回了。比如，在比利时，战时共有 1816 名儿童与基督教家庭待在一起，而截至 1946 年 12 月，只有 87 名没有回到犹太援助机构“战争受害以色列人援助组织”（Aide aux Israélites Victimes de la Guerre，AIVG）。[16] 1948 年，犹太儿童高级委员会（Comité Supérieur de l’Enfance Juive）开始在法国寻找“失落的儿童”，他们雇用青年人在暑假里仔细 67
搜寻乡下。他们一直找到 1949 年 5 月，但确凿的发现是只有 59 名犹太儿童仍与收留家庭住在一起。[17] 在战后，围绕着藏在基督教家庭的儿童的这种近乎恐慌的状态很说明问题，不是因为这种状态反映了真实情况，而是因为它揭示出犹太领袖和机构有多么害怕欧洲协力摧毁犹太人的企图并未随战争结束而停止。作为犹太社群“未来资本”的儿童成了最后的战场。[18]

这种恐慌因一系列备受瞩目的官司而起。其中最著名的是费纳力（Finaly）两兄弟，他们的父母是奥地利犹太人，战争中在格勒诺布尔（Grenoble）避难，后被遣送并遇害。两个男孩最后被一家天主教托儿所的所长安托瓦妮特·布伦（Antoinette Brun）照顾。战后，布伦拒绝将孩子们归还给他们还在世的姑姑，引发了一场监护权官司，一直持续到 1953 年。[19] 同类案件还有许多，全世界的犹太媒体事无巨细地报道了每一件。还有 5 岁的露特·海勒（Ruth Heller），她自 1 岁起就与一个基督教收留家庭生活在荷兰。海勒幸存下来的姑姑和叔叔们把这户收留家庭告上了法庭，要求对方把孩子交给他们，带去巴勒斯坦，但官司打输了。[20] 还有 1936 年生于安特卫普的奇拉·伯恩斯坦（Cilla Bernstein）。她和母亲逃到巴黎，最后被巴黎一对姓博耶（Boyer）的老年夫妇藏匿起来。除了母亲的一位姐妹，伯恩斯坦一家都惨遭杀害。这位姨母在战后费心寻到了她，却发现她成了一个虔诚的天主教徒。此事到了巴黎法院，阿姨坚称奇拉“属于她的近亲”，但法院暂缓裁决，使得奇拉可以继续与博耶夫妇待在一起。[21] 此外还有孤儿安娜·辛博勒（Anna Cymbler），她父母被从法国遣送到东边，留下她自生自灭。她在第戎（Dijon）的一家农场找到庇护，但收留家庭实际上把她当作奴工使用。1949 年，她在农场放火，点了一些房子，被判处五年监禁，这一裁决引起全球公愤。“安娜的案子不是个例，”《纽约时报》的一名记者写道，“尽管犹太组织从各个修道院和家庭中救出了上千
68 名儿童，还有数百名儿童困在全国各地的农场，受残暴的寄养父母支配。”[22] 这样的报道让读者以为有一个巨大的阴谋要将犹太儿童困在基督徒手里。[23]

对犹太组织而言，这些官司让他们有理由使用任何必要手段把儿童从基督教收留家庭和机构夺回来。这意味着他们有时使用法律手段，更多时候则是从孩子的救助者那里把他们迅速强行带走。波莱特·S（Paulette S）1938 年 3 月生于巴黎，其父母是波兰犹太人。她和哥哥姐姐被儿童救助会藏在乡下，他们的父母则被遣送并遇害。儿救会给波莱特提供了假文件，还给她取了个假的姓氏萨巴捷（Sabatier)。战争中，她和姐姐被转移了好几次。最终，她们被带到沙托鲁(Châteauroux)附近的安德尔河畔沙蒂永(Châtillon-sur-Indre)，被一位名为亨丽埃特·加托特(Henriette Gateault)的女士收留。“这是战争中我最快乐的时候，”波莱特在数十年后写道，“我们吃得饱穿得暖，我感到被爱、被关心。她让我叫她加托特阿妈。”加托特太太直到战争最后都一直保护着两个女孩。1944 年夏，德国军队撤退经过村庄，他们射杀居民、犯下暴行，包括毒打加托特太太的伴侣皮埃尔·多利弗(Pierre Doliveux)，后来他因伤势过重死在医院。但波莱特不记得自己害怕过，相反，她记得的是，在加托特太太家里，她才第一次感到完完整整的安全和被需要。[24]

1944 年 9 月，该地区获得解放。解放后，波莱特和姐姐继续与加托特太太住着，波莱特不记得她们讨论过别的选择。一年多后，毫无预兆地，波莱特和姐姐被儿救会带走：

> 1945 年 11 月，我们回去了那里，到医院探望 [加托特太太的女儿露西安(Lucienne)]，她刚生下一个男孩。那天下午安静、晴好，我们溜达着回家。我走在加托特阿妈和姐姐后面，在小径上摘花。突然，一辆黑色小汽车停了下来，从上面跑出来两
> 个穿戴深色衣帽的男人，抓住了我俩。他们说：“别害怕，我们 69
> 是犹太人。我们来带你们回去。”我能听见加托特阿妈尖叫：“她们是我的孩子，别把她们带走！”后来很多年，我都能听见她的话。她爱着我。她对我很好，我和她在一起很快乐。
>
> 很多年里，我都恨那两个男人。他们的行为在当时看来十分残忍。我不想和他们走，我不想当犹太人。后来，我发现有些家庭拒绝与受他们庇护的孩子分开。有些是因为渐渐爱上了这些孩子；有些是因为让孩子受了洗，想“拯救他们的灵魂”；还有些甚至扣留孩子，索要大笔赎金。加托特阿妈可没有这样。

> 我们本该有机会好好道别的。[25]

儿救会等机构用强力将儿童从救助者身边抢走，正是因为他们知道，要让孩子们全心回归犹太信仰困难更大。毕竟在藏匿期间孩子们必须深深隐藏他们的犹太身份。他们用上了基督教的名字和身份，给自己编造了基督教相关的经历，有些还从收留家庭那里学到了反犹思想。随着记忆变淡（有些幼童则全无相关记忆），犹太身份似乎开始带来不好的联想。有些儿童琢磨，如果犹太人被迫害，那他们一定是做了什么罪有应得的事。既然有别的选择，为何要当犹太人？收留家庭不是犹太人，这才给了他们安全和保护；孩子们很清楚，如果泄露了自己作为犹太人的过去，就会告别这种安全。一些像波莱特这样的藏匿儿童从未在收留家庭里有过什么重大的宗教经历，但也有孩子对天主教产生了浓烈兴趣。战争结束后，儿救会等地区性犹太机构努力让孩子们回到“犹太常态”，要将他们从战时的收留家庭强带出来，安置进犹太照护之家，让孩子们在这样的环境下从多方面体验犹太身份。有些照护之家谨遵犹太教规，有
70 些鼓励儿童学习或重新学习意第绪语或希伯来语，有些则抱着犹太复国主义的期望，为孩子们最终去巴勒斯坦做着准备。但是，这只会让孩子们隐藏自己与天主教依然存在的心理联结，而曾经躲躲藏藏的孩子当然最善于隐藏部分身份。在欧洲的难民营里，保罗·弗里德曼碰到了信奉犹太复国主义的儿童带领人，他们试图纯凭意志力让孩子们回归犹太群体：

> 一开始，孩子们对 [他们的带领人] 非常抵抗，想要回到他们的基督教寄养父母身边，尽管那里已经没有他们的位置。[那位儿童带领人] 告诉我们，她常常必须锁门，防止他们逃跑。但她相信所有孩子的内心冲突已经解决，她已经成功使孩子们

> 回归犹太教信仰。当我指出孩子们还在枕头下放着十字架和祈祷书时，她觉得这不值一提，只是孩子们迷恋纪念品，无伤大雅。可惜，在和很多孩子讨论此问题后，我发现我根本不可能像她那么乐观。很多孩子内心对自己的犹太身份感到很矛盾，这个身份在很多年里都是秘密，一旦泄露可能就意味着死亡。[26]

当然，弗里德曼担心的是这些诉求的心理及情绪后果。但从孩子们的角度来说，坚持保留十字架和玫瑰经是维护自己的意愿，是在大人要求他们抛弃战时身份时决意保留那时的一部分自我。

对很多幸存儿童而言，战后初期的岁月是地理位置极不稳定，情感和物质也不确定的一段日子。有时慌忙中做出的决定会对孩子们产生一生的影响，将孩子们推向遍及全球的流散，而这种流散又 71
受新兴的冷战地缘政治影响。[27] 陷入监护权之争的孩子可能想继续待在现在的家里，结果却面临被带走的问题；但更多的孩子面临的是另一种截然不同的情况：他们根本没有家。战争结束时，人们发现孩子们不仅和各个家庭藏在一起，也会身处强制劳动营和集中营、犹太人隔离区、中立国和同盟国，也会藏身丛林、跟随着游击队，还有很多别的情况。这些情况有很多解决方式，但很少能让儿童回到出生的地方。相反，战争结束后，数万犹太儿童辗转奔波，不仅要去往新的照护之家和新的家庭，也要奔赴新的公民身份。[28]

在跨国的迁徙中，很多儿童会途经战后在被占领的德国、奥地利和意大利建起的难民营。到 1947 年夏，欧洲的难民营里有 25 万名幸存犹太人，其中仅在被占德国就有多达 18.2 万——尽管与估计中的因战争流离失所的 1000 万人相比不值一提。[29] 被占德国变成了战后颠沛流离的犹太成人及儿童会聚的关键地点。

儿童在经过难民营时，接触到了联合国善后救济总署及美犹联合救济委员会等跨国人道援助组织的照护人员。联合国善后救济总署成立于 1943 年 11 月，在战争后期开始负责管理难民营。该组织主要由美国、英国、加拿大资助，工作人员多为英美人，[30] 与美犹联合救济委员会合作紧密，后者则是美国的一个援助组织，不仅资助犹太难民，也资助欧洲各国帮助幸存者的地区性及全国性犹太组织。[31] 联总和美犹联救会都致力于建立儿童援助工作的“科学”途径，采取个案工作模式来确定儿童来自哪里，其父母身在何处，还有没有幸存家人，以及孩子的个人需求等。他们建立并维护了一系
72 列儿童之家和集散中心以接待幸存儿童，在这些机构中六成的“无人陪伴儿童”都是犹太儿童。这些人道援助机构也会考虑儿童离开难民营后可能的去处。[32]

这是一个棘手的政治问题，也是复杂的意识形态问题。难民营的大多数犹太儿童来自东欧，他们不一定想回去。从 1945 年末起，一批又一批的难民开始到达德国和奥地利西方占领区的难民营，他们就是所谓的“渗透入境者”。这些人是犹太幸存者，面对波兰和其他地方仍在持续的反犹暴力，他们作为一场名为“逃亡”（Bricha）的半组织半自发的地下运动的一部分被带来了难民营。但跟随“逃亡”逃离东欧的人不一定都是被占欧洲的战争幸存者。他们中的很多人此前已经逃去了情况更严峻的更东边，有些还被进一步向内陆遣送。遵从 1946 年的一份遣返协议，大批难民得以从东方边陲回到波兰，结果发现波兰没给他们留下任何亲朋或资源，遂加入了非法逃往西方难民营的队伍。据估计，有 20 万犹太人通过这种方式逃离了东欧，其中约 7000 名无人陪伴犹太儿童孤身逃离了波兰。[33]

令联合国善后救济总署及其他帮助难民营儿童的救援组织震惊的是，很多“渗透入境”儿童虽是独自前来，却并非没有家人：幸存的亲人有时候把孩子送到“逃亡”组织，希望孩子能被送去巴勒斯坦，或者至少离开反犹暴乱仍未停止的东欧部分地区。根据联总

1946 年秋的一份报告，有 2 万名渗透入境儿童到达了德国的美占区，其中 6000 名属于无人陪伴，但联总估计其中大多数在难民营系统里别的地方有家人，或者家人回了原籍国。“逃亡”组织的领导人建议这些儿童不要透露自己的家庭关系，以免削弱他们去巴勒斯坦的机会。[34] 这些渗透入境儿童对联总而言是特别棘手的问题，因为该组织不想难民在营中久留。在 1945 年 2 月召开的雅尔塔会议上，联总同意将难民遣返回原籍国，当年春天，每天有超过 8 万 73
人被遣返。[35] 但是，渗透入境者不愿接受遣返，而他们的数量在 1946、1947 两年间继续激增。[36]

在“逃亡”组织领导人心目中，渗透入境者只有一个最终目的地：巴勒斯坦。但是，大多数想要移居巴勒斯坦的犹太难民都难以进入英属托管地。1939 年发布的麦克唐纳白皮书 * 将巴勒斯坦每月可发放的合法签证数限制在 1500。试图非法进入而被抓的人会被送回欧洲，或者关押起来：最早关押在以色列的阿特里特（Atlit），后来关在塞浦路斯。[37]“逃亡”组织及其他犹太复国组织（在难民营里力量见长）的领导人认为鉴于犹太难民营数量增长，可以就此向英国政府施压，让他们放开签证额度限制。因此，虽然联总和美犹联救会担心困在难民营的儿童的心理状态，希望将他们迅速转去更安稳的地方，但营里的犹太复国组织不同意除移民巴勒斯坦外的任何解决方案，尽管这一方案又不大可能实现。孩子们因此陷在竞争之中，一边是想让他们迅速离开难民营的联总等援助组织，另一边是想要他们留下的犹太复国组织。[38] 在这种紧张的气氛中，联总此时的记录时常把整批儿童名单标记为“失踪”，暗示他们被“逃亡”组织非法带去了巴勒斯坦——但这些儿童最后很多被关到了塞

---

* 麦克唐纳白皮书（MacDonald White Paper），亦称“1939 白皮书”，系 1939 年 5 月英国议会通过的政策文件，呼吁从 1939 年起，用 10 年时间建立一个独立的巴勒斯坦，其中也包含严格限制犹太人进入巴勒斯坦的相关措施。因当时英国的殖民大臣麦克唐纳而得名。

浦路斯。[39]

这种情况不可持续，而且还因为一些海外犹太人援助机构的干涉变得更加复杂。这些机构会提出自己的计划，要将儿童带离难民营，送给海外的安稳人家。英国、加拿大、澳大利亚和南非四国制定了专门的战争孤儿计划，由当地的犹太社群资助，试图将失依犹太孤儿带到国外生活。另外，美国放松了移民签证制度，允许受援助机构资助的儿童通过“机构证明书”入境。这些计划在核心层面
74 都认为，移民对目睹了家族、家园和社群被毁的心理受困儿童有疗愈作用。但是，这些计划也争相锁定最健康、最能干、最年幼的儿童。身障儿童（无论是天生还是因战时受伤）和任何表现出严重心理痛苦的儿童通常都被这些移民计划拒绝了。年长一些的孩子也可能被拒。各个计划对童年的终止时间以及儿童的定义也不尽相同：联合国善后救济总署定义儿童为 17 岁以下，加拿大和英国的战争孤儿计划可以接受 18 岁以下的青少年，而南非的计划设定的年龄上限是 12 岁。[40]

因此，尽管海外机构标榜他们的工作是人道援助，是要从难民营不健康的环境中“搭救”受困的犹太儿童，但工作人员在营里搜寻“战争孤儿”时却只看重某些特质：他们想要的是容易适应，有时就是适宜收养的儿童。他们想要年幼、身心健康的儿童，可以成为有用的未来公民；他们也想要容易被海外寄养家庭进一步收养的幼童。这些海外的战争孤儿计划完全受当地犹太社群的捐款资助，有时这些社群的动机不仅仅是援助，也有通过收养儿童扩大自身规模的愿望，而他们认为幼童更容易忘记过去，接受全新的文化和国族身份。当这些移民计划的组织者开始在难民营里寻找合适的儿童时，他们很是失望，因为没多少符合移民计划的要求。这些机构向他们的资助者报告称这是因为幼童几乎都未能幸存，但实际情况更为复杂：很少有幼童能离开成人的保护和关爱而活下来，这让人很

难判断到底哪些儿童是真正的“无人陪伴”。

这意味着难民营里里外外林林总总的机构和组织针对最年幼最 75
健康的幸存儿童的竞争已臻白热化。像儿童救助会和比利时的战争受害以色列人援助组织这样的地区性及全国性援助机构，会紧紧守住他们的被监护人。战争受害以色列人援助组织主张，只有成人才可以考虑移民这样激进的出路；儿童救助会则不愿与“它的”孩子分开。[41] 这些组织知道自己严重依赖美犹联合救济委员会的资金来维持组织里的儿童照护计划，但它们显然又很憎恶境外干涉。[42] 另外，随着冷战局势成形，要把儿童从苏联的卫星国带走愈发困难。此外，海外机构之间也在直接竞争。加拿大犹太人大会的一名观察员就诉苦说，当加拿大人抵达难民营时，“澳大利亚和南非的犹太代表已经先一步被派来了欧洲，已经在积极争取儿童”。[43]

除此之外，还有难民营里的犹太复国组织以及巴勒斯坦犹太事务局*制造的压力。他们将儿童和年轻家庭视为自身政治策略的关键象征和战略性元素，因为儿童特别能强化一个观点，即幸存者群体被不公地困在压迫者的国度里。因此，难民营里和跨国的犹太复国组织都力图争取“欧洲尽可能多的幼童”。[44] 海外机构的文件充分显示，机构中的个案工作者认为此种犹太复国主义政策是对他们的蓄意阻挠：1945 年 11 月，英国中央基金的援助工作者给他们在伦敦布鲁姆斯伯里大楼（Bloomsbury House）的总部传话，称德国被占区“动乱不安”，“难民营里的犹太复国主义者极力阻止儿童离开，给他们讲英国非犹太家庭的故事，试图以此影响他们”。[45] 澳大利亚犹太福利协会（Australian Jewish Welfare Society，AJWS）的负责人也对美犹联救会的领导层表达不满，他写道：

---

* 巴勒斯坦犹太事务局（Jewish Agency for Palestine），现名以色列犹太事务局（Jewish Agency for Israel），世界上最大的犹太人非营利组织，成立于 1929 年。

> 我无法理解为何有些组织被反感［原文如此］移交几百名儿童，让他们能立刻离开欧洲的恐怖之境，在一个民主的犹太
> 76 社群得到救助。我一直强调，不论出乎［原文如此］巴勒斯坦将来如何，其他地方的犹太社群必须建立起来，这样才可以在巴勒斯坦的资金需求上持续帮忙。[46]

面对这么多的竞争，幸存幼童能离开欧洲似乎是奇迹，但其实大多数儿童最后都离开了欧洲。这是因为欧洲的情况时刻在变，这种不稳定也带来一些机会。其中一个压力来自 1946—1948 年德国美占区迅速增长的“渗透入境”犹太人数，波兰仍在持续的反犹暴力尤其加剧了这一增长。[47] 到 1948 年，共有约 25 万东欧犹太人非法进入德国，其中包括很多孤儿，这些幸存者越发等不及了。巴勒斯坦的边境对他们关闭，而 1948 年以色列建国又带来更多战事。[48] 德国人口压力激增，作为最终目的地的巴勒斯坦 / 以色列既难以到达，也越发失去吸引力，因此大屠杀的幸存成人及儿童都开始寻找别的移民路径，这让海外机构有了更多机会认领“无人陪伴”儿童。[49]

第二个因素是冷战性质的变化及其对帮助难民营内外儿童的援助组织的影响。1946 年后，联合国善后救济总署逐渐解散，被国际难民组织（International Refugee Organization，IRO）取代，这其实是在人道援助问题上证实了东西方的分化。[50] 国际难民组织主要由美国资助，苏联拒绝参加。这也意味着联合国善后救济总署的遣返政策要被终止，国际难民组织开始越来越多地考虑将难民继续从欧洲迁出。与此同时，大规模跨国援助机构也开始削减预算。从 1947 年秋开始，美犹联合救济委员会大幅降低运营预算，继而影响了儿童救助会等全国性援助组织的预算。在这种情况下，儿救会开
77 始愿意将其监护的孤儿移交给国际移民计划。随着美犹联救会削减预算，也鉴于抵达巴勒斯坦始终困难，儿救会开始和海外机构达成

协议，允许“他们的”儿童离开。儿童可以选择自己想去哪里，机构也努力把孩子们安置到有亲戚在的国家，哪怕那些国家很遥远。[51]

这些随时间推移而生的变化有助于解释为何英语国家的一些战争孤儿计划比别的计划更成功。1945 年春，英国中央基金与内政部达成协议，允许“难民营里的”1000 名犹太孤儿来到英国，在这一计划下，第一批 300 名儿童于 1945 年 8 月到达。[52] 但是英国中央基金从未完成 1000 名的额度，主要是因为时机不对。1945 年 11 月，援助工作者露丝 · 费尔纳（Ruth Fellner）给伦敦传去电报，保证“这里有超过 1000 名 [儿童]，每天都有更多进入英占区和美占区”。但不到一个月，这些希望就被与犹太复国主义者的“紧张”关系粉碎了，后者明确说 :“没有迹象表明欧洲大陆的孩子希望去巴勒斯坦。”[53] 英国中央基金的工作人员对委托人解释说解放后的集中营里存活的孩子很少，但事实并非如此，他们的意思其实是，符合移民条件且尚未被别人认领的孩子很少。

但是，其他一些战争孤儿计划反而因来得晚而意外受益。部分原因是，在英语世界及其他国家，战后初期对移民有严格限制。战争孤儿计划是这些限制政策开始缓慢松绑的最早可感迹象，但也正因如此，相关磋商耗费了大量的时间和精力。在澳大利亚，澳大利亚犹太福利协会在战时与政府达成协议，可以送 300 名儿童难民入境，但由于转运限制，没有一个儿童在战时以此方式成行。而在战后，政府延长了这一战时协议，使 317 名儿童在 1950 年该计划终止前抵达澳大利亚。加拿大的战争孤儿计划在 1947 年才提出，后面详细介绍。该计划的最初额度是 1000 名儿童，但截至 1952 年 78
接收了超过 1115 名儿童。[54] 其他国家没有专门针对无人陪伴犹太儿童的计划，但这些国家的机构还是成功说服政府放宽了战后移民限制，使一些难民可以入境。于是，幸存儿童移民到了阿根廷、巴西、新西兰、肯尼亚等国，但最多的到了美国。美国特使厄尔 · 哈里森（Earl Harrison）1945年提交了一份关于难民营艰苦情况的报告。1945年12月22日，杜鲁门总统签署指令，允许援助机构为移民提供机构证明书，这就使得潜在移民无须按美国法律让亲戚提供资助证明。对儿童来说，这意味着在美国没有亲戚的儿童可以凭美国照顾欧洲儿童委员会（United States Committee for the Care of European Children，USCOM）等组织的机构证明书入境，尽管美国仍有严格的国别额度限制。截至1947年12月，美国照顾欧洲儿童委员会已经用机构证明书将1170名失依的“小小未来公民”从欧洲带到美国，尽管其中大部分孩子不是犹太人。1948年7月，美国通过了第一个《流离失所者法案》（Displaced Persons Act），继续放松移民政策，使得11万犹太难民在1948—1952年间成功入境，其中部分是儿童，但具体数字不明。[55]

所有这些政策和实践都勾勒出了1945年到50年代初围绕儿童的激烈竞争。孩子们身处其间，很容易发现自己成了大人在人口、地理、政治和象征意义上争夺的对象。但据援助机构的一些案卷显示，即使是年纪非常小的儿童也能极其熟练地操控大人们的关切，使其相互对立，从而为自己开辟一条离开欧洲、去往新国家的新家的道路。为考察儿童在这一过程中如何成为历史主体，我们现在来看加拿大犹太人大会的“战争孤儿项目”。该项目在所有战争孤儿计划中范围最广，但仍充满各种有意思的问题，揭示出在儿童、援助机构和潜在新家庭之间的情感三角中，有足够宽敞的空间去容纳儿童自己的需求。

79

加拿大犹太人大会代表加拿大的犹太人社群来执行该计划，他们在战时就开始吁请加拿大联邦政府允许1000名儿童难民从维希法国来加拿大。尽管对移民持谨慎态度的联邦政府同意了，这一营救计划却没能在战时实现，因为同盟国进入北非，促使纳粹于

1942 年 11 月占领了维希法国。战争结束后，加犹会认为有机会重启这一早前的协议。这一进程遭遇了联邦政府里一些明显反犹的关键决策者的反对，他们希望继续对犹太难民关闭边境，但 1947 年，1000 名儿童的额度还是恢复了。[56] 1947 年通过的枢密院令批准了该项目，宣布 1000 名“18 岁以下的犹太孤儿”可以被送到加拿大，只要他们“双亲尽失”，且满足对移民身心健康的基础要求。政府还进一步规定加犹会需承担该计划的所有花费。[57]

乍看起来，让加拿大的犹太人社群从物质上和资金上支持该计划很容易，因为他们很有热情“拯救”幼童进而让他们被加拿大犹太家庭收养。加犹会的档案里有不少对夫妇，尤其是无子女夫妇的来信，他们希望通过该计划收养一个小孩。加犹会的工作人员及该项目的主要组织者之一曼弗雷德·萨尔海默（Manfred Saalheimer）担心没有足够的孤儿满足这些潜在家庭的请求。1948 年 5 月，他给一对夫妇写信，表示加拿大犹太社群“合适的收养家庭”数量远超过可安置的孤儿。[58] 但潜在的收养家庭对想要收养的孤儿有相当狭隘的要求，他们想要“女孩，越小越好”“六七岁的犹太女孩”“必须不超过 8 岁的小女孩”，偶尔也要“5 岁以下的男孩”。[59] 这些要求——加之加犹会并未劝阻他们，至少一开始没有——表明机构及 80
其背后的社群都想认领足够年幼、容易被同化或者按照他们的样子重塑的儿童。用当地媒体一位评论员的话说，这些儿童可能成为“最好的移民”，因为“儿童在十二三岁前被带来，就会成长为加拿大人，将我们的语言作为母语，对别的祖国几乎没有印象。”[60]

加拿大的战争孤儿计划强调移民是为了收养，这在各国相关计划中颇为特殊。英国和澳大利亚的计划都将儿童主要安置在专门准备的照护之家和收容所里，而非私人家庭。在英国，一部分原因是直到 20 世纪 50 年代中期，收养外国儿童才始合法；另一部分原因是英国此前在家庭寄养制度方面就有大量的经验：1938、1939 两年间，

“儿童转移计划”* 把近 1 万名犹太儿童送来了英国，而英国发现，私人家庭往往很不适合那些被迫离开故土和亲生家庭、内心仍忠于父母的孩子。但加拿大战争孤儿计划的工作人员希望这种对父母的忠诚不要让他们的项目变复杂。在欧洲时，他们在德国美占区里联合国善后救济总署运营的儿童中心搜罗了一些候选儿童，观察了这些儿童数月，并用国际寻人服务局的总登记册来寻找他们的父母或亲人。儿童只有被工作人员确认为真正的孤儿后，才会被送往加拿大。[61]

但是，儿童们自己对这一规定非常清楚，并采取了自己的应对措施。有时，自称孤儿的孩子在联总的安置中心会被发现接到父母的来信。这种情况下，儿童一般会被送回发现他们的地方。在加犹会计划的被拒儿童档案上，顶部有铅笔字标明，某儿童未被接收的最主要原因是机构工作人员怀疑其不是真的孤儿，标注有“并非无
81 人陪伴：母亲在波兰生活”或“拒绝：在罗马尼亚有父母”。[62] 加犹会工作人员埃塞儿 · 奥斯特里（Ethel Ostry）在一份报告里记录她拒绝了某些儿童，因为怀疑其尚有父母一方在世：

> 值得记录的是，在一次访谈中，一所中心推荐给我一个男孩和一个女孩，说他们是表兄妹，我拒绝接收那个女孩，因为很多人传言她母亲还活着。我后来发现他们不是表兄妹，而是亲兄妹，因此判定两人都不合格。[63]

加犹会不是坚持要求其移民计划中的儿童皆须孤儿的唯一机构，英国、澳大利亚和南非的项目也是如此。这一规定一般是来自本国政府的要求，政府不愿接收儿童难民移民，也不愿接收其父母。

* 儿童转移计划（Kindertransport），在二战爆发的九个月前（自 1938 年 11 月始）将儿童从纳粹控制地区有组织地营救出来的行动。

但是，坚持只选孤儿让加犹会针对宜收养儿童的愿景变得复杂了起来，也正因此该计划差点失败。在 1947—1952 年间超过 1115 名经此计划来到加拿大的儿童中，绝大多数是 15—17 岁，男孩数量是女孩的两倍。[64] 这意味着加犹会得快点抛下他们最初的乐观：他们本以为加拿大收养家庭的数量会超过待收养的儿童，但如今，那些梦想着从难民营挽救 8 岁以下女童的家庭对收留青春期男孩可不怎么热情。愿意收养孤儿的家庭很快就没有了，加犹会于是迅速转变策略，从收养改为寄养。他们认为比起孤儿院，“亲密的家庭环境”更有益于孩子们的心理健康，也希望寄养能成为权宜之计。[65]

这一政策也导致了无尽的麻烦，不仅对加犹会，对孩子自身以及远未准备好应对幸存儿童心理需求的寄养家庭也是如此。用来安
置儿童的寄养家庭总也不够，因此很多孩子还是到了“安置中心”， 82
哪怕加犹会对孤儿的机构化养育颇有微词。而到了机构中，又意外出现了一些别的问题。为筹集资金，加犹会用尽全力宣传自身的工作，其中一个意外后果就是孤儿们成了人们猎奇的对象。为尽力让孤儿从安置中心迁入家庭，加犹会鼓励当地社群来参观，但这意味着“很多无聊猎奇、并不想收留孩子的人”开始来安置中心。[66] 当地青少年也把安置中心当作聚会场所，其人数有时甚至超过孤儿。[67]

收养、寄养和机构安置间的冲突在幼童身上拉扯得最为明显，因为加犹会仍然对他们得到收养抱有很大希望。一定程度上也是因此，加犹会设立了一个等级制度，区分“免费”（寄养家庭承担照顾儿童的费用）和“付费”（加犹会负担儿童食宿）的寄养家庭，前者明显被认为更好，会为那些更年幼、“易收养”、“有明显学习天资”的儿童留着。[68] 在这种“免费”家庭里，寄养父母希望收养一个孩子，于是抱有很多期望。但情况很快明朗：很多关系因这种沉重的期望而破裂。50 年代早期，加犹会的工作人员对安置在“免费”家庭的孩子进行了两项后续研究，分别在多伦多和蒙特利尔。他们

发现大多数“免费”家庭的安置计划失败了，儿童继而被转给“付费”寄养家庭，在那里期望和责任较少。[69]

加犹会坚持利用家庭寄养而非机构群体安置，是没有考虑到寄养关系的情感维度。寄养家庭希望“孤儿”可以在情感和法律上都融入新家，随之而来的家庭环境压力让很多孩子产生排斥。部分原因是，成年人往往难以摆脱他们对这些儿童的设想，这些设想建立
83 在媒体对“欧洲的失落儿童”的报道以及集中营解放后的图片。这些成人期待的是“一群驯顺、羸弱、精力枯竭的年幼受难者”，[70]这样的孩子会渴望得到一个有爱的家庭。结果成人们意外地发现，孩子们有自己的思想，有早先家庭的记忆并想保存下去，也有自己的理由对成人期待他们完全融入新国度新家庭感到不满。

幸存儿童的亲人也可能强势闯入儿童、机构和寄养家庭之间的三角关系，声明自己会阻止正式收养，从而阻止将来可能发生的各种对儿童的认领。我们在加拿大和其他有战争孤儿移民计划的国家都频繁看到这类例子。亲属通常没有能力或意愿自己接收幸存儿童，但又坚持不让无亲缘关系的家庭收养这些儿童。这背后的动机或也不难理解：在战后，幸存的亲人重建自己的生活时往往在资金和情感上捉襟见肘，但由于整个家族都毁灭了，他们也不想再失去一个家族成员。但是，在机构和寄养家庭（有时也包括孩子自己）看来，这可能是在蓄意阻挠孩子被安置在一个安稳的家庭环境中。

1937 年，芙蕾达 · Z（Freda Z）生于时属波兰的科曼恰（Komanc）。1949 年 11 月，她在 12 岁零 1 个月大时通过加犹会的移民计划来到加拿大，被安置在一个急于收养孩子的家庭里。但她的情况很复杂：她在美国有一个姐姐和两个哥哥，寄养家庭很快就意识到她不只忠于寄养家人。她的哥哥姐姐非常希望她可以到美国和他们团聚，但波兰的额度已经超支，她的移民机会渺茫。加犹会希望她的同胞手足“最终能允许芙蕾达被收养”，但还没等来他们的应允，

芙蕾达的寄养家庭就斩断了他们刚刚建立的关系。“[她的寄养母]迫切想收养一个孩子，”加犹会负责芙蕾达的社工记录道，“她请求机构将芙蕾达安置到别的家庭。”[71]不到一年，芙蕾达就又搬去了两个家庭，辗转之间她发现没有哪个寄养家庭想要一个无法收养的 84
孩子，结果就是自己既无法与在美国的哥哥姐姐团聚，也无法在加拿大找到一个安稳的家。加犹会的“战争孤儿”中有大量类似例子，社工有时会在其负责的孩子的档案记录里表达自己的沮丧之情。托马斯·R（Tomas R）1937年生于捷克斯洛伐克的特尔纳瓦（Trnava），据负责他的社工们记录，他是个魅力十足的男孩，“让人一看就是个特别开心的孩子”，但他并不好安置，因为“任何接收他的人都会想收养他”，但他在匹兹堡的叔叔和在捷克斯洛伐克的幸存亲人不准他被收养，这让社工们非常沮丧。[72]

而最能扰乱寄养和收养过程的，莫过于在世父母突然出现。马塞尔·J（Marcel J，化名）1935年生于华沙。他的个案记录显示，他和父母及姐姐萨宾娜（Sabina）1943年前住在华沙的犹太人隔离区，之后他被从隔离区偷运出来，藏在一个天主教农民家中，并被农民安排在农场干活。而此后的情况，在马塞尔向加犹会工作人员埃塞儿·奥斯特里及阿格拉斯特豪森（Aglasterhausen）儿童中心负责人拉赫儿·罗特斯曼（Rachel Rottersman）的交代中就变得相当模糊：

> 1943—1945年：他在解放前一直劳动，之后与姐姐和朋友离开。他们去了罗兹，继而一起去了德国。
>
> 1946年，德国弗隆贝格：他私丁[原文如此]与姐姐和朋友居住。
>
> 1947年，德国斯图加特：他与朋友们居住，直至转到我们儿童中心。[73]

奥斯特里和罗特斯曼纳闷马塞尔和他姐姐在战后是如何靠自己从波兰非法进入被占西德并生活了那么长时间的，但工作人员已经对孩子们做了常规核查，选择将他们纳入移民计划。1948 年 6 月，两个孩子被带到卡尔加里，安置在一个“免费”寄养家庭里。机构
85 明显对这家寄予厚望，称其“家庭生活美满，充满爱与关怀”。他们很高兴马塞尔确实是个“可爱、配合的孩子”，但又有一些迹象表明有哪里不对。他的姐姐神神秘秘，“很难从她对过去的讲述中分辨出真假”。因此，在加犹会看来，寄养家庭和马塞尔姐姐的关系不大稳定，但他们明显很喜欢马塞尔。[74]

这种情况在 1949 年秋天戛然而止，因为马塞尔不经意间透露他的母亲还活着，而且他一直都知道。听闻此事，他的寄养家庭和加犹会工作人员都大为震惊，他的个案记录这样写道：

> 两个孩子经常收到德国的来信，用波兰语写成，他们从未将内容透露给 R 一家 [寄养家庭]。1948 年 10 月，马塞尔无意间在 R 夫人面前提到一封信，是他们的母亲寄来的。此前，大会和 R 一家都不知道他们的母亲还在世。R 一家自然高兴他们的母亲还活着，但也很恼怒孩子们这一年多一直过着骗人的日子。[……] 是孩子母亲的主意，把他们登记为孤儿。她还改了自己的名字，让人不会发现两个孩子是她的子女。她向孩子们保证，她一个月之内就能跟着他们去加拿大。[75]

很明显马塞尔、萨宾娜配合着母亲，编造了一系列复杂的谎言来确保他俩可以借战争孤儿计划移居加拿大。他们的母亲甚至改名来掩盖这层关系，而两个孩子在此过程中也是自愿合作。真相摧毁了两个孩子与寄养父母的关系。萨宾娜很快被送到另一个城市，开始在那里当服务员，彻底脱离了寄养。马塞尔却仍想和寄养家庭待

在一起，但他们不那么想要他了。负责他俩的社工写道，到了 1950 86
年 5 月，马塞尔的养父给社工的办公室打电话，要求把马塞尔送去别家。马塞尔与养母间的关系破裂了。马塞尔“对 R 先生仍然很有感情”，但“当下，R 夫人急于摆脱所有的责任”。1950 年 7 月，马塞尔“在寄养父母的要求下”离开了寄养家庭。[76]

马塞尔的情况最终失控，但“战争孤儿”中还有些幼童成功实现了自己的愿望。多萝塔 · J（Dorota J，化名）1938 年出生于时属波兰的鲍里斯瓦夫（Borisław，今为乌克兰鲍里斯拉夫 Boryslav）。据她的个案记录，她和父母在鲍里斯瓦夫一直待到 1943 年，才被父母藏到基督教朋友那里。战争中，多萝塔在不少家庭间辗转度过，直到 1948 年被姑姑找到。这位姑姑准备通过一个专为裁缝而设的计划移民加拿大，[77] 一旦安定下来就“愿意照顾这孩子”，因此国际难民组织的相关负责社工做了核查，确认了多萝塔的孤儿身份，把她纳入了加犹会的计划。负责她的社工记录道，她是个“迷人、可爱的孩子”，因为出身自富裕家庭，父亲做过工程师，应该被“安置在一个有文化氛围的家庭”，好好继续学业。[78]

加犹会知道多萝塔的姑姑不日抵达加拿大，也知道她打算照顾多萝塔。但情况迅速复杂了起来，因为多萝塔被安置在一个“免费”寄养家庭，她和这一家人很快产生了感情。多萝塔的案卷显示，她于 1948 年 10 月到达蒙特利尔，旋即被安置到富裕的英语区“西山区”（Westmount）的一个寄养家庭。她的姑姑没过几周就到了。她惊讶地发现自己的侄女住在寄养家庭里，但她也认可那是一个“友好、富裕的家庭，家里人也很好，他们自己有个 7 岁的小男孩；起初多萝塔告诉我她想待在那个家里，她在那里很开心”。寄养家庭明显想留住多萝塔，养父告诉多萝塔的姑姑他们对多萝塔“一见钟情”。[79] 多萝塔的姑姑自己也刚成年，本计划继续去温哥华，在那 87
里和朋友同住并找工作。她自己经济也不稳定，确实没有能力照顾一个快要进入青春期的女孩，因此就把多萝塔留给寄养家庭，自己去了西海岸。

但是，多萝塔和姑姑都知道一个加犹会和寄养家庭不知道的情况：多萝塔的父亲还活着，住在以色列，穷苦潦倒，没有工作。从多萝塔的案卷记录中无从得知这个秘密是如何在 1949 年 6 月泄露的，但寄养家庭、加犹会以及多萝塔自己都反应迅速，十分生气。那时，寄养家庭非常想收养多萝塔，但魁北克的法律规定这种情况下无法正式收养。负责多萝塔的社工表示，机构可以尝试找她的父亲要一个文件，同意多萝塔无限期地与寄养家庭待在一起，但那“从法律角度上说没有意义”。[80] 事情的发展让寄养家庭和多萝塔都无法承受。她的养父在暴怒中给她的姑姑写信说：

> 我们讨厌被当作罪犯。看上去是你隐瞒了某些真相。你从一开始就知道我们的想法。我们没有这位父亲存在的证明：让他提供表明他存在以及他对她的权利的法律文件。这必须在我们做出任何决定之前完成，否则我们很快会提起法律诉讼：我们不允许这孩子遭受更多心理折磨。[81]

一个富裕安稳的寄养家庭要求一个身无长物的大屠杀幸存者提供证明自己存在及其对自己女儿的“权利”的法律文件，这在当代读者看来一定非常不适。但多萝塔和寄养家庭一条心，愿意采取行动以确保自己不会被送回六年没见过的父亲那里。她开始给她的家人写“最不客套的信”，希望打消他们对她的认领主张。加犹会也
88 支持她力争和寄养家庭待在一起。最终她应该是再也没有回去她的原生家庭。[82]

在多萝塔的故事里，有意思的地方不仅在于她对整个事情的结果发挥了重要作用，还在于社会阶层如何影响了人们的决定。加犹

会把多萝塔安置在一个富裕家庭，正是因为她原本就出身富裕家庭。但是其家人此前的社会地位对他们现下认领孩子没有任何帮助，因为他们在战后变得不名一文。加犹会认为从富裕背景来的孩子应该继续富裕地生活，即使这意味着她不被还给自己的家人。

多萝塔的家庭并非孤例。无论战前贫穷还是富裕，战后那些物资匮乏、没有住房和稳定工作、因住院或体弱而无法重建家庭的幸存成人，有时在试图领回自己的孩子（或侄男甥女、年幼平辈表亲、孙子孙女等）时面临着无法克服的困难。这些父母和亲人有时觉得，孩子受着援助机构的照顾可能有更好的人生机会，援助机构往往也这么认为。当幸存父母和亲人没有资源来重建家庭时，认领儿童的紧张过程就会由有钱的一方主导，并给所涉家庭带来终生的影响。

但是，从孩子们自己的角度来看，多萝塔和马塞尔的例子揭示的是，孩子们可以非常灵活变通地重新书写自己的过去来满足当下的需要和欲望。尽管夹在大人们的争相认领之间，但孩子们却擅长对外重塑自己的过去——甚至隐瞒自己知晓父母尚在人世。在成人诉求的推拉之中，孩子们通过隐藏信息和情感、拒绝放弃既有的忠诚，乃至有时故意篡改既往经历来维护自己的意志。问题是，这些出于必要而虚构的过往，后面很可能深深纠缠进他们的人生故事之中，让孩子们自己也忘记了虚构的边界。

第四章

家庭重聚

1948 年，加拿大犹太人大会的工作人员在德国巴伐利亚州费尔达芬（Feldafing）的难民营里发现了两个孤儿，他们想要移民加拿大。伊萨克 · B（Isak B，化名）生于波兰普乌图斯克（Pułtusk），当时 13 岁，和姐姐米赫拉（Michla，化名）一起在难民营。但在美国，除了一个不愿也无力帮助他们的阿姨外，姐弟俩找不到别的亲戚。他们已经找了三年。国际难民组织的儿童搜寻处也提供了帮助：他们问了波兰红十字会，查了国际寻人服务局寻找失踪亲人的总索引，还通过日内瓦电台发出定期寻告，让姐弟俩的名字出现在失踪亲人的幸存者名单之中。这些都没有收到回应，因此姐弟俩被判定符合加拿大移民计划的规定。为了准备移居海外，伊萨克和姐姐被带到西德美占区普林（Prien）的国际儿童中心（International Children's Centre），该中心是被纳入加拿大战争孤儿计划的儿童一个关键的集合点。姐弟俩在那里对加犹会的人讲了他们的故事，工作人员在两人的个人档案里照实记录如下：

> 1943 年，两个孩子被他们父母安置在一个波兰家庭。没过几个月，[其父母] 就在普乌图斯克的犹太人隔离区遇害。孩子们与波兰家庭一直待到 1944 年 12 月解放。解放后没多久，他
> 90 们被带到罗兹的一所犹太儿童中心，在那里待到 1946 年 8 月，当月经一个犹太儿童转运计划被送至德国。1946 年 12 月到达费尔达芬的难民营。[1]

伊萨克和姐姐确定他们的父母已经去世。1948 年 9 月，他们去往加拿大，一到达就被安置进一个寄养家庭，寄养他们的是一位“中年寡妇，她很照顾他们，但他们觉得她人有些无趣”。[2] 他们如何看待这个新家没有记录。

战时和战后，两个孩子经历了一系列眼花缭乱的变化。事实上，加犹会只知道他们的部分故事。伊萨克和米赫拉对该机构的工作人员隐瞒了其战时经历的真相，原因只有他们自己知道。实际上，战争中他们并未藏匿在一个波兰家庭，他们的父母也从未进入普乌图斯克的犹太人隔离区。真相是，他们的父亲被强制征兵加入波兰军队，此后再无音讯。孩子们与母亲一起逃进波兰苏占区，从那里被送往西伯利亚，1941 年夏东部战线开辟后又被送往更遥远的中亚。他们最远到过塔吉克斯坦首都斯大林纳巴德（Stalinabad，今杜尚别），那里的生存条件十分艰苦，斑疹伤寒和疟疾肆虐。他们的母亲生了重病，入院后就消失了。战争结束后，孩子们回到波兰，在罗兹短暂逗留，然后，像他们对加犹会的工作人员讲的那样，被“逃亡”组织的转运计划带到了费尔达芬，并一直待到加犹会找到他们。人们不清楚两个孩子为何感到有必要对自身的战时经历撒谎，毕竟加拿大的项目可以接收战时在苏联边远地区待过的犹太孤儿。无论出于何种原因，他们选择信赖加犹会，将他们在战争中的经历编成一个容易被认可的“无人陪伴儿童”故事，从而登上去往新斯科舍

省哈利法克斯的船。[3]

但是，孩子们刚开始安顿下来，就发生了一件不可思议的事。波兰红十字会告称他们的母亲还在世，也找到了。孩子们并不相信。 91
“两个孩子肯定不知道他们的母亲还活着，”负责他们的社工于1949年2月写道：

> 我可以说，事实上，他们早就习惯于认为她已经去世，所以这个消息在他们看来难以置信。他们怀疑是不是哪里弄错了，是不是某个亲戚或别的什么人在找他们。我给了他们你信里的地址，但我不知道他们会不会主动写信。他们提出，这位母亲应该写信过来，回忆一些他们都记得的事情，并附上照片。[4]

伊萨克和米赫拉确实有谨慎的理由。1949年4月，在两个孩子的案卷中（收于国际寻人服务局档案），有一份文件写道（这也是我在所有档案里能找到的关于他们的最后消息）：

> 我们给波兰红十字会的德国代表团写信，请求他们核实这位母亲的地址，因为写给她的一封信被退回，写着“未知”。我们只要收到他们的回信，就立即再与你们联系。[5]

之后再也没有任何信件。孩子们的母亲此前长期隐匿，这一次又消失了，而且自此再未出现。

伊萨克和米赫拉的故事并不罕见。如前所述，战后初期对幸存儿童来说是不确定的煎熬时期，他们鼓起勇气准备随时收到父母的死讯，同时也抱持他们可能还活着的希望。住在照护之家的孩子们最清楚他们的父母可能在解放数月甚至数年后再次出现；20世纪 92

40年代后期直至50年代，的确有原本失踪的父母到照护之家认领丢失的孩子。在这种环境中的孩子知道自己必须为两种可能性做准备，一种是父母去世，另一种是他们还活着——孩子们不得不数年保持这种矛盾的情感状态。当得知母亲可能还活着时，B家姐弟的怀疑不过是对这种长期不确定性的自然反应：她1942年消失在塔吉克斯坦，怎么可能七年后又活着出现在波兰?

本章将探讨战后幸存儿童与家人的重聚，他们可能父母还都在世，可能双亲尚存一人，也可能父母双亡但与别的亲人团聚。本书有很多引人激动的主题，但“重聚”可能最甚。在思考战后家庭重聚时，我们自己的设想往往会先入为主，如历史学家丽贝卡 · 金克斯（Rebecca Jinks）所说，我们十分熟悉关于大屠杀的电影和文学作品中反复出现的“家庭团聚时尽情宣泄的喜悦”，以至于很难将其放下，转而去仔细审视一幅更为阴暗的图景。[6] 我们习惯认为幸存儿童与家人重聚对儿童会起积极作用，尤其有鉴于战争结束之时，许多孩子找不到一个尚存的亲人。这种情况下，人们常常提醒孩子们他们有多幸运。但伊萨克和米赫拉明显没有对他们母亲重新出现的消息表现出喜悦，他们也不是孤例。家庭重聚可能是孩子们在战后体验到的最艰难、最伤痛的经历。重聚的犹太家庭极其脆弱，原因不难理解。如前所示，父母和孩子往往已分开数年，战争也改变了他们。他们往往没有了共同语言，孩子们可能有了新名字、新宗教和新国籍，对他们的战时收留家庭产生了深深的依恋。特别小的孩子可能对父母和亲人毫无记忆，就像被归还给陌生人一样。

幸存的父母和成年亲人也变了。他们曾身处集中营、被强迫劳
93 动或充当奴工、东躲西藏抑或装作雅利安人战战兢兢地危险过活，很多人到解放时已身心俱疲。正如我们在上一章所见，成年人在战后面临着极度贫困，赔偿政策要么没有要么不足，儿童返回的家有时缺衣少食甚至没有住处。这种境况下的家庭若还要再添上养育孩

子的负担，很可能一触即溃。经济上的不稳定加上情感上的脆弱让很多重聚家庭问题丛生，甚至下场惨痛。在本研究中，没有哪个回到自己家人身边的儿童认为这个过程是简单快乐的。[7] 比起这些足够“幸运”地回到自己家庭的儿童，战后进入照护之家的儿童则通常认为自己的战后童年生活要幸福安定得多。如果我们觉得这种情况难以接受，这正好暴露出“家庭重聚自然为幸存儿童定下了圆满结局”的设想有多么深入人心。[8]

家庭重聚的问题迫使我们去研究在战争结束很久以后这种冲突仍在多大程度上侵扰家庭的亲密空间。这不是一个小问题，也不是一个孤立问题。战后接受美犹联合救济委员会资助的 12 万幸存儿童中，多达 85000 人和幸存的父母（通常是母亲）或亲属居住。被毁家庭在岌岌可危的情况下重聚当然不只是犹太人的独有问题。作家多萝西 · 麦卡德尔（Dorothy Macardle）援引红十字会的数字，估计在 1949 年有多达 1300 万欧洲儿童在战争中至少失去了父母中的一位。整片欧洲大陆，一个个破碎的家庭蹒跚着挪向战后生活。毫不意外的是，很多父母——犹太人和非犹太人都有——不仅没有资源照顾自己的孩子，甚至也没有这样的愿望。[9]

当然，家庭不是重聚过程中的唯一一方，还有援助机构监管着重聚。因此，重聚的故事既发生在家庭亲密空间之内，也在援助机构和组织掌管之下。这些组织带入了自身的价值判断，在大屠杀后的家庭可以以及应该是什么样的问题上发挥着重要影响。因此，家庭重聚不仅是私人问题，也关涉实际、关涉政治，并被当时战后民 94
主国家中方兴未艾的关于家庭所处位置的意识形态构想所塑造。毕竟，此刻正是“核心家庭”（nuclear family）概念兴起之时，这一概念的名称本身就揭示了其冷战的根源。在西方，核心家庭越发被看作是对法西斯主义和（随着冷战演进的）其他思潮的集体主义冲动的潜在抵御。正如历史学家塔拉 · 扎赫拉所说，战后的西方国家中有一个强烈的看法，即如果纳粹主义寻求摧毁家庭，那么家庭的恢复就意味着欧洲得救。因此在很多负责战后大规模人道援助项目的人看来，家庭重聚关系着战后重建的宏大进程。扎赫拉还提醒我们，这也不是单纯地回归战前模式，关于家庭是什么、应该是什么的观念也在重构。[10] 让家庭成为重获新生的西方民主国家的一大基石，这一愿景受各方的建构和推崇：政府、机构，尤其还有一批新的专业人士——社工、心理学家、精神科医生以及联合国善后救济总署和美犹联合救济委员会等援助机构的儿童工作者。他们不仅认为核心家庭需要被恢复和保护，也试图控制这一过程，令其专业化。[11]

如前所见，这些专家认为自己的工作涉及精神健康、情感和公民身份的交叉，他们对核心家庭的拥护也在此范围内。在这种意义上，援助机构也像英国内政部对待幸存儿童那样，在意识形态上迫切需要去坚称只有“良好的家庭”才能给儿童提供他们所需的“安全以及包含支持与爱的稳定背景”。[12] 援助机构面向公众的很多材料在讨论家庭重聚时，讲的都是从毁灭到重生顺利转变的故事。美国照顾欧洲儿童委员会在 1947 年 12 月的季报里，讲了哲米纳勒 · L（Germinal L）的故事。这名男孩 1942 年被该机构救助，他的父母
95 在南美被找到，“等他到了父母在南美建立的新家，必有一番期待已久的喜悦团圆”。但是，细心的读者可能会想，一个和父母五年未见、也不再讲同一种语言的小男孩，要如何体验这场“喜悦团圆”。[13]

机构推崇家庭重建，部分原因是精神分析领域的新进展影响了他们的实践，儿童精神分析师在战后也对核心家庭颇感兴趣。当时的社工会谈及“已经广泛证实亲密的家庭环境对一个人的成长和人格发展不可或缺”，但其实这一观念在当时仍属新颖。[14] 安娜 · 弗洛伊德和多萝西 · 伯林厄姆（Dorothy Burlingham）在战争年代关于身处英国的被撤离儿童的书籍在这一方面具有开拓性，也为大众熟知。二人认为，将儿童与家人分开，尤其是与母亲分开，比被轰

炸的风险危害更大。她们表示："考虑到儿童要被迫离开家庭，[撤离带来的]对儿童生活的所有改善可能都不值一提。"[15]说与父母分开会从根本上危害儿童的精神和情感健康，这种观点非常新颖，对专业人士及公众对理想家庭应如何运转的看法都产生了深刻影响。[16]在心理专家中，也不只有弗洛伊德和伯林厄姆在主张要不计任何代价保持家庭完整。战后初期在英国工作的儿童精神分析师，包括弗洛伊德、梅兰妮·克莱因、唐纳德·温尼科特等人，都在一定程度上认同母子关系的重要性。约翰·鲍比尤其如此，他的作品也同样为公众熟知。他提出了更强的主张，认为将儿童与父母分开是"犯罪性格形成的一个突出原因"。在 1950 年递交给世界卫生组织的一份报告中，鲍比认为童年早期的"母爱剥夺"与一系列精神疾病有关，从行为不良到抑郁、弱智，不一而足。他认为，在极端情况下，母爱剥夺会将儿童变为"毫无感情的人"，一生都会陷入残缺的情感关系。[17]

但是，在私下的通信和报告中，援助机构承认他们在倡导家庭 96
重建的理想和混乱的实际之间如履薄冰。他们的一大担忧在于幸存的父母：机构工作人员怀疑幸存父母（或其他亲人）是否有足够好的精神健康状况来担负或重新担负起照顾儿童的责任。他们的这一想法出自战后对幸存者尤其是集中营幸存者的普遍偏见。如前所见，在战后初期的大众想象中，幸存成人往往被描绘成因其拘留营和集中营的经历而道德有亏，已被纳粹主义彻底损害。[18]援助工作者担心幸存的父母不适合来重建家庭，尤其担心幸存母亲已失去其"母性本能"。[19]援助机构怀疑这些幸存父母的精神和道德状况不适合认领回自己的孩子，也就让自身处在了尴尬的位置：他们既倡导家庭重聚的理想，又明白这一理想在实践中经常失败。英国关爱难民营儿童运动（British Movement for the Care of Children from the Camps）的负责人说："儿童'回家'后非常不快乐，这是让我们最伤心的时刻。”但该组织仍然支持重聚政策，即使儿童明显因此受苦。[20]

援助机构知道实际问题也会使家庭重聚困难重重。尽管美犹联合救济委员会等组织战后给数万犹太家庭提供了物质帮助，援助工作者也清楚，很多儿童如果回到父母身边会在经济上受苦，一些父母（甚至儿童自己）也这样担心。机构很少会像我们在上一章看到的多萝塔的故事中那样，出于经济上的考虑，为了儿童的利益而不让其与父母团聚。另外也如前所见，因为一些移民计划只对完全失依的儿童开放，一些父母和儿童认为最好隐藏儿童父母在世的情况，好让儿童早日离开欧洲。机构也知道很多“孤儿”并非真正的孤儿，但很偶尔的情况下，他们会与儿童一起维系谎言达成的结果。

97 这也提醒我们，虽然儿童可能困在援助组织和幸存成年家人的不同愿景和忧惧之间，但他们在家庭重聚的过程中也能发挥自己的能动性。我们不仅要问回到幸存父母或亲人身边的儿童会面临什么样的后果，还想知道他们有怎样的感受，这对他们意味着什么，以及他们如何努力在重建家庭中站稳脚跟。对近期经历的记忆是儿童最能维护其能动性的领域，但如果记忆在这些家庭里是一个战场，儿童就很少能在战斗中占到上风。

一些“重聚”的家庭很快又告破裂。有不少父母从大屠杀中幸存下来，在战后找到了他们尚在人世的孩子，努力将他们从战时收留家庭领回，结果最后又把他们送到照护之家。这种轨迹并不少见，而且鉴于我们看到幸存家庭在物质和精神上的困境，这也并不意外。随着美犹联合救济委员会资助的照护之家、基布兹、儿童中心在欧洲各处开放并接收“无人陪伴儿童”，幸存父母认为孩子们在这些机构中可能比在家里得到更好的照顾，孩子们自己有时也这么认为。这种安排往往只是暂时，但认为儿童接受机构照护对其更好的想法意味着此类安置很可能变为长期乃至永久方案。对一些家庭而言，将孩子暂交机构照护，而幸存的父母在战后的世界里打拼，这会让亲子之间愈发陌生，直至时间长到令关系无法修复。

我们无法精确知道战后照护之家里有多少儿童有父母幸存，但可以试做估算。截至 1946 年 9 月，儿童救助会有 1207 名儿童，其 98
中只有四分之一是真正的孤儿。在波兰也差不多：波兰犹太人中央委员会（Central Committee of Polish Jews）的照护之家里有 866 名儿童，其中只有 228 人纯是孤儿。[21] 如果这些数字能反映更广大的趋势，我们就可以假定战后的照护之家有里有多达四分之三的幸存儿童至少有父母一方尚存。我们也可以推测儿童会如何看待将他们安置在照护之家的决定。我们已经在马塞尔和多萝塔的例子里看到，一些儿童知道自己接受机构照护只是暂时安排，是出于得到他们需要的、想要的结果（在他们的例子里是离开欧洲）的必需。我们在他们的例子里还看到，儿童可以在这种计划中与他人合谋，为的或是确保这些暂时的安排最后能走向与海外家庭的重聚，或是像多萝塔那样永远不回原生家庭。但更多时候，家庭是随波逐流地选择了让机构照顾自己的孩子，并不清楚未来会因此怎样。事实上，随着机构开始在全球安置其被监护人，一些家庭与原本“暂时”安置在机构的孩子从此就断了联系。

这种情况就发生在埃尔文 · B (Erwin B）身上。和大多数战后被父母安置在照护之家的孩子不同，整个战争期间埃尔文都和母亲罗莎（Rosa）待在一起，战后才分开。埃尔文 1937 年 5 月出生于斯洛伐克的利普托夫斯基米库拉什（Liptovsky Sväty Mikuláš），他最初的记忆就是看到父亲被带去劳动营：

> 我母亲带我到火车站，我就看到了他，看到德国兵把他带走，抢走他所有的东西，把他放进一节运牛的车厢。[……] 这个画

> 面总是出现在我眼前。自我记事起我就一直记得,那时我才4岁。我看到他们抢走了他的刮胡刀和别的东西，然后他们把他的衣服也扒掉了。后来我母亲就把我带走了。[22]

那之后不久，埃尔文和母亲就开始躲躲藏藏，住在临时的庇护
99 所或者树林里。罗莎有个颇有用的技能：年轻时，她参加过世界以色列人联盟（Alliance Israelite Universelle）组织的一个交换项目，学会了一口流利的德语。在东躲西藏的日子里，罗莎对着埃尔文讲德语以保护二人，虽然埃尔文完全不会德语。这种情况持续到1945年，埃尔文因饥饿而肚子鼓胀，罗莎的腿肿到无法走路。他们乘着马车好不容易回到罗莎的家乡凯日马罗克（Kežmarok），但甫一到达罗莎就只得被送去医院。埃尔文走在马车后面，被阿姨找到；阿姨带他回家，照顾了几个月，但最后还是把他送到了美犹联合救济委员会在当地的一家幸存儿童照护之家。

埃尔文的照护之家岁月就此开启。和很多类似的决定一样，一开始都是暂时安排。他的母亲身体崩溃,无力照顾他,至少暂时不行。但是，等身体恢复后，她也没有带他回去，因为那时她又有了新的要紧事。埃尔文的大家庭中的仅存成员知道，他们在斯洛伐克没有未来，于是开始谋划离开。“逃亡”组织的成员给罗莎找了个非法去往巴勒斯坦的机会，但前提是她不带儿子。她决定一试，部分原因是埃尔文所在的联救会照护之家是一个基布兹，意味着孩子们最终也要去巴勒斯坦。罗莎于1946年到达巴勒斯坦，在试图非法进入时被抓，被英国军队先是关进阿特里特的拘留营，然后又送到塞浦路斯。与此同时，出于一些不明的原因，埃尔文所在照护之家的负责人决定送他移民英国。1946年春，他被送到萨里郡林菲尔德的威尔考特尼照护之家。埃尔文的家人没有一个知道他被送到了英国，特别是他母亲，因为她当时被关在阿特里特。[23]

至此，各种因素共同导致了埃尔文母子分离。然而，待到团聚机会重现，过往的岁月又让埃尔文难以回归家人身边。到了 1948 年末，埃尔文的姑姑在英国找到了他，他的叔叔要求把他送往以色列，那时以色列已经是一个独立国家。埃尔文顺利到了以色列，那 100
时是 1949 年 8 月，他 12 岁，但没有家人等着迎接他。他没有被带去母亲家，而是去了海法附近什穆埃尔城（Kiryat Shmuel）的一所中转营，在沙漠中的一个帐篷里待着。最终，罗莎争取到把埃尔文转移至“青少年大迁徙”* 在哈大沙高地（Ramat Hadassah）的一间照护之家。罗莎已经再婚，和她的丈夫、他的四个孩子及他的姐妹住在拉马特甘（Ramat Gan）。他们没有地方供埃尔文住，至少埃尔文接到的安排就是这样；而实际情况明显更复杂。“我没法跟我母亲讲话，”埃尔文后来在访谈中回忆道，“我讲英语。我忘记了所有的事情。我一点希伯来语都不会。”[24] 埃尔文说的每句话都需要罗莎的新丈夫来翻译，埃尔文明白自己在这个重组家庭里是个累赘。

埃尔文在“青少年大迁徙”照护之家待了一年，然后被转到哈音山（Givat Chayim）的基布兹，在那里领了受诫礼（bar mitzvah）。有一次，基布兹要求他的母亲带走他。他后来回忆道：

> 老师说：“不行，对不起，你把他带回去。如果你的儿子不和自己的母亲在一起，他会变成一个罪犯。如果你的丈夫有四个孩子，那他也可以有五个。他该待的地方是你家，不是这里，因为这里别的所有孩子都没有父母。他有母亲，那你怎么能想着不把他留在你自己家？”[……] 我母亲又去找犹太机构，求他们收留我。我就被送去了南边的一个家庭，又从那里到了埃恩哈罗德（Ein Harod）[基布兹]。[……] 我想和我妈妈在一起。

---

* 青少年大迁徙（Youth Aliyah），一个从纳粹手中解救了上万名犹太儿童的犹太人组织。

每个孩子都想和他妈妈在一起。[25]

埃尔文再也没有和母亲住在一起。他留在了埃恩哈罗德，直到2017年逝世。他时而能见到他的母亲，但她1956年与第二任丈夫搬去了加拿大。埃尔文后来说，在与母亲分离的过程中，最痛苦的一件事就是家庭的破裂带走了他大部分的童年回忆，让他不得不从手头仅有的一点点文件中艰难拼凑早年生活的细节：

101 如今，让我最痛苦的一件事就是我近乎所有的童年记忆都被抹去了。甚至连斯洛伐克语，我7岁之前的母语，我也完全不记得了——全没了。我不记得我爸，也不记得和母亲在一起的日子。[……] 甚至战争结束后很多年，我母亲也拒绝谈论那个时期，其他幸存的家人也如此。我们从不谈论那时候。[26]

埃尔文去世时，他在基布兹的朋友和同事在讣告里写到他家里有一个抽屉，专门存放那一点关于他早年人生故事以及以色列之行的官方文件。“对他而言，这些就是一些些拼图碎片，”他们写道，“他要围绕它们拼完自己的人生故事。”[27]

要分辨出有多少待在照护之家的幸存儿童其实有幸存父母实属困难，同样困难的是去估计有多少儿童在战后回到了幸存父母身边。社会学家黛安·沃尔夫（Diane Wolf）研究身在荷兰的幸存儿童，她采访了70名幸存儿童，发现有三分之一在战后回到了父母身边生活。我们无法知晓这个数字能否应用于更广范围，但在使本书得以成立的上百名儿童中，约有四分之一在战后回到了双亲或一方身边。[28] 战争结束时，这些重聚家庭里的孩子面临着特别的挑战，因为他们不仅自己就是幸存者，还是幸存者的子女。人们经常对他们说，他们很是幸运，得见自己的核心家庭保持完整或部分完整，但重聚家庭很少能顺利走出战争的阴影。[29]

能够记得父母的孩子看到战争对父母的改变时，往往会大为震惊。一些父母的样貌和孩子们最后一次见到时大不一样，还有些父母因营养不良、劳累和身体受伤而十分虚弱，恐怕难以在这个对孩 102
子们仍然显得危险的世界里胜任保护者的角色。文学研究者修珊娜·费尔曼（Shoshana Felman）讲过梅纳歆·S（Menachem S）的故事。梅纳歆 4 岁时，被父母从普瓦舒夫（Płaszów）集中营偷偷送了出来。他的父母后来也从集中营奇迹般生还，但归来时“穿着囚服，瘦得不成人样”，在孩子的眼中殊为陌生，梅纳歆无法张口叫“爸爸”“妈妈”，而是坚持正式地称呼他们为“先生”“太太”。[30]这一反应并不少见。父母不仅样貌改变，情感也变了。和他们的孩子一样，一些父母为了生存，学会了在情感上与诸般事情都保持距离。这种技能有些时候一旦学会，就再难放下。有不少孩子回到父母身边，发现父母在行为上变得暴力；更多的则是保持情感距离，在重聚的家庭里成为另一种暴力。

一些孩子很难信任他们的父母，不知该如何信赖在他们看来遗弃了自己的人。他们恼怒于父母抛下了自己，即使年纪渐长后理智上明白父母当时别无选择；而当父母把他们从感到舒适和被爱的战时收留家庭带走时，他们则更为生气。回到父母身边，让孩子们有了机会对着他们撒气。战争期间，无论是躲躲藏藏、身处犹太人隔离区还是在集中营里，他们都只能顺从、安静、表现良好以保证安全；如今，他们可以叛逆了。[31]他们在情感上与父母保持距离，拒绝触碰他们，对他们发火，不吃饭，有时甚至还故意让父母知道他们觉得父母很难堪——因为他们残缺的身体、奇怪的口音，抑或他们的犹太特性。亨利·O（Henri O）战时藏在荷兰，他的父母都活了下来，但他记得战后家人重聚时的强烈不适，那时他 5 岁：

> 他们出现的时候，我认出了我母亲，我说：“你离开了好久
> 103 啊。”是啊，两年半，我一半的人生。好吧。然后有人说：“你不要坐到你爸爸腿上吗？”我就坐到我爸爸腿上。但感觉不一样了。[32]

在重聚家庭里，父母和孩子都是幸存者，人人都有自己的生还故事，但孩子少有机会讲自己的故事，也没什么人听。在重聚家庭里，有很多原因让孩子们觉得无法讲述自己的战时故事，也无法提那些他们有时渴望问的问题。一些孩子觉得自己必须稳定下来，才能去照顾情绪脆弱的父母。一些父母以为孩子们很快就能忘记战时的经历（或者至少他们总是这么告诉孩子）。一些父母忌妒孩子与战时收留家庭的关系，于是完全不讨论孩子藏匿时期的事，以回避这种复杂情绪。[33] 很多父母觉得自己的战争经历才是实实在在的折磨，孩子们的经历比不上，因此他们明里暗里给痛苦划分了等级，让孩子们的故事显得不足挂齿。[34]

虽然父母极力阻挠孩子在家里讨论战时经历，记忆却尴尬又不可预料地打断家庭生活的方方面面。为避免讨论过去，一些父母就让自己忙个不停，还鼓励孩子也这么做。但是，这种故意的忙碌总是被关于其他亲人命运的新消息打断。每次新的消息一到，总是引发哭泣或是冰封般的沉寂，要么是关起房门在后面低声细语，有时甚至会陷入一阵癫狂。在这些“幸运”家庭里，虽然孩子们的故事很少被用心倾听，但一些父母却总是在毫无节制地谈论自己的战争经历，让他们的痛苦渗入家庭的每条肌理。索尔 · A（Saul A）1937 年生于克拉科夫，他和母亲先是待在当地的犹太人隔离区，后来去了泰雷津。解放后，他们找到了索尔的父亲，他进过一系列集中营，最终得以生还。1985 年，一位心理学家采访索尔，他回忆起父亲总是在说自己的集中营经历。面对这么多信息来袭，索尔为保

护自己，就忘了他父亲讲过的一切：

索尔·A：我现在有一个负担就是，我不记得父亲待过哪些营。我觉得我应该知道。但我没给自己机会。我一度是知道的，但现在不记得了。[……]他在那种特别糟糕的[营]里面待过，但我不知道在哪里或者是哪些。 104

采访者：他手臂上文了编号吗？

索尔：没有，他从没去过奥斯维辛，这个我知道。

采访者：你以后可能会想起来的。既然你说你一度知道，那随着时间……你看，你决定忘记已经是很多年前了。

索尔：哦，我知道。我听到了这些信息，但超出了接受能力，因为我父亲过去常讲他的故事，我就干脆充耳不闻了。

采访者：而且你是独生子，你的父母十分努力地保护着你。

索尔：我父亲没有。他在我面前经常提那些故事。

采访者：他讲那些故事的时候，你是什么感觉？

索尔：我想跑。

采访者：真的吗？

索尔：我不知道。[35]

一些父母不停地讲述战时经历，一些则完全不讲。很难说哪种情况让孩子更难接受。早在1968年，一些研究幸存者子女（这些孩子自己通常没有经历劫后余生，因为他们出生在战后，但与重聚家庭里的幸存儿童也多有共同之处）的精神和情绪问题的心理学家及精神科医生就发现“在更健康的[儿童]患者中，其父母都极少谈论战争”，而那些问题最大的患者，其父母都把孩子“当作听众，一刻不停地讲述他们的可怕回忆”。[36]

如果父母只有一方存活，幸存儿童面临的情况就更为复杂。在

105 只有单亲幸存的家庭里，过世一方的缺席十分明显，但极少被讨论。这种缺失在家中是切实可感的，是一处很扎眼的实实在在的空缺，对儿童充满危险——尤其是在孩子想问他们不记得的那位父母的事，而在世的一方不愿或难以回答之时。这在亲子之间制造出了紧张关系：孩子将其（理想中的）过世父母和（明显被战争破坏的）在世一方相比较，迫切寻求信息来填补过世的父亲或母亲在自己心中的形象，但他们的问题又总是被回绝。

C 家的齐拉和埃里克（第一章出现）战后被安置到儿童救助会的一所儿童之家，很快他们就了解到他们的父亲从奥斯维辛存活了下来，回了在德国的家乡。1946 年 9 月，两个孩子被送回父亲身边生活。他们对他没有一点记忆，最后一次见面时齐拉还是婴儿，埃里克刚刚学步。他们回到了一个看着严厉又疏离的陌生人身边。埃里克后来回忆道：

> 要从一开始说我对他的记忆的话，他那时是个非常冷漠的人。现在我长大成人，在问考他当时为什么那样的时候，我尽量把他往好处想，他在奥斯维辛的经历肯定很恐怖。但他对我们没有温暖、没有爱、没有感情，不管出于什么原因，他确实没能把我当时想要的东西给我们。[37]

对埃里克而言，家里笼罩着凝重的沉默，母亲的缺失非常明显。他记得自己怨恨父亲不愿给他俩讲关于母亲的任何事；家里也没有母亲一张照片，孩子们不知道母亲长什么样，在渴望温暖的母亲角色时也无法想象她的样子。他们的父亲也拒不谈论自己在奥斯维辛的日子，更不愿询问或倾听孩子们在藏匿岁月的故事。“没有讨论，”埃里克回忆道，“我经历的事情都不值得被谈论。”几年后，父亲与
106 他们的关系破裂了。1950 年，父亲送埃里克和齐拉去美国，和孩子

俩的姥爷姥姥生活，实际上终止了与他们的关系。埃里克后来只见过父亲一面，那时埃里克30岁出头，自己成了父亲，在德国短暂出差。他和妻子与父亲见面，花了几个小时说些“无聊的、通常与商业伙伴而非父亲聊的事情，到最后，我头疼得厉害，我们就离开了”。

尤蒂特·K（Judith K）1938年2月生于柏林东部。1939年5月，他们一家试图逃离欧洲，搭上了“圣路易斯号”（*St Louis*）这艘德国远洋客轮，船上载有逾900名犹太难民。轮船屡遭坎坷，被古巴、美国、加拿大先后拒绝。经长时间协商，英国、法国、比利时和荷兰同意各自接收部分乘客；轮船回到了欧洲，尤蒂特一家最后到了法国南部的村庄“内”（Nay）。1942年夏，法国警方抓捕了尤蒂特及其父母，把他们送去居尔，但尤蒂特后来被儿童救助会弄出了拘留营。她清楚地记得父亲将她交给儿救会工作人员时的情形：

> 天很黑，[父亲]拉着我的手，我们一直走到一个地方，那儿有一个房间和一些人；别问我是哪里或者有什么，我当时才4岁。我记得接下来是，我握着父亲的手，他说：“看那边，尤蒂！”他放开了我的手，我还在看，我的手又被拉起，突然我转头一看，那不是我父亲。他走了。我再也没见过他们——他们被带走了。当我意识到父亲走了，我完全陷入了歇斯底里。[38]

埃纳尔（Enard）一家是一个法国天主教家庭，在内村时认识了尤蒂特一家。他们同意把尤蒂特藏起来，带着她待到了战争结束。
埃纳尔太太成了尤蒂特的“阿妈”，埃纳尔家的孩子们成了她的兄 107
弟姐妹。尤蒂特回忆称：“和这位女士在一起，我收获了这辈子最深的爱。”在埃纳尔家中，她平静安宁地度过了战争后期，感到自己“深深被爱”。但是解放后，她在美国生活的一对叔叔婶婶联系了儿童救助会，表示愿意接收她。她回忆道：

> 我被告知必须离开，我在美国的家人想要我，我得离开法国。我难以理解。这里一直是我家——我只知道这个，不知道别的。阿妈带我去了巴黎，在巴黎我被带到儿童救助会的办公室，阿妈就放了手，就像我父亲在居尔放手一样。我记得我不停哭号，因为她要走了，就像我父亲走时一样。

尤蒂特被带到儿童救助会在莱格利希纳（Les Glycines）的一家安置中心，并于 1946 年 8 月被送上去往纽约市的船。[39] 尽管她后来管她的叔叔婶婶叫了“父亲”“母亲”，但她发现融入他们家的过程还是困难。她不再讲德语，也不会说英语，但叔叔一家又不讲法语。这一家信东正教，而尤蒂特已经习惯了与埃纳尔一家去天主堂，也讨厌“被说那是错的”。但跨越大洋加入一个非常陌生的新家，最痛苦的还是她的叔叔婶婶坚持让她斩断与过去的联系：

> 他们说我必须停止给阿妈写信，这对我是最难的。当然，我的新父母是好意。他们只是说：“当时是当时，现在是现在，所以停止吧！忘记过去，重新开始！”但那几乎不可能做到。

虽然尤蒂特感到融入叔叔家的过程很难，他们希望她抛下过去打造新身份也让她生气，但在亲人的照顾下她过得还算不错且安
108 稳。但是，整体而言，战后回到亲戚身边生活的孩子，经历的困难比别的孩子多：多过回到父母一方或双方身边的孩子，多过在机构里度过童年的孩子，也多过最后待在收养或寄养家庭的孩子。要明白为何如此，我们要考虑是什么在促使这些亲戚（多是幸存的叔叔阿姨或祖父母）收留孩子。背后的原因自然不一而足，但很多亲戚

往往是出于对逝者的责任感，以及希望能够让孩子留在家族中，延续家族的姓氏。在难以忍受的丧亲之痛面前，这可以理解，但这不一定能营造一个温暖的家庭环境。最有能力照顾幸存儿童的亲戚往往是在战前就迁出欧洲并在海外安顿下来的人，因此，很多孩子要像尤蒂特一样跨越大洋与从未谋面或自战前就没见过的亲戚生活在一起。如果说起初收留孩子的决定是出于责任感，那么，有时随着时间流逝，责任感会变成怨恨乃至愤怒：心爱的兄弟姐妹或者儿女已然遇害，他们的孩子却留了下来。这种家庭里的孩子后来回忆时，总觉得自己像没人想要的继子女，从未被真正接纳。[40]

和尤蒂特一样，很多最后进入亲戚家的孩子因为亲戚明里暗里要求他们忘掉过去而生气。如前所见，在孩子与幸存父母一起生活的家庭中也有此类情况，但这种强制忘记的态度在孩子与姑叔姨舅一起生活的家庭中具有独特的不适感。黛西 · L（Daisy L）1939 年生于捷克斯洛伐克，战时躲藏过活，战后被父亲的两个姐妹从藏身之处强行带走。这两位姑姑在战争中失去了丈夫，也没有孩子。黛西后来回忆道，虽然她们有强烈的责任感抚养亲兄弟的遗孤，但她们对黛西母亲的怨恨经常溢于言表，也延伸到黛西身上。“她们从 109
来没说过我母亲任何好话，从来没有。”她回忆道。她们总是大加批判，阻隔了黛西在这世上最想了解的事：关于她爱过的母亲的种种细节，它们本可以填补她不断淡去的记忆。[41]

重聚家庭如何对待记忆，贯穿了本章中的所有故事，有时这正是导致关系破裂的断层线。20 世纪 20 年代，开创性的社会学家毛里斯 · 阿尔布瓦克斯（Maurice Halbwachs）首次提出“集体记忆”概念——而他在 1945 年死于布痕瓦尔德。他主张所有的记忆都出自社会建构，而家庭正是塑造你我早期记忆的最初集体。家人一次次地给我们反馈我们自己早年的人生故事，这成为我们各人自传性叙事的基本组成部分。他们帮我们按时间顺序排列事件，理解其重要性，并赋予其意义。我们一同记住这些，进而编排出家庭的集体叙事和个人的自我叙事。家庭的集体记忆深深影响着个人对过去的看法。[42]

然而，在幸存家庭中，记忆往往会走上不同的路径。幸存父母和亲戚会努力阻断对过去的讨论，但幸存儿童有时会反抗回来，家庭关系就会为什么可以在家里公开讨论、什么不可以而产生分裂。我们会在后面的章节中看到，这并不意味着幸存儿童在战后没有机会讨论自己的过去——有些照护之家和机构会积极鼓励孩子讲述自己的战时经历——但少有家庭会为此种对话留出余地。如果说这一问题在孩子进入青春期之前只是在潜滋暗长，那么我们会看到，随着一些幸存儿童逐渐迈向成年，他们了解过去、掌握过去记忆的渴望就成了一股再也无法遏制的力量。

第五章

城堡儿童

110

1948年，约有50名儿童住在儿童救助会设在塔韦尼村（距巴黎30公里）美丽的瓦塞尔城堡（Château de Vaucelles）的一间照护之家里。城堡之前住着一些“布痕瓦尔德男孩”，由儿救会的社工尤蒂特·海门丁格和加比·“妮妮”·沃尔夫（Gabi ‘Niny’ Wolff）照料。但到1947年，这些男孩大多到了青春期，已然搬走，塔韦尼的城堡于是成了6—14岁幸存儿童的照护之家。负责人埃里希·豪斯曼（Erich Hausmann）将其按东正教规矩运行着，他后来回忆道：“我的主要志向是为那些被托付给我的孩子创造一个快乐温馨的犹太家庭。”大家都说他成功了。很多受豪斯曼照顾的幸存儿童——塔韦尼村民口中的“城堡儿童”——回忆起来，都说那里是个“非常有爱的地方”，他们感觉与负责人“像亲人一样”，叫他“豪斯曼爸爸”，尽管那时豪斯曼才37岁，没有孩子。[1]

第一章出现过的菲丽丝·Z正是一名城堡儿童。菲丽丝原本在儿救会的另一家位于德拉韦伊的照护之家，她在那里过得不开心。“我不记得德拉韦伊，”她后来回忆道，“因为我与[战时收留家庭]

帕图一家分离十分痛苦，他们在那时就相当于我的父母。”[2] 她在德拉韦伊时要痛苦地适应新的战后现实，但她在塔韦尼的日子截然不同：她记得在那里过得舒适开心，有归属感，也感受到了爱。这在很大程度上得益于工作人员的善良和同情心。为了让塔韦尼像家
111 一样，埃里希·豪斯曼把孩子们分成小组，每个组由一名辅导员负责。这些辅导员也刚过青春期，战时也是在集中营或躲藏中度过，也和他们照顾的孩子一样失去了家人，需要家庭，需要一些东西来重建他们被连根拔起的生活。菲丽丝的辅导员埃莱娜·埃凯瑟（Hélène Ekhajser）1927 年生于华沙，原名哈雅·埃凯瑟（Chaja Ekhajser）。1944 年 2 月，她在 16 岁上被送入了奥斯维辛。这会儿她刚到 20 岁，就被安排来照顾这些幸存的城堡儿童。菲丽丝记得自己像小狗一样跟着她。埃莱娜亲切地叫她“我的小猫咪”（mon petit chat），帮助 8 岁的菲丽丝度过了在德拉韦伊经历的震惊和麻木。

辅导员和孩子之间的牵绊一定程度上来自讲故事带来的温暖和亲密。埃莱娜小组里的孩子会依偎着她，聆听睡前故事。“我们那时常坐在她身边，”菲丽丝回忆道，“我坐在埃莱娜脚边，她会给我们讲战争的故事。”那都是有转折的故事，“[她] 在集中营待过，[她] 给我们讲让人不敢相信的恐怖故事，但我们很喜欢。”孩子们最喜欢让埃莱娜讲一个故事，那是 1945 年 1 月她从奥斯维辛到拉文斯布吕克（Ravensbrück）死亡行军时的所见：

> [故事里] 每个人都在雪里走着，这个小女孩想要……她走不动了，所以她问德国人她可不可以坐卡车。他们说当然可以。结果 [德国人] 把她带到卡车里，然后杀了她。我们想：哇！好精彩的故事！[3]

在讨论大屠杀时，我们一般不会从睡前故事的角度入手。因此，

我们不禁要问，为什么这个故事对这群小孩有这么大的魔力，让他们在战争结束三年后的一所法国乡村庄园里还会在傍晚时分紧紧围坐在他们的辅导员身边？为什么这些孩子会请求埃莱娜讲这个恐怖的故事？为什么多年以后，这些孩子长大后回忆起这个讲故事的时刻满是温暖和爱意？

有意思的是，在后来的一次访谈中，埃莱娜回忆起她在塔韦尼 112
和那群小孩温馨的睡前夜话，表示自己给他们讲奥斯维辛死亡行军故事是为了给他们灌输一种观念，即“为了生存，必须抗争。”[4]这可能是她当时试图传递的信息，但孩子们接收到的是这样的信息吗？菲丽丝后来的说法表明，他们并未如此解读。在 1992 年的一次访谈中她回忆道，死亡行军故事是一个“让我们非常激动的故事，那些孩子都在一条船上”。六年后，即 1998 年，她也做了类似的表达：“那是个很精彩的故事。我们是一个紧密的小群体，那感觉真好。那是一个真正让人感到温暖的家。”[5]换句话说，让那群围在辅导员身边的小孩感到故事珍贵动听的不是其内容本身，而是背后的内涵。倾听者都是幸存儿童，讲述者本人也是幸存儿童，他们都和故事里被杀害的女孩为同一条纽带所联结。他们都受到过纳粹的死亡威胁，也都看到过自己的家庭被撕裂、抛入混乱。共同的经历让他们走到了一起。这故事是一则寓言，基于埃莱娜过于真实的经历，故事里有明确的坏人和受害者，还有讲述者和围聚的倾听者间愉悦的共鸣。借由这样的故事，孩子们可以开始理解吞噬了他们父母的暴力屠戮；但过去处在幻想和真实之间：无论孩子们是不是大屠杀的幸存者，他们都经历着那样的真实。

我们此前已经看到过，孩子们在战后回到幸存父母或亲人身边会经历怎样的困难，而在重聚家庭里，孩子们自己的战争故事从未能像大人一样在道德上被同等看待。在战后，如果共同的幸存经历让原生家庭的关系变得紧张，为何有时在照护之家里是相反的结果？写作本书时我参考了许多儿童的故事，在这些儿童中，大多数战后在照护之家里待过的孩子回忆起这些机构来都觉得温暖。事实上，好几个后来回到自己家庭的人回首过去时，都希望自己当时可
113 以一直待在照护之家。一开始这让我震惊，因为这背离了我们对核心家庭最深层的价值预设。我们很难想象照护之家比家庭更让孩子们感到有爱、可依靠。但如果仔细研究战后的幸存儿童照护之家，我们或许就能更好理解这一点，因为战后时期的照护之家在很多方面都独一无二。这些照护之家构成了幸存者社群，在其中，战时经历即使没有被公开讨论，也在集体生活中多有表现。战时经历也构成了日常生活的背景，让工作人员和孩子们生发出一种使命感，这种使命感在很多幸存的犹太人感到绝望、震惊和悲痛的战后岁月里弥足珍贵。

如果从豪斯曼“爸爸”的塔韦尼城堡退后一步，放眼全欧洲，我们会在战后的照护之家里看到什么？战后，无疑有很多儿童照护之家被落后的工作人员依照低劣的标准管理着，但在此时，在关于儿童集体生活的设想和实践上都有一些创举。在很多方面，这些曾被称为孤儿院的机构都进入了黄金时期。很多工作人员刻意拒绝称之为孤儿院，而是称照护之家、儿童群落、儿童村或者干脆就叫“家”（foyer）。这些称呼反映出相关人士不仅在努力应对战后照顾无家可归儿童的迫切现实需要，也在教育理念和意识形态上进行着一场乌托邦实验。对于在战争中失去很多的成年人而言，照护之家给他们提供了一个机会去探索修补欧洲社会裂痕的新模式，这些新模式受的正是进步价值观和以儿童为中心的实践的启发。如历史学家丹妮拉·多伦所写，此时的儿童之家“像实验室一般运行，儿童福利专家可以利用进步的教育理念连同犹太知识把这些孩子塑造为欧洲及犹太社会的理想成员乃至领袖。”[6] 从这些背井离乡、骨肉分离的

孩子们身上，照护之家的带领人看到了希望：他们希望知道进步的
教养方式能否创造有民主思想的公民，希望通过集体生活治愈孩子 114
们的心灵，也希望了解失去了一切的成人能否借照顾“被战争损害的儿童”治愈自己破碎的生活。

因此，这项工作涉及的成年人情绪需求在某些意义上也和孩子们的一样重要。我们能在战后早期一些照护之家的负责人身上看到例证。希玛 · 克罗克（Syma Klok）战后为联合国善后救济总署工作时才 24 岁。她生于维尔纽斯，战时和丈夫马库斯（Marcus）从波兰逃到了日本，但逃亡岁月中的磨难也毁了他们的婚姻。战争结束时，克罗克发现虽然她的兄弟在战争中躲在比利时幸免于难，但她的两个姐妹及其丈夫和子女皆遭杀害。她虽然年轻健康，却也孤苦伶仃。因为早年受过教学和儿童发展方面的训练，她加入了联总，成为儿童搜寻处的工作人员。她走遍乡间，征用房屋和资源来安置被遗弃的儿童。1948 年，她在奥地利美占区的巴特沙勒巴赫（Bad Schallerbach）成立了一所隶属于国际难民组织的儿童之家。那里收留了约 65 名儿童，既有犹太人也有非犹太人；工作人员主要由难民营志愿者组成，每名工作人员负责四名儿童。工作人员对巴特沙勒巴赫的愿景和克罗克一致，用她的话来说，他们都把这所儿童之家看作可以帮助孩子们“接受他们的悲剧，[并]尽可能释放他们对于自身悲剧的愤怒和困惑”的地方。[7] 因此，巴特沙勒巴赫的工作人员认为这所机构不仅是在收留因战争而与家人分离的孩子；在他们眼里，这是可以开展宏大的心理复原任务的场所。[8]

克罗克及其团队在这一任务中打算使用的工具是爱、宽容和理解，因为工作人员也有跟儿童类似的战时经历：“他们也珍惜这个机会，想获得一个持续安稳的氛围，可以感到被需要、感到自己有
用、感到安全。”孩子们在战争中只知禁止和危险，工作人员如今 115
就允许他们自由行事；他们此前少有机会被大人倾听，克罗克和同

事们就坚持在睡前跟每个孩子道晚安，给他们拥抱和亲吻，倾听他们的担忧，因为“这个时候许多孩子才能讲出最困扰他们的事情”。克罗克相信她的方法可以改变孩子，因此四年后，当她在美国接受社工培训时，面对美国同事热烈拥护的“科学”社会福利方法，她忍不住取笑。“[精神分析师布鲁诺·]贝特尔海姆（Bruno Bettelheim）说，‘只有爱并不够’，”她在一篇文章中写道，“但在我们那种情况下，爱就在场，而且作用很大，你看，如果没有爱、温暖和理解，什么东西都不够——连个案工作也不够。”[9]

战争结束时，丽娜·库赫勒（Lena Kuchler）也失去了亲人，也决心将她的愤怒和绝望变成有用的东西。和克罗克一样，她也是波兰人，接受过教师培训，也已与丈夫分离。和克罗克不同的是，她在战争中没能成功逃离欧洲：她眼看着襁褓中的女儿死于饥饿，也失去了父母，自己则靠着装成雅利安人在一个偏远村庄做保姆活了下来。她挚爱的姐妹菲拉（Fela）加入了游击队，却在解放前的几天被告发并遭杀害。库赫勒当时34岁，她后来回忆道：“战争结束后，我被碾成了碎渣，能为之去活的东西完全没有。是孩子们救了我：通过帮助他们，我拯救了自己。”[10] 库赫勒全情投入为克拉科夫的一群幸存儿童找食宿的任务，这些孩子就在犹太委员会大楼周围乱转，只得到了一点点组织援助。因为看来没有别人接手这帮孩子，也因为她自己也无处可去，库赫勒就担负起了给孩子们在塔特拉（Tatra）山脉的度假地扎科帕内（Zakopane）建造家园的任务。但这个儿童之家被波兰准军事组织民族武装部队*持续袭击，后者想要把波兰仅存的犹太幸存者驱逐出境。库赫勒和同事及所有儿童只能在夜色的掩护下非法逃离国境，后在法国重建儿童之家，最后于

---

* 民族武装部队（National Armed Forces, Narodowe Siły Zbrojne）是波兰的一个右翼地下武装组织，自1942年起活动，在二战期间反抗德国纳粹，但在二战行将结束时，该组织的一些部门与纳粹合作，进行反犹活动。

1949 年一起潜逃至以色列。[11]

1946 年，库赫勒和其他大屠杀幸存者接受了立陶宛–美国学者大卫 · P. 博德（David P. Boder）的采访。和孩子们站在巴黎郊外贝勒弗（Bellevue）重建的儿童之家中，她强调：“这不是一个机构。这是一个家庭。[……] 我想要……永远和他们待在一起。我想看着他们结婚，有我自己的‘孙子孙女’。我没有自己的家。我在这儿没有别人。”[12] 和克罗克一样，库赫勒聚集了一群工作人员，这些也在战争中失去了伴侣和子女的人，热情地投入库赫勒的项目，通过温暖和宽容帮孩子们复原。和克罗克的照护之家一样，库赫勒的儿童之家也全以儿童为中心：工作人员和儿童定期举行组会，成立了儿童秘书处和文化委员会，还有一个儿童法庭来处理小的争执和纪律问题——这一办法最早在战前由雅努什·科扎克 * 提出，战后被儿童之家普遍采用。[13] 工作人员试图让孩子们通过自我管理、参与公共讨论以及为整个社群承担一定责任来重新掌握社会技能。 116

这种运营儿童之家的方式在战后终于结出了果实，但它在倡导者心中酝酿已久，因为“无人陪伴儿童”的众多问题在战时即已逐渐暴露。奥地利人恩斯特 · 帕帕内克（Ernst Papanek）是一名阿德勒 † 派心理学家，后来也支持自由学校运动 ‡，他被儿童救助会的同事（时而亲切时而恼怒地）称为“外邦人” §。战争期间，他在法国蒙莫朗西（Montmorency）负责一所犹太难民儿童之家。他照顾的儿童大多是从纳粹德国逃出来的，他意识到他们脱离了社群，需要恢复社会归属感。“我们这个社群都是非常特别的孩子，有着非常特别

---

* 雅努什 · 科扎克（Janusz Korczak，1878—1942），本名亨里克 · 哥德施密特（Henryk Goldszmit），波兰犹太人，教育家、儿童作家，在特雷布林卡灭绝营遇害。

† 阿尔弗雷德 · 阿德勒（Alfred Adler，1870—1937），奥地利精神病学家，个体心理学创始人，人本主义心理学先驱。

‡ 自由学校运动（Free School movement），美国六七十年代的教育改革运动。——编注

§ 外邦人（goy），或非犹太人，是犹太人对非犹太人的称呼，有时有贬义。

的需求，”他后来写道，“他们既然来找了我们这些陌生人，又觉得害怕，我们就必须让他们再快乐起来。不仅仅是靠创立一个秩序井然的家，也不靠开派对或是唱歌。我说让他们快乐，不是说给他们提供娱乐；我们的任务是创造一片让他们能不断成长、焕发生机的
117 氛围。”[14] 与此类似，瑞士记者瓦尔特·罗伯特·科尔蒂（Walter Robert Corti）预感到战后照护工作者将要面临巨大的任务，于是在1944年提出战争孤儿应在专门的“儿童村”接受照顾，他们应该“被当作一个个的人对待，按生活小组接受照看，而不是像在传统机构或孤儿院里那样被无差别地当作一个住户群体”。自我管理的组织可以确保孩子们发展出社群意识。科尔蒂表示，对脱离社群的儿童而言，这不仅是为其重建社交网络的手段，而是回归民主生活的路径。[15]

战后早期，加入联合国善后救济总署和美犹联合救济委员会的美国、英国、加拿大照护者一般受的是社会工作和儿童心理学训练，而欧洲培训出的工作人员受的则是另一批影响。他们很多人自视为专业的教育工作者，受20世纪早期教育改革运动的影响，更偏向于激进的教育思想家如玛利娅·蒙台梭利（Maria Montessori）、约翰·裴斯塔洛齐（Johann Pestalozzi）、雅努什·科扎克、安东·马卡连科（Anton Makarenko）及亨利·瓦隆（Henri Wallon）等人的理论和方法（瓦隆直接用新教育运动*的理论和实践培训出了战后儿童救助会的一些主要领导者）。[16] 从很多方面来看，他们从根子上都是一群欧洲人：他们来自欧洲大陆的每个角落，最后也扎根于此；他们受早先泛欧思想运动的启迪，也利用了深植于欧洲的一个信念，即孩子是“重建国家疆界、复兴战后社会的关键力量”。[17]

---

* 新教育运动（éducation nouvelle），19世纪末20世纪初在欧洲兴起的教育改革运动，主要内容是建立与旧式学校在教育目的、内容、方法上完全不同的新学校，又称“新学校运动”。

他们自视为肩负使命的专家，要使用先进的教育技术首先帮助孩子们恢复心理力量，长期目标则是训练他们成为未来的领袖，以建设一个更强大的犹太社群和更公正的社会。

这显然是一个雄心勃勃的计划，它必须面对核心家庭的意识形态愿景所提出的挑战。如前所见，战后早期的援助机构受安娜·弗洛伊德、梅兰妮·克莱因等精神分析师的主张的影响，认为幸存儿童回归核心家庭环境乃是理想状态，并不遗余力地推崇这一观点。118
整个欧洲都在热烈争鸣机构生活能否满足儿童心理需要，这一问题也深入到了大屠杀后绝大多数儿童援助机构的政策及实践的核心。塔拉·扎赫拉认为，援助工作者在这一争论中会站到不同立场，是受了地理位置和意识形态的双重影响，并将“西方人道工作者的个人主义理想”与“东欧及犹太难民和政策制定者的集体主义愿景”对立起来。[18] 但事实上，到底要如何最好地照顾失依或被遗弃的犹太儿童，针对该问题核心的争论并没有清晰的地理界线。在法国、英国及波兰，在德国、意大利和奥地利的难民营，在联合国善后救济总署、美犹联合救济委员会和地区性犹太组织运营的机构里，成年人都在争论集体生活是否对儿童最好，以及迫于必需而成立的机构能否不仅用来修复儿童的心灵，也满足社会复原的更广泛需要。[19] 即使是为核心家庭是儿童心理健康发展的关键而雄辩的人，有时也会拥护集体生活——只要情况合适：比如安娜·弗洛伊德就直接参与了萨里郡威尔考特尼照护之家的运行，那里提倡集体生活，很少有儿童被寄养。事实上，那里只有最年幼的儿童最后去了寄养家庭——部分原因可能是他们年纪太小，无法明确反对。[20]

儿童心理学家和精神分析师可能在理论上高唱核心家庭的赞歌，但在实际中，犹太家庭被战争极大削弱。幸存者家庭在战后生活艰难，因而关于家庭的力量、稳定乃至价值的预设都难以维系。如果我们观察儿童救助会在法国照顾的儿童的战后状态，这种情况

就更加明显。儿救会公开宣称家庭重聚是他们“最重要最紧迫的任
119 务”，但这种对核心家庭的倡导很大程度上只在理论上成立。[21] 战后，儿救会的 25 间照护之家中约有 40% 的儿童有双亲在世，还有 34% 的儿童尚有单亲，真正的孤儿是少数，这也表明对很多家庭来说，重聚是一个无法实现的理想。而且，随着时间流逝，这种情况更加明显：到了 1949、1950 年，儿救会的照护之家里 90% 的儿童有父母在世。[22] 儿救会的领导者担心这表示战后犹太家庭对儿童根本不是有益的环境。薇薇特·萨缪尔（Vivette Samuel）在战争期间组织了儿救会在法国尚贝里（Chambéry）的秘密分支，她写道：“犹太家庭曾经因牵挂孩子、想要留住孩子、绝不抛弃孩子而闻名。但现在我们看到，这些家庭非常轻易地把孩子交给了机构——不仅在法国，别处也是一样。”[23] 像萨缪尔这样想的儿救会领导者不止她一个，他们担心法国的犹太家庭不再适合作为战后犹太主义复兴的摇篮，私下里会批评幸存父母忽视了自己的孩子，即使他们理解原因往往是这些父母极度贫困，兼之身心状态也很糟糕。[24] 事实上，儿救会的工作人员花了一些时间才意识到精神问题对家庭重聚有多大的影响。直到 20 世纪 50 年代，一些儿童因民事诉讼被强行从家中带走送来儿救会时，这里的工作人员才公开承认：“不幸的是，有很多父母疯了或者精神不大稳定。”[25]

眼看着家庭无力扮演机构希望他们承担的角色，机构开始考虑照护之家该如何填补这一空白——他们很快就将集体生活看作失职家庭的现实替代，而且还对其寄予乌托邦式的希望。尽管机构有时担心幸存者员工可能有心理问题，会影响他们对儿童的照顾，但在实际中，对很多员工而言，在他们应对丧亲的巨大痛苦时，照顾儿童明显给他们的生活赋予了意义，也坚定了他们的决心。这对工作人员和儿童都有巨大价值。在家庭里，父母不仅在情绪和心理上挣
120 扎，还面临着收回住所、重获财产、找到工作等需求。每天要疲于

应对这些实际问题，照顾孩子就成了额外负担，往往还是重负。而照护之家的工作人员完全没有这些艰难的物质问题，也常把照顾孩子视为使命而非负担。当然，不是所有幸存儿童照护之家也都聘用幸存者为员工，但如此聘用的照护之家里的确形成了独特的幸存者社群，共同的经历构成了集体身份认同的一块基石。没有战后的拮据，周围又都是有类似战时经历的同伴，儿童和工作人员在照护之家的环境中生活得如鱼得水。丹妮拉·多伦写道："儿童难以理解家庭贫困、接受新的继父母或是应对父母的情感疏远，他们会欢迎集体环境，这并不意外。"[26]

但是，照护之家也是人造的环境，终会解散。无论是由于资金限制被迫关闭，还是儿童长大离开，大多数战后照护之家都是临时社群，一旦失去了其主要功能就不复存在，而这可能会让那些在照护之家度过了一段童年时光的儿童在后来的岁月里极度渴望这已经解散、再不能重访的"家"。无论他们是回到了原生家庭，被收养或寄养，抑或移民去了新的国度，还是因为长大不得不离开，很多孩子都感到离别比进入更为艰难，很多年里都会哀悼他们失去的"家"。要了解相关细节，让我们回到塔韦尼的城堡。

和当时很多儿童之家的负责人不同，埃里希·豪斯曼不是幸存者。他 1915 年生于巴塞尔（Basel），通过两次世界大战之间的跨国犹太青少年运动在二战前就认识儿童救助会的一些领导者。战争期间，他在瑞士老家相对安全地度过。[27] 他多年来从事犹太儿童安置 121
工作，这些儿童先是由于反犹政策，后来则因为战争冲突而流离失所。1938 年，取得教师文凭后仅几个月，他就成了瑞士一所恢复营的负责人，营中接收的都是在"水晶之夜"（Kristallnacht）后逃离美因河畔法兰克福（Frankfurt am Main）的犹太儿童。他后来又与瑞士移民儿童援助组织合作，成立了一所犹太难民儿童之家，先设在布斯（Buus），后迁至朗根布鲁克（Langenbruck），在战争期间一直运行。战争结束时，儿童救助会的领导者邀请他负责他们一间新的照护之家，他便于1945—1947年任丰特奈欧罗丝（Fontenay-aux-Roses）照护之家的负责人，并于1947年夏迎接了56名6—14岁儿童到塔韦尼的瓦塞尔城堡。[28]

而豪斯曼周围的工作人员却有着不尽相同的悲惨战时经历。豪斯曼称这些年轻辅导员为“教育者”（尽管大多数都没有受过教学训练），他们来塔韦尼加入城堡时刚刚度过青春期。对其中很多人来说，这是他们在经历过躲藏、遣送和拘留后恢复生息的一段美好插曲。菲丽丝·Z的辅导员埃莱娜·埃凯瑟自己也曾是儿童救助会的被监护人，她1945年5月从东边的集中营回到法国，当时17岁的她仍然符合儿救会对儿童的定义。[29]蕾金·拉博纳（Régine Rabner）是另一名“教育者”，作为儿童难民从德国逃到法国后也成了儿救会的被监护人，战前、战时和战后在儿救会的照护机构里度过了大部分童年。比念·弗若因斯基（Binem Wrzonski）是少有的受过教学训练的，他作为一名“布痕瓦尔德男孩”来到法国。以此三人为代表的成人员工共有17人，他们的任务是照顾儿童，管理城堡的日常生活，其中有一名财务主管、一名会计、一名全职厨娘及一名帮厨、两名管家、一名洗衣女工、一名园丁、一名杂务工、一名护士，以及一名儿救会的儿童精神科医生伊雷娜·奥波隆（Irène Opolon），她每周来这间机构一次。[30]

如前所述，儿救会机构中的大多数儿童都其实有父母一方或双
122 方在世，在塔韦尼也是如此。埃里希·豪斯曼后来讲了他担任城堡负责人的时期，让我们幸得一窥那些存在于被监护儿童生活背景中的家庭。据豪斯曼讲，儿童阿尔伯特·T（Albert T）的父母都在世，但他母亲病重无法照顾他。另一名儿童让-保罗·K（Jean-Paul K）的母亲也得以幸存，但她的环境充满危险：她和一个暴力的男人一

起生活，会被他殴打。另有三名儿童是亲手足，他们最初与双亲一起生活，但这家人在树林里住棚屋，靠种菜养鸡勉强维生。当这家的父亲被捕后，母亲将三个孩子送到了儿救会。“他们很野，从不洗澡。”豪斯曼后来写道。还有 M 家的六名儿童，他们的父亲被遣送并处死，幸存的母亲最后也进了精神病院。R 家的米歇尔（Michel）和丹尼斯（Denise）的情况是，他们的父亲和一名姐妹被遣送后处死，母亲要独自抚养剩下的三个孩子。母亲做了艰难的决定，把最大的孩子留在身边，另两个送到了儿救会。伊齐欧 · R（Izio R）是“布痕瓦尔德男孩”中的小不点儿，战后他孤身一人，但确信母亲和姐妹们还活着，就住在德国一所难民营里——后来证明确实如此。他一直待在塔韦尼，直到他母亲得以搬到巴黎，将他带走一起生活。[31]

凡此种种，都意味着塔韦尼的孩子们就悬在家庭构成的私人世界和照护之家构成的机构世界之间，能意识到可能有人来把自己带走（尽管他们不一定愿意）。每隔一周的周日，孩子们的亲人就被邀请来塔韦尼度过一个下午，孩子们也可以离开城堡去拜访住在当地的亲人。来城堡探望的人中有一名女士，自称是杜杜 · P（Doudou P）的母亲，杜杜 · P 也是“布痕瓦尔德男孩”中的一个小不点儿。但杜杜坚称这位女士不是他母亲，也不同意被她收养。后来发现，她是杜杜原生家庭的一位好友。她继续来探望他，他也继续拒绝她，直到她最终移民美国。[32]

对于无亲可访的孩子来说，周日就是个奇怪的时刻，提醒着他 123
们那个失去的世界。在第三章出现过的波莱特 · S 后来这样回忆：

> 到了周日，几乎所有孩子都被接走、消失了。整个城堡空寂无人，只剩我自己。[……] 我害怕那些孤独的周末。为什么每个人都被带走过快乐时光，就我没有？我不明白。我也和别人一样是好孩子，我做了什么要被留下来？他们回来后，从来

> 不说自己做了什么。也许是不想让我忌妒，也许是回来让他们不高兴。那就像两个世界，儿童之家是一个世界，在外面过的周末是另一个世界。[33]

而在穿梭于两个世界的孩子中，很多人明显更喜欢城堡——工作人员敬业，环境温暖友好，场地开阔，安息日时餐桌精心布置，摆满可口的食物。而贫穷的家庭受困于资金和心理负担，往往没什么吸引力。而且，城堡除开物资充裕，赢得许多孩子真心的是工作人员，他们信任孩子，并希望借此培养他们的独立性。波莱特 · S 后来这样回忆在塔韦尼的日子：

> 慢慢地,我的举动开始像个正常孩子了。我开始和别人互动，也不再尿床。[……] 我们所做的一切为的都是让我们感觉像一个大家庭。他们会教我们这些大点的孩子如何帮忙照顾小孩子。我们每天选一个小孩，早上帮他穿衣服，晚上带他入睡。我喜欢感到自己被信任、有用处。[34]

她尤其愉快地记得，每个周五晚上，安息日晚餐之前，豪斯曼都会把孩子们分成小组，两三人一组，用他的祈祷披肩（tallit）为孩子们祝福。“祝福完毕，我总是感到被一波轻松和幸福包裹。”[35]

124 孩子们、年轻的辅导员和豪斯曼不一定讨论过孩子们的战时经历，但很多人后来回忆，塔韦尼的社交环境有吸引力，部分原因是大家对彼此的亲人亡故都心照不宣。雅克 · F（Jacques F）1938 年出生，其父母在奥斯维辛遇害，他回忆说：“每个人的情况都一样。我们都知道发生了什么。”[36] 贝亚特 · Z（菲丽丝的姐姐）的父母也在奥斯维辛遇害，据她回忆，同伴们都知道各自的父母被杀，这种知情就暗含在背景当中，这种共同经历也让他们更加团结：

采访者：你当时知道你父母发生了什么吗？

贝亚特·Z：哦对，是的，我知道。

采访者：是谁告诉你的呢？

贝亚特：我记不清了。我甚至不记得自己是否问过。我就是知道。我们都一样。[37]

谈到战后早期大屠杀“记忆”的性质，我们可能不禁思考，集体环境中的共同意识是多么有力的一种记忆形式，给了孩子们一份特殊社群的归属感。往往是出于这一点，而不是失去充裕物资和成年人的悉心照护，让很多孩子在离开塔韦尼时感到难过。离开塔韦尼，意味着失去一个这样的环境：对战时经历的记忆总是鲜活、不曾忘却，这也是团结他们的基础；而他们搬离塔韦尼、进入的新环境往往没人共享此种经历，没人理解它的意味。

儿童救助会很大一部分资金来自美犹联合救济委员会，但 1947 年后，资助开始逐年减少。1947 年，美犹联救会承担了儿童救助会 70% 的运营预算；1948 年，这一数字降至 46%，此后继续减少。[38] 125
联救会尤其在意两种情况：父母尚存的孩子在机构里接受照顾数年；预算减少的压力迫使工作人员把孩子们送回其父母身边，无论这是否顺应孩子自己（或其父母）的心愿。[39] 而对于没有父母或亲人可以回归的孩子，儿童救助会开始探索收养的可能性。

收养带来了社会阶层的问题。如前所见，幸存的亲人、照护工作人员甚至孩子自己都会为物资和社会地位而焦虑。此前我们讲过多萝塔·J 的故事，她生在一个富裕、高教养的家庭，在加拿大，她所在的机构倾向于把她安置在一个富裕的寄养家庭，而当她的父亲活着出现在以色列但穷困潦倒时，她和寄养家庭及机构合作，以确保自己不被送回生父身边。塔韦尼的收养也有同样的趋势。埃里希·豪斯曼和其他儿救会工作人员采取的办法是，意向收养家庭越富裕，就越有权认领城堡儿童。有时候，一个富裕收养家庭认领孩子的机会甚至超过孩子尚在人世的血亲。城堡的照护之家和巴黎的两所犹太会堂订有“养父”（parrainage）计划，此种关系最后促成了一名城堡儿童的收养。豪斯曼在回忆录里写过“小弗雷德”（little Fred）的故事。弗雷德的父母都在世，但极其贫困。他们住在偏远山村，借社会援助才能偶尔来照护之家探望小弗雷德。在“养父”计划中，弗雷德和犹太会堂里一对有钱无子的夫妇结成了对子，他们后来就邀请弗雷德待在他们家里。“这孩子不禁就注意到这对富裕安逸的夫妇和他自己父母之间的鲜明对比。”豪斯曼后来写道。小弗雷德为此挣扎，但最后还是和富裕的夫妇住在了一起，并由他们正式收养。“锦上添花的是，”豪斯曼写道，“这对养父母后来生下了自己的儿子。”可以想见，小弗雷德的亲生父母没有多少快乐可言，因为他们自己的孩子让有钱的夫妇收养了去。[40]

126 来塔韦尼试图收养孩子的不仅仅是当地的有钱夫妇，国际收养也在安排之中，尤其是为美国的夫妇。儿童救助会系统的资金不断减少，这些富裕的收养者看起来能解决儿救会的基本问题。但对孩子们来说，这意味着收养有时就成了需要争取的“奖励”，奖给那些最惹人喜爱、聪明伶俐或者外貌出众的孩子。1949 年，多名美国个人和夫妇造访塔韦尼，希望收养孩子。为吸引来访者，孩子们着意表现，他们穿上自己最好的衣服，翩然起舞，尽力讨好访客。但是，儿救会的工作人员担心这种魅力攻势对这些潜在收养者还不够，毕竟他们“有钱且颇有教养”，会担心孩子们虽有外在的魅力，但“无法成为知识分子。”[41] 幸存儿童在照护之家卖力表演，被公开展示，其讨好能力（或无此能力）可能会大大改变他们的未来轨迹，这些都暴露出这种集体生活实验仰仗于美国资助，无论是美犹联救会还是美国私人家庭。同时这也揭示出孩子们的人生深受战后欧洲犹太人和美国犹太人力量失衡的影响。[42]

成人们围绕收养的溢美之词也掩盖了一个鲜少公开讨论的事实：孩子们害怕离开照护之家。大多数塔韦尼的孩子都记得在那里感觉很快乐，身边是一群拥有共同过去及当下的同伴和“教育者”。离开这里时大人们可能模糊地承诺了一个美好的未来，但孩子们感到的往往是被迫与心爱的世界决裂，被剥夺了对自身命运的一切控制权。离开的阴影就嵌在机构的肌理之中，因为最终每个孩子都要离开，不管是加入（或回到）家庭，还是年纪太大无法继续待下去。尽管如此，离开的时刻往往还是让他们错愕不已。1949 年 6 月，波莱特 · S 11 岁时，被叫到豪斯曼的办公室，她很久没见的哥哥约瑟夫（Joseph）在那里。他和她说话，但她后来不记得他说了什么：

> 很久没有的麻木感觉又回来了。我嘴都没张。然后校长回 127
> 来了，我哥哥走了。我花了些时间才明白，他要去澳大利亚，这种变动对我毫无意义——除了它又在威胁我的生活。为什么要去澳大利亚？我们在那里什么人都不认识。我后来发现，在约瑟夫待的收容所里，男孩们必须选择移居澳大利亚或加拿大。鉴于两个地方他们都不了解，有个男孩就站在世界地图前，闭上眼用手一指。他指的地方离澳大利亚更近，这样 40 个男青年就到了澳大利亚。这种随随便便的抉择也决定了我的命运。[……] 离开塔韦尼和我在那里爱的所有人一定非常痛苦，因为我阻断了关于那里的一切记忆。[43]

为了给即将搬去地球另一边的错愕的波莱特做心理建设，儿童救助会的工作人员告诉她这是忘记过去的好机会。“就当它从未发生，”他们劝她，“这样你就能开始全新的生活。”这不是即将进入青春期的波莱特想要或需要的，长大后，她经常思考他们的暗示是多么轻率：他们认为她的过去是个负担、需要丢弃，但那其实是构成她的自我感的核心面向。50 年后，她给自己的回忆录取名为《就当它从未发生》(*Just Think It Never Happened*)，既强调了过去无法抛却，也突出了“忘记过去对孩子最好”的假定所造成的伤害。

对菲丽丝 · Z 来说，与塔韦尼社群的诀别发生在 1951 年，她住在纽约的叔叔请求儿童救助会把菲丽丝和姐姐贝亚特送往美国。两个孩子经历了双重打击，不仅因为要离开挚爱的环境，还因为到达纽瓦克（Newark）港口时，她们发现那位出具了担保证明、要求她们移民的叔叔根本不打算真的照顾她们。轮船抵达时：

> 根本没有叔叔婶婶，只有两个不会说法语的社工，我俩又
> 128 不会说英语。他们说：“你们没法和叔叔婶婶一起生活，他们没法收留你们。”我们崩溃了。贝开始哭，见她那样，我也开始哭。太可怕了。那是最糟糕的一天。[44]

几十年后，菲丽丝在一次采访中回忆她被强制移民的后果。“就好像我断了，”她说，用手比划着，意思是“中断”或“断绝”，“我压抑了一切。我忘了在法国的生活。”她失去联系的不仅有塔韦尼的社群，还有帕图一家，就是她的战时收留家庭，她本来像爱亲生父母那样爱着他们。要乘“华盛顿号”(*Washington*)远洋客轮去纽瓦克的一周前，她带着孩子特有的从容和对未来一无所知的无忧无虑，给帕图太太写了最后一封信：

> 希望你们过得好。我们过得不错。我们今年不能去看你们了，因为我们 1 月 23 号要坐“花生屯号”(Wochingtown)去美国。上个周四，我们去泳池了，可真不错。[豪斯曼先生] 给我们放了一些电影看：《阿拉丁和神灯》《小黑人》还有《塞纳河

和卢瓦尔河》。[45]

和波莱特、菲丽丝、贝亚特不同，雷吉娜 · P（Regine P）尚有母亲在世，住在巴黎，雷吉娜每个月去看她两次。但雷吉娜最终必须离开塔韦尼时，却不是回到母亲身边，而是要搬到位于凡尔赛、面向“大孩子”（即青春期儿童）的照护之家。1959 年，已是女青年的雷吉娜迁居以色列，并于 1960 年结婚，后生下两个孩子，事业有成，70 年代后期又离了婚。就是在那个时候，她开始回顾过往。她渴望与豪斯曼及塔韦尼的其他孩子取得联系——在成长过程中她根本无法与他们保持联络：从孩子们离开的那刻起，塔韦尼的社群就在瓦解。在将满 40 岁时，她想要重新找到塔韦尼的愿望愈发强烈。雷吉娜花了两个月在法国寻找城堡儿童，她找到了不少，但似乎没人知道豪斯曼在哪里。她给塔韦尼打电话，那里仍然是儿救会的照 129
护之家（至今仍是），但负责人拒绝告诉她豪斯曼的地址。1981年夏，她终于找到一个人认识豪斯曼的家人，她给豪斯曼已经成年的女儿打了电话，这是她自 1955 年以来第一次与他重建联系。雷吉娜给豪斯曼写信，总结了许多当年的城堡儿童的情绪——随着时间流逝，他们开始意识到被迫离开塔韦尼时自己失去的一切：

> 你不可能忘了我们，不可能忘了你在有自己的孩子之前，我们就是你的孩子。当我想起塔韦尼，想起你，豪斯曼爸爸，那就好像想起我自己真正的家，比我的母亲更真实，那时我一个月才见她两次。我寻找着 [当时的塔韦尼儿童]，因为我需要再见到他们，令我大为吃惊的是，他们也想念我。他们都想要回去，想要与过去建立联系；我不是唯一一个想要重走那条路的人。就好像我们想要依附于一些强大、美好的事物，因为我们感到生活里失去了一些非常重要的东西。[46]

第六章

变形记

杰基 · Y（Jackie Y）1941 年 12 月出生于维也纳，但他自己并不知道。童年时，他曾问过父母自己生在哪里，但他们只是支支吾吾地说在赫特福德郡（Hertfordshire）某处，很快就转移了话题。他有一些无法理解的记忆：比如，他记得大约 5 岁时，有一天他正和一群别的小孩一起玩，就有人来把他带走，引他到一对年轻夫妇面前。他们想开车带他去乡下兜风。后来，他被告知他要自己去和这对夫妇待上几天。后来他就和这对夫妇一起生活，并叫他们“爸爸妈妈”。他从未有足够的信息来理解这奇怪的记忆是什么意思。他还重复地做一些梦，令他困扰又好奇。其中一个梦里有一栋大房子，那里场地宽阔，高树林立，一直延伸到一片跑马场；另一个梦则很可怕，巨浪铺天盖地向他袭来，到处都是水。他母亲告诉他人人都会做那样的梦。[1]

1951 年，杰基 10 岁时，他的一个男同学告诉他他是被收养的。他回到家质问父母，他们一开始说不出话，后来承认确实如此。看到他们不安杰基也不安，于是他抱了抱他们，向他们保证这对他没有影响：他们就是他的父母，他爱他们。但是这则新知其实产生了影响：杰基正要进入青春期，很快就会渴望知道更多。他试着更为轻柔地问父母：他到底是哪里生人？亲生父母是谁？他们回避他的
131 问题，他于是变得越发沮丧。过了几年，有一天他去看望奶奶，奶奶告诉他他原本来自奥地利。这让他大吃一惊：尽管他已经接受他叫“爸爸妈妈”的人不是他的亲生父母，但从未想过自己不只是一个“北伦敦的犹太孩子”。“这踩了我父母的雷区。”他回忆道。虽然父母暴怒、试图回避话题，但他急于知道更多，根本放不下此事。[2]他开始感到深深的怨恨，养父母“经常谈论他们的过去，但我却得放下我 5 岁前的人生，把它忘了”。[3] 那正是他开始思考人生未来方向的时候，他的自我意识却受到打击，也没有什么信息供他拼凑出自己到底是谁。父母在物质上宠溺他，却强烈回避谈论他的过去。如果他试图问父亲自己到底从哪里来，“[父亲] 会夺门而出，母亲会说‘你在伤害他’”。[4]

杰基不仅难以了解过去，也难以决定自己的未来。他 15 岁时离开了学校，尝试过一系列职业领域：理发、在电器零售店和男装店工作、赌马业，但哪个都没长久。十八九岁时，他在跳舞时遇到一位女青年，很快坠入爱河。他向她求婚，她同意了，两人去了犹太人代表委员会*的办公室，领取在犹太会堂里举行婚礼的许可，同行的还有杰基的养母及未婚妻的母亲。在犹太教里，必须证明犹太身份才能举行宗教婚礼，而最简单的办法就是证明本人的母亲是犹太人。但事情到了杰基这里就不太好办。委员会秘书要求他们提供杰基生母是犹太人的证明：

---

* 全称“英国犹太人代表委员会”（The Board of Deputies of British Jews），英国各犹太人社群及组织的最高民选代表机构。——编注

> 我的养母向他保证我生母是犹太人，文件在保险柜里，能不能就相信她？“当然不行，”他说，“你必须去拿来。”[……]我们一起去了保险柜那儿，我迫不及待地想把那些文件拿在手 132
> 里。我想看看我母亲到底在隐藏些什么。我恳求她让我看看，但她哭着喊着不放手。回到办公室，[……秘书要把]文件还给我母亲时，我从他手里抢了过来。让我极度震惊的是，我看到我曾在集中营待过。我的真名是约拿·雅各布·施皮格尔（Jona Jakob Spiegel）。[……]我们站在那里，都惊呆了，我几乎要疯了。我听说过那些可怕的地方，难以接受自己曾在那里待过。我母亲一直反复说都过去很久了，我那时只是个婴儿。我朝她吼道：“你们为什么之前不能告诉我？我总是从别人那里知道！”[5]

那天晚上，震惊又生气的杰基问父亲自己是从哪里收养的。父亲勉强告诉他是在萨里郡林菲尔德村的一所收留孤儿的照护之家。之后不久，在一个晴好的午后，杰基和未婚妻开车前往林菲尔德。他们在当地警局咨询后，来到了一栋大房子门前，那里场地宽阔，高树林立，一直延伸到一片跑马场——那里曾是收留大屠杀幸存儿童的威尔考特尼照护之家。杰基·Y径直走进了自己童年的梦里。

本书研究的孩子最年长的生于1935年，最小的生于1944年。这意味着，这一群人在40年代后期开始进入青春期，60年代初青春期结束（如果把青春期理解为从生理上的性发育到文化上的成年之间的人生阶段的话）。迄今为止，我们主要聚焦于这些儿童在战争刚刚结束后的生活，他们进入新的家庭（或者被剧烈改变的旧家庭），足迹遍布欧洲乃至全球。现在，我们要研究他们从青春期开始的生活，在这一时期，他们中的许多人开始对自己的故事越发好 133
奇。青春期里，他们会不断地问“我是谁”；同时，如果青春期也意味着叛逆期，那么很多幸存儿童的叛逆就表现为开始奋力探问过去，不但去了解（有时甚至是初次）失踪的父母和兄弟姐妹，同时也开始窥看那完全被摧毁的世界——那世界本该属于他们。这个人生阶段也要求他们改变与过去的关系：随着身心成熟，很多幸存儿童开始感到已经可以去了解自己童年早期的真相。为了保护他们、不让他们了解真相，他们的照料者设置了障碍，他们则开始对抗这些障碍——哪怕这些成人照料者会加倍阻挠，坚称被净化过的记忆才是关于过去唯一的版本。

这些都发生在一个特殊的历史语境下：20 世纪 50 年代不像历史学家曾经认为的那样是关于大屠杀的沉默期，但此时关于欧洲犹太人被毁灭的资料信息也并非随处可寻。据杰基回忆，他知道自己曾在集中营待过时深感震惊，因为他“听说过那些可怕的地方”。如果杰基只能靠道听途说来了解集中营的事情，他就和社群里大多数其他的北伦敦犹太人并无二致；但假如他想要去当地图书馆甚至附近的大英图书馆进一步了解关于导致他母亲被遣送并丧生的杀戮过程，他也找不到多少文献帮他了解自己的家族史。在劳尔 · 希尔贝格（Raul Hilberg）里程碑式的研究《欧洲犹太人的毁灭》（*The Destruction of the European Jews*）于 1961 年出版之前，只有极少的书籍讨论后来被称为大屠杀的事情，而少数这些在 50 年代早期出现的著作也是印数寥寥，通常只有一小圈学者读过。[6] 其他类或有助于回答好奇孩子的问题的资料也不易获得。各幸存者协会写作的纪念书籍（yizkor）倒是有关于东欧犹太人群体被摧毁的珍贵信息，
134 但这些书籍主要是供这些协会内部参阅，且往往用意第绪语写成，
而很多幸存儿童已经失去了相关的文化传承。[7] 一些幸存儿童回忆，自己十几二十岁时曾在图书馆和书店悄悄搜寻关于大屠杀的信息，但其中少有人找到过任何能帮他们答疑解惑的资料。

如今，关于大屠杀的文献已经庞大到没有哪一个学者能够全部

掌握，因此今人大概很难理解战后初期相关信息的稀缺。但这并不意味着 50 年代是关于大屠杀的沉默期；哈茜娅 · 迪纳（Hasia Diner）和劳拉 · 约库什（Laura Jockusch）等学者已经指出，犹太社群此时也在纪念死者，还有一批早期的历史学家努力创建研究机构、保存档案文件。[8] 但那些信息难以获得，而且关于欧洲犹太人命运的“知识”带着推测、偏见和污蔑，有时还因窥探欲而起。彼时，成长中的幸存儿童想要拼凑起自己过去的细节面临着巨大困难。

幸存儿童也无法从身边人那里获得太多帮助。我们不能单纯将 50 年代看成一个遵从主流的年代，但此时的幸存家庭的确通常都想要融入他们所定居的社群和国家（别人也希望如此）。四五十年代之交，尤其是 1948 年以色列建国及美国通过了《流离失所者法案》之后，很多幸存家庭离开欧洲，去往别的国家。[9] 因此，很多幸存儿童进入青春期的同时也要在全球穿梭，还要学习新的语言和文化。如果说即将进入青春期的孩子很难适应，那他们的父母就更难适应，这些大人在努力适应那些从未直接体验过大屠杀的文化和国家的生活时，很多时候会积极隐藏过去的痕迹。这些父母从战争中存活下来，经历了难民营，进入了全球流散，知道收留他们的新社群期望 135
他们安定下来、回归正常生活——他们自己往往也是这么想的。养父母、寄养父母群体（就比如杰基的养父母）也是如此，他们都想让孩子们和自己免于他人的审视和盘问，于是通常也选择回避过去。因此，我们毫不意外地看到大人和孩子之间渐生不快的冲突：大人决心安静地融入，青春期的孩子却想要探究自己家庭的不同之处。

每个家庭都有自己的起源故事，或许所有儿童在成长过程中都想了解。但正如杰基的故事所揭示的，进入青春期的幸存儿童坚持挖掘家庭故事中的空缺，最终可能给自己和父母带来爆炸性的后果。如前所见，很多父母（无论是亲生、寄养还是收养父母）都以为孩子不会记得童年早期的事，因此他们选择不讨论过去。这背后有各种原因。一些人害怕讲出过去会成为孩子的童年梦魇，或是剥夺掉他们的安全感。一些人（尤其是收养父母）希望让孩子们构建新身份，融入新家庭。有些父母自己也是幸存者，有时是出于自己的心理需要而掩盖过去。等到孩子十几岁时，这许多年里，父母往往已经花费了大量心力阻止关于过去的信息进入家庭。大人们认可的关于过去的故事构成了家庭自我意识的基础，但当青春期孩子开始挑战这种叙事时，这一基础往往就开始瓦解。

收养和寄养父母有时有不同的沉默动机。比如杰基的父母不想让他知道他曾身在集中营的事，可能是希望保护他，但同时可能也不想让他知道他是被收养的。他们的家庭故事构建围绕的是一个核心谎言，即杰基系出他们亲生，他的养父母极力维持这一说法。不仅是他们这样，因为在20世纪四五十年代，收养仍然是一个需要
136 保密的事情，还带有双重污名：不孕不育和非婚生育。养父母，尤其是养母，往往认为向孩子及所在社群隐瞒收养之事是明智之举，这样他们就能隐瞒自己不孕不育的情况，也让他们的孩子免受非婚生的身份可能带来的霸凌和奚落。[10] 杰基的父母对他隐瞒真相，只是遵从了当时的文化规范。[11]

当孩子知道自己是被收养的，真相不仅可能给孩子的自我意识造成毁灭性打击，对其养父母也是一样。另外，养父母如果自己不是幸存者，凭借他们的所知可能难以回答孩子的问题。他们大体不知道孩子的亲生父母发生了什么，也可能对大屠杀知之甚少，并如前所见，没有什么资源提供给想要了解更多的人。很多收养和寄养父母缺乏关于大屠杀的第一手详尽信息，因此被问及欧洲犹太人的战时经历时，在孩子们面前的反应会折射出一种广泛的集体不安。此外，他们不愿显露出自己的无知；但随着时间流逝，在孩子们想要知道的和收养、寄养父母能够告知的事情之间，理解的鸿沟可能变得越发危险。

照护之家的孩子有时能避开这些问题，至少是暂时避开。如前所见，比起在个人家庭中，关于战时经历的记忆在照护之家里发挥着不同的作用。即使照护之家里的成年人很少对孩子们提起战争及其后果，但孩子们拥有彼此：孩子们可能也不常谈论过去，但他们知道彼此有共同的经历，心感安慰。而和家人共同生活的孩子很容易感到孤立。进入青春期后，照护机构中儿童的社交圈主要由其他幸存儿童组成，但机构之外的孩子很难接触到这样的圈子。

孩子们在了解到一直被隐瞒的旧日真相及隐瞒的成因时，会是什么感觉？对很多孩子来说，发育期的到来是决定性的时刻，因为 137
生理上的成熟让孩子们在亲子之间产生了新的情感期待。孩子们觉得自己快要成年了，无须再被保护着不去了解自己的过去；但父母长期以来都护着孩子别去了解过去，这个习惯难以放下。很多时候，这会让孩子和父母产生长时间的冲突，因为孩子认为自己已经足够成熟可以了解真相，但父母却很犹豫。少数父母会给进入青春期的孩子提前透露一些过去的事情，希望这样可以缓解未来的冲突。吉特尔·H（Gittel H）1942 年生于柏林，战后和奶奶生活在一起。她们一起从泰雷津活了下来，1951 年移居美国。吉特尔的奶奶选择在她月经初潮后告诉她关于她父母的事情。吉特尔后来回忆道：

> 我 13 岁时，她终于决定跟我坐下来谈谈。她告诉我月经的事情，结果第二天我就来了。你知道，我看见血，不知道是什么，我给她看，她说“不可能是吧”，我立刻就明白她的意思了。我第二天就初潮了完全是巧合。后来，她让我坐下，开始跟我讲我父母发生了什么。[12]

但奶奶的讲述并没有让吉特尔意外，因为她早就知道自己的父母是被杀害的。奶奶从未直接告诉过她，却当着她的面跟别人讲过：

> 我奶奶很少告诉我这些。她总是在保护我。我是一个幸存者，也是幸存者的孙女。你本能地学会不要去问问题，因为那会很痛苦。[……] 她以前告诉我我妈妈在美国。所以如果有人问我："你妈妈在哪里？" 我会说："她在美国。" 我不记得我们来 [美国] 这里以后她是怎么说的。[……] 但从小到大，奶奶会
> 138 跟她碰到的所有人讲那个故事（吉特尔父母的遭遇）。我记得站在公交站时，奶奶会跟周围的随便什么人讲发生了什么，她觉得我听不到或者听不懂。[……] 她一定是觉得孩子没长耳朵吧。

奶奶对她隐瞒真相，却在很多人面前毫不避讳，这最终让她们关系破裂。吉特尔回忆说："在她身边长大，我很不开心。"

身体发育和家庭矛盾激化之间的联系不总像吉特尔家这么明显，但还是很常见。孩子们开始发展出成年人的身体和责任，于是认为自己也该像成人那样有权了解过去。父母如果不能或不愿意配合，有时就会变得暴力。第一章出现过的彼得 · B 就有此遭遇。他和母亲从泰雷津幸免于难。1947 年，他和母亲、继父以及还是婴儿的妹妹移民美国。他母亲在战后就饱受情绪上的折磨，全家到了美国之后情况更是急转直下，她难以"回归正常生活"。他们到美国时，彼得刚满 11 岁，随着身体不断发育，他与母亲的关系恶化了：

> 我根本受不了待在家里。到 14 岁时，我大概离家出走了五六次。我真的是个被虐待的孩子。我是说身体上被虐待。一天至少一次，多数时候一天两次，被我妈妈。[……] 她心里装了很多事 [……] 却不知该怎么应对。我们到了美国后，她没有迎接新生活，反而变得更糟了。也许是一切都涌上心头，也许是她终于有机会发泄。她都发泄在我身上。绝对的。所以我 14 岁时离开了家，从此再也没回去过。[13]

对那些与寄养父母生活的孩子来说，他们进入青春期后涌现的冲突表现为不同的形式。丹尼·M 童年大部分时间都住在照护之家， 139
青春期后半段则是在一系列寄养家庭度过。他在短时间内换了四个寄养家庭，他回忆自己与寄养父母之所以关系不顺是由于他们完全不了解大屠杀：

> 很多英国犹太人并没有真的受过大屠杀影响，他们在收留别人时，往往并不真正理解状况。这让我想到弗朗茨·卡夫卡的短篇小说《变形记》。家里有人突然变成了昆虫，家人先是对他很关心，最后却毁了他。[……] 搬进那些家里，你会激发出他们的一些内疚感，也许还有内心的一些憎恶，然后这种感受就投射给像我这样搬进来的人，情况就变得不可控了。[14]

家庭冲突可能对幸存儿童产生严重的实际影响，远不局限于屋檐下的情感政治。家里的不稳定意味着很多孩子难以集中精力在学业上或是将其完成。丹尼先是在一家音乐店当店员，后来成了一名音乐老师。他就想，如果他在必须选择未来道路时不用被迫忍受艰难的寄养生活，自己是不是会有更好的职业出路。“那样就不会有那么多情绪障碍，情绪障碍影响成就。”他回忆道，“与有敌意的家庭一起生活对情绪稳定没什么好作用。”[15] 他的很多同伴都有类似体会。接受教育就会遇到世界对青春期幸存儿童的期待，这让他们中的一些人鲜明地意识到，身边的成年人不再把他们太看作“珍贵的孑遗”。他们许多人在幼年时期是慈善和人道工作关注的对象， 140
但进入青春期后，情况就变了。住在照护之家和寄养家庭的儿童受此变化影响最大，因为资金来源枯竭，照护之家关闭了。此时，机构开始发愁要怎样让幸存儿童快速、顺利地经济独立。因此，即使那些最聪明的孩子往往也感到只得把学业追求放一边，转而接受蓝领职业培训。这可能是援助机构的要求，也可能是一心要表现“良好”的孩子们自己的选择，他们想要尽快结束依赖关系。进入教育体系（或决定离开）让一些幸存儿童怀疑自己的价值，也让他们悼念一个“失落的自我”——如果条件更好，或能成就更多。[16]

成年照护者鼓励孩子们迅速经济独立，但同时也担心这种选择的后果。比如，在儿童救助会的照护之家里，工作人员试图给孩子提供“扎实的专业培训”，但这基本都意味着学一门手艺。儿救会里只有极少数孩子在文理中学（lycée）完成了中等教育，1947 年 10 月后就更少，因为那时美犹联合救济委员会砍掉了给获得中学奖学金的孩子的津贴。[17] 同时，儿童救助会的教育者们又担心孩子们自己似乎并不在乎失去教育机会。儿救会的工作人员称，孩子们没有学习的动力，常常想赶快结束培训，经济独立。工作人员还说许多孩子很难集中注意力。即使他们知道这是因为孩子们过去的伤痛，他们也无计可施。[18]

对过去的记忆、家庭危机、学业成就三者之间有怎样的关系？杰基的父母拒绝对他透露他的来处，这让他心绪不安，15 岁就离开了学校，一直做学徒或从事低技术含量工作，且变动频繁，直到他
141 订了婚，有了必须迅速定下职业的压力为止（他选择了开出租车，一直开到了退休）。[19] 彼得再也无法忍受母亲的暴力，14 岁时就离家出走，也离开了学校。他回忆说：“我活下来了。这么多年来我都是靠自己，一个人。搬到得克萨斯州、在农场上工作，对我来说都不算什么。我换了不少工作，到处游荡。”[20] 移民也让幸存儿童的受教育机会变得复杂，因为他们要面临新的语言、文化、教育体系以及基于性别的期待。菲丽丝 · Z 和姐姐贝亚特在叔叔的要求下，从塔韦尼的儿童救助会机构来到了美国，结果叔叔拒绝收留她们，她们就被安置到新泽西的一所照护之家。她们待在那里直到它关闭，然后又先后被安置到一系列寄养家庭。菲丽丝记得自己在艰难适应

了新的文化、语言和（预期之外的）新生活后，终于在 14 岁上开始在新泽西的一所中学学习，结果学校辅导员明确告诉她，她特殊的过往经历让她不可能在学业上有所成就：

> 那又是另一个问题了。我去了，学校辅导员对我说："啊，英语不是你的第一语言，所以你没法上大学预科课程。我们要安排你去上秘书课程班。"我就说行。我到了那个时候都还是很顺从。好吧，就这样。我就是这么做的。我的大多数朋友都不是犹太人，因为犹太孩子要上大学，所以会上大学预科课。[21]

大屠杀幸存儿童在青少年时期面临多重困难，长年都不稳定，因此他们中有些人难以忍受再正常不过。苏珊娜 · N（Suzanne N）1939 年 1 月生于巴黎，是一家三个孩子里最小的。战争期间，她被藏在一所修道院，后来被送到一个乡下家庭，她只记得这家人虐待她。[22] 战后，她和两个哥哥又被带到位于法国巴黎枫丹白露的一所 142
儿童救助会的孤儿院。1948 年，有人在加拿大找到了他们的一个叔叔愿意收留他们。1948 年 5 月，三个孩子通过加拿大犹太人大会的战争孤儿计划移居多伦多。加犹会针对苏珊娜的第一份个案报告措辞乐观："苏珊 [原文如此] 很好地融入了（叔叔婶婶）家……成了家里不可或缺的一分子。"但事实上，她和哥哥感到迁居加拿大非常痛苦。[23] 叔叔婶婶不讲法语，他们又不讲英语。等到语言问题克服了，其他问题又来了。亲戚们很难理解三个孩子过往的经历，他们和大人们的关系变得很僵。而且，哥哥们记得父母的事情，苏珊娜不记得，但他们不愿意讲给她听，还在她十五六岁时就离开了家。在枫丹白露的儿救会照护之家里，苏珊娜和一群经历相似的孩子在一起，很快乐；但到了多伦多，她感到无比孤独。

50 年代后期，苏珊娜进入青春期，未知过往的阴影突然闯入，侵扰她在加拿大陌生却安全的日常生活。她回忆起自己十三四岁时参加圣约之子会*夏令营的一次经历：

> 我们正准备睡觉。我手臂上有只蚊子，我对旁边的女生说："别拍死它。"但我猜她是不想让蚊子咬我，就还是拍了。你知道，要是拍死蚊子，会出来一点血。我看着我的手臂，看着那点血，但出现在我眼前的不是那女生，也不是夏令营：我满眼都是毁灭的景象，只见周围全是死尸。我一下子特别激动，夏令营辅导员只得追着我，抱住我，让我安定下来。[24]

苏珊娜不是在回忆儿时见过的事情，而是在想象她未曾见过的世界：在那个未知世界里，她的父母惨遭杀害，而一定程度上因为没有任何人告诉她一丁点真实的情况，这个想象的世界对她就无比确凿。她当下虽然过得安全，却总是被恐怖侵扰，终致无法忍受。
143 于是13岁时，她第一次企图自杀，那时哥哥们还未离开叔叔婶婶家：

> 我失去了意识，我的哥哥们上楼来看我怎么还没下去吃饭。我躺在那里。[我二哥]摇我的肩，扇了我几巴掌，[对我大哥]说："哎，我之前没意识到她需要爸妈，我们得保护她。"

苏珊娜会做噩梦，梦里被纳粹追赶。她开始离家出走。16岁时，她发作了幻觉，在她的想象里："到处都是蜜蜂，屋顶、墙上，到处都是。我就发疯了，什么东西都不敢碰。"那以后，她的叔叔婶婶觉得没法再照顾她了，还威胁要把她送去精神病院。她回忆道：

---

* 圣约之子会（B'nai B'rith），非营利犹太人服务组织，最早由北美德国犹太移民于1843年创建，后很快国际化。

> 我内心里一定有一小部分不想被完全摧毁。我给一个医生打电话［……］然后开始了密集的精神分析治疗。［……］我觉得他救了我。我当时真的想要毁了我自己。不知出于什么别扭的理由，我认为我对父母的死负有责任。为什么我活着，而其他人都死了？我尝试自杀了好几次。我有很严重的抑郁，当时以为自己再也走不出来了，一点希望都没有。我花了16年，才终于恢复了些许正常。

如前所述，在战后，精神分析师和精神科医生很快就开始讨论幸存儿童的心理和情绪。但是，很少有幸存儿童在青春期前就接受过心理治疗；有些在青春期接受了治疗，但也属少数。有些幸存儿童也确实像苏珊娜一样得到了心理治疗师的帮助，但他们和精神健康工作者的关系很是复杂。一些青少年在接受精神分析时，碰到的是能力不足的分析师，后者难以理解，也难以应对这些经历过大屠 144
杀的半大孩子的特殊问题。1963年，安娜·弗洛伊德圈子里有一位匈牙利犹太人分析师埃蒂特·卢多维克·哲姆罗伊（Edith Ludowyk Gyomroi）发表了一篇文章，讲述她对一位"伊丽莎白"的接待情况。该文称，伊丽莎白是奥斯维辛的幸存者，"大约4岁"时来到英国。伊丽莎白17岁时请求她的照料者让她尝试精神分析，原因用哲姆罗伊的话说是："随着进入青春期，伊丽莎白越来越怀疑自己的存在价值，她不相信自己的能力，也不敢追求自己的梦想。"[25] 哲姆罗伊的分析案例表明，基于当时的精神分析理论和实践，心理治疗师很难理解幸存儿童面临的特殊问题，甚至不承认幸存儿童那零零碎碎的记忆可能的确反映了他们在战时的真实生活经历。

对哲姆罗伊和伊丽莎白来说，记忆是一个颇有争议的问题，因为哲姆罗伊认为她的年轻患者压抑了她在奥斯维辛的记忆，代之以幻想。值得注意的是，20世纪五六十年代时，人们对儿童记忆和忘却的研究非常不成熟——即便如今也还是不够。事实上，无论成长环境如何，人对童年早期的记忆往往是不连续的，而且 3 岁之前完全没有记忆。这种现象被西格蒙德 · 弗洛伊德（Sigmund Freud）称为“婴儿期遗忘”（infantile amnesia）。如今人们认为婴儿期遗忘与一系列认知发展因素相关，尤其是语言习得和自传性叙事的能力。[26]但那时，像哲姆罗伊这样的弗洛伊德派分析师将这种现象理解为“压抑的结果”，而压抑是“儿童要反抗原始的婴儿期欲望体验，使其在意识中不能维系”。换句话说，这是儿童在不得不拒斥自己最早的暴力和性冲动后，为对抗随之而来的羞愧和失望建起的心理防线。哲姆罗伊还认为，伊丽莎白对过去的压抑和“一般的婴儿期遗忘”还不一样，因为她的早年岁月是“包含着众多人物、短命的关系，
145 以及转瞬即逝的形象、经历甚至语言的一片光怪陆离”。[27] 她坚信，伊丽莎白比一般人更深地埋藏了对过去的记忆，因此这位患者在心理治疗时回忆起的片段大多被她当作幻想无视了。当伊丽莎白回忆起她曾和别的孩子一起睡在“木制上下床”和“桌子上”时，哲姆罗伊认为这基本只是一种“封面图”，让她能借以组织自己的想象。直到 80 年代（那时女孩已经 40 多岁），伊丽莎白才从档案文件中了解了更多早年岁月的事。她发现自己先是在泰雷津待了一阵，然后被遣送至奥斯维辛。她和其他很多孩子都记得粗陋的木制上下床，那的确是她童年早期的重要部分。很多幸存儿童到了青春期都渴望了解自己的过去；而当青年伊丽莎白把自己残存的回忆告诉治疗师，却被后者认为这不过是她的幻想，真正的过去已被完全封存、再难找回时，她心里的沮丧可想而知。[28]

幸存儿童在搜寻关于自身经历的具体信息的过程中，常在父母、照料者乃至心理治疗师那里失望。学者也帮不了多大忙，因为哪个孩子即使有资源和精力跑遍当地图书馆及书店搜寻关于大屠杀的信

息，也很少能找到资料讲述他们出身的家庭和社群的事情。但同时，在 50 年代中晚期，很多儿童遇到了一个法律程序，要求他们深入了解自己的过往，往往远超他们的能力范围。那就是西德针对纳粹受害者提出的新赔偿计划：该计划对幸存儿童而言困难重重，因为他们要被迫去深挖自己的过去，找到其中的空缺。这一法律要求对战时经历可以清楚、完整、合逻辑地总结，幸存儿童特别是失依儿 146
童往往做不到。但同时，这一计划也不时给幸存儿童提供了从别处无从得知的珍贵信息。

1953 年的《联邦补偿法》（Bundesergänzungsgesetz，1956 年为《联邦赔偿法》[Bundesentschädigungsgesetz，BEG] 取代）是史上第一部成文的赔偿法律。理论上，它让那些因受纳粹迫害而失去家人、生计和健康的人可以接受西德的小额经济补偿。但实际上，幸存儿童要想获得赔款需要经历复杂、屈辱、令人崩溃的过程，因为申请者需要提供文件以证明曾被迫害。这对成年人而言已经很不容易，对于战时还是孩子的人更是难上加难。他们可能没有任何官方文件，连出生证明都没有。很多人不知道父母的姓名，不知道自己出生的时间地点乃至被遣送的日期；有些人甚至不清楚自己出生时的名字。幸存儿童（及成人）在申请赔偿的过程中需要帮助，大多数去找了联合赔偿组织（United Restitution Organization，URO）。该法律援助机构成立于 1948 年，帮居住在德国和以色列之外的人在《联邦补偿法》出台前获取小规模区域性赔款。[29]《联邦补偿法》出台后，联合赔偿组织就成了幸存者寻求帮助的主要组织，因为它在幸存者个人和德国当局之间充当中间角色。[30] 该组织在世界各地都有分支办公室，申请者可就近利用。当地办公室会与他地的办公室合作寻找申请者无法提供的必要文件，如出生证明、居住证明或者被遣送、被拘留的证据等。在寻获相关文件的过程中，联合赔偿组织与全欧洲的档案馆合作，包括犹太社群档案馆、市政档案办公室等，其中最重要的是红十字会国际寻人服务局的档案馆，该档案馆在德国度假小镇巴特阿罗尔森（Bad Arolsen）的地下存有
147 数百万份文件。联合赔偿组织及其合作的档案员和研究者获取这些必需的档案也有限制，因为冷战使存放在铁幕东边的档案资料依旧无法获得。但该组织还是能帮助寻找档案馆和珍贵文件，这是任何个人（尤其是没有资源的青少年）都无法做到的。[31]

赔偿申请者可以主张如下理由：近亲丧生、健康受损（但现有的精神问题不包括在内，我们会在下一章看到）、失去房产或财产、因工作能力永久受损而失去职业或经济前景。在这个单子里，我们能直接看到儿童处于劣势地位：他们可以因父母丧生而主张赔偿（如果他们能够证明父母确实已死），但无法因他们从未拥有的房产、财产而申请，也无法声明因受迫害而失去了职业。想要因“失去自由”索赔也不容易，因为要符合条件，他们必须证明自己的生活条件是“非人的”，而当局不承认东躲西藏的生活是“非人的”。特蕾莎·E（Theresa E）早年在华沙的犹太人隔离区度过，后来被偷运出去，藏进华沙附近的一个波兰家庭。她发现自己可以因在华沙犹太人隔离区“失去自由”而索赔，但此后的时段不可以。1959 年，联合赔偿组织的伦敦办公室给她的法定监护人写信：

> 我们为 1940 年 11 月至 1944 年 12 月这一时段主张赔偿。起始日期，即隔离区封闭日期尚不确定。可以因拘留于隔离区内而申索赔款的起始日期或为 1941 年 1 月 15 日，而非 1940 年 11 月。1943 年 1 月后的时段是“非法生活”。特蕾莎被人带出隔离区，与一个波兰家庭躲在华沙附近的约瑟夫乌（Józefów）。针对这一时段，当局要求提供特蕾莎在“非人条件”下生活的证据。这样的证据很难提供。[32]

这一段揭示出两个重要问题。第一，孩子们在索赔过程中从一 148
开始就处于劣势。他们往往通过藏匿幸存下来，但不管躲藏经历有多可怕，他们失去了多少自由、安全和健康，德国当局都不认可他们的经历值得赔偿。第二，虽然德国当局只在无可辩驳的受迫害证据下才接受索赔主张，但他们自己掌握的信息也很少。他们要求所有索赔在 1958 年前提交。但如前所见，当时关于大屠杀的历史学研究很少。即使像华沙犹太人隔离区于 1940 年 11 月封闭这样基本的日期和事实，德国当局自己也不甚清楚，但他们仍然时刻准备拒绝基于“错误事实”的索赔主张。[33] 更有例子表明涉及幸存儿童的时候，德国当局的判断有多么武断、不公、令人恼怒。弥艳 · S（Mirjam S）1937 年 8 月生于捷克斯洛伐克，战时与一个农民家庭躲在一起。这家人把她关在楼上，而楼下有时就暂住着德国兵。她后来回忆：

> 我总是在楼上吃饭。他们从没见过我。虽然不应该，但我还是总坐在窗边，几个小时地盯着街对面垃圾堆上的老鼠。[……这家里的妈妈] 会嘱咐我各种事情，因为她不想我做任何会连累他们的事。比如她会说：“如果你这么做，这个就会发生在你身上。”如果有人来了，我就应该躲到床底下去。[34]

弥艳的姐姐被遣送到了拉文斯布吕克集中营，但活了下来；她的父亲葬身于萨克森豪森（Sachsenhausen），母亲死在塞雷德（Sereď），哥哥的遇害地点不详。[35] 即便如此，她所在地的联合赔偿组织办公室的法律顾问也不确定她能否得到补偿，他在信里写道：“只有证明她的非法生活是非人的，索赔才能获批。家人离散、隐姓埋名、东躲西藏的生活都构不成索赔的理由。[……] 至于针对她 149
父亲的索赔，则须证明他确系于萨克森豪森丧生。”[36]

随着时间流逝，越来越多的规定被用来延缓或拒绝索赔，越来越多的索赔因包含“事实错误”而被拒绝，即使当局自己也不清楚事实。很多人提出赔偿申请时，往往期望西德政府会抱有真诚的善意，结果惊骇地发现自己又陷入了那熟悉的、令人作呕的权力关系：德国当局再一次认定犹太人撒谎、欺骗，与之前反犹的纳粹树立的犹太人刻板印象如出一辙。[37] 索赔过程也让处在青春期的幸存者非常困惑。成年申请人但凡知道实情，也就知道自己有没有撒谎，但儿童往往不知道真相的标准是什么。

雅内克 · E（Janek E，化名）1936 年生于波兰，他的战时经历特别可怕。1940 年，他的家乡克拉什尼克（Kraśnik）的所有犹太人被围捕，送入强制劳动营。他的母亲被送往一处营区，他和父亲及兄弟姐妹则被送到另一处在布津（Budzyń）的营区，他的兄弟姐妹在那里被射杀。他和父亲一起被送往一系列强制劳动营和集中营，然后是维利奇卡（Wieliczka）盐矿，最后到了德国的弗洛森比格（Flossenbürg）。解放后，他父亲很快就去世了，因为他此前被弗洛森比格的一个营区守卫打出了脑部伤，在营里人事不省地躺了三周。父亲死后，雅内克就成了家里最后一个幸存者，孤身一人待在萨尔茨海姆（Salzheim）的难民营，那时他才 10 岁。1949 年，雅内克通过一个叔叔的帮助移民至美国。在洛杉矶上中学时，他向当地的联合赔偿组织办公室提出索赔请求，理由是失去自由。[38] 他（以及所有申请者）必须写材料来申明主张，但联合赔偿组织的材料中没有保存他的经历陈述，反而保存了他的法律顾问对他的陈述的怀疑：

150 我们必须告知你，你不可能从 1939 年 12 月起就佩戴犹太星。那时你才 3 岁，而根据法律，儿童要到第 10 年 [原文如此] 才佩戴犹太星。因为此说法错误，我们怀疑你关于布津隔离区的说法也弄错了。基于官方文件，按照决定，布津直至 1942 年

10月才成为集中营,而此前它从来不是封闭的犹太人隔离区。[39]

这下雅内克就处境艰难了。没有哪个在世之人能帮他拼凑出他3—10岁的混乱生活。他费力整理出自己的人生故事，提供给联合赔偿组织洛杉矶办公室的法律顾问，结果却被告知他的记忆“不可能”，是他“弄错了”。最后，德国当局因为他“失去自由”给他了小额单次赔偿。过了几年，他再次申索赔偿，理由是父亲丧生。这一次，联合赔偿组织的材料中保留了他的陈述。他是这么写的：

> 我父亲在弗洛森比格遭受严重虐待。他被人用鞭子打头，瘫倒在血泊里。后来他前额有个大伤疤。1946年，我们到了法兰克福附近的萨尔茨海姆的难民营。解放后，我父亲总是说头很疼。他的情况越来越严重，手也失去了感觉。他被送去法兰克福的一所医院，在那里住了大概一年半，后来就去世了。据医生说，他死于虐待伤。我后来就到了慕尼黑附近的巴特艾布灵（Bad Aibling）的一所儿童之家。[40]

他的索赔被拒了。

虽然索赔过程对青春期的幸存者可能充满屈辱和痛苦，有些幸存者却能跨越这些障碍，接触到文件，从而填补自己的早年生活之谜。有些人知道了自己真正的出生日期，或者父母的真名，又或是 151
发现自己还有亲兄弟姐妹或者同父异母（同母异父）的手足。有时，联合赔偿组织的办公室人员选择隐瞒他们发现的信息，怕这些信息过于残酷，让年轻的幸存者受不了。杰基 · Y 回忆道，自己在快20岁上订婚后，在报上读到了一些关于索赔流程的内容，然后：

> 我和未婚妻一起去了联合赔偿办公室，在那里我们碰到了

> 一位非常和善的女士听我讲了我的事。她说，既然我被收养了，一定有人搜寻过我是否还有亲人在世，但她还是会联系维也纳的档案办公室来确认。过了几周，联合赔偿办公室的人叫我们过去，说有消息告诉我。他们给了我一张纸条。纸上有这些信息：我母亲曾经是做女帽的，她的名字和出生日期，我们被遣送的日期，我被遣送到泰雷津，她被遣送到明斯克然后再没回来过。根据这些日期，我们可以知道，我在五个半月大时被从母亲身边带走，之后她立即被遣送，过了三个月我也被遣送。至于别的亲人，没有任何记录。[41]

直到 1981 年，杰基才了解到更多。在探访以色列时，他联系到了一些人，帮他从维也纳的市政档案馆获取了他的详细出生证明。该证明显示他母亲是未婚：

> 这并没有多让我惊讶，但我不知道为什么此前没人提过。我问过很多次，而且，既然联合赔偿办公室帮我搜寻了，为什么没人给过我母亲的出生证明？我妻子给办公室的那位女士打电话，告诉她我们了解到的事，结果她承认她早就知道，但她
> 152 不愿意伤害我这个可怜孩子的感情。她和其他人一起决定隐瞒这一信息。[……] 我们不知道有多少人做着同样的事情。

因此，索赔过程既可能带来有价值的信息，同时也可能造成严重的情感打击。当申请被拒时，幸存儿童会感到愤怒、屈辱和痛苦的怀疑，怀疑自己尽全力拼凑出的人生故事可能是不准确甚至错的。当申请通过时，情感上的影响也没有好到哪里去。心理学家萨拉·莫斯科维茨（Sarah Moskovitz）称赔偿是幸存儿童的“悲剧性两难”。孩子们感到，如果自己因为日思夜想的父母的过世接受了德国当局

据《联邦补 / 赔偿法》给予的菲薄施舍，就会既减轻屠杀者的内疚，又增加自己的内疚。杰基就有这样的感觉：

> 多少钱都无法弥补我的所失，我感到对我做出这种可怕事情的人用一点点钱就要把我打发到一边。当我最终拿到钱时，我就觉得我想把钱撕了扔掉。这些钱代表着我从未真正认识的母亲。

很多幸存儿童在青春期之前就知道自己的过往里有一些不易理解又难以填补的空白。但当他们进入青春期后，关于过往的问题——过去的样子、意义和回响——就格外紧迫起来。如果说过去他们只是不知自己的早年生活如何，现今他们碰到的情况则似乎是人们故意阻挡他们接触自己的过往，或者表示他们的记忆其实只是幻想。我们可以理解父母和其他一些人的困境，他们是力图保护孩子才不让他们了解那些可怕的真相。但同时我们也明白，对这些孩子而言，在这种不平等的权力关系中，对过去的控制是一个敏感而复杂的问题。而且，因为那时人们很少提及大屠杀，对其中各种细节的认识 153
也不够完善，青春期的孩子鲜有途径了解自己渴望知道的过往。随着他们长大成人，那渴望也往往跟着生长，但大多数人发现自己在与亦真亦幻的恐怖、渴望和幽灵做着斗争，孤身一人。[42]

第七章

创伤

1945 年夏，300 名泰雷津幸存儿童来到英国，其中有六名 4 岁以下幼童（里面就有杰基·Y）。[1] 英国中央基金负责照顾这些孩子，该组织的领导人认为这些幼童住在专为他们安排的地方最好。一位议员的妻子贝蒂·克拉克（Betty Clarke）夫人给中央基金出借了她位于萨塞克斯的西霍斯利（West Hoathly）的一栋小别墅“斗牛犬坡屋”（Bulldogs Bank），六个小孩子很快就搬了进去。[2] 公众对这些幼童颇为关心，精神健康专业人士也想知道这些早年就被迫离开母亲的孩子会如何成长。那时的精神科和精神分析理论认为母亲的关爱对孩子心理的正常发展至关重要，因此这六名自婴儿期就离开母亲、住进泰雷津“无母儿童宿舍”的幼童似乎可以检验这一理论。将这些幼童视为潜在实验对象的专家中就有安娜·弗洛伊德，她是西格蒙德·弗洛伊德的女儿，儿童精神分析领域的奠基人之一。[3]

安娜·弗洛伊德关于儿童早期发展的观点因其著作而广为人知，尤其是她与多萝西·伯林厄姆在汉普斯特德战时托儿所的合作，那里是被撤离儿童的住所，[4] 1941—1945 年间由她二人掌管。弗洛伊德和伯林厄姆认为，让孩子们痛苦的不是战争暴力，而是与母亲分离；事实上，弗洛伊德尤其认为，战争会滋养儿童对暴力的天然欲望，
155 而比起炸弹的威胁，撤离所带来的情感动荡对孩子们更加有害。在这一点上，她与当时诸如约翰·鲍比等著名儿童精神分析师是一致的（至少早期如此）。约翰·鲍比认为，“幼儿与家庭长期分离，是犯罪人格形成的重要原因”，童年早期的“母爱剥夺”不仅可能导致行为不良，还可能导致抑郁、精神发育迟缓及情感丧失。果真如此，那么六名泰雷津幼童应该经历了严重的情感和发展问题。[5]

因此，安娜·弗洛伊德努力确保这六名幼童在斗牛犬坡屋能生活在轻松的氛围里，同时也能被受过精神分析训练的工作人员仔细观察。她派了两名曾与她在汉普斯特德战时托儿所共事的照护者，德国移民苏菲（Sophie）和格特露德·丹（Gertrud Dann）姐妹去管理坡屋。丹姐妹仔细记录着小孩们的日常行为。她们观察孩子们发脾气、友好相处和努力适应新语言的情况。每次孩子们吮手指或围嘴安抚自己、尿床或是把玩生殖器，她们都会记录下来。安娜·弗洛伊德在伦敦的办公室里收到这些记录，仔细思考其内涵。1951 年，她和苏菲·丹发表了一篇关于这些孩子的文章，名为“一场群体养育实验”（“An Experiment in Group Upbringing”）。该文在儿童心理学领域至今仍有重大影响，仍为该领域的多数本科生课程教材所引用。[6]

弗洛伊德和丹对孩子们行为中不大常见的部分感兴趣，尤其是孩子们警惕对任何大人产生依恋，但彼此间关系紧密。弗洛伊德和丹写道，这些孩子“极其敏感、躁动不安、攻击性强、很难对付。他们表现出一种高度的自体性行为 (autoerotism)，有些人已开始有神经质症状”。[7] 尽管如此，弗洛伊德和丹总结道，这些孩子“既没有缺陷，也没有不良行为或精神错乱。他们 [在群体里] 为自己的力比多找到了另一处安放之地，并因此控制住了部分焦虑，发展

了社会态度”。因此，这些幼儿的存在也让“失去与母亲的亲密关 156
系一定会让儿童受到创伤”的基本观点遭到质疑。尽管在很小的时候就与母亲分离，他们还是有复原力。事实上，弗洛伊德和丹在此研究的结论中表示，约翰·鲍比及其追随者错误地认为“母子关系中的任何干扰……都一定会成为有特殊意义的致病因素”。[8] 一如弗洛伊德和丹所预见的，斗牛犬坡屋的“实验”挑战了儿童精神科医生和精神分析师，令其重估“母爱对儿童心理发展至为根本”这一观点。

但弗洛伊德和丹的研究也是其时代的产物。如前所见，战争结束后，有精神分析背景的照护者往往会强调，幸存儿童可能会因战时经历变得“去正常化”，但不会永远这样。大众媒体称欧洲的无人陪伴儿童被战争败坏得无可救药，照护者时常感到他们必须保护孩子们免于此类控诉。照护者们还得考虑资金和筹资的问题，因为各类机构在欧洲运营的照护之家需要大笔资金——如果说孩子们无可救药，就很难让捐赠人掏腰包。因此，照护者有非常实际的理由在战后早期坚称幸存儿童因经历迫害而严重受伤，需要受过训练的专家来专门照护，但同时有了这些专门照护，他们可以回归“正常”。安娜·弗洛伊德自己也摆脱不了这些顾虑，尽管她和同时期的精神分析师一样宣称“儿童指导诊所”（Child Guidance Clinic）完全不受外界的影响。让她得以运行汉普斯特德战时托儿所以及资助斗牛犬坡屋的资金，部分来自慈善组织“战争儿童美国寄养父母计划”（American Foster Parents’ Plan for War Children）。该组织之所以资助弗洛伊德，正是因为她和同事们向美国的捐赠人强调，有了物质和精神上的支持，受他们照顾的孩子可以继续快乐地、精神健康地生活。[9]

安娜·弗洛伊德和苏菲·丹在《一场群体养育实验》中得出的
结论在十多年里几乎无人挑战，但最终西德的赔偿过程颠覆了围绕 157

这一研究的共识。在这里，我们将探讨赔偿过程导致精神科医生和精神分析师争论的情况，争论的焦点是幸存儿童是否像弗洛伊德和丹在 50 年代初所说的那样颇有复原力，还是因战争经历而遭受了持久的心理损害。如前所见，幸存儿童不容易拿到赔偿金，但同时，索赔过程又让一些人有机会获得他们早年生活的关键信息。我们要研究，相关过程如何引发了一场针对心理“创伤”（trauma）概念的广泛争鸣，在其中幸存儿童扮演了重要角色。赔偿事宜及其引发的不满比其他任何因素都更让精神健康从业人员对幸存儿童的心理发展重燃兴趣，同时也让他们思考被战争撕裂的童年是否会带来长期的心理危害。这促使幸存者和专业人士之间的关系发生了转变，最终这两大群体也各自发生了变化。要想写作幸存儿童的战后历史，我们不能忽略他们与精神健康专家的关系，也不能轻视他们有时向精神健康业界投注的恐惧和希望。同时，想要写作儿童精神病学、精神分析以及发展心理学的战后历史，我们也不能忽略幸存儿童，因为专家们针对幸存儿童的研究从根本上改变了他们对儿童发展的看法、对亲子关系重要性的看法，也改变了心理“创伤”这一概念本身。[10]

谈及“创伤”，我们的意思是什么？如今，英语里习惯将扰乱情绪的痛苦事件称为“创伤性的”，也将“创伤”当作解释此类事件及其长短期影响的一个概念范畴。但是，这一措辞的使用及其背后的一系列概念是直到 20 世纪下半叶才开始演进的。甚至在《牛津英语词典》里，“创伤”在这个意义上的比喻用法（“我们知道你
158 遭受的创伤 / We know the trauma you suffered”）最早只能追溯到 1977 年。[11]“创伤”如何作为词汇和概念被普遍用来指心理上的痛苦状态，相关发展过程很有意思，背后是 20 世纪六七十年代精神健康专业人士对此概念的理解发生了深刻转变。这些改变对临床心

理治疗、大众认知及学术研究都有重大影响——比如自八九十年代起，历史学家就花了大量时间探索过去的“创伤性”事件对当下社会的影响。有很多因素导致了人们认知的改变，但一个关键因素就是赔偿过程引发的激烈争论。由于西德1956年出台的《联邦赔偿法》导致了索赔、被拒、上诉的拉锯战，精神科医生和精神分析师不得不思考、争论恐怖事件是否会对个人产生长期影响，也由此开始质疑其专业领域内的一些最基本信条。这些专家就创伤概念长年论战不休，幸存者（尤其儿童）于是发现自己困在了两种观点之间：一方认为战争经历（无论多么恐怖）不会对年幼之人产生长期影响，另一方则认为迫害让幸存儿童遭受了长达一生的影响，让他们变得衰弱甚至患病。

在六七十年代的转变发生之前，精神科医生普遍认为心理创伤是对痛苦事件的暂时反应。他们认为痛苦事件不可能导致心理上的长期症状；长期症状只会要么来自遗传，要么（如一些精神科医生所说）由脑部受伤所致。其实，“创伤”一词来自希腊语的“受伤”，在医学上过去和现在都主要用来指身体受伤。弗雷德里克·莫特（Frederick Mott）和查尔斯·迈尔斯（Charles Myers）等人是最早一批使用“弹震症”* 来描述第一次世界大战中士兵经历的情绪障碍的精神科医生，他们认为此类心理痛苦的成因可能是战斗导致的脑部病变。约同一时期，遭遇火车事故的人有时表现出的长期性受冲击状态也令医生倍感疑惑，但这种情况被称为“铁路脊柱”†，这正说 159
明医生们认为此类心理问题根源在身体受伤。在越发危险的机械化工作场所，人们也注意到一些在工厂事故中受伤的人有时会发展出

---

* 弹震症（shell shock），指一战期间部分士兵表现出的惊恐、失眠、视力和听力受损等生理和心理问题。

† 铁路脊柱（railway spine），19 世纪下半叶由英国医生提出，指遭遇火车事故的人有时在事故发生数月后表现出的运动失调、感觉障碍、背痛等问题。

持续性的受冲击症状。但是，当政府开始为补偿工人立法时，这些罹患所谓“补偿神经症”*的工人就受到了动机质疑：他们到底是真病还是装病？这一问题颇有争议，即使极少数精神科医生开始半信半疑地认为冲击可能是由于极端情绪和经历而非身体受伤导致，但他们也不认为这种心理状态会有长期的影响。[12]

弗洛伊德派的精神分析师对“创伤神经症”有不同的理解，但他们也不认为恐怖事件会对健康的个体产生长期影响。在经典的弗洛伊德派观点里，创伤要么源自个人的天生体质，要么有性方面的病因且由童年时的家庭关系生发而来。弗洛伊德派的分析师也拒不承认“创伤神经症”可能由真实世界中的事件导致，而认为其根源是无意识动机。弗洛伊德自己曾表示：“神经症的出现，不大可能因为客观存在的危险而无任何更深层精神机制的参与。”[13]他们坚信创伤要么来自天生体质，要么由早期家庭关系中的恐惧和欲望导致，这让20世纪40年代后期及至50年代时，精神分析师和向其寻求帮助的少数大屠杀幸存成人之间的关系变得很僵。有精神分析背景的精神健康专家在为英国和北美的援助机构工作时，在幸存成人中发现了各种引人警惕的身心症状，包括肌肉疼痛、偏头痛、情感冷漠、焦虑、记忆障碍等，这还只是常见症状中的一小部分。但是，这些专家始终拒绝承认这些症状和幸存者的战时经历有任何关系。实际上，他们在记录里几乎没有提及病患的战时经历。甚至当
160 幸存成人表示自己的情绪障碍可能来自战争经历时，“专业人士通常也不太在意”。[14]有精神分析背景的专家虽然更容易接受恐怖的战争经历可能给儿童造成心理伤害这一观点，但他们不确定这种伤害是否会持续。在设想战时迫害有可能对儿童产生持久影响时，一

* 补偿神经症（compensation neurosis），指为了达成某些目的，尤其是获赔，无意识地夸张一些生理或心理上的问题（与装病不同），该词在19世纪末至20世纪中叶流行。

个关键障碍就在于当时对记忆能力如何随儿童成长而发展的理解。

经典的弗洛伊德派精神分析师和儿童发展心理学家对儿童记忆有不同的看法，但两个领域的专家都坚称儿童不能主动记住发生在其早年的事情。弗洛伊德最早使用“婴儿期遗忘”来指称人在 3 岁前全无记忆的情况。根据弗洛伊德的观点，儿童对婴儿期其实有记忆，但因为这些记忆太过强烈（尤其是对异性父母的不正当欲望的记忆），发展中的自我后来压抑了它们。在无意识状态下，这些记忆继续激发着行为，但不会被主动地唤醒。发展心理学家对婴儿期遗忘持另一种观点：像瑞士学者让 · 皮亚杰（Jean Piaget）这样的著名思想家就认为，幼童尚未发育的大脑不能形成长期记忆，学龄前儿童的记忆过程也是碎片化、杂乱无章的。儿童心理学家因此设想童年早期经历的恐怖事件不会对不断成长的儿童产生长期的有害影响，因为对这些事件的记忆会随着时间淡化。虽然精神分析师认为发育中的大脑可以保留（被压抑的）早年记忆，但他们最关注的是父母与孩子在性方面的相互关系，而倾向于忽略外部事件。因此，弗洛伊德派精神分析师和经典的儿童心理学家殊途同归：都认为幸存幼童不可能记住自己所受的迫害，因此也不可能遭受长期的心理影响。[15]

要知道，直到 20 世纪八九十年代，发展心理学家对婴儿期遗忘的认识才发生剧烈变化，因为新一代的实验心理学家此时开始形成 161
全新的理论来解释人为何不记得三四岁之前的事情。他们的实验表明，幼童乃至婴儿其实能记事长达数天、数月甚至数年，但这些早期记忆没有保存到成年。80 年代，萝宾 · 费伍什（Robyn Fivush）和凯瑟琳 · 纳尔逊（Katherine Nelson）属于最早一批提出保存早期记忆的能力与儿童发展沟通技能有关的研究者：随着儿童学会谈论生活中的事情，随着父母和其他成人帮着他们塑造其自我叙事，儿童就走出了“婴儿遗忘”期。这些研究者还认为单有沟通技能还不够。儿童一旦学习搭建帮助叙事成形的“脚手架”，开始理解被社会建构的各种叙事形式，就也改变了记忆的方式。[16] 换言之，随着你掌握了谈论过去所需的语言，从父母和你社交圈中的其他人那里学习了如何讲述自己的人生故事，你保存记忆的方式也会变化。这些发现似乎尤其适用于幸存儿童，因为他们往往没有父母在身边供他们学习关键技能，好去谈论过去的事件，对其进行排序和理解，并将其融入自己的人生故事。很多幸存儿童也可能较晚才习得语言，如果他们没有及时接触成人（不管是在躲藏中、在集中营还是犹太人隔离区里），或者必须抛弃母语并很快开始另学一种语言的话。如果记忆在根本上是社会建构，而幸存儿童又被剥夺了建立早期记忆的社会环境，那么我们就有理由推测很多人可能经历了比平均水平更长的“婴儿期遗忘”。[17] 而同时，他们确实保留下来的那些记忆，不管多么碎片化、多么模糊，对他们如何讲述自己的早年人生都有重要、持久的影响。

这些都有助于我们理解 20 世纪 50 年代的情况：当西德首次开放赔偿计划时，精神科医生、心理学家和精神分析师大多认为战时
162 的迫害不会对健康的个人造成长期的心理危害。他们认为健康的成年人很快就能从危险恐怖的事件中恢复，而儿童则根本不会记得这些。精神健康专家当时还没有强有力的理由去质疑这一看法，但赔偿过程最终使他们改变。需要留意的是，赔偿对于幸存者和评估其诉求的专家来说都是一个“过程”，会拖拖拉拉很多年。《联邦赔偿法》雇用的医生认为索赔者的现有心理症状与其战争经历没有因果关系，因此倾向于拒绝针对心理损害赔偿，还坚称情绪不稳的幸存者一定在战前就是如此。幸存者会对申索被拒提起上诉，寻求更理解他们处境的医生的意见。就这样，有几位敏锐的医生开始发现幸存者们似乎有一些共同的症状，其中最著名的是德国出生、纽约执业的精神科医生兼精神分析师威廉·尼德兰（William Niederland）。

他有独一无二的条件，得以临床观察了超过 800 名据《联邦赔偿法》索赔的幸存者。他开始发现这些幸存者有一些共同的症状：焦虑、长期抑郁状态、睡眠障碍及做噩梦、记忆和认知问题，以及肌肉疼痛、消化问题和头痛等身体表现。尼德兰开始主张，这些症状证明幸存者经历了“巨大、严重、持续的创伤”，于是发展出一种综合征，可视为“可识别的整体临床表现”，他称之为“幸存者综合征。”[18]尼德兰的工作不仅为针对幸存者的治疗开辟了新天地，在心理创伤的概念化方面也具有开创性意义。

尼德兰的工作开拓了一个新领域，不仅不同于既有的精神分析理论，也和西德赔偿机构委任的精神科医生立场完全相反，后者为拒绝大量索赔依然在采用传统的精神病学理论。到了 1966 年末，西德当局已经拒绝了超过三分之一的幸存者申请，而且这还是在大批申请者把被拒的索赔提交给上诉法院之后——在此之前，当局拒 163
绝了多一半的索赔。[19]他们的理由是，长期焦虑、噩梦、心因性疼痛等症状要么出于天生，要么由童年未解决的事情引起，又或是由于幸存者没有能力适应战后生活——如历史学家达格玛·赫尔佐格（Dagmar Herzog）所写：“任何除了迫害和集中营之外的理由”。[20]赫尔佐格说，西德当局不仅附和当时的医学正统，还“有意识地用尽各种话术来驳斥批评者，为自己的判定辩护”。[21]因此，（德国和别处的）正统精神健康专家与先锋的精神科医生和精神分析师之间渐渐有了明显的对战线，后者开始接受一个观点，即恐怖事件的确可能给人留下持久的心理伤疤。[22]

这条对战线既属于专业领域，也有政治意义。与赔偿紧密相关的是一个道德问题，即谁应对纳粹的政策及行动造成的长期身心损害负责。西德当局所处的政治和文化氛围里，赔偿引发的尖锐问题是：到底谁该为纳粹受害者当下依然存在的痛苦买单。一如赫尔佐格所言，他们试图将申请者的症状归咎于基因、体质、性格或环境。

这针对的是广大的潜在申请者，而不单是犹太幸存者：1956 年的《联邦赔偿法》允许所有因种族、宗教、意识形态或政治信仰而受迫害的人前来索赔（这一原则最早由美国军政府在西德被占期间定下）。在为仍在持续的心理问题索赔时，非犹太的集中营幸存者和犹太幸存者一样可能发现自己的诉求遭拒。这一过程既受冷战政治的影响，也取决于西德及其他西欧诸国对战争的记忆。对于遭受心理健康问题困扰的索赔者而言，无论其出身背景或遭到遣送、拘留的深层原因，这都可能是一番摧毁灵魂的惨烈经历。[23]

164 随着专家们开始在创伤后遗症问题上分成两派，一些人开始极力证明恐怖事件确实可能给一个原本健康的人造成长期的心理障碍。他们开始质疑安娜·弗洛伊德和苏菲·丹的研究，因为《联邦赔偿法》雇用的一些精神科医生开始引用弗洛伊德和丹的结论来拒绝幸存儿童的索赔。德国出生、美国执业的精神分析师马丁·旺（Martin Wangh）记录过一位有精神疾患的女青年，她在婴儿时期被关进了泰雷津，与弗洛伊德和丹研究的泰雷津幼童并无二致。在拒绝她的索赔时，西德当局的医生采用弗洛伊德和丹的结论表示：“没有其他研究支持迫害后会有永久性损害。我们知道安娜·弗洛伊德研究的与父母分离的泰雷津儿童，他们的精神障碍在一段时间后就消失了。”既然《联邦赔偿法》方面的精神科医生乐于引用弗洛伊德和丹的研究来拒绝给幸存儿童赔偿，那么更有同情心的精神健康专家开始质疑弗洛伊德和丹的这一研究也属自然。事实上，安娜·弗洛伊德自己就写道，她震惊于自己的研究被用于为拒绝幸存儿童的索赔提供支持。她还表示，竟然有专家质疑与家人分离并被拘留在集中营里不会对儿童造成长期负面影响，这也令她骇然。[24]

1965 年之后，受这一争论背后尖锐政治因素的刺激，先锋派专家们改变了分析和治疗幸存儿童的方法：他们开始寻找创伤的长期印记。此时，这一派人数在增长，联系网遍及国际，也更愿意挑战该领域的传统阐释。到 1967 年国际精神分析学会大会在哥本哈根召开时，参会者大体同意，经典的弗洛伊德派创伤观难以解释为何大屠杀幸存者的症状在遭受迫害数十年后依然明显。[25] 不断壮大的 165
精神科医生和精神分析师国际共同体对一些幸存者的长期临床症状以及这些症状的延迟发作越来越感兴趣（不信服的精神科医生则认为这正好证明了战争经历和后来才出现的症状没有关系）。他们也担心这些“大规模心理创伤”（该词由这批先锋专家中的关键人物亨利 · 克里斯塔尔 /Henry Krystal 提出）影响的可能不仅是个人，还有家庭。[26]

这让专家们开始研究幸存儿童以及幸存者的孩子——后者在战后出生，没有直接的战时受迫害经历。20 世纪 60 年代中期，蒙特利尔的犹太综合医院精神科研究人员薇薇安 · 拉科夫（Vivian Rakoff）和约翰 · 西格尔（John Sigal）对这一问题感到困惑。蒙特利尔有大量战后移民至加拿大的大屠杀幸存者，又因为蒙特利尔的医院分为（讲法语的）天主教医院和（讲英语的）犹太医院，这所犹太综合医院是当地遭遇精神问题的犹太人最常去的地方。拉科夫和西格尔不断震惊于来家庭精神科求助的集中营幸存者子女的数量。他们注意到，1964—1966 年间，每 100 个来精神科的犹太家庭中，就有约四分之一是“集中营家庭，该比例远高于蒙特利尔的犹太人人口比例”。[27] 他们开始怀疑，会不会遭受迫害创伤后遗症的不仅有幸存者本人，而是“整个家庭都是罹患严重障碍和创伤的个体”。[28] 从事临床工作的精神科医生开始猜测，战时迫害的危害不仅持久，甚至还可能跨越代际。精神分析师也开始得出类似的结论。对我们的研究更重要的是，专家们开始猜想，如果连战后出生的儿童都可能因父母的战时经历而受到深刻的负面影响，那就该更仔细地研究亲身经历过战争迫害的孩子，即使他们那时太小记不清。在哥本哈 166

根的精神分析师大会上，多位专家展示了幸存儿童的案例。以色列精神分析师 H. Z. 威尼克就（H. Z. Winnik）讲了他的一个病人的经历。R 1938 年生于法国，是一名大学生，她战时与一个基督教家庭躲在一起幸免于难，战争结束时被归还给了幸存的母亲，结果她们的关系变得很僵。随着 R 进入青春期，她的心理开始出现问题。此前她是个好学生，但进入青春期后，她变得抑郁、学习困难，并出现严重的肠胃问题，最后退了学。威尼克说，在接受了三年精神分析后，R 得以重返学校，肠道问题也有所缓解，但她虽然“可以适应正常的工作条件和社会要求”，却仍然害怕亲密关系。威尼克认为，R 的很多症状都符合“集中营综合征”，即使她战时与收留家庭生活得相对安全稳定。[29]

拉科夫和西格尔等精神科医生以及威尼克等精神分析师对 60 年代中期来他们诊所求助的年轻人因迫害而受到的长期、代际间影响很感兴趣。但他们在荷兰工作的同行，精神科医生兼精神分析师汉斯 · 凯尔松（Hans Keilson）却采取了更为激进的方式：他开始在临床环境之外研究幸存儿童。他还主张，创伤的长期破坏性影响不仅体现在一部分幸存儿童身上，而是在绝大多数幸存儿童身上都有体现，无论他们有没有因此寻求过治疗。1967 年，凯尔松开启了针对大屠杀幸存儿童的第一个大型纵向精神病学研究。凯尔松是德国出生的犹太人，纳粹上台后他刚取得医生资格。他从德国逃到荷兰，战争期间在荷兰抵抗组织做医生，战后则立即为“帮助儿童”组织（L’Esrat Ha-Yeled）行医，这是荷兰的一家犹太组织，旨在
167 照顾荷兰的犹太幸存孤儿。凯尔松从战后到 1970 年在该组织担任顾问精神科医生，因此，他有独一无二的条件去研究幸存儿童长期面临的心理问题，因为他此前已多年接洽“帮助儿童”和荷兰其他援助组织帮扶过的 3500 名幸存儿童。[30]

1967 年夏，凯尔松随机联系了曾在“帮助儿童”待过的 200 名

幸存儿童，请他们参与他的跟踪研究。大多数人都同意了，但凯尔松注意到，即使在“最积极的例子里”，如今长大了的幸存儿童在与他们曾经的医生重新接触时也带着“一腔怒火”。这些孩子感到自己被此前的监护人忘却并最终抛弃了。其中一人是这么回复的：“你来得太晚了。你要是在 15 年前我需要人的时候来多好。我感到失望。”[31] 随着与受过荷兰这些援助组织帮助的长大成人的幸存儿童谈话，凯尔松开始推测，如果幸存成人广泛受到“集中营综合征”相关症状的困扰，那么这些症状在战时正要进入青春期的儿童身上会更明显，因为他们正是在“由生理条件决定的自我脆弱期”经历了战争迫害带来的羞辱和恐怖。[32] 他列出了反映威廉·尼德兰所说的“幸存者综合征”的一系列症状，如严重焦虑、长期抑郁，以及头疼和消化问题等躯体症状，此外还加入了他所说的“心理–社会”指征，如离婚、学业表现差等。根据与母亲分离对孩子的伤害最大这一假设，凯尔松还将幸存儿童按他们离开母亲的年龄，以及与充当父母角色的人（如收留家庭中的父母）分开的次数来分组。他得出的结论是，这些由分离带来的“连续性创伤”悄然对儿童造成了恶果，而且儿童当时年纪越小，后果越严重。凯尔松还表示，无论儿童是从集中营生还还是靠东躲西藏存活下来，结果都一样：不管战时经历如何，幸存儿童都能正常发展（凯尔松将“正常发展”定 168
义为“没有致人衰弱的心理–社会缺陷问题”）。[33] 他总结道，按他在研究中提出的一系列指标，在 18 个月至 4 岁间与母亲分离的儿童付出的代价尤其大，其中只有不到 3% 的人经历了“正常发展”；大点的儿童情况稍好，但即便如此，其中绝大多数（超过八成）也被战争经历永久损害。[34]

凯尔松的研究明确反驳了此前强调幸存儿童的复原力和适应力的观点。但他在评估中使用的构成“正常”发展的一些标准，更多关乎幸存者经历的社会脱节，而非心理损害。尤其是他把“离婚”“失业”“智力和教育不匹配”等当作长期心理伤害的指征，这其实很大程度上忽略了决定幸存儿童人生选择的社会背景。20 世纪六七十年代之交，离婚和分居正变得常见，1973 年石油危机之后，全球经济衰退也导致就业机会减少——而且凯尔松也没有把他选择的幸存儿童样本与对照组做比较。他更是把辍学或学业不佳看作长期心理问题的标志，但如前所见，幸存儿童在追求学业的过程中时常被监护人阻挠，无论是他们幸存的父母、亲人还是援助组织。凯尔松估计“严重的精神和情绪问题可导致教育发展方面的缺陷”，这一观点确有道理，但监护人（包括荷兰各援助组织在内）对孩子们的低期望以及短浅的教育眼光从未在他的研究中得到讨论。[35]

凯尔松的研究始于 1967 年，直到 1978 年才告结题。在此期间，对心理“创伤”概念、对大屠杀历史的研究，路径都发生了剧变。尽管创伤经历有何长期影响的问题首先是由关于赔偿的争论而引发，但关于这一问题的精神病学文献直到越战之后才真正大量涌现：
169 那时专家们开始对越战老兵回到美国数月乃至数年后表现出的心理伤害症状感兴趣——或许更重要的因素是精神科医生和反战活动人士发起了一场大规模的政治运动来为承受精神疾患之苦的越战老兵争取补偿。[36] 整个 70 年代，一群遍及全球的精神科医生和心理学家要求重塑“创伤”及其后果的概念，并着手廓清对其症状的新理解、新的诊断手段及治疗方式。这又引发了更广泛更深远的影响，即重写《精神障碍诊断与统计手册》（*Diagnostic and Statistical Manual of Mental Disorders*，*DSM*）。这是临床诊断精神疾病的关键资料，重写一直持续到 70 年代。1980 年第三版出版时，最重大的一项创新是对“创伤后应激障碍”（Post-Traumatic Stress Disorder，PTSD）提出了新的正式定义。威廉 · 尼德兰在大屠杀幸存成人研究以及凯尔松在幸存儿童研究中描述的很多症状，都被收入该手册第三版“创伤后应激障碍”的症状列表。更重要的是，新定义称创伤后应激障碍的一个关键指征就是症状的延迟出现——而此前，这让《联邦赔偿法》方面的很多精神科医生拒绝了幸存者的索赔。[37]

同一时期，很多西方国家的民众对大屠杀历史的理解也在变化。值得注意的是，这种日益增长的关注对正试图厘清大屠杀的长期（乃至跨代际）心理作用的专家影响深远。如前所见，1951 年弗洛伊德和丹发表她们的研究成果时，针对大屠杀的学术研究还很少，公众所知也很有限。为了解幼童在泰雷津都经历了什么，安娜 · 弗洛伊德请她的同行介绍了一些泰雷津幸存成人，她对营区生活的了解就基于他们的故事。[38] 到拉科夫和西格尔在蒙特利尔治疗年轻病患、凯尔松在荷兰开始纵向研究时，情况已经真正开始改变。随着 1961
年阿道夫 · 艾希曼（Adolf Eichmann）在耶路撒冷受审，公众对欧 170
洲犹太人在战时所受迫害的程度有了更多了解。精神科医生的工作也改变了公众对集中营经历的长期危害的认识，像“幸存者综合征”等措辞渐为大众使用（至少在英语国家如此）。[39]

这些变化令当时的精神科医生和精神分析师如遇谜团：如果心理创伤的症状可以在事件发生后持续数年甚至数十年，如果大多数幸存儿童都像凯尔松揭示的那样会有这些症状，那为何精神健康专家直到 60 年代才注意到？专家们乐于将这一问题看作压抑的结果，而不是因为历史和文化背景发生了改变。1982 年，心理学家马丁 · 伯格曼（Martin Bergmann）和精神分析师米尔顿 · 朱可维（Milton Jucovy）写道，1945 年后的十年，对大屠杀的成年和儿童幸存者来说都是“潜伏期”，这种压抑“大体是一种对待大屠杀相对健康的适应方式”，但却是“通过对那段创伤期的强烈否认和压抑达成的”。他们的结论是：“毫不意外，对过去难以忍受的记忆最终还是回来纠缠幸存者。”[40]“压抑”必定来自病人而非专家的假定，在很长时期内都无人质疑。60 年代晚期，波兰出生、纽约执业的精神分析师朱迪丝 · 凯斯滕伯格研究在六个国家执业的数百名同行，考察他们对幸存儿童和幸存者的孩子的临床治疗方式，结果让她震惊：大多数同行从未想过家庭在战时受到迫害与儿童后来出现精神问题之间会有联系。凯斯滕伯格认为，不是小患者不愿与精神分析师谈论大屠杀，恰恰相反：是分析师不愿与病人谈起。她在 1982 年写道："儿童分析师也不免受如下普遍观念的影响，即儿童最好是否认和压抑，而非直面超越童年幻想的现实恐惧。幸存的父母和精神分析师可能
171 都是沉默的合谋。"[41] 凯斯滕伯格的研究揭示了一个让专家们不安的真相："潜伏期"是他们自己，而非其病人应对恐怖大屠杀的方式。

幸存幼童能"复原"这一基本观点，逐渐让位于坚信大屠杀会带来广泛、长期乃至永久的心理损害，此时，幸存儿童自己又是如何对待这一转变的呢？尽管呼吁重新考量创伤经历之长期影响的精神科医生和精神分析师自认为是为幸存者而战的活动家，幸存者自己倒不一定欢迎此举。这些专家坚称幸存的成人和儿童有病理性问题，这往往让他们感到困扰。幸存者可能确实时而为焦虑所苦，被回忆压得喘不过气，但他们不一定认为自己有疾病症状。更重要的是，很多人感到自己花费了可观的、超大量的精力向家人、社群和当局一次又一次地证明自己是"正常的"（身体、心理和道德上皆是），而富于同情的专家强调大屠杀的长期损害可能会动摇他们的说法。

这能帮我们理解在20世纪60年代至80年代早期这一关键时期，幸存儿童和精神健康专家是如何看待彼此的：这种双向的凝视很关键，因为专家和幸存者在这一时期深刻地相互影响。如前所见，专家接触幸存儿童后，逐渐改变了他们对创伤本质的看法；同时，幸存儿童与"创伤"论争双方的专家产生互动乃至冲突，这也让他们中的一些人开始反思自己的幸存者身份。面对传统精神科医生的质疑，一些幸存儿童坚称自己确实正遭受焦虑和抑郁，他们的早期经历确实对生活造成了严重的负面影响。但面对富有同情心的专家的

关注，幸存儿童往往感到必须强调尽管焦虑和依恋问题的确影响了
他们成年后的生活，但这些问题并不那么突出，不应被看作永久、 172
不可逆的损害。

到了 70 年代晚期，精神健康专家和幸存儿童不断坐到一起讨论这些问题，这些紧张和怨恨也进入了他们的对话。去听那时的口述史采访，我们就会感受到。七八十年代之交，心理学家开始在幸存者中开展采访项目，以期更多了解幸存经历的心理影响，而其中不少项目专门针对幸存儿童。开展这些项目的心理学家和精神分析师相信创伤事件会造成长期影响，因此他们训练采访者去询问并倾听幸存儿童故事中透露出的创伤障碍迹象。这些项目反映了主持者对长期创伤的关注，但同时也揭示出幸存儿童可以多么坚决地反抗这种在他们看来是在将他们的人生经历病理化的计划。

1982 年，朱迪丝·凯斯滕伯格开启了一个名为“关于有组织迫害儿童的国际研究”（International Study of Organized Persecution of Children）的采访项目，最终联系到了超过 1500 名在大屠杀时期是儿童的幸存者。凯斯滕伯格对精神分析师做了先期调查，发现许多同行回避了病患的童年受迫害经历，有鉴于此，她将自己的项目看作深挖别人回避的困难问题的机会，且要在临床环境之外展开。她希望通过这些采访展示出，幸存儿童即便记不住那些创伤性的战时经历，却仍会受其长期影响。凯斯滕伯格训练项目的采访者去询问并倾听受访者透露出的创伤障碍症状，以期明确当时的精神分析
研究可以如何对应到幸存儿童的经历当中。但受访的幸存者往往对 173
此种议程保持戒备。很多人真心感激凯斯滕伯格及其团队能关注自己的人生，一些人还对他们吐露了自己一直瞒着父母、伴侣和孩子的人生故事细节。但他们还是设法让采访者明白，那一大堆极力挖掘创伤迹象的问题不仅不相干，有时甚至荒谬。

一些幸存者寻找着微妙的方式来对抗“专家”采访者，他们用

幽默来温和地批评那些过于热衷于寻找创伤的提问人。R.G 1937 年生于时属波兰的维尔纽斯。她和父母被送进维尔纽斯犹太人隔离区，父亲就在里面丧生。母亲后来设法把她偷运出去，她藏匿乡间，辗转几户农家，最终劫后余生。1984 年 8 月，当凯斯滕伯格采访她时，她勉强配合着采访，但最后开始用幽默来反驳凯斯滕伯格的问题，那些问题是为了寻找创伤症状，但 R.G 觉得自己并没有：

朱迪丝·凯斯滕伯格：你有大屠杀余波们吗［原文如此］？你有没有因此产生后遗症？你有任何和大屠杀有关的焦虑或困扰吗？

R.G：困扰，我不知道。我们都有自己的困扰，对吧？

朱迪丝：你孕期感觉怎么样？孕期顺利吗？

R.G：是的，没什么问题。

朱迪丝：生产也顺利？

R.G：自然分娩。

朱迪丝：你当初是个特别焦虑的母亲吗？

R.G：焦虑……额，我对第一个孩子可能有点过分保护了。

朱迪丝：你有时候会不吃东西饿着吗？

R.G：不不，我在吃的事情上从不纠结。

朱迪丝：你基本是正统派，对吧？

174 R.G：呃，如果你问的是正统派信徒，那我不是。

朱迪丝：但如果我问是不是保守派，那你就是了，对吧？

R.G：我家吃洁食（kosher），我也喜欢我的宗教。如果我女儿带个非犹太人回家，我会特别生气。事实上，我觉得会非常、非常、非常生气。从她们一出生我就在告诉她们，她们会对我说："知道啦，我们会打开炉子（烤箱）。"我说："对，头直接放进去。"

朱迪丝：谁的头放进去？

R.G：我的。

朱迪丝：你的头放进去。

R.G：没错。

朱迪丝：她们带异教徒回家，你的头就进炉子。

R.G：对。（笑）[42]

R.G的大笑表明身为犹太幸存者，把自己放进炉子这个笑话有多讽刺。但凯斯滕伯格又花了一点时间才明白这是在笑话她：R.G是有意向她表明，要找创伤的症状，她这位精神分析师找错了地方。

记忆问题经常让受访者生气。朱迪丝·凯斯滕伯格及其团队知道很多幸存幼儿不记得自己的战时经历，且认为这是因为压抑，而非婴儿期遗忘的自然结果（和哲姆罗伊对"伊丽莎白"的假定一样——毕竟凯斯滕伯格受的也是精神分析训练）。她们设计了一种使用提示的采访方法，并邀请受访者用想象去努力恢复"失去的"记忆。但是，她们预设受访者没有记忆是心理问题的症状，这往往让受访者恼火。这里有吉特尔·H接受采访的一个例子，吉特尔是泰雷津的幸存幼儿，从集中营解救出来时还不到3岁。采访者米尔顿·凯斯滕伯格（Milton Kestenberg）是朱迪丝·凯斯滕伯格的丈夫，一位著名的法学专家，专长于赔款问题：

米尔顿·凯斯滕伯格：你记得任何纳粹吗？ 175

吉特尔·H：不记得。

米尔顿：穿靴子，高筒靴的那种？

吉特尔：不记得。但我现在已经看过照片了。

米尔顿：但你不记得童年时候的？

吉特尔：不记得。

米尔顿：你在泰雷津时没见过守卫吗？

吉特尔：我一点都不记得了。

米尔顿：但你记得靴子吗？

吉特尔：靴子？不记得。

米尔顿：你不记得任何靴子？只在电影里看过？

吉特尔：我只知道我奶奶告诉我的事情。

米尔顿：我在帮助你回忆。

吉特尔：我知道你在干什么。[43]

萨拉·莫斯科维茨是凯斯滕伯格采访项目里的一位采访者，她也在同一时期开展着自己的采访计划。她的研究重点是在萨里的威尔考特尼照护之家度过部分童年、由爱丽丝·戈德伯格照顾的儿童。莫斯科维茨在1977—1980三年时间里采访了24次，她的采访捕捉到了心理学家和幸存儿童在这一历史时刻的复杂关系。莫斯科维茨启动这一项目，是希望探索如下理论，即童年创伤是成年后反社会行为的原因。但她的受访者清楚她的动机，因此对说出自己的人生故事用以检验心理学理论有所保留。一些人拒绝参加，另一些人则借采访来表达对心理学家研究的恼火。莫斯科维茨最早采访的一位幸存者是丹尼·M，他5岁时被从泰雷津解救出来。1977年，莫斯科维茨采访他时，他已经37岁，在一所中学当音乐教师，他很满
176 意自己的工作。采访中，他强调自己虽然小时候颇有问题，但在青春期时解决了很多，成年后感到自己很正常：

你一定听说过，我是一个很神经质的孩子。我应该闯了不少祸。我知道很多年里我一个人睡一个房间，我不确定是为什么，我失眠，要很久才能入睡；我在门口放了玩具兵。我记得我那时非常怕死，就在8岁的时候。但和我见过的很多糟糕的

> 成年人相比，我觉得我还算正常。我不是说我一点焦虑都没有，我当然会有强烈的感受，但这不影响我的正常生活。[44]

丹尼一边坚称自己正常，一边利用采访机会转而探问莫斯科维茨是不是先入为主地认为威尔考特尼的孩子“不正常”：

> 我有时候在想，你是不是隐隐预期着我和剩下那些人都是——反正你也和别人一样吧，觉得这个人经历了这些，那个人经历了那些，他在机构里度过，没有家庭经历——你是不是直觉上认为你会碰到一个不大会说话的人，或者有些精神异常的人……[其他人] 是不是预期我们会不大对劲？比如说，有诊所（安娜·弗洛伊德的“儿童指导诊所”）的人在派对时在这儿晃悠，也不和我们说话。他们就在周围晃，看着我们，你就会想他们来这儿要干什么，要找什么。

但更重要的是，丹尼尖锐地将威尔考特尼的一些孩子经受过的纳粹医学实验与心理学家在战后继续积极地将这些孩子当作实验对象的情况做了类比。他回忆起自己在接受教师培训期间读到弗洛伊德和丹 1951 年的研究时有多难过：

> 你知道吗，我在准备教书的时候，看到一个儿童发展教材 177
> 里提到安娜·弗洛伊德的“一场群体养育实验”。那让我非常难过。他们让我们在一起，就是一场实验？难道德国人在我们身上做的实验还不够吗？

萨拉·莫斯科维茨对丹尼及其他威尔考特尼儿童的采访让她重新认真思考她对创伤性童年经历之长期心理影响的假定。她在书的结论里说：“[人生结果]肯定不像心理学尤其是精神分析文献想要我们认为的那样悲惨——这些文献强调早期母子关系的绝对中心地位。”莫斯科维茨在刚开始采访时寻找创伤的长期影响，最后则更好地理解了这些长大了的孩子在与怎样的污名化处境战斗——他们每天都要面对那些想当然地认为他们不正常的人。在结论里，她批评了那些“寻找病理”的心理治疗师同行：

> 我们急切地去对身心功能做科学评估，这是不是限制了我们评价人类的标准，让我们不自觉地通过各种正常和不正常的分类去评判高下？[……]我们都知道，幸存者大多避免寻求任何类型的精神健康专业帮助。文献大体将这归结于幸存者缺乏信任且有疾患，而鲜少归结于从业者的“专业”态度……加剧了幸存者再次被打上标签、被分门别类、被贬低的恐惧。[45]

莫斯科维茨的结论表明，到了七八十年代之交，精神健康专家和幸存儿童之间的关系已发生转变。专家们不仅重新思考了大屠杀幸存者的复原力和创伤之间的平衡，还借采访项目密切接触了幸存
178 儿童，从而渐渐揭示出这些长大了的孩子有多么失望，因为他们发现自己的人生经历被搜寻、汇集和分析不是出于其中的人性，而是为了检验心理学理论。用记者海伦·爱泼斯坦（Helen Epstein）的话说，精神健康专家继续强调精神病理学，“是在区分大屠杀幸存者与其他‘正常’人，包括精神分析师自己”。到70年代后半，一些当年的幸存儿童步入中年，他们已经准备好反击那些俨然要把他们永久置于“被战争损害的儿童”之列的症状列表和临床术语。[46]

第八章

幸运儿

1966 年，齐拉 · C 26 岁，她给战时救过她、之后又照顾她的儿童救助会工作人员写信。1946 年，她与从奥斯维辛活着归来的父亲在德国团聚，脱离了儿救会的照护，之后就再没联系过。机构的工作人员问齐拉能否告知她与父亲团聚后过得如何，于是她给他们写信讲了自己的故事，细数了自己童年和青春期的漂泊无依。父亲 1950 年时将她和兄弟送到美国的祖父母家，而祖父母又将他俩送去寄养。她与第一个寄养家庭待了一个月，然后被安置到一所儿童之家，过了一阵又被送去和另一个寄养家庭生活，后来又回到那所儿童之家生活了三年。她 16 岁时，这所儿童之家被改造成了安置哮喘儿童的住所，她又被送到第三个寄养家庭。法定成年后，她尽其所能地迅速离开了寄养家庭：

> 我给自己租了间房，在一家女士服装店当售货员，我从 16 岁起就干这个。六个月后，我结婚了，他（丈夫）是我 13 岁时在儿童之家认识的。我继续工作，他参加社工专业的研究生学习。

> 两年后，双胞胎出生了，一年半后，第三个男孩也来了。现在我 26 岁，双胞胎 5 岁，然后 [最小的孩子] 4 岁。[……] 从一
> 180 个远远称不上理想的童年到相对正常，我之所以还活着，很大程度上是因为有你们。请允许我，发自内心地，谢谢你们。[1]

“相对正常”，这是很多幸存儿童在进入成年后苦苦追求的状态，他们想把动乱的童年和青春期置之脑后——至少这是那时少有的文献里揭示的。实际上，幸存儿童在档案里很少留下什么能帮助我们了解他们当时的感受，以及当他们努力成家立业、为未来生活打基础时，他们的过去意味着什么。或许我们不该对齐拉信中坚定的积极语气，以及那份成功赢得了正常人生的气息感到惊讶：她明显想告诉她过去的照护人，他们的帮助有了回报。我们可以猜想，愉悦的表面下可能藏着更复杂的情绪，但那时的档案文件无法证明。

但是，在齐拉后来的回忆里，她从动荡的青春期到成为年轻母亲再到进入中年的故事，要比这微妙得多。她在 1987 年的档案记录里再次出现，那时她 47 岁，接受朱迪丝 · 凯斯滕伯格为“关于有组织迫害儿童的国际研究”口述史项目做的采访。此时离齐拉与儿童救助会重新取得联系已经过了 21 年，她毅然抛弃了对“相对正常”的追求，转而开始探索她的过去是如何让她有别于他人的。她的孩子们已经长大，她自己 1968 年离了婚，那时离她给儿童救助会写信才过了两年。她在采访中回忆，自己 19 岁结婚，努力工作好给自己营造一份“正常”生活，也从未与丈夫讨论过她的过去。但最终，她企图埋葬过去的努力无法维系下去。她想到，自己与丈夫结婚最主要是因为“他让我想起我父亲，我需要一个父亲，但我到了 27 岁时，就不再需要父亲了”。她需要的是放下那些试图看起来和别人一样的巨大努力，尽管她花了很长时间才做到：

> 一直到了40岁，我都非常努力想要正常，也就是装得我和 181
> 别人没什么不一样。突然有一次，我意识到我永远不可能和别人一模一样。有些事情让我不一样，或者至少感觉不一样。[2]

离婚后，齐拉尝试了心理治疗，觉得有用，但她从未与治疗师讨论过她的童年。40多岁的一天，她做了一个梦，让她重新看待自己的过往：

> 一天晚上，我做了一个梦。我的后背中间，就是两肩胛之间，有一个巨大的红色溃烂伤口，形状和官方印章一样，稍长一点，边缘很精致。在梦里我知道要想治愈，必须把伤口打开。我在梦里能感觉到。我把最上层的皮慢慢剥开，伤口可能有一英寸深，形状像个盒子，里面装着千百万只小黑虫。那梦是要告诉我，是时候揭开过去了，也就是从那时起我决定要研究大屠杀。

她开始攻读文学硕士，钻研大屠杀，虽然发现“我每次提起‘大屠杀’这个词都会很快终止对话”，但毫不动摇。1987年接受采访时，她正在攻读历史学博士学位。[3] 回想自己的学术工作，她表示那既是智识上的追求，也是这样一番旅程：“回到我自己的历史中。[……]我必须[做]。是时候了。我的孩子们长大了，也离开了。我终于变成一个人，是时候料理这些了，所以我就做了。”

但是，不仅是生活中的变化让她重新思考过去：她的周围还有别的变化。1982年，她在美国犹太人委员会任干事。当著名的“纳粹猎人”泽格和贝亚特·克拉斯菲尔德夫妇（Serge and Beate Klarsfeld）来访时，她设法向泽格借了一本他的《法国被遣送犹太人纪念》（*Mémorial de la déportation des Juifs de France*）一书尚未出
版的英文版。该书费尽心血记录了从法国遣送至集中营的全部犹太 182

人的命运。[4] 因为齐拉一家（她自己、父母及哥哥埃里克）1940 年被从德国遣送到法国居尔拘留营，她意识到克拉斯菲尔德的书里可能会有关于她母亲命运的信息，她对母亲知之甚少：

> 所以我走到我的桌子前，看着这本书，开始一页一页地翻。我翻到了转运号 33 号，那……就像发现了一块墓碑。我不敢相信我的眼睛。那上面有我的父母，两人都有。从居尔遣送至奥斯维辛。当我看到那里时，我惊讶到不能动弹。就好像我身体里的血都流干了。我就坐在那里，不敢相信。[……] 就好像所有事情都汇集到了一起，匪夷所思。

到七八十年代之交，齐拉不是唯一感到“所有事情都汇集到了一起”的人。从寻求正常的青年成长为渴望了解过去的中年人，她的生活轨迹和很多幸存儿童相似。这一转变一部分是因为生命周期的自然进展：随着孩子不断成长直至长大、选定了职业，当年的幸存儿童有更多的时间和精力来重新思考自己的过去；同时，到了 70 年代，公众对大屠杀的兴趣也在增长。随着幸存儿童进入中年，他们更加渴望多多了解自己的过往，而周围世界的关注点则在转变，这二者之间的关系究竟如何？

这个问题其实是在问，个人记忆和通常所谓的“集体记忆”现象之间的汇集点在哪里。在幸存儿童将注意力转向大屠杀的历史时刻，他们周围的世界也是如此。我们难免设想，广义上，幸存儿童
183 不过是在反映其所处社会的变化，但其实，在“集体记忆”的转向和幸存儿童试图弄清那些吞没其家人的历史事件之间，并不存在简单或直接的因果关系。随着战时经历在政治和文化上扮演起不同的角色并得到不同以往的呈现，个人也在对这些变化做出反应，但不

是可以预料的反应。让一个人与其过去产生全新关系的催化剂，可能来自其所处家庭，也可能来自更广阔的社群和社会。

研究大屠杀“集体记忆”（一般指大众对大屠杀的理解和关注）的历史学家多年来都在争论是哪些事件导致了这一“记忆”的增长。有些人认为是由政治、地缘政治和法律上的事件引发，比如 1961 年阿道夫 · 艾希曼在耶路撒冷受审、1967 年的六日战争、1973 年的赎罪日战争，* 直到 70 年代又有人否认大屠杀以及 90 年代冷战政治结构的崩塌。[5] 历史学家强调政治事件的影响，也是在回应其他学者，主要是文学研究者和精神分析师，他们更强调个人“解决”过去的核心作用，那是一个缓慢的煎熬过程，他们认为与创伤和压抑有联系（而往往与历史背景无关）。从这个角度来看，“大屠杀记忆”的时间线就截然不同：关键发展出现得要早很多，个人日记和回忆录对塑造公众认知有更大的作用。1952 年安妮 · 弗兰克（Anne Frank）的日记出版（1959 年改编为电影），50 年代中后期一系列回忆录（如卡捷兹尼克 / Ka-Tzetnik 撰写、1955 年在美国成为畅销书的《玩偶屋》/ *House of Dolls*，埃利 · 威塞尔撰写、1958 年在法国出版的《夜》/ *La Nuit*，以及普里莫 · 莱维 / Primo Levi 撰写、同年面向意大利大众出版的《这是不是个人》/ *Se questo è un uomo*——仅举几例）的出版，都起了关键作用。[6] 此类作品从 70 年代起更是呈指数级增长。当时，聚焦大屠杀的影视作品开始吸引大量观众，比如 1978 年在美国播出、次年在欧洲多国播出的美国迷你电视剧《大屠杀》。[7]

184 如果这些文化里程碑在没有直接经历大屠杀的公众身上都推动了“记忆”，我们可能就要问，它们会把幸存者的记忆塑造到何种

* 六日战争（Six-Day War，1967 年 6 月 5 日—10 日），交战一方是以色列，另一方是埃及、叙利亚及约旦等阿拉伯国家。赎罪日战争（Yom Kippur War，1973 年 10 月 6 日—26 日），发生在以色列和阿拉伯国家之间，因在犹太教赎罪日当天爆发而得名。

地步。我们该如何理解政治和文化事件与个人、家庭或朋友小圈子的私密记忆之间的关系？对经历过大屠杀但不一定有相关记忆的幸存儿童来说，这些审判、冲突、回忆录及电视剧又有多重要？如果我们同意它们对集体“记忆”和个人回忆都很关键，可能预期幸存儿童会反应特别强烈，毕竟他们往往渴望更多了解自己的过去。但事实好像并非如此。幸存儿童在回忆成年生活中那些改变了他们与过去的关系的时刻时，鲜少提及这些政治事件和文化产品。促使他们改变的事情往往大为庸常、普遍：结婚、生育、离婚或父母离世。[8]

当然，这并不是说幸存儿童没有受到公众对大屠杀的兴趣日益增长的影响。和齐拉一样，很多人是在最繁忙的育儿时期过去了之后才重新思考过往，而此时有别人开始对他们的故事感兴趣，自是有促进作用。幸存儿童不一定欢迎那些七八十年代开始提出研究他们的心理学家和精神分析师，但无论欢迎与否，这种外部关注总需要去回应。有些幸存儿童多年来在被问起过去时总是默默地转移话题，如今他们发现有人想听他们讲清自己故事的来龙去脉。但很多幸存儿童仍然不知道自己童年的最基本细节。那么，面对这些突然想要听他们讲述人生经历的专家，他们又该从何讲起？

另外，也不仅仅是增长的公众意识促使外界想要倾听幸存儿童的故事。20 世纪后几十年，时代思潮的其他方面也发生了转变。到了 80 年代，西方社会对儿童和童年经历的看法渐生巨变。随着儿
185 童开始出庭做证，他们的声音和故事（以及作为证人的权威性）以全新的方式进入了法律界。[9] 联合国接受了儿童拥有特定权利这一观点，并于 1989 年通过了《儿童权利公约》（Convention on the Rights of the Child）。[10] 儿童发展心理学家在 80 年代也开始重新思考幼儿的记忆过程，证明幼儿甚至婴儿有长期记忆的能力，他们也试图理解为何这些早期回忆最终变得不可提取。[11] 这些全都意味着，到了 80 年代，人们越发严肃对待儿童作为证人和记忆主体的

价值，这也影响了一些幸存儿童，让他们开始思考自己在童年如何见证了大屠杀。此外，在60年代后半的大规模社会运动之后，发声这一行为本身有了全新的意义，而那些过去在公共领域里被边缘化的声音如今也被认为值得倾听。[12] 发声的这种新重要性也与一种接受度渐广的观念结合了起来，这种观念受人本主义心理学影响，认为在公开场合吐露情绪有健康、疗愈的积极作用。[13] 这些因素不可避免地影响了幸存儿童，让他们发现，在此种新背景下不仅有更多机会探索自己的过去，还有不同的方式去讲述过去，也有更多人愿意倾听。

七八十年代的“记忆转向”不断提醒着幸存儿童他们的过去，让他们很难不去思考。在这之前又是如何呢？近年来，历史学家努力挑战一个假设，即70年代之前西方国家对大屠杀是“沉默”的。这是一个复杂的问题。在这一时期，我们确实在照护之家、家庭、社群里及人道主义工作中碰到过想要回避大屠杀的人，但我们也碰到过拒绝回避的人，无论是机构工作者与受其照顾的儿童坦诚讨论过去，还是进入青春期的幸存者挑战自己家庭里的沉默。但随着幸存者步入成年，维持这种质疑精神就变得越发困难了。像我们在齐拉写给儿童救助会的信里看到的那样，甫为青年母亲，又刚开始成年生活，这样的时刻需要一种截然不同的方式对待过去。五六十年 186
代，很多幸存儿童急于让自己的生活表现得安稳、平静、有成效。幸存儿童用成功融入“正常”生活向新的伴侣、同事、邻居以及过去的照护者证明，他们不仅适应良好，花在他们身上的努力也有了回报——简言之就是，他们值得被拯救。

机构在其中也起了一定作用。约1955年之后，加拿大犹太人大会决定对它在十年前带来加拿大的“战争孤儿”展开后续研究。该机构想要展示它的“孩子们”已经开始了积极向上的成年生活，觉得这样能证明其移民计划的最终成功。加犹会委托本·拉平（Ben

Lappin）博士开展此项研究。拉平是加犹会的长期成员，在多伦多大学社会工作系做教授，他着手寻找通过加犹会的计划来加拿大的超过 1115 名幸存者。[14] 但他很快发现，那些曾受机构照顾的年轻人都故意避开了机构：很少有人还留在之前机构安置他们的社群，离开的人往往也没留下新去向的信息；很多人改了名字，采用了英语化的前名，姓氏也改了拼写。在发现加犹会几乎无法帮自己找到这些孩子后，拉平便在加拿大所有意第绪语报纸和面向讲英语的犹太人的报纸上登广告寻人。结果，他只收到两名旧日战争孤儿的回复，另外还收到一些孤儿的伴侣的回复，这些伴侣有催促过孤儿本人联系拉平。但是，这些曾受加犹会监护的人“要么一直拖延回复，要么提不起力气去回应。”[15] 他们明显不太喜欢机构追踪自己的动向。

借助孤儿的伴侣及其他亲人的帮助，拉平成功找到了加犹会照顾过的 237 名孤儿的最新地址，给每个人都发去了问卷。[16] 问卷由拉平设计，询问这些孤儿是否结婚生子，他们如何描述自身的经
187 济状况，当时是被安置在“免费”还是“付费”家庭里，如何描述自己与寄养家庭及机构的关系，在社群里是否活跃，以及是否仍参与犹太宗教活动。[17] 鉴于问卷强调社会融入和经济独立，那么只有 131 名“孤儿”有感填写，或许就并不意外。一如拉平自己的观察，回复往往出自特定的人群：明显在经济和社会地位上取得“成功”的人。用拉平的话说，这些人已经“出类拔萃”：他们要么成了专业人士，要么生意成功。拉平也将婚姻作为成功的一项标志，他满意地提到，大多数男性受访者已婚，女性中除一人外其他都结了婚。男性全都有工作，女性全是家庭主妇（除一人是单身女教师）。这些曾经的幸存儿童在青年时期似乎已经舒适地融入 50 年代加拿大的社会规范。拉平的结论是，该移民项目成功的最重要标准是几乎所有儿童如今都独立生活，而且“在现代城市里保持长期独立不是一个碰运气的事，而是需要积极主动努力，需要持续发挥高水平的

社交技能并保持高效”。[18]

如果离开机构后能独立生活是衡量移民项目成功的标准，那么拉平的受访者的确非常成功。但如果细读他们的回答，你会在字里行间发现一丝不安和冲突：他们需要展现自己安定、正常的生活，但隐隐又有一些不对劲。当被要求总结自己的人生进展时，一位受访者说他感到自己无权抱怨：“看看我 12 年前最初的希望，再看看我现在唠叨的事。我算是幸福了。”[19] 这样肯定的言辞却暗示着实情正好相反。加犹会对拉平的研究结果很满意，他于 1963 年出版的长篇“战争孤儿”研究《被拯救的孩子》（*The Redeemed Children*）所引发的媒体热议也令该机构兴奋。加拿大的几乎所有日报都有文章报道，最著名的新闻周刊《麦克林杂志》（*Maclean's*）也夸赞加犹会的工作是“20 世纪最伟大的人道主义行动之一”。[20] 但 188
该机构的领导人知道，宜人的成功外表之下隐藏着不安。一些“孤儿”渴望更多地了解自己的过去，但想安静地了解。生于比利时的 W 兄弟靠躲藏度过了战争，失去了所有家人。到 60 年代早期，他们汲汲搜寻关于自身过往的信息。他们记得有一个姐姐，但最后一次见她时他俩还不到 5 岁，不记得她的名字。他们请照护机构帮助寻找在世的亲人，但请求他们对此保密。他们尤其不想让收养父母知道他们想更多地了解失散的家人，尽管两个“男孩”此时已经 20 多岁。[21] 一边是想了解过去，一边是要展示自己始于动荡的人生有了幸福结局，这一冲突塑造了很多幸存儿童成年后看待过去的方式。

在五六十年代，过往历史有时会严重干预幸存儿童的日常生活，在订婚、结婚等标志着人生新阶段的里程碑事件中尤其如此。如前所见，申请在犹太会堂结婚的过程对杰基 · Y 来说多么具有爆炸性，他需要证明自己是犹太人，也因此第一次知道自己曾在集中营里待过。他不是个例，其他人也有同样恼火的经历，他们需要向犹太社群权威机构证明自己确实是犹太人，结果发现很难做到。以斯帖·T（Esther T）知道自己孩提时期在奥斯维辛待过，但对于父母如何去世、自己又如何得活所知甚少。在要和犹太教正统派丈夫结婚时，她碰到了类似的情况：

> 我要结婚时[会堂官方]问我这些废话。“你父母在哪里？”
> 189 他们问。这给正式结婚造成了问题。你知道，你得有父母的出生证明才能在会堂里结婚，但我们没有。别笑，你需要证明你是犹太人才能在会堂里结婚，但我没法证明！[22]

以斯帖请她的采访者不要笑，很能说明问题，因为说者和听者都感到，一个奥斯维辛幸存者要努力向没见识的会堂官方证明自己是犹太人，这既有些悲哀又有些荒谬。但以斯帖的话也揭示出，对幸存儿童来说，婚姻可能引出更广泛的身份问题。有时是关于宗教身份的问题：即使是在奉行犹太传统的照护之家长大的幸存者，也担心自己可能不够了解犹太教家庭的运行方式，而这会让他们看起来像是冒充者。[23]有时身份问题会更为根本：面对伴侣，他们能在多大程度上说明自己究竟是谁？告知真相会不会遭到拒绝？过去可以在新家庭里占据多少位置？有些人认为，沉默是面对这种危险的最好防护。莱亚·R（Lea R）战时藏在法国乡下，失去了所有家人，她简洁地告诉一位采访者：

> 采访者：你讲过自己的经历吗？
>
> 莱亚·R：没有，连对我丈夫都没讲过。
>
> 采访者：为什么呢？
>
> 莱亚：就是不能。
>
> 采访者：人们问过你的战时经历吗？

> 莱亚：问过，我就说我当时生活在法国。
>
> 采访者：是因为太痛苦了吗？
>
> 莱亚：是。[24]

对没有共同经历的伴侣讲过去的事情存在风险，甚至在选择伴侣时也构成风险。阿格尼丝·G（Agnes G）战时是个婴儿，在匈牙利幸存下来，战后不久和父母移民英国。10 岁时，她父亲自杀了。 190
家里没了钱，她和母亲陷入了她口中“亲密逼仄”的关系。1968 年她结了婚，但她感到父亲过世对她在伴侣选择上有负面影响：

> 我嫁给了一个很难相处的男人，他脾气很差，总是在吼叫和咒骂。但因为我成长在一个没有男性也没有亲戚的环境，因此我尽管受过良好教育，却并不十分了解男性。我以为男的都这样。等我意识到大多数男性并不这样时，我已经有了三个儿子。[……] 又因为我在成长过程中没有父亲，我就感到我的儿子们尤其需要一个父亲，因此我在这段婚姻里待了太久。[25]

这段婚姻经过数十年才走到尽头。阿格尼丝回忆，她丈夫在离开时，有一句话是指责她“一直在纠结大屠杀。但他根本不知道我的感受”。

雅克·F 战争期间被儿童救助会藏在法国，住在塔韦尼，后来被收养父母带到美国。他也在婚姻里感到无法讲述自己的过去。他 1964 年结婚，育有一女一子。当他 1974 年离婚时，已经开始感到自己想要更多了解过去，但“尽管我开始考虑这事，[我和我妻子] 真没多少讨论”。结束了这场无法讨论他的过去的婚姻解放了他，让他能更深入地思考自己的早年生活。“从那时起，我就更多地思考我要去向何方 [的问题]。那时，我大约 40 岁，是中年危机自然发生的时候。撇开我的背景，很多人都会如此。”[26]

如果说婚姻会让幸存儿童与自己过往的关系变得复杂，那生儿育女也会如此。随着幸存者迎来儿女诞生，很多人发现自己极度思念过世的父母——父母曾经也是这样迎来了自己。有些人很焦虑，
191 觉得自己因为没有被父母照顾过，如今可能不知道该如何为人父母。有些人的担忧不是出现在孩子出生时，而是在孩子成长的过程中。该告诉孩子多少，什么时候告诉？很多人发现，当孩子长到自己当年最后一次见到被屠杀的父母的年纪时，自己对过去的记忆就涌了上来。波莱特 · S 回忆当她女儿 4 岁时：

> 我母亲离开我时我就是这个年纪。我每次抱起来 [我女儿]，就能感受到我母亲在我也这么大时有多痛苦，她不知道我会遭遇什么。后来，我完全没法抱起我女儿，没法亲她碰她。我似乎完全无法抵抗这种感受。我给她买书、买游戏、买她需要的一切东西，但我就是没法陪她玩。[27]

70 年代末，心理学家萨拉 · 莫斯科维茨在采访了一组幸存儿童后写道，对她的受访者来说，孩子的出生是一种救赎：“每次有新一代人出生，都是在象征意义上取代逝者，并且像是向逝者保证：你的子嗣、名字和血脉都没有被摧毁。用死去父母的名字来给孩子取名，是象征意义上的复活。”[28] 但实际情况在情感上很少这么简单直接。孩子的出生可能唤醒潜在的恐惧，催生噩梦，在象征着更替的同时也让新晋父母想起惨死的生命。让孩子叫过世父母的名字也不只是“复活”和释放，它也可以是年轻父母反抗周围人的期望、坚持自己部分身份的一种宣言。这种行动既承认了逝去父母的存在，也反抗了家里的沉默不言。

上一次谈到彼得 · B 时，他 14 岁，离开了虐待他的暴力母亲

离家出走。他的第一个孩子出生时，他感到必须以他父亲的名字埃里克来命名。但是，他的父亲并未死于战争，而是抛妻弃子，逃到了上海，而彼得和母亲则被遣送到泰雷津。彼得决定以抛弃他的父 192
亲命名自己的儿子，并不是致敬消失的父亲（彼得再未见过他父亲），而是要反抗他那活下来的母亲。他回忆道：

> 我当时意识到“埃里克”[这名字]大概能让我母亲离远点。母亲明显对父亲没多少爱，因为他做的事情，或者我认为他所做的事情，也就是抛弃我们。就是那样。所以我肯定她心里的所有恨意和愤怒都是朝着他的。[29]

在杰基·Y的故事里，我们也能看到，给孩子取名可以既是对过世父母的致敬，又是对在世父母的反抗，同时还是幸存儿童成为父母后对自己身份的坚持。杰基的第一个孩子出生时，他想叫她“埃尔莎”（Elsa），那是他过世母亲的名字。但收养他的父母不同意，他只能妥协。两年后二女儿出生时，他就不那么愿意让步了：

> 这一次，我告诉了父母我的打算。毕竟我是个身负责任的已婚男人。我当然可以做我想做的事情。总结来说，他们强烈反对，因此我在一定程度上遵从了他们的意愿。我和妻子选择了“埃丽莎”（Elisa）代替“埃尔莎”，还加了中间名“加比”（Gabi）。但去登记出生时，我又在这两个名字后加上了“埃尔莎”。现在她就叫“埃丽莎·加比·埃尔莎”。[30]

这件事充分反映了杰基在此阶段的内心活动，他想要探索自己的过去，养父母却想将其封存，双方起了摩擦。他女儿的名字最后有两个几乎相同的字段，这表明他一方面想避免伤害养父母，一方面又要寻回自己的过去，两种想法存在着激烈的冲突。他回忆道，“正是养父母那从来不要理解我的态度，重燃了我进一步了解自己过去的强烈冲动。”[31]

和孩子出生一样，（亲生或收养）父母过世也可能引人反思过去，
193 并一股脑地触发各种感情：既悼念刚过世的父母，也悼念战时丧生的父母；回忆的障碍被清除了，但同时回忆成了主要落在幸存者自己肩上的重担。这还可能影响幸存者与自己孩子的关系，并带来一个问题，即过去应该在多大程度上进入现在的家庭。索尔 · A 先是在克拉科夫的犹太人隔离区中藏匿，后又进入泰雷津，最后幸免于难。他回忆道，他原本在孩子面前隐瞒了自己童年的真相，但当他的幸存者父亲过世后，他感到自己无法再保持沉默了：

> 我从不聊 [我的过去]。光是去想都很难。自从我决定忘记过去，好让那些噩梦消失，我真的在努力忘记。让记忆卷土重来的，首先是我父亲的过世。我估计潜意识里，我觉得他一直背负着思考过去、讲述过去的重担。[32]

七八十年代，公众对大屠杀兴趣见长，而此时，有些幸存儿童已经困在想更多了解自己的过去和想活得“相对正常”两种愿望之间数十年。他们忧虑于应该在多大程度上将自己的过去带入婚姻和家庭，随着自己孩子长大要告诉他们多少过去的事，父母过世后自己又要额外担起多少记忆的重任。进入中年，一些人开始集中精力寻找关于自己过去的信息。有些人“向内”深思，希望挖出自己记忆中被忽略的细节，以填充早年岁月的故事；有些则“向外”搜寻，回到自己出生或战时待过的地方；还有些人采取学术研究的方式，阅读当时日益增多的大屠杀文献来了解自己家庭的遭遇。在实操层
194 面，寻找过去的旅程（在比喻、智识和字面意义上都）比以前容易了。

人到中年的他们，已经度过了青年时期的奔忙。选择去外地寻找信息的人此时有了经济来源（而且到七八十年代，国际旅行也比以前便宜很多）。对于出身东欧的人而言，冷战局势的慢慢解冻也意味着过去困难的行程变得可行，曾经封闭的档案也开始更容易为私人研究者所见。以前难以企及的历史追寻如今变得可能。

“向内”搜寻的思路一部分受 80 年代大众心理学领域巨变的影响，当时一系列畅销书作者宣称通过催眠和引导性意象（guided imagery）等心理治疗手段“恢复”了童年被性虐待的记忆。心理学领域的学者可能对此抱有轻蔑和警惕，但很多执业的心理治疗师、法律界人士以及公众都欣然接受“恢复记忆”的说法，越来越多的心理治疗师也开始使用这样的技术。如前所见，一些治疗师认为，幼年时幸免于大屠杀的成人失去那时的记忆，是因为自己的压抑，而非“婴儿期遗忘”，因此当然意味着这些记忆可以恢复。一些幸存儿童因此希望借助催眠来填补他们早年人生故事的空洞（往往不成功）。[33] 尽管很多专家意识到这种方法会让治疗师对患者的记忆施加过多影响，但随着人们对埃伦 · 巴斯（Ellen Bass）和劳拉 · 戴维斯（Laura Davis）合著的《治愈的勇气：性虐待幸存女童指南》（*The Courage to Heal: A Guide for Women Survivors of Child Sexual Abuse*）等畅销书兴趣大涨，“恢复记忆疗法”到 80 年代末成了业界主流，还成了一种文化现象。[34] 而到 90 年代前期，此类观点就开始受到系统性的挑战：一些施压团体，如由一些精神健康从业者和受指责的父母于 1992 年成立的“虚假记忆综合征基金会”（False Memory Syndrome Foundation），开始果断反击“恢复记忆”运动中的暗示手段，而伊丽莎白 · 洛夫特斯（Elizabeth Loftus）等心理学家也开始通过实验室研究表明，诱导证人对事件产生错误记忆易 195
如反掌。但 80 年代中晚期，“恢复记忆”的说法在公众想象中仍大行其道，主要是在美国，但在其他西方国家也有体现。[35]

雅克 · F 就尝试过用催眠来拼凑起他的表层意识无法触及的过去，但告失败。1983 年接受采访时，他颇为沮丧地说，催眠失败后，他不知还有什么办法能填充人生故事中的空缺，也越来越难忍受这些空缺：

> 我出生于 38 年。根据我手头的文件，我只知道我母亲 41 年被遣送，父亲 43 年过世。我真的不知道自己是怎么获救的，只是通过和 [其他幸存儿童] 交谈才知道很可能是儿救会的人帮我找了一个 [战时收留] 家庭。我已经完全忘了那家人姓什么，但我想是博卡余（Bocahut）什么的——这个姓一直在我脑海里。我还有个姐姐，我几乎可以肯定她是我的亲姐姐，但是……你知道，我从来无法绝对肯定任何事情。我没有任何人可以给我证明。[36]

有些人选择踏上字面意义上的寻找之旅。在雅克尝试催眠的同一时期，吉特尔 · H 决定回到德国去试试填充她童年故事里的空缺。她给她能想到的所有可能对她父母或小时候的她有一点了解的人写信，并与他们安排见面。但她本人到达后，一些联系人却不愿提供信息，这让她颇为丧气。她记得自己被原本要见的一家人拒绝时，深感震惊：

> 我本来要拜访 [一位曾暗地里给过我母亲牛奶的女士]。她没有打电话。于是我打给她，结果接不通。最后，她女儿接了电话，
> 196 说她母亲感冒了，身体不舒服。我说："我给你们准备了礼物。"她说："给别人吧，我没时间。"然后重重挂了我电话。从此我们再没联系过，我也不知道为什么。这让我很困扰，但我什么都做不了。[37]

这趟旅程给吉特尔留下的印象和雅克说的差不多：尽管德国之行让她收获了“一堆文档”，但她还是不知道“哪个版本是真的，甚至到底有没有真的”。[38]

有些幸存儿童除了寻找关于自身过去的线索外，也借着公众对大屠杀兴趣日增的氛围去学习大屠杀的相关历史，以期将自己的家族史置于原生社群覆灭的广阔历史中，正如我们此前在齐拉 · C 的事迹中所见。和齐拉一样，某一刻，苏珊娜 · N 也再不能忍受自己对父母的遇害过程知之甚少的情况，于是开始如饥似渴地阅读大屠杀的相关资料：

> 当我开始通过书籍、电影、报纸等任何我能接触到的东西去了解集中营时，我开始意识到，我父母的生命就是了结于此。想到那里有两具尸体、两副骸骨可能就是我父母，我很难承受。我的孩子们当然很早就知道这件事，也知道我的感受，因为我会坐下来哭，他们就爬到我腿上来问：“妈妈，怎么啦？”我就会跟他们讲他们的外祖父母发生了什么。[39]

无论是阅读大屠杀相关资料，还是踏上寻找信息的旅程，抑或是探索自己内心的记忆，幸存儿童在直面人生故事中的空缺时，开始质疑过去那种他们能活下来就很“幸运”的陈词滥调。精神分析师马丁 · 伯格曼和米尔顿 · 朱可维在他们 1982 年对幸存儿童和幸存者子女的研究中写到一位女性患者，她儿时被从华沙犹太人隔离区偷运出来，交给一个天主教家庭收留。她的父母被害，但她后来 197
被一个阿姨领回。两位精神分析师写道，在经历了大量心理治疗和这位阿姨的过世后，这位女患者慢慢不再觉得自己是幸运的了。他们引用她的话：

> 多年来我都极力表示自己没受过战争的罪，是犹太人隔离区里的特权小孩（幸存的特权，如果那算特权的话）。我很幸运得到了那么多爱，来自我的母亲、养育我的阿姨以及另一位阿姨。然后，这整座防御堡垒一点一点地垮了。所谓的被爱小孩其实一直在被抛弃。我的阿姨把我从隔离区带出来，救了我；但在我10岁时，她抛下我去了以色列。那是报复，因为她的女儿和姐妹死了，我还活着。那种特权其实是沉重的负担。[40]

80年代早期，幸存儿童遇到巨变，大屠杀劫后余生的孩子是“幸运儿”的观点日渐式微，伯格曼和朱可维对此的解释颇有意思。在他们看来，这个观点是幸存儿童在自己周围构建起的保护性结界，“只能通过大力否认和压抑”达成。[41]他们认为，那些被压抑的想法毫不意外地终会卷土重来，结界也即崩塌。但两位治疗师忽视了孩子们周遭世界的巨大变迁，“幸运”的想法也远不只是幸存儿童必须构建起来抵御创伤回忆的保护罩。相反，那是幸存儿童周围的社会网构建的叙事：父母、亲戚、照护者及其他人有时用这一叙事迷思来安抚伤痛的孩子，但同时也以此来否定他们的恐惧和经历。如今，那些孩子步入中年，他们的照护者陆续离世。“幸运儿”的说法并不是幸存儿童的护身符，被抑制的记忆会重压于其上，令其逐渐破碎；它是特定历史背景下创造出的社会建构，而那样的历史背景即将走到尽头。

第九章

成为幸存者

历经整个童年和青年，直至进入壮年，哈利 · M（Harry M）都不确定自己到底算不算幸存者。他 1937 年生于柏林。水晶之夜前夕，他们全家人（他自己、父母、哥哥和姐姐）离开德国，去了安特卫普——一名警察向他们透露了即将到来的灾难。战争初期，他们在比利时的不同城市间辗转，到 1942 年全家人都躲了起来：父母藏在一个看似废弃的公寓，孩子们则待在不同的援救家庭及儿童之家。5 岁时，哈利躲进了范德林登家（Vanderlindens），一直待到 1944 年 9 月纳粹结束对比利时的占领。他的父母和哥哥姐姐也幸免于难，但大家族里有很多亲戚遇害。

那么他们算“幸存者”吗？哈利不确定，但他的哥哥姐姐肯定地表示不是。哈利记得姐姐说家人都没有遭遇什么大事：没有被抓，也没忍饥挨饿。他回忆道：“很长一段时间里，那也是我的观点：别人被抓被捕，送到可怕的集中营，但这些我们都没经历过。”[1] 他的家人不愿意谈论战时经历，哈利觉得与过去特别疏离，因为他的哥哥姐姐能记得藏匿时期的情况，他自己却记不得。

但是，随着年纪渐长，哈利开始觉得自己与过去的关系远比家里说的更为复杂、糟糕。50 年代末在华盛顿大学读本科时（哈利一家于 1950 年移民美国），哈利开始阅读他能找到的关于集中营的
199 一切，迫切地想更多了解纠缠着他童年的大屠杀。他开始发现自己一旦讲述童年就会落泪。他试过心理治疗，但体验不佳。他清楚记得自己快 30 岁时在西雅图看一个精神科医生，结果特别震惊，因为医生突然对他吼道：“你觉得你很特别，是不是？你觉得你特别，是因为你觉得你很幸运。”

他幸运吗——不仅没有死，而且也没成为“幸存者”？他后来回忆道：“我必须说，我之前从来没觉得自己是一个幸存者。那些当时在东欧、在隔离区和集中营的人，他们才像幸存者。”但是情形在慢慢改变，不仅是他自己，全家都是。1981 年，哈利的姐姐参加了在耶路撒冷举行的世界犹太大屠杀幸存者集会，但她之前一直说战争期间家人都没出过什么大事。后来哈利问她为何参加集会，他的问题“让她为自己辩护起来”，他也开始看到家里原本相对和乐幸运的战时叙事有了裂痕。两年后，哈利听说华盛顿特区也有类似的集会，也就是第一届美国犹太大屠杀幸存者集会（后简称“83 集会”），那是规模空前的大屠杀幸存者集会，其举行时间与华沙犹太人起义（Warsaw Ghetto Uprising）40 周年纪念重合，吸引了多达 16000 名幸存者及家人，包括约 2400 名幸存儿童。[2] 那时哈利住在华盛顿特区，已经结婚并有一个孩子。他决定参会，虽然并不知道自己是否适合出席幸存者的集会。当然他也没想到这场集会能给他提供情感发泄的机会。数十年来，他一直努力说服自己战争中他没有遭遇什么大事，但他不明白为何他一提起童年就会哭泣。于是他去了大集会，虽然不确定自己是否有权去那里。但他一到会场，特别的事就发生了。那时的美国总统是罗纳德 · 里根，他预定要在集会上致辞。哈利对里根的政治观点并不感兴趣，但当这位总统登

台向在场的数万幸存者发言时，哈利回忆道，自己“突然泪流满面，200
那是对我的经历的一种承认和肯定”。

哈利 · M 纠结于自己的经历到底算不算“幸存”，其他幸存儿童也提出了类似的问题，并随之探究起了“大屠杀幸存者”这一概念本身。这不是一个静态的概念。“幸存者”的意思和用法在 20 世纪 80 年代之前就发生过重大变化，90 年代开始变化更加剧烈。事实上，虽然我贯穿全书都使用“幸存儿童”（child survivor）一词，但我必须指出，在讨论 80 年代之前的事情时，这其实是犯了时代错误：那时还没人用这个词。即使对幸存成人来说，谁能算作“幸存者”，以及该词在情感、道德和生存上的意义都远不明确。在 21 世纪，我们对谁是大屠杀幸存者已然采取了宽泛的看法，把二战之前和期间受到纳粹及其同盟杀害威胁但存活下来的所有人都包括了进来，这其中不仅有集中营幸存者，也有靠其他方式，比如躲藏、假装雅利安人、逃到较安全的地方（如苏联）、离开欧洲大陆或加入游击队而活下来的人。美国大屠杀纪念馆（The United States Holocaust Memorial Museum，USHMM）对大屠杀幸存者的定义是“在 1933—1945 年间因纳粹及其同盟在种族、宗教、民族、社会及政治政策而流离失所、遭受迫害或歧视的任何人，无论是否为犹太人”，于是该概念覆盖的人群就不仅限于欧洲犹太人，虽然他们无疑是大屠杀的首要目标。[3]

但是，对“幸存者”一词有此宽泛理解只是近来的现象。这个概念最终成为描述大屠杀劫后余生者的标准词汇，历时超过半个世
纪。[4]“幸存者”一词尽管在战后早期就为英语所使用（一般和某 201
个集中营的名字连用，如“布痕瓦尔德幸存者”或“贝尔森幸存者”)，但并非首选。那时，大屠杀幸存成人是“流离失所者”，幸存儿童则叫“无人陪伴儿童”“犹太战争孤儿”或其他类似词汇。在很多

欧洲语言里，集中营幸存者自称“被遣送者”（deportees），但这主要是在兴起于法国等地的集中营协会和友好团体（amicales）中。在难民营里，幸存者被称为“Sh’erit Ha-Pletah”，出自希伯来语圣经，意为“劫后遗民”——但随着难民营关闭、难民流散，该词也渐不使用。除了“被遣送者”这类词外，其他表达都强调了幸存者眼下的生活状态及遭遇的问题：他们流离失所、没有国籍、没有父母，只是一个民族的残余。这些词没有“幸存者”一词那样看重过去，基于过去和存活与否定义身份。相反，它们用困难重重的现在来定义幸存者，而且通常对他们没什么同情；“流离失所者”（DP）* 一词尤甚，集中体现出了援助机构和政府在面临难民营里的人及其呈现出的困境时的懊恼之感。[5]

战后，“幸存者”一词的使用有严格限制，仅用于指集中营幸存者。这明显让那些在集中营之外存活下来的人难以将自己的经历与“幸存”概念相连。如果他们不是幸存者，那又是什么呢？他们是不是像哈利家人数十年来坚称的那样，主要是没被杀害的幸运之人？幸存儿童和在集中营之外活下来的成年人都能体会到“幸存”概念的不确定，但儿童的感受尤其深刻，因为他们大多数是靠躲藏幸免于难。这让幸存儿童与自己过往的关系更加复杂，因为那些一度用来指代其经历的词汇随着他们年纪渐长越来越不适用。成年后，他们肯定不再是“无人陪伴儿童”。自己成了父母后，他们还能算“犹
202 太战争孤儿”吗？如果尚有父母在世呢？没什么有意义的身份标签能真正涵盖那些深深标记了幸存儿童成长岁月的经历和感受。

那时，“大屠杀幸存者”并不像现在这样是个正面词汇。如今，幸存者在道德上占据着权威地位，这是从20世纪90年代起逐渐形成的，但该词曾经带着罪责和耻辱的意味。安奈特·维维奥尔卡

* “流离失所”（displaced）一词的英文也有“所处位置不当”的意思。——编注

（Annette Wieviorka）曾指出，1961 年的艾希曼审判为幸存者拥有新的社会身份创造了条件，因为那场审判让人们的关注点转移到了幸存者的故事上，也让他们的讲述变得权威、受尊敬并值得关注。[6] 但维维奥尔卡所说的转变花了数十年才告完成。80 年代早期，美国犹太大屠杀幸存者集会的组织者在描述集会的意义时，表示希望集会可以挑战幸存者在公众眼里“穿条纹囚服、剃了头、饥肠辘辘”的形象。[7] 用心理学家伊娃·福格尔曼（Eva Fogelman）的话来说，他们太了解人们暗地里的看法，即幸存者一定是“做了一些坏事才得以活命”，他们的生存是建立在基本的道德退让之上。我们如今将幸存者视为珍贵的历史承载者，站在这样的积极角度，我们很难想象直到 80 年代，集中营幸存者在引发同情之余也招致猜疑。[8]

“幸存儿童”一词又如何呢？该词最早由萨拉·莫斯科维茨在 80 年代早期使用，那时，一些当年的幸存儿童逐渐开始从新的角度看待自己的过往，思考童年的长期影响，并寻找信息帮助自己从零碎片段中连缀出一套完整的早年故事。一些人开始重拾热情探究过往，人到中年的他们越发试图将自己的个人故事置于集体故事之中，将自身经历置于更广的范畴之内。“幸存儿童”一词就提示了这份集体经历的轮廓。如社会学家玛格丽特·索莫斯（Margaret Somers）所说，身份是通过我们所讲故事的叙事模式形成的：人们将自己的经历置于一些成熟的叙事中，由此来构建自我身份。到了 80 年代，大屠杀幸存的故事在改变，“幸存者”的定义也更加多元、 203
流动，幸存儿童因此得以将自己置于幸存者群体之中。[9] 需要强调的是，无论当时还是现在，不是所有经历大屠杀而存活的儿童都将自己看作“幸存儿童”。这一措辞也在政治上提出一种新观点：将个人经历置于变动的公众记忆之中，并主张了一种理解“幸存”的新思路。不是所有从大屠杀中存活下来的儿童都持同样立场，但对认同者而言，“幸存儿童”概念的发展从根本上改变了他们与过往人生及现时身份的关系。

到了 80 年代，还有一群人也开始了对“幸存者”概念边界的探索，从而导致了一系列变化。生于战后的一些幸存者子女自 70 年代中期起就自称“第二代幸存者”，简称“第二代”。这一发展始于美国的一些小团体，并迅速扩展至全球。它深深植根于当时的历史环境，彼时正是妇女运动带来意识觉醒，以及越战老兵通过“聊天小组”这种团体心理治疗来处理创伤记忆的时期。引领这场运动的幸存者子女将 70 年代兴起的身份政治与意识觉醒等实践结合起来，借小组的形式探索父母的战争经历对自己人生的影响，虽然他们的人生都始于战争结束之后。他们很快发现，他们成长的家庭有很多共同特征,对他们的人生也有类似的影响。随着集体故事的涌现,“第二代幸存者”的群体身份认同感也出现了。记者海伦 · 爱泼斯坦出版于 1979 年的畅销书《大屠杀的孩子》(*Children of the Holocaust*)更让“第二代幸存者”的概念在英语读者中广泛传播。[10]

第二代幸存者和幸存儿童之间的区别并不严谨。二者都经历了丧失、流离失所和家庭的沉默（或不沉默，这两个群体中都有许多
204 人知道和喋喋不休谈论战争的幸存者父母生活在一起是什么感觉）。实际上，当第二代幸存者群体在 70 年代中期刚刚出现时，很多当年的幸存儿童一开始是要加入这些群体的。但即使在那里，后者也没有完全的归属感 :“第二代”的概念否认了他们曾直接、亲身经历大屠杀的事实。如果他们算不上集中营幸存成人那一类，也不属于第二代幸存者，那么他们的故事应该归属何处？美国犹太大屠杀幸存者集会等事件凸显了这些问题，因为集会让这三类群体有机会大量聚集，倾听彼此的故事，并讨论谁的经历算得上“幸存”。在该集会中，很多幸存儿童参会者怀疑自己能否自称“幸存者”，但那之后，他们开始使用这一措辞。同时，他们也第一次作为集体而非个人参会，并在会后建立了第一批幸存儿童互助小组。

这些发展都出现在美国这一特定的地理环境中，而这并非巧合。随着大屠杀日益成为美国电影、小说、电视节目的主题，美国版的大屠杀历史格外吸引公众的注意，不只在美国国内，也涉及海外，因为相关文化产品传播到了全球。[11] 当时的评论家思索着这一怪现象：欧洲大屠杀的记忆竟在一片远离欧洲的国土上逐渐培植出来，有些人还担心这一波文化狂热矮化了欧洲犹太人经历的屠杀。美国犹太大屠杀幸存者集会前，一位观察家就在《华盛顿邮报》上这样写道："这是另一片大陆，另一代人——一个新世界。纳粹万字符成了朋克徽章，奥斯维辛成了隐喻，《大屠杀》则成了电视剧。" [12] 这些事情还与美国对大屠杀的新政治用途相重叠。1973 年，美国主要的犹太人组织第一次将保存大屠杀记忆纳入年度目标。之后出现了一系列官方计划，企图确立美国对大屠杀记忆的立场，这些也是出于政治需要。1978 年，迷你电视剧《大屠杀》播出一个月后，美国总统吉米·卡特宣布成立大屠杀总统委员会，由埃利·威塞尔任主席。 205
如历史学家爱德华 · 林恩塔尔（Edward Linenthal）所说，这一行动是"既高明又方便的政治手段"，是一个积极的姿态，（以期）减缓卡特对巴勒斯坦解放组织表达支持在犹太人领袖中引发的疑虑。[13] 1980 年 10 月，美国联邦政府成立了美国大屠杀纪念委员会（United States Holocaust Memorial Council），负责筹款成立美国大屠杀纪念馆（1993 年向公众开放）。大屠杀记忆对犹太组织和整个美国都成了一个政治议题，那时别的国家甚至以色列都尚未如此。[14]

大屠杀纪念馆尽管离开放还有十年，但它在 83 集会时就明显是未来的一件要事。1983 年 3 月，美国联邦政府确认了紧邻国家广场的两栋楼要拨给纪念馆，而集会的一项核心事件就是象征性地移交楼宇的钥匙。[15] 这意味着与创建纪念馆有关的政治压力对集会有所影响。尤其是在纪念馆规划过程中，关于如何定义"大屠杀"和"大屠杀幸存者"的争论不断，有时还很激烈。尽管美国大屠杀纪念委员会的成员，尤其是埃利·威塞尔认为大屠杀是特别针对犹太人的，委员会里的政府代表却力推一个观点，即大屠杀的受害者不仅仅是犹太人，也包括所有在集中营里被系统化屠杀的人。尽管集会不由纪念委员会直接组织，但这些辩论对集会产生了影响：组织者明确地将重点放在犹太幸存者身上，但同时也确保“幸存者”范围广泛，鼓励非幸存家庭成员尤其是家中的子女来参会。实际上，在16000名参会者中，约4000名是幸存者子女。[16] 到集会举行时，北美已有数百个第二代幸存者小组，华盛顿特区一个组里就有近300名成员。[17] 一名“第二代”参会者珍妮特·宾斯托克（Jeanette
206 Binstock）对《华盛顿邮报》记者说，她两年前就开始重新思考自己的幸存者子女身份，这次集会促使她第一次仔细倾听她的幸存者父亲的故事。她说：“我之前不知道要如何或者是否应该告诉我的孩子关于战争的事情。如今我确实知道发生了什么，这就成了必要之事：我必须告诉他们。”[18]

集会组织者因此试图尽量宽泛地定义“幸存者”，以鼓励所有与大屠杀有家庭关联的人参会，但他们的努力似乎还是无法完全容纳幸存儿童的特殊经历。参会的幸存儿童经常感到自己并不属于组织者眼中的典型参会者。比如，组织者会请参会者在一份事先准备的表格上写下自己的故事，表格要他们明确在战争中经历过以下四种情况中的哪一种：集中营、犹太人隔离区、藏匿点或丛林。这显示出对幸存方式有宽泛的理解，但仍无法容纳幸存儿童的经历，因为他们中的大多数人不是藏在固定地点，而是靠东躲西藏活下来的。即使集会对“幸存”这一概念的定义足够开放，定义里的一丝排外还是加重了幸存儿童格格不入的感觉。[19]

但是，该集会对幸存儿童来说还是一个催化时刻，而且还有实时记录，因为集会组织者想到了一个新点子：让志愿者四处找参会者即兴采访并录下来。这些志愿者拿着盒式磁带录音机，游走在会议中心的各个会场，录下了超过300场采访。由于参会者事先不知道这个采访计划，采访过程原始无排练，抓住了许多幸存儿童在录音机转动的时刻还在怀疑自己身份的心境。[20] 在这些采访中，我们听到幸存儿童在如何称呼自己这一基本问题上挣扎，甚至不知该如何维护讲述自己故事的权利。幸存儿童不确定该如何定义自己的故事，采访志愿者似乎也不确定该如何将这些受访者归类，最终决定把他们归在“孤儿”类目：这个归类很尴尬，因为大多数受访者当时已经40多岁，而且也不是都失去了双亲。志愿者不得已使用“孤儿”一词，暴露出尽管集会组织者尽可能将“幸存者”的范围划得广泛，收集采访的人还是屈服于没有明言的等第——年长幸存者的经历更被看重。作为“孤儿”，幸存儿童的丧亲是真的，但他们自己幸免于大屠杀的经历是次要的——使用“孤儿”一词就暗含着他们的父母才是真正的受害者。 207

因此，很多在集会中受访的幸存儿童在讲述自己的故事时，首先是从在集中营里丧生或幸存下来的父母亲人的角度。菲丽希娅·N（Felicia N）1935年生于柏林，她在采访开头称自己是“未幸存者的子女”，明显是为了将自身经历与自称为幸存者子女的“第二代”区分开来。菲丽希娅不敢肯定自己经历的价值，于是在采访开头讲起她阿姨的故事，这位阿姨是奥斯维辛幸存者，从来无缘采访。但其实，菲丽希娅自己的幸存故事也足够悲惨了。水晶之夜前夕，菲丽希娅才4岁，母亲让她自己孤身一人去和父亲生活——父亲为了找工作，1937年搬到了巴黎。但父亲的情况很糟糕，只能靠“偷摸食物”生活，菲丽希娅常常一个人待在小公寓里。1942年的一天下午，她从玩伴那里得知父亲被抓了，留她在巴黎孑然一身——她甚至没有钥匙，回不了公寓。她先是得到了公寓楼门房的帮助，后来被一所犹太教正统派照护之家的工作人员帮助，最后在照护之家关闭时又被一个收留家庭藏了起来。菲丽希娅是第一次跟陌生人讲自己的故事，也不确定该突出什么地方，但采访中许多时间都在称赞救她的人多么勇敢，她回忆说：“幸存是一种运气，偶尔是筹划的结果，在我的故事里是好……不，好意完全不足以描述……别人在付出和分享生命，我是说他们也命悬一线，刀就架在脖子上。”但是，
208 采访似乎也让她疑惑于该如何讲述自己的感受和记忆，它们会在一些不设防的时刻流露出来。她故事中的细微之处还揭示了一个藏在感恩之下、由恐惧与痛苦构成的深渊。比如，父亲被捕后，她孤单又恐慌，拿出父母给她的唯一一样东西，一条母亲给她的围巾，把它撕碎，一片接一片地吃，“似乎要紧抓住这个我自 4 岁后再也没见过的母亲”。[21]

如果说在集会期间汇总的采访反映了幸存儿童开始思考他们的故事多大程度上可以“算作”幸存故事，那么后续岁月中开展的采访则反映了对独特的“幸存儿童”身份的集体理解转向——很多参会者后来都将 83 集会视为转向的开始。雅克 · F 1991 年在一次采访中回忆称，集会在两个方面对他来说是关键时刻。第一，那是他第一次发现他父母究竟遭遇了什么。大会现场有一本泽格 · 克拉斯菲尔德的《法国被遣送犹太人纪念》英文版，雅克翻了书，找到了自己父母的名字。他回忆了自己当时的震惊：

> 我碰到一个人问我父母的情况，我什么都不知道，于是这人就带我去看克拉斯菲尔德的书《法国被遣送犹太人纪念》。这人问我：“你知道他们什么时候被遣送的吗？”但我除了他们的姓之外什么都不知道。我翻了所有遣送列车上的名字，最后发现了 K [雅克的本姓]。我在第 38 页发现了我父亲。[……] 单是在纸上看到他们就成了我人生中情感最受冲击的时刻之一。[22]

第二，集会让雅克有机会与其他幸存儿童形成长期联系。参会

者可以带走有其他背景相似者的名字和电话号码的清单，这就让幸存儿童有了所需的实际信息去组建他们的关系网。在更广泛的意义上，集会使得很多幸存儿童彼此结识，从而认识到他们的人生故事中的集体面向。1985 年，雅克成了华盛顿–巴尔的摩地区某幸存儿 209 童小组的创始人之一。他在采访中回忆：“83 年的大会 [对小组] 是催化剂，因为我们得到了一些名字。但很明显，这事本来也要发生，因为其他人，40 多岁、开始有中年危机的人，也有同感。”

和雅克 · F 一样，菲丽丝 · Z 也在后来的两个采访中谈到集会如何增强了她对更大群体的归属感。[23] 如前所述，菲丽丝后来离开了塔韦尼的照护之家，移民美国；对她来说，集会的一大亮点就是见到了雅克，因为他们虽不记得彼此，却惊奇地发现他们曾一起在塔韦尼待过。直到 1991 年 5 月第一届国际藏匿儿童集会（International Gathering of Hidden Children）在纽约举行之后，菲丽丝才加入了一个幸存儿童小组。但在 83 集会上，年长的幸存者对待她的方式令她愤怒，也激发了她开始寻找类似背景的人：

> 曾经有这么一次大屠杀会议。我就问自己该不该去，因为我从没待过集中营，没什么实证。我没在这个那个集中营待过，曾经就希望能有个编号 [文在我手臂上]，这样就能向别人展示我的痛苦。[……] 他们过去说：“你当时是个孩子，你知道什么？你不记得。”他们在大会上就这么对我说，“哎，你不记得。”这就是为什么 [1991 年] 藏匿儿童大会很好：那里有痛苦，但是别一种痛苦。失去亲人的痛苦。[24]

杰奎琳 · R（Jacqueline R）1938 年生于巴黎，1943 年被儿童救助会偷运到中立国瑞士，战争后期一直与一个瑞士家庭待在一起。她的父母幸免于难，但她直到 1948 年才被送回他们身边。参加 83

集会刺激着她寻找同类：

> [参加集会]就像是从我的肩头卸下了重担。身为犹太人我
> 210 很骄傲，我（开始哭）从在那里碰到的人身上得到了很多力量。[……此后]我感到我需要寻找同代人，我好孤独。你真的能感到缺少同龄人，因为很多都被杀害了。[25]

1985年，杰奎琳开始和别人一起在纽约组建幸存儿童小组。和菲丽丝一样，她1991年参加了第一届藏匿儿童会，并深受触动。1992年接受采访时，杰奎琳回忆称这场大会成了她更好了解自己过去的起点：

> 它就像把一切都聚了起来，因为我从1983年起就从事这个，我感到我现在理解了它是如何、以哪种方式塑造了我，影响了我的行为、信仰、价值观，也让我更好地了解了我的父母：他们经历了什么，失去了什么，他们的经历，以及他们与我的关系。

杰奎琳表示，“幸存儿童”发展成集体身份需要多方面的努力：精神、情绪、智识上的，私人及共同层面的。集会给幸存儿童提供了一个情景和时机，让他们从此可以将自己的人生故事置于更广阔的变动故事中：这故事关乎谁可算作幸存者，以及幸存可能呈现的面貌。这不仅仅是为自己继承“幸存者”的衣钵，也是为了探索以截然不同的方式幸存意味着什么。由此，他们促成了公众意识的转变，我们现在都对“大屠杀幸存儿童”一词颇为熟悉。

1982年，雅克·F参加了他所在地区一个集中营幸存者小组的常规座谈。他后来回忆道，自己在那里感到格格不入：“很难与他

们共鸣，他们也很难与我们共鸣。因为从我们的角度看，我们没有他们的经历；而从他们的角度看，我们没有真的受罪。”[26] 几年后， 211
也就是参加了那场令他百感交集的集会后一两年，哈利 · M 也参加了雅克那个小组，离开时也是同样的感受。于是，他和雅克还有其他数人决定为年轻一辈幸存者单独组织小组。哈利回忆道：“第一次会上只有七个人，但那以后我们的人数一直在扩大。”[27]

这就是华盛顿–巴尔的摩地区幸存儿童协会的成立时刻，该小组至今仍在活动，召集座谈会。从第一次座谈起，成员们就知道他们的组织填补了一个空缺，但他们一开始并未就小组的根本目的达成共识。他们聚在一起到底是要收获什么？有些人想要邀请心理治疗师来带领小组，当时有别的小组就这么做；另一些人则坚决反对让心理治疗成为小组的关键目标。[28] 小组早期成员之一保罗 · Z（Paul Z）回忆：

> 最初我们花了很多时间讨论到底该不该请专业人士来带领我们小组。我和很多人都极力反对。我并不是绝对反对心理治疗师，但在那种情况下我想要的并不是一个心理治疗小组。我经常很反对幸存儿童群体用心理学解释事情 [的冲动]。无论怎样，你都可能开心或者不开心。无论怎样，你都可能婚姻幸福或者不幸。把所有事情都怪罪到那个上面并不好。[29]

否决了找心理治疗师来引导的意见后，小组的早期成员开始聚焦于知晓彼此拥有共同背景所带来的力量。保罗是这么考虑的：“某种意义上，这些人是……我把他们当成我当年没有过的同班同学。”雅克则进一步表示：“我能说的就是，对经历过大屠杀的 40 多岁、50 出头的人来说……最好的药就是聚在一起聊它，然后开始敞开心扉。和跟自己有同样经历的人碰面。在小组里，你不需要解释。”

哈利回忆道，小组很早也否决了与年长幸存者的小组合作的想法。
212 他们试过几次让“老一辈”和“新一辈”的小组聚在一起讨论，但“那些老一辈说，‘你们知道些什么？你们当时还是孩子’”。这更加强了幸存儿童单独活动的想法。[30]

83集会后，数百个类似的幸存儿童小组在美国、加拿大、欧陆、英国、澳大利亚等地出现，凸显了这些变化的跨国影响。[31]对很多与小组有关的人来说，这一经历深刻改变了他们与过去的关系。如哈利和雅克所言，这一决定带着叛逆的元素，是要宣示其身份的独特性和正当性。而在大西洋彼岸，大不列颠幸存儿童协会于90年代前期成立，亨利·O在其成立后不久就加入了。他也同样满意于看到幸存儿童感到了足够的独立性，对自身经历的价值有清楚认识，拒绝年长幸存者的批评，打造属于自己的关系网。他回忆起一些组员对年长幸存者小组的看法：“我们不需要你们。我们够年轻，才50多岁，我们能做好自己的事情——所以我们就分开了。”当被问及成员们在早期的座谈会上做什么时，他说：“我们就是聊天：你不需要解释自己。”[32]

随着这些新关系网的建立，“幸存儿童”一词也成为他们集体身份的基础要素，成了他们那一大段特殊经历的暗号。黛西·M是洛杉矶大屠杀幸存儿童小组（该小组在心理学家萨拉·莫斯科维茨的帮助下于1982年成立，属同类小组中最早，是唯一一个在83集会之前成立的小组）的创始成员之一，她后来回忆起发现这一新名词时的激动之情：

> 第一天就震撼了我和在场其他人的，是“幸存儿童”一词。我们中许多人此前从未意识到我们是个独特的、有正当性的群体。我们这些幸存者还从未因我们这个群体的特殊性而被专门
> 213 承认和认可过。在那次难忘的会面结束时，我们中有些人就决

定要再聚起来深入探讨这个“新”话题。我们就是这么开始的。[33]

“幸存儿童”一词包含的不仅有对共同战时经历的认可，也有对共有的痛苦战后经历的承认。此前，人们总说他们当时太小不记事，或者他们没有真的遭罪，又或者他们总归是幸运的。数十年来他们的童年经历被说成不太紧要，这令他们感到痛苦，而“幸存儿童”一词包含了对这种痛苦的承认，以及对旧看法背后假定的拒斥。澳大利亚墨尔本的幸存儿童小组成立不久，波莱特 · S 就加入其中，她后来回忆道：

> 人们经常对我说，我当时太小不记事，或者不会受童年早期遭遇的影响。没有比这更离谱的了。我记得很多事，只是不够连贯完整。我花了一辈子的时间，借助家人、官方文件和历史书籍，去把那些片段拼接起来。我也花了一辈子时间去理解我被自己的经历影响得有多深。转折点出现在 1992 年，我加入了墨尔本的幸存儿童小组，第一次听别人讲他们的故事。我与那些故事产生了共鸣。同样重要的是，小组给了我巨大的支持，让我不再感到孤单。[……] 以前，有不少次我以为是自己疯了，但如今我有了条件去了解我过去有多糊涂，而那不是我的错。[34]

1987 年，美国东海岸的数个幸存儿童小组的代表聚在一起，讨论成立一个统合性的组织，来代表这个逐渐扩大的群体。他们于 1988 年召开了第一次会议，至今仍在举行大会。该统合组织正式成立于 1997 年，名为“世界大屠杀犹太幸存儿童联合会”（World Federation of Jewish Child Survivors of the Holocaust）。1999 年第 214
一次发布组织通讯时，联合会代表着来自 12 个国家的 38 个小组；十年后，这一数字扩大到来自 4 大洲 15 个国家的 53 个小组。[35] 小组间的关系网变得越发国际化，而这一网络的扩大也带来了越来越多的幸存儿童，他们在看到自己的经历不仅得到了理解，也获得了代言和尊重后，往往感到如释重负。联合会主席斯蒂芬妮·赛尔策（Stefanie Seltzer）在当时写道，她每天都要严阵以待，迎接幸存儿童的来电形成的“密集火力”：“[他们]讲的常常是超过半个世纪的沉默。有些人从未对自己已经成年的孩子讲过自己的经历，但会在电话里边讲边哭。”[36] 代表性组织的存在让“幸存儿童”的集体故事得以在公共空间成形，转而又激励幸存儿童将自己的个人经历视为更宏大的、有价值的、必须讲述的故事的一部分。这些曾经的所谓“孤儿”维护着他们这一代人的归属感，特意构建出一个既不属于幸存成人也不属于“第二代”幸存者的叙事框架，从而将他们自己的主体经历置于故事的中心。该任务一旦达成，他们就可以用截然不同的方式讲述过去。

第十章

故事

1997 年，丹尼 · M 57 岁，居住在伦敦，他表示愿意接受大屠杀幸存者视觉历史基金会（Survivors of the Shoah Visual History Foundation）某项目（即后来的“视觉历史档案”，Visual History Archive / VHA）的采访，讲述自己的人生故事。这一开始看起来是好事情。该项目雄心勃勃，计划收集 5 万份大屠杀幸存者的采访。当时，住在英国的幸存者鲜有参加，因此项目人员联系了幸存者组织，希望找到更多的人。丹尼和他圈子里的其他一些幸存儿童同意受访。

丹尼此前接受过心理学家萨拉 · 莫斯科维茨的采访，但那已是 20 年前。如前所见，当时的丹尼慧眼如炬，反客为主地问莫斯科维茨是不是对幸存儿童“正常”与否有先入之见。虽然当年莫斯科维茨的一些问题让他不舒服，但他还是能抵抗她的权威，维护自己对事件的讲述：毕竟他们谈论的话题是他自己的心理发展过程。可这回基金会项目的采访者真是让他很烦，坚持对他很不确定的事刨根问底，那就是他早年生活的事实细节。

采访者一开始问丹尼的出生地点和日期，所幸这些问题他还能答。等问到他母亲的事，他只能回答说自己对亲生父母所知甚少：

216 我其实不太记得她，不记得她长什么样，只知道她出生在柏林……我对我母亲几乎一无所知。我不知道她做什么工作，几乎什么事情都不知道……关于她的事，我没有任何信息，无论一手的还是记录。[1]

他试图暗示采访者这场关于他早年生活中各种事实的对话让他不舒服，但没有成功，采访者仍在继续逼问。她问起他的父亲，他答道：“我不知道。我不知道他的工作、教育背景，也不知道他是什么样一个人。”她问他知不知道他是犹太人，他答不知道，后来才知道。她问他对气味和味道的记忆，他也没有。她又接着让他描述在泰雷津的日常生活，他终于绷不住了。丹尼不知道该怎么向采访者解释自己对营里的记忆全是片段，难以拼凑起来，而她却坚持想要一个完整连贯的故事：

我做不到，那太……我搞不来……因为我没有足够的……因为我对那些年的记忆完全串不起来。我估计许多时候我都在睡觉，所以我大概……我想不到有什么特别的日程，除了可能要吃点什么饭。那段时间就是一堆混乱的记忆，记的都是一些如今看来没什么意义的东西，大概在当时也没什么意义。

丹尼的采访几乎让人不忍观看，至少我是如此。采访者一遍又一遍地询问他无法回答的事实细节，他开始出于本能地躲避摄像机。他开始用单个字回答，表情也越发僵硬。最后，他的声音因强忍着愤怒而发裂，眉头因努力寻找合适的措辞而紧锁，他最后一次尝试向采访者表示，她的问题正在对他造成伤害：

> 我的记忆很零碎。我没法从中搞出一个故事，真的，根本 217
> 不行。因为太……太……我当时太小，不太记得。[……] 我不认为这是什么遗忘。不是因为我故意要忘记。

在研究幸存儿童的战后生活和回忆时，我们此前都聚焦在私人领域：幸存儿童在家庭和社群里关于过去的对话（和沉默），以及他们的内心世界。但到了八九十年代，情况开始转变。一些在大屠杀时期还是小孩的人开始把自己看作“幸存儿童”，对他们的故事感兴趣的人逐渐增多，心理学家和历史学家也在积极寻求他们的讲述。这些变化既给他们带来了不小的机会，也制造了可观的压力：像丹尼这样的幸存者往往感激于外界关注自己的人生故事，但也因采访者的期待而受挫、恼火：采访者希望他们的故事有模有样，但他们的记忆零零散散，难以挖出意义，没法拼成那样的故事。

不过，即便有这些不足，这一时期的采访仍是绝佳的历史材料。实际上，它们属于本书使用的关键材料，也是我们观察幸存儿童整体人生经历的窗口。此前我们之所以能够探索、思考幸存儿童在家庭重聚时的体会，离开照护之家时的感受，以及他们如何度过青春期，成为父母对他们又意味着什么，完全是因为他们在这一时期接受了这一波采访。没有这些采访，我们就很难重构那些塑造了他们人生的事件和情感。此外还有别的原因使这些采访弥足珍贵。这一时期，接受采访对幸存儿童而言是件新鲜事，采访者和受访者都还不清楚怎么做才最好。因此，比起后来的采访，这些早期采访既自由又不自由：既受幸存儿童访谈“应该”如何的双方观念的限制，
又不怎么受其限制。在丹尼这样的例子里，这意味着幸存儿童难以 218
让自己的故事符合原本为幸存成人设计的采访框架；但在另一些情

况下，幸存儿童又会自由地谈论敏感的话题和情绪，后来他们就不会如此了，因为社会开始对何为恰当的“幸存儿童故事”有了明确的期待。

我们常与家人、朋友、同事聊自己的经历，在所处社群里也经常谈及；但在采访中自述人生完全是另一回事。如果你从没这么讲过，大可花点时间来想象一下自己要怎么做，因为这种叙述不仅要求你全面呈现自己，还要解说自己的人生路径，阐释各种选择的理由——很可能是在陌生人面前，周围还开着录像设备。20 世纪八九十年代的所有大型的大屠杀口述史项目都采访了幸存儿童，表明这些项目的创立者都认为儿童的经历也算“幸存者”经历。幸存儿童因此发现自己面对着一批新听众，后者热切地想把他们的故事插入大屠杀历史的大框架当中。这些新听众的存在从根本上改变了幸存儿童讲述自己过去的方式。随着幸存儿童的故事进入公共领域，这些口述史项目的目标及创作者的动机就对其产生了强大的影响。[2]

本章中，我们将研究不同因素如何影响了幸存儿童对自身故事的讲述：“证词”（testimony）概念；不同采访项目的策略；幸存儿童故事的叙述方式逐渐成形，使得受访者在讲述自身经历时有时更容易，有时更困难；八九十年代关于大屠杀的集体意识的改变（尤其在美国），影响了讲述者和倾听者对故事的理解。变化着的历史环境很自然地影响了这些故事的方方面面，从使用的语言到政治和
219 意识形态上的考量——后者又有意无意地激发了幸存儿童会给新听众讲什么内容以及这些听众会听到什么内容。[3]

读者会注意到我此处用的是“故事”一词，尽管我知道该词会让一些幸存者感到不舒服，因为它带着编造、虚构甚至虚假的暗示。但这不是我的用意。每个采访都是一个故事：是自我及其过往在面对特定受众时的表演，受特定期待和历史偶然性的塑造，试图符合

人们熟悉的某些模式。我们总是从现在的视角，以一种对我们当前的生活和听众都有意义、有所谓的方式去讲过去的故事。正如口述历史学家亚历山德罗·波泰利（Alessandro Portelli）所说，采访的“讲述时间”和“事件时间”之间关系复杂：我们在采访中讲的是记忆中的过往事件，但是通过身处特定历史时刻的自我来讲述的。[4] 我们讲述自己人生故事的方式会随时间而变化，这不足为奇，幸存儿童也和所有人一样都是如此。

我们讲述自己的故事时，依靠的是一套由许多无形要素搭建的脚手架，比如我们如何理解对听众的期待，或者讲述者可以（有意无意地）借鉴哪些已有叙事模式。20 世纪八九十年代，还没有以半公开的采访形式讲述“幸存儿童”故事的先例，幸存儿童也尚未意识到他们的故事应该遵循某种模式或者保持在某些（即使没有明说的）约定界限之内。因此，在这些早期采访中，受访者还有空间讲述那些后来让人不适或者政治不正确的事情。[5]

和所有人一样，幸存儿童也会调整自身的故事以适应听者的期待，因此会依托于一些说法。在当代西方文化中，人们在讨论儿童和童年时，最有力、最能想到的一个说法就是“纯真”。但在收集幸存儿童访谈的早期，“幸存儿童”尚未作为一种身份在讲述者和 220
倾听者心里牢牢扎根，战时童年故事应以纯真为核心的观念也就还不流行。这就意味着采访者可以自由提出一些后来会被认为无礼的问题，讲述者也可以自由（或至少较为自由）地坦诚回答。早期的采访项目中有很多这样的例子，我们可以看到对愤怒、内疚、耻辱等情绪以及对复仇等问题的自由讨论。在此，我们将着重讨论复仇问题，因为儿童可能想象过、试图乃至真正实施过暴力复仇行动的情况，严重削弱了“童年纯真”的叙事，在如今的幸存儿童叙事中已消失殆尽。但复仇紧密关联着本书的一个中心主题：若将儿童主要看作被动的受害者，就无法反映历史记录和现实中儿童作为行为主体的能力。陷于战争的“纯真”儿童最常被塑造成暴力的对象，但开展复仇行动的儿童明显是历史主体，不管我们想到儿童展开私罚会有多么不适。

我们如今不愿意这么看待儿童，但战后初期在幸存儿童身边工作的成年人显然不是这种态度，这些成年人中有很多认为从大屠杀中侥幸存活的儿童会决意向德国人及其在各地的合作者展开象征的和实际的复仇。这在很多方面造成了道德恐慌。多萝西·麦卡德尔写集中营幸存儿童在“活跃着蓄意的邪恶的环境中”生活了很久，滋生出“疯狂的复仇渴望”，她的说法引发了恐惧。她还写道，集中营的暴力不会轻易从儿童的心理和行为中抹去。世界犹太人大会的伯纳德·吉利斯（Bernard Gillis）也有类似担忧，他认为集中营幸存儿童包含着“一种躁动不安的残忍，他们似乎感到必须向他人身上施加自己遭受过的一些折磨和屈辱，好发泄出内心积压的愤怒”。联合国善后救济总署的社工格蕾塔·菲舍尔（Greta Fischer）
221 在因德斯多夫修道院（Kloster Indersdorf）筹建了一家儿童中心（后来她还协助了加拿大犹太人大会的战争孤儿计划）。她说中心的“几乎所有”儿童都对德国人和德国的一切东西有强烈的憎恨，他们情不自禁地想象复仇、讲起复仇。菲舍尔及其团队担心这些凶狠的情绪会延缓孩子们的复原，但另一些人道援助工作者则认为这是经年累月遭受贬损和侮辱后的健康反应。社工玛戈特·希克林回忆道，在1945年夏的温德米尔安置中心，一些从泰雷津幸存下来的男孩破坏了摆在门廊的椅子。当一名教育者问起为什么椅子总在坏，一个男孩答道：“因为我们没有机会在营里打破纳粹的脑袋。”希克林写道：“这种平静道出的洞见和智慧终止了追问。这标志着这群孩子重拾了自信和诚实，比十几把单薄的椅子重要得多。”[6]

如果成年人在战后早期颇为担心儿童想要复仇，我们可能想问这一话题为何从后来的叙事中消失了。答案很复杂。当然，成人的忧惧和儿童的现实生活之间有条鸿沟：儿童可能幻想过复仇，却从未采取实际行动。但那些采取了行动的人呢？他们后来是如何讲述自己的故事的？历史学家阿提娜·格罗斯曼（Atina Grossman）表示，复仇是战后初期犹太幸存者与德国人的关系中涌现出的诸多情绪的一部分，这些情绪后来被“搁置并遗忘，因为犹太人和德意志人都认为那无关紧要又令人不安”。[7] 若问它们是何时从集体记忆中抹去的，答案是这很可能是一个持续数十年的渐进过程，对不同的受众有不同的形式。历史学家娜奥米·赛德曼（Naomi Seidman）在一篇引发学者激烈论战的文章中提出了这一点，她指出，诺贝尔和平奖得主埃利·威塞尔的自传《夜》的法语版（1958）和原始的意第绪语版《万籁俱寂》（*Un di velt hot geshvign*，1956 年于阿根廷出版）有一些根本不同。威塞尔 16 岁时被从布痕瓦尔德解救出 222
来。他在法语版里写道，解放之后，“一些小伙子去魏玛拿土豆和衣服——也和姑娘上床。但没有复仇，一丝迹象都没有”。而赛德曼发现，在意第绪语原版里，他们不是和德国姑娘上床，而是强奸了她们——但即便如此也不足以达成威塞尔呼吁的“历史性的复仇诫命”。而法语版却给天主教读者呈现了一幅“远为纯真无辜的战后图景”。最终，纯真的图景占了上风，原版里的暴力大体被遗忘，直到赛德曼 1996 年撰文。[8]

但是，对复仇的不适在初期没有如今那么明显。1981 年，精神分析师朱迪丝·凯斯滕伯格创建了名为“关于有组织迫害儿童的国际研究”的采访项目（后称为“大屠杀幸存儿童证词凯斯滕伯格档案”）。该项目中的大多数采访都发生在 80 年代中期。凯斯滕伯格及与她共事的采访者会例行询问受访者在战后是否想过或参与过复仇行动，甚至如今是否还想复仇。当受访者回答没有（或如今没有）复仇愿望时，凯斯滕伯格的团队成员立时就会穷追不舍：

朱迪丝·凯斯滕伯格：告诉我，当你在犹太人隔离区时、当你东躲西藏时，你是否感到想要报仇？

R.G（1937 年生于维尔纽斯）：没，我觉得没有。

朱迪丝：你当时想过日后找他们报仇吗？比如现在你看到一个德国人或者立陶宛人……

R.G：听着，我在德国长大。我在全是德国人的学校里是唯一一个犹太女孩。

223 朱迪丝：我知道你没有对德国人做什么。但如果你见到一个曾在维尔纽斯犹太人隔离区待过的纳粹，并且你可以对他做点什么的话，你会做什么？

R.G：你的意思是暴力行为？

朱迪丝：我不知道具体是什么，我是在提问。

R.G：不，我觉得我做不出什么。我可能会说点什么。

朱迪丝：你会说什么呢？

R.G：我不知道。可能……我可能也说不出什么，我可能就是无视他们。我不知道。[9]

虽然凯斯滕伯格在著作中表示幸存儿童没想过报复德国人，但她的团队坚持询问相关问题，结果的确发现不少受访者记得自己在战后初期渴望复仇甚至表示如今依然有此渴望：

米尔顿·凯斯滕伯格：如果你在街上看到一个纳粹，周围没有别人，而且你知道他开过枪……他手下有好多条犹太人的命，而你手里有枪……

L.A（1939 年生于华沙）：我会朝他开枪。

米尔顿：你朝他开枪没有困难？

L.A：没有。什么感觉都没有。我会当场开枪。如果我有枪，我会马上朝他开枪。

米尔顿：你不会和他说几句吗?

L.A：我只会朝他喊："你个臭纳粹！"就那样吧。实际上，我会慢慢地射杀他，折磨他。我还会朝波兰佬开枪。[10]

凯斯滕伯格的采访项目受精神分析影响，会直截了当地问复仇的话题，这也许算是独树一帜，但同时期的其他采访项目里其实也会冒出复仇话题，有时出现在"正式"采访的边边角角。雅内克·E 1936年生于波兰，1994年接受了大屠杀幸存者基金会历史视觉档案项目的采访，这一年该项目刚刚发起。和丹尼等其他受访幸存儿童一样，雅内克也因无法回答采访者提出的很多问题而烦闷不已，时不时请求早点结束采访，并在采访快结束时坚持表示："我[采访]做得很糟，但我尽力了。"采访似乎结束了，录像机关停——但带子突然又转了起来，此时采访者明显已经把问题清单放到了一边。录像重新开始时，采访者正在给雅内克讲故事，讲的是她认识的一个当年在华沙犹太人隔离区的孩子朝一名德国兵开枪。也许是没意识到录像重启，雅内克回忆起自己在战后初期也做过类似的事（那时他大概10岁）："那没什么，没什么。我是说，我射杀了一个我认识的人，他是过去打我们的德国守卫。他说：'不，不是我，不是我！'正好，战后我有一把枪，就朝他开了枪。"雅内克讲这个细节基本是在闲谈，但这段暴力复仇的记忆明显勾起了采访者的兴趣。她开始追问更多细节。与此同时，雅内克似乎意识到录像机又在转了，我们能从他的脸上看出他担心自己说了太多，透露的信息对自己太过不利。不过，他还是回答了采访者的问题： 224

雅内克·E：我小时候，生命不值一提，得过且过。我小时候带着枪。

采访者：枪是哪里来的？

雅内克：我不知道是我买的还是别人给我的。我真的不记得了。（然后他讲起自己见到一个弗洛森比格集中营的守卫，那正是关押他和他父亲的地方。）

雅内克：我就开枪了。我是说，战后开枪杀人什么也说明不了。我们过去就是那么做的。

采访者：你见过别人这么做吗？

225 雅内克：是的，那肯定的。在萨尔茨海姆［的难民营］，我们就是那么做的。我们抓到过犹太守卫，我们狠狠惩罚他们，或者交给检方，因为过去有不少犹太囚犯告发同族。但如今回想起来，我不怪他们，因为他们是为了生存。[11]

采访到此突然结束，雅内克似乎最终原谅了在集中营里与德国人合作的犹太囚犯，但他并不后悔自己射杀了德国守卫。然而，值得玩味的是，虽然雅内克后来继续接受别的采访，但复仇的故事从他的讲述里消失了。他好像明白了第一个采访者对他的故事感到惊讶，意识到一个10岁小孩射杀成人的事太过超出人们对幸存儿童故事的预期，于是重塑了自己的故事，以符合听者的期待。他转向另外的叙事，抹去了与“纯真”或有冲突的复杂情感。这么做的不止他一人。随着采访者停止问复仇的事，受访者也不再主动讲述不太符合正在形成的幸存儿童故事范式的细节，复仇一类话题就从后来的幸存儿童口述史中消失了。

我们为何要做关于过去的采访，又该如何给收集到的故事归类？我自己学习口述史出身，也就是说我是靠采访经历过历史事件的人来研究过去，因此我把这些讲述人生故事的行为看作“口述史访谈”。但这不是描述纳粹大屠杀幸存者（或其他种族灭绝的幸存者）

访谈的传统用词：数十年来，学者更倾向于称其为“证词”。关于分类的讨论可能看似学究：我们可能怀疑如何称呼这些采访是不是真有所谓。但其实，这对大屠杀幸存者如何呈现他们的故事有重要 226
影响，而“证词”一词具有的排他性却很少被人承认。“证词”及相关措辞“见证”，明显出自法律语境，是某事件的证人公开展示自己的记忆，该记忆还（被期待）要真实、可信、有逻辑且真诚。在这种语境下，证人要想被认为可信，他们对事件的表述还必须前后一致，即不能随着时间改变。但是，“大屠杀证词”这一概念虽然源出法律语境（尤其是战后的战争罪审判，以及后来如 1961 年对阿道夫·艾希曼的反人类罪审判），却更多是从学术界而非法律界发展出来。七八十年代，公众对大屠杀兴趣渐增，“大屠杀修正主义者”（该词当时乃至现在都指“大屠杀否认者”）的作品也同时增加。[12] 70 年代开始的这种所谓“修正主义”，其发展对正经的大屠杀研究产生了巨大影响，让主要研究者选择在写作中避免使用主观叙述。研究大屠杀历史的第一代专业历史学家害怕在他们的研究里稍有偏向主观经历，就会为修正主义者提供攻击的素材。劳尔·希尔贝格的《欧洲犹太人的毁灭》等奠基性文本坚决拒绝使用幸存者的讲述，只使用战争加害者书写的冰冷的官方文档来讲述大屠杀的故事。多利·劳卜（Dori Laub）是一名精神分析师，他创建了早期的相关视频采访项目之一，本人也是一名幸存儿童。他回忆当时的一些历史学家固执地拒绝使用一手叙述，并称“保持准确极其重要，以免历史修正主义者质疑一切”。[13]

与此同时，其他领域中对大屠杀感兴趣的学者，尤其是文学研究者和心理学家，开始反驳历史学家坚持抛开个人记忆的做法。他们着手收集大屠杀幸存者的一手叙述，借助“证人”和“证词”等法律用语来维护个人记忆的价值——它能指涉并讲述某个被历史学家选择忽略的大屠杀面向。如文学研究者萨拉·霍洛维茨（Sara 227

Horowitz）所言："有了'证词'一词，急速增长的幸存者叙述就不断被纳入其下，这在伦理层面发挥了作用。这是对拒绝吸纳幸存者记忆的大屠杀讨论的矫正。"[14] 随着 70 年代末到 90 年代中期收集大屠杀幸存者音频、视频"证词"的项目越来越多，"提供大屠杀证词"的行为变得越来越程式化、制度化。"证词"成为收集纳粹大屠杀幸存者口述史并为其归类的公认模式。

但是，问题在于提供"证词"的"证人"对采访的作用有严格的理解：既然叫"证词"，就必须基于客观性、基于事实，按逻辑顺序呈现事件。讲述者和倾听者都认为"证词"是对过去事件前后一致的、准确的叙述。但幸存儿童不确定自己的记忆是否真确，往往也无法将记忆中的事件按逻辑顺序排列，因此很难让自己的故事符合"证词"的框架。有时，他们缺少必要的基础事实来把自己的早年故事讲连贯，但或许更重要的是，他们往往能意识到他们从幸存亲人那里或官方文件中获得的零散信息可能不是真的。就像雅克 · F 甚至不确定他的姐姐是不是亲姐姐那样，幸存儿童有时会质疑自己接受到的历史的真实性。如果像历史学家、精神分析师亨利 · 格林斯潘（Henry Greenspan）所说，"证词"只是幸存者复述的一种体裁，那么该体裁就很不适合幸存儿童的故事。[15]

如果这些采访项目的创建者想要幸存儿童提供"证词"，那他们想要这些人做证为的是什么？这些早期项目的核心期待深刻影响了受访者自感能够及应该向采访者讲述哪些内容。透过所提问题和所盼回复的性质可见，有些采访项目青睐救赎、涤荡的叙事，强调幸存者如何克服了过去的创伤、充实地生活在当下；另一些采访项目则偏爱亨利 · 格林斯潘所说的"精神病学话语"，即反映创伤对
228 幸存者人生长期影响的叙事。受访者解读采访者的社交暗示并接受项目的目标，从而相应地调整自己的故事，强调其中值得庆贺或遭受创伤的部分，证明他们或是一直难以复原，或是最终得到救赎。

毫不意外，多数青睐“精神病学话语”的项目都是由心理治疗师和精神分析师创建、管理的。好几个此类项目启动于 20 世纪 70 年代末及 80 年代，其中最具影响的是“福图诺夫大屠杀证词视频档案”（Fortunoff Video Archive for Holocaust Testimonies），该项目自 1982 年起驻扎耶鲁大学，1987 年始获上述名称。[16] 然而，对我们的研究最重要的是朱迪丝·凯斯滕伯格的“关于有组织迫害儿童的国际研究”项目，因为该项目当时是、现在依然是唯一一个只研究幸存儿童的大型采访项目。[17] 凯斯滕伯格的主要目的是理解儿童如何体会和记忆迫害，迫害对他们的心理健康又有何影响。她认为，无论孩子当时多么年幼，纳粹的追捕都会留下她所说的“不可磨灭的影响”。她和团队里的采访者一起发明了“动觉技巧”，促使受访者不凭借确切记忆，而是依靠感觉和想象来讲述故事。比如，采访者不会问当时还是幼儿的受访者对带自己去泰雷津的火车有何记忆，但会问在她的想象中大概是谁一路上在搂着她，还会问她是否记得特别的触感和气味。

凯斯滕伯格及其团队选择这一方法，是受了一些更广范围内的争论的影响，这些争论针对的是儿童记忆的性质，尤其是儿童如何记忆创伤性事件，于80年代进入美国公众话语。如前所见，这一时期，实验心理学家开始在实验室通过实验来证明幼童（乃至婴儿）可以记得某事长达数月甚至数年，尽管这些记忆会随儿童成长变得模糊。在实验重塑学院派心理学研究儿童记忆的方法之时，大众心理学则在欣然接纳“恢复记忆”的概念，即相信借助催眠、引导性意象等 229
手段，可以从成人的无意识深处调取忘却的童年经历（尤其是痛苦的经历）。凯斯滕伯格及其团队的方法与“恢复记忆”心理治疗师所使用的极其相似。她们使用引导性意象法，强调情绪和感觉，不让受访者怀疑他们所“恢复”记忆的真实性。

如前所见，凯斯滕伯格及其团队采访的一些幸存儿童对该项目对创伤及其长期后果着重关注感到不适。还有一些受访者对项目注重借意象、情绪和感觉来“回忆”也同样抱着戒备之心。阿妮可 · S（Aniko S）1942年生于匈牙利塞格德（Szeged），她和母亲及哥哥一起从塞格德的犹太人隔离区被遣送到泰雷津，但她当时太小并不记得。因此，凯斯滕伯格项目的采访者对她施用了一系列引导性意象。从阿妮可的采访能明显看出，凯斯滕伯格项目里的一些采访者坚信想象和感觉应该被认真地当作记忆，这让部分受访者十分不适，后者认为他们的“证词”应当反映实情。当采访者请阿妮可想象幼时的她到达泰雷津后剪掉她头发的人时，阿妮可犹豫了，但接着试着说可能是一个“中年女性”，可能穿着卡其色制服，“似乎是金发”：

> 阿妮可 · S：但你知道，我真是认为我没有任何记忆。
>
> 采访者：但你看，你告诉了我这么多回忆。我从没听过别人告诉我这么多回忆，所以你怎么能跟我说你没有记忆呢？
>
> 阿妮可：我就是觉得我没有。
>
> 采访者：可是你看，你甚至记得那女人的长相，对吧？还那么详细。
>
> 阿妮可：我从没见过，我是说我从没想过我能见到她。
>
> 230 采访者：你在试图劝自己相信你没有记忆，但你看，原因多半是你想拥有成人般的记忆，但那不可能。你只能拥有你当时身为儿童的记忆，以及你经历过的那些事——她有一头脏乱的金发，她的年纪——你告诉我的是儿童观察到的事。

但是，当采访者再次问到某个东西的颜色时，阿妮可不乐意了，她试图在想象和事实间划清界限：

> 阿妮可·S：我不知道。我可以试着去回忆，但你看，我想要诚实。

采访者：你很诚实。我不能劝说你要怎样，也不该那么做。[18]

我们无须太多想象，就知道采访者实际上在非常努力地想要阿妮可相信她对关于颜色、感觉的引导性问题的回答确实就是记忆。但阿妮可到达泰雷津时才两岁，正是“婴儿期遗忘”的时候：她不可能记得自己入营时的情形。

凯斯滕伯格项目收集的故事在某些时候是合作而来的幻想，参与者知道这一点，因此有时感到不满。他们的不满流露出对项目基本目标的困惑。这些采访是为了心理治疗吗？真是如此，幻想元素看着还不那么有害。但受访者很可能知道采访的主要目标是分析儿童受迫害的经历，而熟悉“证词”体裁的参与者则认为，在此意义上，采访者在让他们客观讲述迫害给他们的人生造成的影响。[19] 参与者不太接受引导性意象法以及采访者坚称模糊的感觉也一定是记忆的一部分的说法，遑论他们本已在怀疑自己的证人身份。无论凯斯滕伯格及其团队对当时的“恢复记忆”狂潮是何态度，他们使用的技 231
巧恰是时代的产物，如今很少有人还在使用——这或许能解释为何后来的研究者很少使用凯斯滕伯格项目收集的故事。[20]

如果说凯斯滕伯格项目代表了幸存儿童口述史的心理学路径，那么大屠杀幸存者基金会的视觉历史档案项目则是通过“救赎”/“涤荡”路径来建构采访叙事的代表。该项目由电影导演史蒂文·斯皮尔伯格于1994年创建，并深受其电影观的影响。斯皮尔伯格的电影《辛德勒的名单》就采用了救赎的故事线，1993年上映后获得了巨大的票房成功。电影请了一些波兰幸存者来做顾问，他们的故事让斯皮尔伯格感动不已。视觉历史档案项目就是应这部电影而来，还不只是要向参与电影制作的幸存者致敬；如历史学家诺亚·申克（Noah Shenker）所言，电影结尾的庆贺基调是该项目的“源头叙事”，“将档案项目与电影自身培育希望和宽容的叙事目标联系了起来。”[21] 视觉历史档案项目的采访者用各种方法诱导幸存者构建救赎叙事——他们称之为“证词”。他们问固定的问题，鼓励受访者线性地讲述自身的经历，并将采访分成三段，如申克指出的那样“类似传统的经典好莱坞电影范式”：采访的 20% 聚焦战前，60% 探索战时，剩下 20% 着眼战后。最重要的是，采访末尾，每个幸存者都要回答“希望给后代留下什么遗产”，然后幸存者的家人会受邀来到镜头前。[22] 这种形式很大程度上学的是《辛德勒的名单》的结尾：电影从黑白变成彩色，字幕告诉观众虽然“波兰如今只生活着不到 4000 名犹太人，但辛德勒的犹太人有 6000 多个后代”。[23] 无
232 论在电影还是采访中，镜头都聚焦在幸存者的儿孙身上，传递出乐观的信息：纳粹没有摧毁欧洲犹太人，幸存者重建了世代的传续。

视觉历史档案的采访也受该项目宏大规模愿景的影响。创建者希望它能成为世界上最大的此类档案，最初设定的目标是收集 5 万份采访——并于 1999 年达成了目标（如今已收集超过 54000 份采访）。[24] 比起质量，他们更看重数量。采访者有时只受过一点点培训，凭问卷式清单询问受访者的生平，并试图将采访时长固定在两小时（至少项目头几年如此）。创建者不鼓励采访者与幸存者对话，而是培训他们关注固定的问题。结果就是流水线式的采访，将形形色色的大屠杀叙事压进一个模子，夷平了采访者和受访者间的张力。[25]

视觉历史档案的采访方式给所有受访幸存者都造成了困难，但对幸存儿童尤甚，因为他们往往难以回答采访者提出的人口调查般的问题，就像我们在丹尼 · M 的例子中看到的那样。而随着幸存儿童越发厌恶被问到无法回答的问题，采访者和受访者间的信任就有可能崩塌。采访者坚持询问固定的问题，这容易暴露幸存儿童对自身过往的认识空缺；但采访者没有像凯斯滕伯格项目那样用想象和感觉来填补这些空缺，而是打断了叙述，有时伴随着受访者越发慌乱、痛苦的情绪流露。兹丹卡 · H（Zdenka H）1939 年生于布拉格，

幼儿时就被遣送至泰雷津。她于 1997 年接受了视觉历史档案项目的采访。采访者一开始时问到她的父母：

> 采访者：你母亲叫什么？
>
> 兹丹卡 · H：我可以告诉你她的名字，但没法告诉你她的任何事情，因为我不记得。我对她没有任何印象。

但即使兹丹卡从一开始就表明她对母亲没有任何记忆，采访者 233
还是又按照手里的问题清单问道：

> 采访者：你记得关于你母亲的什么事情吗？
>
> 兹丹卡 · H：我说过了，不记得。

当第三次被问起母亲时，兹丹卡终于不耐烦了："那时候 [照护之家里的舍监] 问我 [我母亲的事]，我也是什么都说不出来！我没有记忆！我最早的记忆是在营里。"[26]

福图诺夫档案等项目开展的采访或可说旨在疗愈幸存者，但视觉历史档案的采访很难如此刻画。很多幸存儿童都认为相关经历非常不舒服。兹丹卡在 2007 年的一次采访中回忆起当时的不快：

> [采访者] 问我泰雷津有什么玩具，问我记得什么气味，过了哪些犹太节日。但营里怎么可能有犹太节日，有玩具？ [……] 他们告诉我们所有采访曾经是幸存儿童的人都受过特殊训练，但你怎么能问出这样的问题？我是说，我进营时才三岁半。我怎么能记得？我对营里只有三四段确切的记忆。我被剃了头发，睡上下床，没穿衣服在雪里乱跑……这些都是鲜活的记忆。[27]

和凯斯滕伯格项目一样，视觉历史档案的采访者和受访者也因为记忆问题产生了信任裂痕。凯斯滕伯格项目的受访者不太接受将想象当作记忆，而视觉历史档案的受访者则很排斥那些流于表面、问错方向、有过多他们答不上细节的问题。和兹丹卡一样，他们知道小孩子的记忆不可能是那样。事实上，凯斯滕伯格项目的一个优
234 点就是她和团队都明白儿童的记忆本质上就是碎片化的，往往取决于感官体验，且通常不遵照时序性叙事结构。

文学理论家杰弗里·哈特曼（Geoffrey Hartman）用“框架条件”（frame conditions）一词来解释大屠杀幸存者的采访如何受时间错位、非母语使用及采访氛围的影响。受访者会根据这些框架条件来披露或隐藏信息：他们感到得不到机会讲想讲的故事时就会有保留，抑或构建他们认为会符合听者期望的叙事。[28] 我们在本章中看到了很多早期采访项目的框架条件如何限定了幸存儿童自感可以讲述的故事。在类似凯斯滕伯格项目的“心理”采访中，采访者不仅想要探索幻想的意象和感觉，更要将其当作记忆，与受访者想要按心中所知——哪怕伴着自我的缺席和不确定性——讲述自己故事的愿望颇有冲突。而视觉历史档案等项目强调饱含细节的线性叙事，其狭隘的问卷让很多幸存儿童意识到自己独特的记忆方式无法满足，十分失望。幸存儿童也不满意视觉历史档案项目的“涤荡”叙事模式，尤其是当采访技巧会将他们故事中的空缺暴露出来的时候。展示一个残破的人生叙事起不到什么涤荡作用。而且，在所有框架条件之上还有所有早期采访项目都会采用的“证词”观的限制，但这一观念要求连贯和逻辑，幸存儿童的记忆并不符合。

随着幸存儿童故事的受众扩大到家庭的亲密圈子之外，加入了出于各种原因想要收集“证词”的心理学家和学者，他们的故事开
235 始超出了个人意义的层面。“幸存儿童”的集体故事开始成形。如

前所见，这让幸存儿童在讲述自身故事的某些部分时更加容易，但讲述另一些部分时则更为困难。这给了一些缄默的幸存儿童一个模板，他们可以据此建构叙事。但我们不应误以为这会使讲述更加容易。有些人直至今日仍难以讲出自己的故事。

口述历史学家会使用“调和”（composure）一词，它最早由历史学家格雷厄姆·道森（Graham Dawson）提出，用来描述个人如何借鉴内嵌其所处文化中的说法、模式和象征来讲故事。口述历史学家用该词既来描述讲述者如何组织一个故事，也描述他们如何完整连贯地呈现此故事，让其有辨识度，甚至令人舒服。“违和”（discomposure）则用来形容讲述者无法让自己的主观经历与集体话语相协调，这会导致不安之感，可能让整个故事分崩离析。在聆听八九十年代的幸存儿童采访时，我们能突出感受到这种碎片化的自我：比如丹尼就坚称他的记忆就是碎片化的，阿妮可则冒险直言自己没有任何记忆，无法诚实地讲述自己的营中生活故事。[29]

当我们思考大屠杀故事时，“调和”的问题就变得更加复杂，因为很多采访项目都使用了“遗产”“传承”等修辞，认定项目的核心道德使命是面向未来的。在此情况下，幸存者的故事是讲述者兼捐赠者给想象中的未来听众留下的遗产。[30] 但是，作为未来遗产的故事对讲者和听者都提出了一定要求。双方可能都会认为这些故事必须能听懂——如果听不懂，留给未来又有何用？他们也可能认为这些故事必须呈现一个调和的自我，因为一个破碎的自我可能对后代是份有害的馈赠。因此，“遗产”修辞要求讲述者呈现一段成功的自我发现之旅，而幸存儿童故事中最基本的元素——不确定性
及记忆缺失——就被迫噤声。幸存儿童在发现关于自身过去的重要 236
细节时往往伴随着震惊（想想杰基·Y 先是了解到自己是被收养的，后来又知道自己生于国外，最后才知道自己是被从集中营里解救出来的情形），这样的时刻，在此种调和叙事中就成了构建完整自我

的步骤，而非他们在当时更可能具有的体验：自我认知被撕扯的个人危机时刻。

有时只需多练几次，就能从碎片中编织出一个连贯的故事。在我为写作本书而采访的幸存儿童中，大多数此前都接受过多次采访。和别的技巧一样，在采访者面前厘清自己的人生也能因练习而不断完善。但有时，我的受访者从未讲述过自己的人生故事，这样就能看出“调和”是需要多么努力才能达到的状态，对讲者和听者皆是如此。我永远不会忘记我在研究早期做的一次采访，受访者是我的项目中唯一一位想要匿名的。我在此称她为蕾奥拉（Leora）。和大多数采访一样，我们那次采访也是为了熟悉彼此而以友好寒暄开场，外加一些小练习，但蕾奥拉很快就显得紧张起来。“我不知该告诉你什么。”她低语道。我试着让她从讲讲她的姓名、出生时间和地点开始（这是我惯常使用的采访技巧，也是为了防止录像混淆）。但她做不到，因为她不知道自己出生于何时何地，也不知道自己的本名。她绞着手指，显得很无助。我努力向她保证，我是来倾听她的战后生活的，我最感兴趣的是她现在，而非出生时是什么样的人，但她失去了最基本的身份和名字这件大事，横亘在我俩之间。[31]

蕾奥拉告诉我她在战争期间被一名农妇藏在法国乡下。农妇非常穷，她们经常一起饿肚子，到冬天一起瑟瑟发抖。爱意在她们之间生长，但和其他藏在法国的孩子一样，战争结束时她被迫离开了农妇。蕾奥拉拼尽全力给我讲这个她从未透露给任何人（包括她的
237 丈夫和孩子）的故事；这故事支支吾吾、犹犹豫豫，但这确是她的故事，我们都认可这一点。但我们碰到一处巨大的断裂，让故事难以继续：战争藏匿期间，蕾奥拉和农妇都觉得没人知道她的真名无关紧要；但战争结束时，她突然被迫意识到了她生命的核心有巨大的空缺。不知道自己的名字，她就无缘寻找可能还在人世的父母，或是幸存的兄弟姐妹、其他亲人，毫无办法将自己重新联系到任何

起源之上。她是一块白板，一个没有来处的孩子。

这一认识带来了巨大的空无之感。蕾奥拉毫无办法讲述自己这个“谁也不是”的人的故事，或是自己从那种荒凉中极度缓慢地前行的艰难努力。而我也没有真正准备好去听这个故事，因为当时的我还没学会如何适应一个表面上没有内容的叙事，其中的空缺又喧嚣得震耳欲聋。故事的轮廓在我们周围崩塌，我们丧失了言语，唯有哭泣。

第十一章

沉默

让我们暂时回到 20 世纪 40 年代后半，回到萨里郡林菲尔德村的威尔考特尼庄园。1945 年 12 月，庄园被部分改造成幸存儿童照护之家，其中的孩子当时都不到 12 岁。到 1946 年年中，这里住了 24 个孩子。安娜 · 弗洛伊德在组建照护之家的女性员工团队中起了关键作用：她们大多数是德国和奥地利的战前犹太难民，几乎都在汉普斯特德战时托儿所为弗洛伊德工作过，并在那里接受过她的“双重方法”训练：直接观察儿童加精神分析重建。[1]

在主管爱丽丝 · 戈德伯格的指导下，工作人员为孩子们创造了一个温暖、友好、开放的环境，其中一个关键部分就是讨论过去。戈德伯格在她的月度报告里记录道，孩子们热烈讨论他们的战争见闻，工作人员也鼓励他们讨论。戈德伯格写道，孩子们一旦适应了威尔考特尼的生活，“就慢慢开始谈论他们过世的母亲和真正的‘家’”。这些讨论并不容易。有些孩子，尤其是在奥斯维辛待过的孩子，“经常讲起集中营的恐怖故事”。“他们仍然会梦到集中营里的恐怖，或者与被杀害的亲人重聚，”戈德伯格在 1946 年 6 月写道，

“但他们能自由地谈论那些经历和恐惧，这让人倍感欣慰。”[2]

戈德伯格鼓励孩子们讲述战争的策略，既是威尔考特尼日常生活的重要面向，也是员工向外界展示工作时的关键元素。40 年代
239 中晚期，该照护之家被英国媒体频繁报道，工作人员坚信孩子们讨论战争对心理有益，记者们对此也多溢美之词。记者霍华德 · 伯恩（Howard Byrne）在战后第三年也就是 1948 年写道，威尔考特尼的孩子之所以心理能得到恢复，很大程度上得益于讲述过去：

> 戈德伯格小姐知道身体的快速好转并不意味着[孩子们]内里已经痊愈。如果神经问题在童年时没有被发现和处理，他们可能会在后来的人生中面临无法言说的痛苦。因此，无论回忆多么悲惨，这些孩子都被鼓励直面过去，讲出相关感受。一个小女孩在去乡下的一次旅行中突然说：“我不能原谅我妈妈。她到屋里来，给了我一片面包，说她很快就回来，但她再也没回。”……在被告知母亲无法信守承诺的原因后，她没有了此前让她痛苦的被抛弃感，也不再恨她的母亲。[3]

作为一个由安娜 · 弗洛伊德赞助的机构，威尔考特尼日常运转的一大基础就是精神分析原则。戈德伯格本人也在接受业余精神分析师培训。和其他遵循当时的精神分析理论及实践的照护之家、收容所、儿童群落的工作人员一样，戈德伯格及其团队成员也相信鼓励孩子们讲述自己的战争见闻有疗愈作用。她们认为，回忆并讲述过去能帮助孩子们处理痛苦回忆，从而继续前行。

认为讨论痛苦的过去，通过公开或半公开的渠道“倾吐出来”有健康和治疗意义，这一观点是当代疗愈文化的基石。历史学家通常将其追溯至 60 年代人本主义心理学的兴起及其与流行文化的诸多交叉。[4] 但实际上，随着战后初期精神分析影响力的扩大，早在

60 年代之前，该观点就已经在一些环境和社群里流行开来。因此，240
戈德伯格及其团队成员鼓励孩子们讨论过去的策略并不罕见。实际上，如前所见，有幸存儿童集体生活的其他地方也采用了类似的方式，保罗 · 弗里德曼等“精神卫生”专家对此也加以鼓励。当然也有很多成人照护者认为谈论战争会掀开也许正在愈合的伤口，抑或阻碍孩子们着眼当下和未来。他们希望小孩会自然而然地忘记战时岁月，不想因为请孩子们重访过去而干扰了他们逐渐遗忘的过程。但是，呼吁讲述的人不在少数，他们大范围、公开地表示，若有意于某种更宏大的计划，即将幸存儿童引向某种心理、情绪和道德上的正常状态，讨论战争就是关键部分。很多照护者认为，这是大屠杀幸存儿童精神复原过程中一个不可或缺的治疗步骤。

档案中有充足证据表明，在威尔考特尼，“疗愈”式地讲述过往得到了大力鼓励。但是，如果不看档案，而是关注威尔考特尼的孩子们后来提供的口述史和回忆录材料，我们会发现一个十分有趣的现象：没有一个孩子记得威尔考特尼是这样的。他们会带着爱和敬意回忆戈德伯格及其团队成员，也记得照护之家是一个温暖的地方，但并不记得能在那里讲述自己的战时经历。事实上，很多人记忆中的情形是自己不仅没有谈论过去，而且不被允许；他们记得的是一种由上面强加下来的沉默。贝拉 · R(Bela R)是泰雷津幸存幼童，在斗牛犬坡屋照护之家待了一年后到了威尔考特尼，她回忆道：

> 我的整个童年里，没人愿意为任何事情多费解释。都是别
> 人告诉我们去哪里、做什么——这让人生困难了很多，因为我 241
> 们只能自己厘清事情。所以我们做了很多内省，但都是悄悄的，因为我们总被告知不要谈论那些。我们被禁止讲德语，所以得很快学会英语，没人谈论过去，当然也没人鼓励我们那么做。谁也不能讨论集中营或是我们身上发生的事，那几乎是不成文

> 的规定。我们总是期待着下周、明天要做的事。因此没有任何回顾过去的机会，就像是和我的过去彻底断联了。这对一个5岁小孩来说可太难了。[……] 我猜他们的想法是，过去的经历太可怕了，因此他们要将它拒之门外，说都忘了吧，咱们把那些坏记忆全都用好记忆替换掉。[5]

贝拉 · R是我为本项目采访的第一位幸存儿童，在她公司里的那个下午，我印象最深的就是她对寻找真相的一腔热忱。因此，我在这里不是想说她的叙述有任何虚假，相反，我认为那反映了一种深刻的真实。她的叙述表明，重要的不仅仅是我们讲述了故事，还有为何讲述。如果档案记录清晰证明威尔考特尼的环境鼓励讨论战时的过往，但孩子们的记忆却是相反，我们就该思考此类讲述行为究竟要起什么作用。是什么让这些对话被忘记得如此之深，以至于记忆里剩下的全是沉默？透过这些问题，我们想要探索讲述过去的作用，以及讲述行为和后续记忆之间的关系。

在本书中，我们借由不断变化的历史背景和人生中的起起伏伏，审视了记忆及其在人一生中的地位。我们已经看到过，针对战时过往的讲述和沉默如何成为幸存儿童几十年战后人生的主题。威尔考特尼的例子揭示的既有战后初期大屠杀记忆的性质，也有后来对这
242 段记忆的记忆。一边是可以讲述的环境，一边是对沉默的记忆，这种脱节颇具意义，它表明儿童和成人在战后讨论过去时，基于的是完全不同的角度。成人对讨论过去抱有的期待，有时与孩子们的需求和愿望大相径庭，成人意图和儿童反应间的这种冲突，影响了此类“疗愈性”讲述日后在人们记忆中的样貌。

我们在谈论沉默时，意指的是什么？全书中，我们遇到过很多保持沉默和试图打破沉默的例子。我们看到过，认为幼童不会记得

战争的普遍看法促使一些父母和照护者避免谈论战争，也看到过一些孩子随着年纪渐长试图打破这种沉默；我们同样看到过有一类截然不同的沉默弥漫在塔韦尼照护之家这样的环境中，孩子们不一定和彼此谈论自己的战时经历，但知道拥有共同的过往让他们感到安慰；我们还看到了个人记忆和社会层面的“沉默”之间的冲突，以及这种冲突随着 70 年代起公众对大屠杀兴趣渐增而开始转向。历史学家在谈及围绕大屠杀的“沉默”时，所指往往是最后这种。数十年来，历史学家和幸存者都认为，战后初期之所以特殊，不仅是因为公众对大屠杀没有兴趣，还因为幸存者的声音在更根本的层面上遭到排斥：幸存者想要讲述，但哪里都没有听众。这个观点在进入 21 世纪之前都被广泛认可。那正是如历史学家大卫 · 西瑟拉尼（David Cesarani）所说的“舒服的共识”，即人们认为 1945—1970 年间非常贫瘠，“根本不值得探究”。[6]

这种不可撼动的战后沉默也由幸存者自己造就，因为很多人坚称战后最初二十几年找不到人愿意倾听他们的故事。但是，如亨 243
利 · 格林斯潘所说，这一观点受了幸存者后续经历的很大影响。当幸存者在 20 世纪八九十年代大规模给出证词时，大屠杀在当时已成为文化和政治上的显要话题，“大屠杀幸存者”一词也开始受到尊重和认可，提升了幸存者的地位。有了 90 年代广受接纳的氛围，之前的年代肯定显得非常沉寂。[7] 我们或可由此来解释威尔考特尼的孩子们记忆中对战争过往的沉默不语。如前所见，幸存儿童在八九十年代开始大量接受采访时，已经长期生活在多种类型的、既出于自身也来自他人的沉默之中：这些沉默在收养和寄养家庭里，在自己与婚姻伴侣和子女之间，在工作场所和社群里，也在自己的内心。从这一角度来看，他们初次借采访自我表达之前的岁月恐怕很像一片荒漠，没人允许他们讲自己的故事，没人聆听，也没人在乎。

但是，在过去的十年里，包括我在内的历史学家在缓慢却笃定地打破“沉默的迷思”。历史学家们记录了大屠杀相关的各种早期纪念活动和纪念物，旨在保存欧洲遇害犹太人记忆的各种民间行动，幸存者收集早期证词、成立历史委员会记录大屠杀的热忱，早期学术研究的重要意义，以及在家庭、社群和公众范围内（一些）犹太人确实在努力记住并悼念遇害者的情况。而且，历史学家已经证明，幸存者自己在此过程中颇具主动性。我们对战后早期的认知发生了翻天覆地的变化，因此有些人认为我们现在讨论的是“根本不存在的沉默”。[8]

从这个角度来看，威尔考特尼的故事或可理解为，由于无法谈论战时过往的观点太深入人心，结果后来成了唯一有可能的解释。它似是无须挑战的自明之理，其实却是随时间推移而出现的一种建
244 构，是针对此前沉默时期的社会预期。口述历史学家长期以来都在研究对过往的主流集体记忆会如何掩盖个体故事的复杂性。实际上，在采访中，讲者和听者一般都熟悉主流叙事，使得主流叙事几乎成了“房间里的第三方”：讲者可能把自己的故事对应到公认的集体故事上，因为他认为这才是听者期待听到的。反过来，如果讲者想要遵循主流模式但他的故事却构成了阻碍，他往往就会说自己的故事不值得讲述或倾听，因为他认为这不是采访者想要听的。在这种情形下，威尔考特尼等照护之家虽然有过大量对过去的讨论，但相关证据被孩子们在成年后的讲述中丢弃了，因为那毫无意义。“我们曾经讨论过去”大大偏离了主流的“沉默观”，因而无法进入个人故事。它变得难以理解。[9]

这可以合理解释我们在威尔考特尼看到的“讲述对沉默”的脱节，但也只是其中一种情况。我们现在可以探究一下战后在威尔考特尼等处的讲述的性质，借此寻找其他因素。我们可以问成人请孩子们谈论过去是希望实现什么，也可以探索成人的目标和观点与儿童的需要和愿望在哪里有对应，在哪里又有分歧。很多成人坚信鼓

励孩子通过讲述来卸下心理负担对他们是最好的，但实际情况更为复杂。幸存儿童参加战后的回忆项目时带着自己的想法，往往也有充分理由对过去的某些部分做谨慎的保留。

鼓励孩子们讨论过去的成人也不是一个统一的整体。他们认为孩子们的证词可以服务于不同的目的，我们可以把他们粗略分成三类：采访者、证词收集者和儿童心理学信奉者。成年采访者让孩子们讲出自己的故事，是出于一个特殊的理由：帮孩子找到亲人，或 245
者判断他们是否符合移民计划的要求。这些采访者主要是服务于援助机构的成人，他们负责为儿童编制个人档案，主要动机是收集儿童的背景信息。儿童在去往新的照护之家、新的地区乃至国家，穿梭在不同的机构之间时，可能会碰上不少这样的采访者。开展此类采访的一个主要机构是联合国善后救济总署的儿童搜寻处，其任务就包括帮助无人陪伴儿童与其幸存亲人重建联系。儿童搜寻处走遍欧洲的难民营，对其中的无人陪伴儿童开展了广泛的采访，力图采访到所有年纪够大、能讲述过往经历的儿童。援助组织的工作人员虽不是心理学家，但在儿童照护方面接触过新的精神分析模式，且往往相信采访过程对儿童的复原有重要作用。采访往往持续数小时，工作人员使用多种技巧和工具来鼓励孩子们打开心扉，比如请他们用母语唱歌等。[10]

毫无疑问，儿童搜寻处等机构的许多工作人员都相信，让孩子们讲述战争是为他们好，但这并不意味着孩子们在采访过程中总是愿意配合。儿童搜寻处的人有他们的目标，但孩子们不一定也冲着这些目标。工作人员的任务是让孩子们与亲人团聚，但并不是所有孩子都想如此，哪怕幼童都可能隐瞒信息，以免被强制送回他们原本的家庭、社群或国家。他们给出虚假的名字、生日、国籍和家乡，有些孩子在意识到成人实际上是在“面试”他们之后，干脆不再说话。例如，某儿童搜寻处人员在 1949 年写过一个男孩“非常难搞，

一旦意识到自己在被采访 / 面试，他就不回答了”。工作人员数次
246 试图采访他，他告诉了他们两套不同的名字和国籍，出生日期则分别在 1932、1936 和 1937 年，还有好几个出生地。儿童搜寻处的人越是追问，男孩的真实身份似乎就藏得越深。待到他从他生活的照护之家消失后，工作人员只好于 1951 年结了他的案子。[11]

当然，有些幸存儿童对于人生经历中的某些部分有丰富的经验，毕竟他们是靠虚假身份从战争中活下来的。比较小的孩子可能大部分时间都是用假身份生活的，甚至到战争结束时，有些人已经全然忘记了自己的真实身份，就像蕾奥拉那样。而其他一些幸存儿童，其身份中原本的和虚假的部分已经无缝融合在一起，儿童自己或者提问的成人都无法解开。更重要的是，这些儿童往往已经变得很不信任处在权威地位的成人。援助机构的成人员工可能也愿意倾听，并坚信讲述有疗愈作用，但他们让儿童讲述故事为的还是确定他们是否符合进一步帮扶或者移民计划的要求。即便幼童也能意识到，这样的采访需要他们使用在战时学会的各种技巧，包括隐瞒、对过去的创意性想象，以及直接编造。从这一角度来看，无论机构的个案社工想法如何，这样的讲述行为不一定能起疗愈作用。

其实，如前所见，一些儿童欣然改动了自己的故事，以符合移民计划的要求。我们可能会问，这些想象出来的故事后来怎样了？在后来的记忆中占据怎样的位置？亚伦 · B（Aaron B，化名）1935 年 7 月生于波兰比亚威斯托克（Białystok）。1947 年，加拿大犹太人大会工作人员采访了他，希望将他列入加拿大战争孤儿计划。他的个人案卷对他的人生故事做了简要介绍：他曾和父母住在维尔纽斯，但到了 1941 年，他的“父母送他去了乡下的朋友家，父母则被遣送到劳动营；阿姨听说后找到了他，把他带到罗兹”。他的文件记载着他母亲叫哈丽娜·B（Halina B），父亲叫哈伊姆·B（Chaim B），他们都被遣送到爱沙尼亚，“1943 年被杀害于集中营”。文件

里还记载着一位“母方亲属”，姨母露特 · B（Ruth B），住在附近 247
的哈莱因（Hallein）难民营，正在“复原与培训组织”（Organization for Rehabilitation and Training，ORT）接受裁缝培训。[12]

尽管加犹会的人一直仔细核实他们在难民营儿童之家、儿童群落发现的孤儿是否真的父母双亡，但似乎没人怀疑为何亚伦的姨母和他父亲是同一个姓。亚伦被加犹会的项目接收，1948 年 2 月从奥地利到了加拿大。露特 · B 两个月后也到了加拿大，她在上述组织接受的培训意味着她可以加入一项将有技能的难民引入加拿大的计划。加犹会对亚伦故事里的不对劲一直没有察觉，到 1950 年给他结案时才起了疑。他档案里的最后一份文件，日期是 1950 年 2 月 2 日，提到“B 夫人”是他“姨母”，作为难民裁缝来的加拿大。[13]

其实，亚伦告诉加犹会工作人员的过往情况是出于需要的编造。他说的“父母”其实是他的姨母和姨父，两人已在集中营里遇害。他告诉加犹会的人，他的父母把他送到乡下藏了起来；他没说的是，他的母亲露特当时与他一起藏了起来，整个战时一直与他藏在一起。战后带他到罗兹，后来又到奥地利施特罗布尔（Strobl）的人是他的母亲，而非姨母。亚伦的故事提醒我们，孩子们在战后讲给援助机构采访者的说辞往往明显不真实，但却有充分的理由。允许孩子却不允许其幸存父母移民，这样的政策极其残忍，孩子们完全有能力改编他们的故事来符合这套不公制度的要求。亚伦对自己战时过往的讲述显示出他自己的主体性，他尽其所能颠覆强加的规则，使自己和母亲能走出难民营，走向新生活。

如果 1947 年时欺瞒实属难免，但当欺瞒已无必要，它在亚伦的人生故事中又占据何种位置？ 1998 年接受大屠杀幸存者基金会视觉历史档案项目的采访时，亚伦没有提到自己多年来隐瞒了母亲
在世的事。在采访中，他回忆道，他在施特罗布尔难民营里所住的 248
照护之家“是为了孤儿设立的……我记得那里多数别的孩子都是父

母双亡”，这也表示，当加犹会的工作人员 1947 年来难民营时，他已经能熟练地假装自己父母双亡。但这样长期、精心的隐瞒——从 1945 年到至少 1950 年（或许更晚）都需要他全情投入——在他后来的故事中缺失了。实际上，亚伦在采访中暗示他根本没有任何必要对加犹会的人谎称母亲离世，他提到：“在加拿大和美国，他们有过争论，政府说他们会接受孤儿。到他们最终敲定时，孤儿人数不够，因为大多数已经去了以色列。所以他们说，要是孤儿不够，我们就接收父母一方离世的。”但是，加犹会其实从未更改过任何政策。50 年过去了，亚伦的讲述里最初欺瞒的部分发生了复杂的重组，这揭示出一种动力，它会促使每个人都去抹平自身故事中的粗粝元素，给混乱的人生轨迹提供一套简洁的解释。

对亚伦和很多其他幸存儿童来说，隐瞒或许都是个不易改变的微妙习惯。站在今天的角度，作为抱有同情的倾听者，我们可以理解为何亚伦及其母亲要将他们的真正关系隐瞒那么久，也可以想象当时为了从难民营的绝望境地中走出来，我们谁都可能歪曲事实。但对于长大了的幸存儿童而言，出于必需，他们多年来都在精心编造再改编自己的人生故事，既为隐瞒也为揭示；一层层虚假身份和想象出的过往有时就深深编织进人生故事当中，无法分开。我们很难知道在亚伦这类例子中，沉默在多大程度上是有意的选择。[14]

谁有权获得一个孩子的故事？在亚伦 · B 的例子中，加犹会的工作人员索要他的过往作为移民的前提，亚伦则贡献了改编版的过去作为交换。那在没有此种回报诱惑的例子里，故事又是怎样的？
249 战后数月乃至数年当中，志愿者走遍欧洲等地的难民营，收集大屠杀幸存者包括幸存儿童的目击者报告。在 14 个欧洲国家里，犹太幸存者创立了历史委员会、文献中心以及各种小规模项目，去记录欧洲犹太人的这次毁灭。最多的时候，仅在德国的英美占区就有近

50 个此类项目。[15] 这些计划大多由本人就是幸存者的志愿者推进，动机不一而足。历史委员会是意识到纳粹企图销毁所有反犹罪行的证据，也想要保护销声匿迹的社群的文化遗产，因此力图记录犹太人过往的每一丝痕迹，不仅收集纳粹匆忙撤退中留下的文档和照片，也收集受害者的日记和信件、幸存者的讲述，以及业已消失的犹太世界里的歌曲、诗句和传统故事。[16] 这是为了在法律和教育意义上保存纳粹罪行的证据。纽伦堡审判已经明确纳粹德国杀害了 570 万犹太人，占欧洲犹太人口的三分之二，但无论是西欧国家还是苏联影响范围内的国家，都极力淡化甚至无视犹太人受迫害的特殊性。这种情况随着冷战的出现和发展而愈发明显，西德也从战败方变成了重要同盟。[17] 因此，在战后开始采访幸存者的社会活动人士带着专门的目的：他们认为自己是在收集证据，可以用在对纳粹罪犯的审判中，也可以用于在国家、机构及非犹太人群里开展关于纳粹罪行的性质及残暴程度的教育。[18]

这些采访项目都是民间的，但规模并不小，其中最大的是波兰的犹太人历史中央委员会（Central Jewish Historical Commission），收集了约 7300 份目击者报告，其中 400 份来自儿童。在战后早期的许多此类项目中，有成千上万份报告来自儿童。[19] 但“证词收集者”对儿童故事的态度并不一致。有人觉得儿童的讲述真诚、没有政治性，因此有成人的讲述没有的真实和情感价值。有人则怀疑儿童的 250
讲述没有太大的历史文献价值，但还是同意收集，因为他们认为这些故事无论对讲述的儿童，还是试图了解儿童如何应对迫害的专家，都有心理学价值。[20] 但即使是在认为讲述过去对儿童有疗愈作用的采访中，讲述也不太是围绕疗愈的需要展开的，而更多是围绕着收集者记录纳粹罪行的愿望。这些采访很少或根本不提战前生活，不是因为孩子们不想讲，而是因为收集者让孩子们着重讲述所受的压迫。这些讲述往往到解放就停止了。这些项目的目标不是记叙儿童的完整人生故事，不是从过去一直记到现在并包含其间的各种偶发事件。在成年收集者眼中，这些项目的目标是为了法律和教育的目的收集迫害证据。认识到这一点，我们就不难明白成人倾听的目标和儿童讲述的需求往往并不一致。

在这些战后初期的儿童讲述中，不大容易区分出儿童和采访者的话。除去由生于拉脱维亚、工作在美国的心理学家大卫·博德在1946年用钢丝录音机录下的20个儿童采访之外，别的讲述都是落到纸面的。[21] 有些年纪较长的孩子自己写下自己的故事，而对年幼的儿童来说，成人倾听者就既是故事的记录者，又是编辑。这些讲述经过深度编辑，选择性也很强：为了符合成人心中的目的，孩子们被要求遵循各种历史委员会定的准则，按特定的脚本讲述、书写。实际上，既然写下故事的成人想要读者把注意力集中在迫害的事上，他们就很可能删除了一切他们认为多余或有干扰的内容，其中就包括孩子们的情绪。[22] 在已出版的讲述中，我们能清楚看到成人编辑在寻找某些特定类型的故事，就比如玛利亚·霍赫贝格–玛利安斯卡（Maria Hochberg-Mariańska）1947年的文集《孩子在控诉》（*The* 251 *Children Accuse*），其中收录了犹太人历史中央委员会收集的55个孩子的故事。霍赫贝格–玛利安斯卡曾在援助犹太人的波兰地下组织“热戈塔”（Żegota）奋战，她在该书的前言里写道：“我的所有抵抗经历，所有努力和斗争的岁月，比起[孩子们的]恐惧、无声的忍受和英雄气概，都微不足道，不值一提。”在她眼里，该书“控诉的不仅有纳粹针对犹太儿童的政策和行动，还有轻易就遗忘了犹太人被屠杀之事的战后世界”，她也按此挑选了书里的故事。[23] 但我们不禁要问，对于那些没有特别英勇地默默忍受的孩子，他们的讲述在多大程度上被故意丢弃了。

然而，参与这些项目的许多成年人似乎全然不知，他们自身的动机、环境的限制，还有孩子们对权威人物的持续猜疑、维持双重身份的习惯以及自认为需要隐瞒自身过往中某些元素的看法，所有这些因素共同作用，都造成了孩子们实际上必定无法像这些成人可能希望的那样自由地讲述。在很多情况下，这些成人继续相信讲述对孩子有积极的疗愈作用。对一些孩子可能是如此，但如果儿童自己没有多少自由去影响讲述的标准，那么任何讲述都很难成为疗愈。在历史委员会的档案里，讲述的儿童与记录的成人间的冲突大多被剪辑掉了，但在少数情况下还留下了些有意思的痕迹。尤其在小型的证词项目中，参与的成人较少严格遵循历史委员会设计的脚本。

其中一个例子是施罗摩·骖（Shlomo Tsam）收集的 42 名孩子的证词。骖是波兰（旧西里西亚）比托姆（Bytom）一所希伯来语学校的校长，于 1945 年秋离开波兰去了德国的难民营。[24] 他把这些讲述整理为手稿，存放在波兰的犹太人历史中央委员会。值得注意的是，尽管骖删掉了他说给孩子们的问题和评论，一些经过编 252
辑的最终版故事中还是保留了某些对话元素，从而显露了对话中满是冲突。从其中一个女孩的简短讲述可以看出，孩子们可能并不愿意参与采访或是热情不高：

> 很多事我没法重复。很多事我也不可以讲。很多事我难以启齿。反正你也不会相信我。[……] 我为什么从戈伦（Horyn）逃走？逃去了哪个村？我是如何得救的？都不关你的事！[25]

女孩的回答反映出，她不仅厌恶骖对她受迫害的事实和细节穷追不舍，也感到骖无法理解她的故事，即使骖自己也是幸存者。我们在骖的别的采访中也能看到类似情况。女孩布扎 · W（Buzha W）时年 9 岁，给骖讲自己战时与 3 岁的妹妹舒拉米特（Shulamit）躲在田间和果园里的经历，但她讲了没多久就突然不讲了：

德国人朝林子里开枪。我失去了父母——直到现在，[舒拉米特和我] 一直在亚历山德罗夫卡（Aleksandrovka）、内特雷巴（Netreba）等地的村子游荡。没人吝惜给我们面包，但也没人留我们过夜，因此我们学会了在田间和果园里过夜，有时也偷溜进牛棚。

舒拉米特当时会说："布扎，你看到小牛有多可靠的妈妈了吗？你看她怎么舔小牛的耳朵。真希望我是头小牛！"而当她看到猫趴在炉子上方的一张木条床板上时，她会说："真希望我是只猫！"然后她就看着自己的小拇指笑。但我不想对任何人讲这些。[26]

这些简短的采访揭示出骖与孩子们的冲突：骖坚持聚焦于事实，孩子们则坚信事实是令人恼火的干扰——真正重要的是情感。布
253 扎 · W 意识到，回忆里妹妹对母亲极度渴望，这在她自己的战时经历里占据核心位置，但在一个看重事实的叙述里就非常边缘，对作为采访者的骖也没什么价值。因此，布扎做了小孩在面对成人权威、想要坚持自己意志时经常会做的事——她停止了讲述。证词收集的过程没多少空间留给孩子们自己的情感、疑问和讲述方式，因此他们有时会选择移除自己的声音，从而破坏大人们的实验。

和许多同路人一样，骖认为邀请孩子们讲述他们的故事能起到疗愈作用，但他收集到的讲述却证明事情更为复杂。他最主要的目标是确立孩子们受迫害的事实，而一些孩子明显拒绝参加这项实情调查任务。更有意味的是，和威尔考特尼的孩子一样，骖采访的儿童后来也不记得这些互动。2011 年，学者博阿斯 · 科恩（Boaz Cohen）和贝亚特 · 缪勒（Beate Müller）回访骖当年的受访者，此时受访者虽然记得那是自己的故事，但没有一个人记得自己是那样讲的。讲述行为在成年人看来十分宝贵，且可能有助于孩子们在战后

恢复，但对受访的孩子们明显不太重要，因此在他们的记忆里没留下任何痕迹。我们甚至怀疑，瘆的这些受访者在长大后回忆起的会不会是强加的沉默。[27]

如前所见，“成人采访者”和“证词收集者”都倾向于相信谈论受迫害的经历对孩子的健康有益；那或许不是他们的主要动机，但仍然起了作用。当然，也有些成人的主要目标就是他们心目中的治疗作用，他们请孩子们讲述就是为实现这一效果。这些成人是儿童照护专家及相关工作者，他们受精神分析思想影响，认可谈话疗法的益处，相信鼓励孩子们谈论过去是其心理复原过程中不可或缺的基础部分。由于历史学家挑战并解开了“沉默的迷思”，我们如 254
今已经确切知道前面提到的早期证词项目有非常广泛的存在；但有些人鼓励讲述不是为了收集、记录、缅怀和纪念，而是为了心理复原，对于他们，世人关注尚少。

这一话题颠覆了大屠杀幸存者想要讲述但没人愿意倾听的说法。战后初期，有精神分析背景的专家认为实际情况是反过来的：他们认为幸存者，包括幸存儿童，更倾向于不谈论战争，而照护工作者的任务其实是确保幸存者不要沉默，即使后者想要如此。精神科医生保罗·弗里德曼在见过欧洲难民营里的儿童后写道，有必要迫使幸存成人及儿童直面他们的战时经历。他在 1948 年这样写：“某种程度上 [幸存者] 全都压抑了内心的真实感受，他们为了生存都拒绝了良心和社会情感的召唤，因此人都扭曲了。”他认为解决办法是让他们讨论战时经历：

> 事实上，如此回忆既不可能做到，也很残忍，但如果是在爱和理解的氛围中进行，就会提升病人原本被削弱的信心，带她度过最初阶段不可避免的震惊。任务就是，在她有过几乎就

> 要脱离人类社会的经历后，把她拉回来。[28]

如前所见，在战后初期，弗里德曼等专家寻求的是幸存儿童的心理和情感复原。他们认为在此过程中回忆能起什么作用呢？受当时还比较现代的儿童心理学训练的照护工作者大多都同意，鼓励儿童讲述过去可以——用一位照护者的话来说——“将他们从可怖的心理负担中解放出来，因此最重要的任务自然是引导他们开口”。[29]这一方法颇为新颖，也大体未经验证。著名的儿童精神分析师对谈
255 话疗法是否应该用于儿童的精神分析并未达成一致。并没有大量证据表明让儿童讲述能起治疗作用，尽管此领域的照护人员多有轶事性报告，表示儿童与成人谈论战争后，情绪和行为好像有所改善。但是，我们需要思考，成年照护人员鼓励（甚至强迫）儿童谈论战争过去时是希望看到怎样的结果。很明显，对一些照护人员而言，讲述过去是更宏大的儿童心理重建计划的必要部分，最终目标是让儿童形成标准的情绪和行为状态，以更好地适应收养等后续事宜。玛戈特·希克林在温德米尔安置中心为孩子们工作，和保罗·弗里德曼一样，她认为孩子们“总会尽其所能在心里忘记或改变”他们的战争经历，但督促他们谈论过去是为最终收养做准备的必要一步。她写道：“那些似乎‘忘记’了自己过往的孩子最不容易适应新的家庭关系。”她认为，那些孩子“无法忍受家庭氛围，因为那冲破了他们多年来的心理防线和‘遗忘’，触及了原本的丧痛”，他们也更容易在后来发展出神经症以及“偷窃、情感淡漠、不信任、逃跑或疾病”等表现。[30]

因此，尽管确信鼓励儿童讲述有治疗作用，那些倡导此类讲述的成人对于实现目标却有着相当工具主义的策略：他们希望引导孩子们形成能让潜在收养者或寄养家庭满意（或至少不吓着他们）的情感和行为。在这种思路下，照护工作者认为儿童的记忆包含毁灭

1．1945 年 1 月，奥斯维辛–比尔克瑙集中营解放时，幸存儿童走出儿童营房。据医务人员记载，1945 年 1 月末，营里有超过 400 名儿童，其中大多数患病、营养不良，四成患结核。

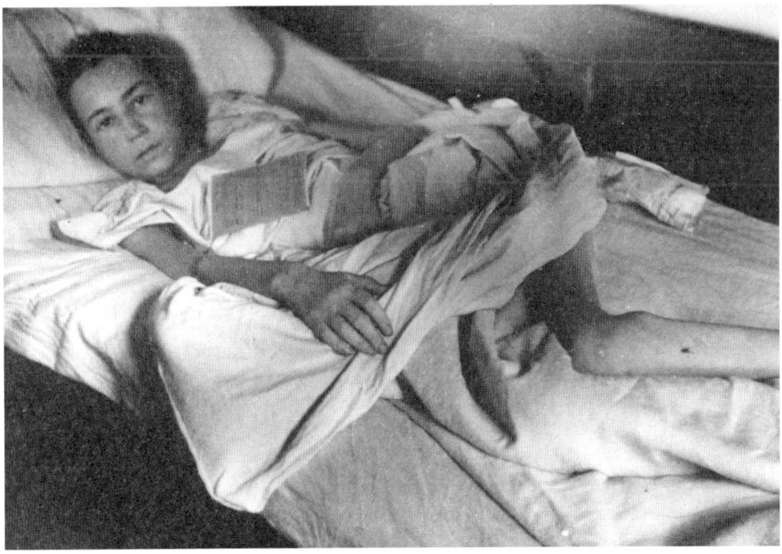

2．1945 年 7 月，贝尔根–贝尔森集中营的一名幸存儿童在营地医院康复。1945 年 4 月，英国军队解放了该集中营，发现了 700 多名儿童。

3．1943 年 8 月，菲丽丝 · Z 与在法国旺多佛附近的卡约迪埃尔村农场中庇护她度过战争的朱丽叶 · 帕图的合影。菲丽丝回忆道："我理所当然地认为她是我的母亲。"

4．1945 年，泰雷津的幸存儿童在温德米尔的卡尔加斯（Calgarth）庄园安置中心。1945 年 8 月，300 名泰雷津幸存者（多数是十几岁的青少年）被带到英国接受康复治疗。照片中的孩子就是其中一部分。左三是丽琪 · S，她旁边是兹丹卡 · H。

5．战后，一些来自东欧的幸存儿童加入“逃亡”运动，希望移民到巴勒斯坦。有些人最后被关押在塞浦路斯的英国拘留中心。

6．一名幸存儿童带着行李箱和一张好时巧克力包装纸坐在“逃亡”组织的集合点。许多加入“逃亡”运动的儿童并不一定想去巴勒斯坦：他们只是想尽快离开欧洲的难民营。

7. 1946年6月，尤蒂特 · K（Judith K）与她的养姐妹苏西 · 埃纳尔（Suzy Enard）及另一名孩子在法国比利牛斯–大西洋省（Pyrénées-Atlantiques）的村庄“内”的合影。尤蒂特后来回忆说，在藏身埃纳尔家的日子里，“我收获了这辈子最深的爱”。

8. 1946年，在儿童救助会的法国莱格利希纳安置中心，尤蒂特 · K（戴帽女孩）等待移民至美国。她后来和自己已不记得的叔叔婶婶生活，她的新家人要求她断绝与埃纳尔一家的所有联系。

9．1945年6月，“布痕瓦尔德男孩”在去往法国的火车上。美军在解放布痕瓦尔德集中营时，发现了1000多名犹太儿童。其中430名“布痕瓦尔德男孩”被送往法国进行康复。陪同人员在火车上写了“布痕瓦尔德孤儿”，以免这些男孩被误认为被俘的德国人，因为他们中的很多人穿着偷来的希特勒青年团制服。

10．1945年6月，布痕瓦尔德集中营解放后不久，4岁的幸存者约瑟夫·S（Joseph S）坐在联合国善后救济总署卡车的脚踏板上。

11．约 1946 年，约瑟夫·S 在布痕瓦尔德参加纪念活动。与“布痕瓦尔德男孩”不同，约瑟夫·S 在战争结束后与父母团聚。解放一年后，他们一家人回到布痕瓦尔德参加纪念活动，约瑟夫穿上了他那件已经小得不合身的集中营制服。

12．1945—1947 年，“布痕瓦尔德男孩”在法国的新家：儿童救助会在塔韦尼运行的照护之家。半躺在前面的是这群男孩中最年幼的两个成员，伊齐欧·R 和雅各布·F（Jakob F）。

13. 约 1947 年，在儿童救助会设于塔韦尼瓦塞尔城堡的儿童之家，孩子们的集体照。1947—1951 年间，菲丽丝·Z（前排最左）在此居住。她旁边是她的姐姐贝亚特·Z，后面是辅导员埃莱娜·埃凯瑟。菲丽丝回忆道，当她和贝亚特被迫离开塔韦尼搬到美国时，这场剧变是那么痛苦，“就好像我断了”。

The dark shadows lie safely behind them . . .
. . . if you invest in their future

14. 英国中央基金使用的一张海报，用以为他们的战争孤儿计划募捐。海报里的儿童都是在威尔考特尼受爱丽丝·戈德伯格照顾的儿童。最右为兹丹卡·H。

15. 威尔考特尼的一个名叫汉卡 · T（Hanka T）的孩子的一幅画作，描绘了一个温馨的家庭场景：一个女孩与她的母亲和兄弟正在摆设“住棚节”（Sukkot，犹太教三大节日之一，从每年秋季的希伯来历提斯利月 15 日开始，持续 7 天——译注）的餐桌。

16. 威尔考特尼的一个孩子弗里茨 · F，画了士兵枪杀靠墙的数名男性，一名纳粹军官在旁边监督的场景。二战期间，弗里茨藏匿在布达佩斯，因此这幅画并非来自他的记忆，而是想象的产物，但威尔考特尼的其他孩子可能目睹过类似事件。

129 JEWISH CHILDREN BAPTIZED
FROM SHMAD...
FROM SHAME ...
FROM SHAMBLES...
DELIVER THEM!
אבינו מלכנו כלה שמד מעל כל בני בריתך
Open your heart – Open your home to a Jewish war orphan!
CANADIAN JEWISH CONGRESS WAR ORPHANS PROJECT

17．加拿大犹太人大会“战争孤儿计划”的一张宣传单，利用了人们对幸存儿童战后被基督教家庭收养乃至受洗的恐惧（传单上方的报刊文章标题：129 名犹太儿童受洗；中间大字标题：从迫害、从耻辱、从废墟中，救出他们；底部圆体字：敞开心扉，向犹太战争孤儿敞开家门——译注）

18．爱丽丝 · 戈德伯格，1945—1950 年间。她曾照顾泰雷津的幸存幼童，先是在温德米尔，而后在位于萨里郡林菲尔德为此专设的照护之家。后来，其他从奥斯维辛幸存或靠藏匿度过战争的孩子也加入了他们。

19．安娜 · 弗洛伊德，西格蒙德 · 弗洛伊德之女，开创了儿童心理分析，一生都关心着受爱丽丝 · 戈德伯格照顾的孩子。摄于 1957 年。

20．杰基 · Y 及其养父母在他的受诫礼上。

21．来到英国近 10 年后，威尔考特尼的孩子们长成了青少年。

22．1967 年，墨尔本，身为年轻母亲的波莱特 · S。她后来写道：“有两个那么小、那么脆弱的孩子，让我的害怕和焦虑浮出水面。”

23．加拿大多伦多大学社会工作系教授本·拉平坐在办公桌前。照片拍摄时，他是加拿大犹太人大会的工作人员，正在撰写一部书籍，内容是关于经加犹会战争孤儿计划来到加国的幸存儿童。该书出版于 1963 年。

24．精神科医生汉斯·凯尔松。他在 1979 年对荷兰幸存儿童的研究首次提出，大多数幸存儿童都因战时经历遭受了长期的心理伤害。

25．1981 年，精神分析师朱迪丝·凯斯滕伯格发起了一项开创性的幸存儿童采访项目，名为“关于有组织迫害儿童的国际研究”。她和别的一些精神健康从业人员认为战争对这些儿童造成了长期创伤。

26．波莱特 · S 在寻访自己过去的路上。此时为 1993 年，她在耶路撒冷参加国际藏匿儿童集会时在一块纪念碑前拍照。

27．2017 年，杰基 · Y 正要给犹太难民协会（Association of Jewish Refugees，AJR）的“难民之声”口述史项目录制他的人生故事。

性的冲动，需要通过讲述来驯服和管控。目标不是帮助孩子们将战争经历融入他们的整体人生叙事，而是让他们从记忆的重负中解脱出来，好推进人生，融入新家庭（毕竟新的父母和兄弟姐妹大概不想知道或听闻战争的恐怖）。因此，尽管人们说的都是讲述过去是 256
一种治疗手段，我们却也可以将其看成净化幸存儿童的行为、感受、心理甚至记忆的尝试。至少在某些情况下，那是为了帮助孩子们放下与这些记忆相连的那一部分身份，而非全心拥抱它们。

我们已经见过这会导致怎样的结果。战后的照护者的确尝试把幸存儿童打扮得适合收养，而在收养家庭里，很多孩子会发现通往过去的大门完全被堵住了。我们在杰基 · Y 的故事里看到过，若是回到贝拉 · R 的故事也会发现同样的情况。和杰基 · Y 一样，贝拉 · R 也是幼时就被收养，离开了威尔考特尼。她的养父母决定让 5 岁的她抹去记忆，迫使她重构自我：

> 他们让我忘记过去，尽我所能把过去抛到脑后。我没有选择。你无法想象我人生中发生的巨变。新的名字，新的身份。不是完全新造的过去，但也差不多。就好像过去从未发生过。简直就像有人把磁带抹掉了，但残存了一点记忆。[31]

和杰基 · Y 一样，随着贝拉进入青春期继而长大成人，她想要更多了解过去，结果与收养父母起了冲突。收养家庭在她了解过去的路上设置的诸多障碍，要花数十年才能清除，有些甚至要等她的养父母离世才会消失。回忆起来，这些障碍或许就可以被称为“沉默”，而贝拉一生都在努力消除这些有意为之的遗忘。[32]

由此来看，威尔考特尼的孩子后来没有一个记得曾在那里讲过过去，也就不太令人惊讶了。讲述行为可能迎合了照护工作者的愿望与忧惧，却很难被认为是在满足孩子们的需要。如果此类讲述项

目的一个目的是稳定孩子们的心理从而让人更愿意收养他们，那孩
257 子们就有自己的理由去抵抗这种意图。毕竟，如前所见，很多孩子不愿离开照护之家安全、熟悉的环境，去往未知的新家庭。同样的，孩子们如果能看出讲述自己的记忆会有回报——哪怕只是得到照护者的赞许——就也可能满足成人去讲述自己过去的故事，但会改动故事以符合需要。我们回到米娜 · R 的故事，就能看明白这一点。米娜在本书开头就出现过，有一天她决定去跟主管爱丽丝 · 戈德伯格说，她曾亲眼看到母亲在自己面前被子弹打穿了头。戈德伯格在 1946 年 8 月的报告里写道，米娜似乎“在那之后变得安静、清晰了很多，说话有逻辑，脸上也没了傻气的表情和僵硬的笑容。她每周在 [安娜 · 弗洛伊德的] 儿童指导诊所接受治疗，医生也看出了她的变化”。[33] 但戈德伯格接着写道，米娜精神状态的突然改善只是暂时的。六年后，也就是 1952 年 10 月，戈德伯格惊讶地发现：“米娜的母亲还活着，身在德国，在打听她的女儿。” [34]

该如何解释米娜讲述过去的行为？我们可以看到它发生在一个重要的框架内：她知道人们期待她开口，讲了就会让照护者开心。实际上也正是如此：甚至她的医生也乐于看到她的状况表现出了改善。然而，虽然米娜讲的是自己目睹了母亲被杀害，但母亲实际上还在人世。她的故事的价值不在于忠于事实，反而在于偏离事实：一旦有需要，像米娜这样的孩子会毫不犹豫地去创造性地重新想象过去，再讲给大人供其消费。她的故事表面上看是一个孩子见到母亲被杀的骇人事件，但同样可以解读为一次小小的反抗，一次对意志的小小坚持，也是让我们能窥见她主体性的一个短暂窗口。

这样的解读颠覆了成人与孩子间的等级关系，也帮助我们以新的视角去思考讲述乃至沉默的行为。回到威尔考特尼的例子，我们可以看到孩子们在战后的确谈论了过去，而且也受到鼓励，但成人
258 想从中得到的与孩子们的期待很不一样。成人与儿童之间针对过去

的对话如此复杂、纠结，可能还很对立，充满了相互冲突的希望和理由不一的恐惧，因此后来就从孩子们的记忆中完全消失了。照护工作者可能将讲述用作工具去减轻孩子们的记忆负担，甚至抹去记忆，但他们可能并不想解释记忆。

也因此，谨慎的孩子会编造出适当的过往，做了隐瞒。他们意识到自己无法按自己的愿望和需要自由地说话，于是就尽力守护自己的记忆，把它们当作宝贵的私人遗产。因此，我们自然会发现这些战后早期的对话中满是孩子们反驳、隐瞒并改造记忆的努力，为的是适应他们的照护者及其他成人施加的要求。当这些对话记录出现于案卷中和孩子们的战后“证词”中时，我们不应将其视为简单的资料：因为这些记录既揭示了战后早期塑造大屠杀记忆的尝试，但同时也暗示了这些尝试的失败。

它们对当下也大有启发，能告诉我们随着年纪渐长，记忆究竟意味着什么。战后初期，谈话疗法的许多倡导者认为，让孩子们谈论过去有助于平息那段历史；它可以将过去封存起来，将其驯服，孩子从此可以继续前行。但这不是记忆运作的方式。本书梳理了童年记忆在人的一生中不停叩击出回响的各种途径：衬在背景之中，有时几不可闻，有时又震耳欲聋，它们坚持不被消音、不被剔除甚至不接受处理安排，但求融入整体。我们已经看到，为了解自己的过去，很多幸存儿童被迫参与了一场绵延几十年的战斗。我们也看到了，他们如何在时间的推移中试图理解自己的记忆。记住这一点，我们就可以更好地理解为何“沉默”在后来的人生故事中是如此重要的主题，为何早期的讲述行为没留下什么印记：如果讲述的最终目的是切断过往，那沉默就会统御一切。

结语

最后的见证者

创伤。证词。幸存。沉默。

在长达数十年的大屠杀研究中，这些是引导学者进行探索的一些核心概念，在我们对大屠杀的理解中已然具有根本性作用。但如果透过幸存儿童人生的棱镜去看，这每一个概念就都显得陌生，不再那么适合。幸存儿童们就算没有挑战这些措辞，也反抗了其背后的概念。当专家来寻找他们故事中的“创伤”时，幸存儿童就对这种在他们的经历中寻找病理的外部探求抱有疑虑；当学者向他们征求“证词”时，幸存儿童想要就他们的过去给出真诚且有逻辑的叙述，但又做不到，只能左右为难；当别人质疑他们的经历能否算作“幸存”时，幸存儿童也产生了自我怀疑——但继而坚称“幸存”概念必须改变，以容纳他们的人生；在思考所谓的“沉默”年代时，他们也认为以往针对过去的对话都没有满足他们的需要、渴望和好奇。

从战争结束，幸存儿童离开藏身处、集中营和犹太人隔离区开始，我们一直跟随着他们的步伐。他们和周围的成人进入了新的关系，包括幸存的父母和亲人、寄养和收养父母，以及认为他们的心理和情绪都被“去正常化”、急于让他们恢复正常行为和情感的援助机构工作人员等。他们被各方认领（或丢下），又被多方的争相认领带到新的地区、国家乃至地球另一端，物理位置和整个人生都
260 发生了位移。无论是回去和原生家庭共同生活、在照护之家过完童年，抑或进入寄养或收养家庭，随着年岁渐长，他们开始发现自己的零星记忆和周围的成人告知（或容许）的各种过去之间颇有差异，因而感到困扰。他们开始探索。他们为获得接触过去的机会开始挑战照护者。随着他们长大成人，周遭世界也对大屠杀有了持续的兴趣，想进一步了解自己原生家庭和社群的命运的人终于有了条件。有些人开始采用“幸存儿童”这个新名词来指代自己的人生和经历。有些人发现自己的故事有了新听众，这也需要有新的讲述方式。过去的某些面向开始凸显出来，另一些则更难言说。贯穿整段旅程，很多人心中都涌动着一个挥之不去的问题：我是谁。战后70多年里，幸存儿童不得不从不断变化的各个角度来思索这一问题。战争结束75年后，有些人可能会问：我现在是谁？了解过去会给一个人带来什么？不了解又会如何？

幸存儿童的故事如今进入了“大屠杀幸存”叙事的经典之列。广获接受、处于权威地位，也带来了讲述方式的改变，幸存儿童因此也在某些方面重新包装了自己的经历，有些人则深深改造了自己的身份。2014年，阿格尼丝·G在接受我的采访时讲到这种转变的影响之深：她离了婚，搬到谢菲尔德攻读硕士学位，钻研大屠杀史，生活核心也从家庭主妇和母亲变成了担起幸存者这一社会身份：

> 我的身份变了。我从一个中产阶级……你知道，我在伍斯特郡（Worcestershire）的一个村子住了16年，然后搬到了谢菲尔德。我现在是大屠杀幸存者。在过去五年里，我又成了书写大屠杀的大屠杀幸存者。[……]我觉得事情是这样：你总以为

> 你的生活、家庭还有遭遇还算正常，哪怕你知道实际并非如此。所以要是在座有人瞠目结舌地惊呼“多么了不起的故事！您太 261
> 激励人心了！”，我就会环顾四周，因为我觉得那不是在说我。我看待自己的方式变了。我现在强烈感到像我一样的人出来发声非常重要。你知道，我有时会跟人说：“你得想想站在我背后的 600 万人，他们没法为自己发声。”[1]

那些选择公开讲述自己过去的人，其立足点往往是如今成功的人生。曾经铺天盖地笼罩着他们的焦虑和不确定已经消散。在近年的采访中，他们往往想强调他们的故事有圆满的结局，而同期很多采访项目也进一步鼓励了他们这样做，因为如前所见，这些采访的形式都强调幸存者故事中激励人心、富于救赎性及精神遗产性的元素。但此种讲述方式让我们无法看到幸存儿童叙事究竟在多大程度上呼应着个体在这么多年里这么多的裂痕，这些裂痕又在多大程度上构成了自我故事的基础。要想发掘作为幸存者的自我，阿格尼丝必须放下自己作为有一定社会地位的妻子和母亲的身份。这不是一个缓慢的转变，而是需要决意、断然地挥别过去。这改变了她个人，也改变了她在社群里的位置。

阿格尼丝大体上欢迎这样的改变，但对一些人来说，全新的“幸存者”身份加深了经年的孤独和与众不同之感。埃尔文 · B 于 2017 年离世，在此前的几年里，他对此感受尤深。那时他接触到了一个组织，该组织邀请幸存者给当地的孩子讲他们的故事，孩子们依此创作一部戏剧。埃尔文从未有过子女，他很珍惜和孩子们相处的机会，但当该项目结束时他愈发感到孤独：

> 看孩子们演出我的故事时，我感到宽慰——就好像我突然得到了重视，好像我处在一切的中心。演出结束后，基布兹的

262 朋友们对我交口称赞。经过这么多年的压力之后，那感觉真是美妙。我以前并不习惯有人问我的事情或是对我感兴趣。我在[埃恩哈罗德基布兹]里面过了60年。但他们从未问过我在大屠杀中经历了什么，我好像也从未讲过。而如今我已经76岁了。

我独自一人生活了10年，我[因为与孩子们相处]得到的温暖和爱意对我影响很大。孤单多年，终于可以给人分享经历了。就好像心里卸下了一块石头。但现在一切都结束了，我感到很空虚。我和那些孩子再也没有联系。太难受了。[2]

随着身份的变化，幸存儿童在其社群里的地位也变了，一同改变的还有他们的故事。如前所见，愿意倾听的受众，尤其是希望听到救赎故事的受众，要求讲述人构建一个连贯、有逻辑的故事——随着时间推移，再加上练习，很多幸存儿童已然这么做了。但这样的叙事要起作用，破坏故事“调和感”的方面就必须隐去。乍得·麦克唐纳（Chad McDonald）写过伯纳德 · G（Bernard G）的故事。伯纳德通过儿童转移计划来到英国，留下他的父母和姐姐，后来他们被遣送到里加并遭杀害。在2009年的回忆录里，他讲到父母被遣送前一直在给他写短信件，所以“我知道他们还活着”。他在2004年也有过类似的讲述，提到他收到过父母寄来的短信。但更早期的采访中有后来的讲述里没有的刺痛人心的细节：长大成人后，这些信让他很是痛苦，放在家里成了他的心病，最终他将其付之一炬。随着他的故事愈加熟练，后来让人不忍探究的是对这些信件以及他决意销毁它们时的种种情绪：内疚、痛苦，还有为了对过去的种种有一些掌控感而采取行动的需要。销毁信件的行为见证了伯纳德生命中一个这样的时刻：过去扑面而来，将他淹没。随着他的叙事愈加调和，这样的时刻再也无法轻松融入他的整个故事。[3]

故事对调和的需要并不总能与其他压力和谐共处，比如对真实的渴求。我们已经看到过，很多幸存儿童需要多么努力去寻找自己过去的真相——从父母的命运到自己早年人生的轨迹。一如调和问题的情况，幸存者想要抹平自己故事里的破碎元素，听众则想听一个残破的自我如何修复的故事，两方面交织在一起，就会产生对真实故事的渴求，这种渴求既来自幸存者本人，也来自其外部。很多幸存儿童已经努力数十年挖掘早年人生的痕迹，如今自当享受长期辛劳的果实：即使他们的故事仍不完整，即使仍有重要信息不为他们所掌握，但现在他们至少可以讲出比先前更完整的故事了。伴随这来之不易的胜利，是越来越少的不确定；同时，听众或许也变得不那么难以接受不确定了。“证词”要求确知，因此那些未知，那些贯穿很多幸存儿童大半生、内在于其人生故事的深刻而根本的未知，逐渐退到边缘，一方面是因为如今人们更了解究竟发生了什么，另一方面是因为“证词”形式内置了对“究竟发生了什么”的预期。这也决定了幸存儿童对什么能说什么不能说的认识。

1995 年，一本声称由某大屠杀幸存儿童撰写的回忆录首先用德语出版，并很快译成多种语言。其英语版名为《片段：1939—1948 的童年回忆》(*Fragments: Memories of a Childhood, 1939–1948*)，扉页上署名是宾雅明·威尔科米尔斯基（Binjamin Wilkomirski）。该书讲的是宾雅明在里加犹太人大屠杀期间与父母分离的故事。他坐船逃到了波兰，被送入马伊达内克（Majdanek）集中营，继而又进 264
了另一所集中营，可能就是奥斯维辛。战争结束时，他被带到克拉科夫的一所犹太人孤儿院，后送到瑞士收养，时年 7 岁。

故事里有很多元素可能引起幸存儿童的共鸣。作者流畅地写道对自身回忆的性质及效力的怀疑，还有理解这些回忆所耗费的长期努力。他写道：“多年的研究，回访我记忆中的事发地的多趟旅程，以及与专家和历史学家的无数对话，帮助我澄清了很多此前无法解释的记忆碎片。”[4] 随着时间的推移，书里一些原本谨慎、不确定的描述变得确定起来。作者写道自己还是小孩时，看到可能是自己父亲的人被一辆开动的车顶到墙上压扁了，但在有些译本中，书封上明确写道作者亲眼看到自己的父亲被杀害。书里没有明确作者被送去的第二所集中营是哪个，但在宣传材料里——甚至作者自己的访谈里——则被指明是奥斯维辛。

该书出版三年后，一位年轻的瑞士作家丹尼尔 · 甘兹弗里德（Daniel Ganzfried）在瑞士杂志《世界周刊》（*Weltwoche*）发表了两篇文章，称《片段》实际上是虚构作品。作者不是叫宾雅明 · 威尔科米尔斯基，而是布鲁诺 · 多瑟克（Bruno Dössekker），1941 年生于瑞士，母亲未婚，童年时在一所孤儿院待过，后被多瑟克一家收养。随着《片段》受到越来越多的检视，故事的每个方面都开始瓦解，从而引出了一些难解的疑问：为何有人要编造如此恐怖的过去？我们如果质疑幸存者故事又会发生什么，有没有可能让他们遭受二度灭绝？作者流畅地讲述自己作为幸存儿童的故事，令他成了典范。但如作家布莱克 · 埃思金（Blake Eskin）所言，一个人一旦成为典范，对其故事的质疑就不会局限于其个人正直与否，而会损
265 害同类叙述的可信度。虚构的大屠杀回忆录让别的真实叙述也显得可疑，质疑一个人的故事就会质疑所有。

自 90 年代早期起，像威尔科米尔斯基 / 多瑟克的书那样声称是真实幸存儿童故事但实际却系虚构的作品不止一本，只不过它最有名。该书获颁文学奖项，广得赞誉，被认为可能是又一本大屠杀经典作品，直至被揭发系出虚构。我问了我为写作本书而采访的很多人是否读过《片段》或者是否知道相关争议，绝大多数人都没读过，很多甚至没听说过，但他们知道伪回忆录这种类型，进而强调他们的故事里只能收入绝对可被验证的事实。像《片段》这样的伪回忆录改变了幸存儿童看待和讲述自己故事的方式，让他们担心（有

时会极度担心）别人会说他们的故事里有改编或美化的方面。贯穿一生，他们有时甘冒巨大风险，只为获取关于自己背景的最基本信息；有些人为知晓真相，在与家人和父母（无论亲生还是收养）的关系中付出了很高代价。我们大多数人会把这些信息视为理所当然，但对很多幸存儿童来说，相关的确定性来之不易。他们将其紧紧抓牢不仅是为自己，也是出于一种公共精神，因为如果一个虚假的讲述会影响所有讲述的真实性，那么整个幸存儿童就会集体决定将已知事实置于优先地位，让它们像堡垒一般庇护所有。

随着时间流逝，这些已知事实融入了他们的故事，也融入了听众的期待。人在讲自己的故事时，心里总会想着更大范围的听众。本书研究了幸存儿童在不同的时期如何讲自己的故事，发现回忆和叙述处在私人和公共领域之间、处在个人和集体之间。如前所见，个人记忆从未脱离外部对幸存儿童应该回忆哪些内容，又该如何回忆的期待，成长中的孩子对这些压力的反应则颇为复杂和颠覆，也显出倔强和人性。构成本书核心的故事，其主人几乎都被告知过， 266
身为孩子，他们会忘掉战争岁月，也应该忘掉。但恰恰相反，他们的记忆，以及为获取并理解记忆所付出的努力，成了他们的人生故事中一片延续不断的背景。当然，我们大多数人都会在成长中回忆童年，但我们在评估当下的自己与自己对过去的理解之间的差距时，不会遇到那么多的内部和外部障碍。

而今已是 21 世纪的第三个十年，当年最年幼的幸存者也已七十过半，那些障碍已经有了变化。对一些人来说，内心障碍还在，而且很可能一直存在。在我为本书做采访时联系的人当中，有几位礼貌但坚定地拒绝了我。他们不愿谈论过去，不愿对研究者、伴侣、子女或是任何人提起。从过去到现在，他们一直无法承受直面过往。但对那些愿意、盼望讲述乃至自感有责任讲述的人来说，如今他们则有了大批潜在听众。本书里的很多幸存儿童除了接受口述史的采访和记录外，还经常在学校、博物馆和纪念活动上发表演讲。促使他们这么做的一个关键因素是时间的流逝。时间让他们成了最后一代大屠杀幸存者，成了那场大毁灭最后的见证者。这种地位带来的压力自然不小。作为终曲的承载者，幸存儿童有时感到自己有重大责任去讲述，即使听众可能已经不了解大屠杀的独特历史背景，而是欣然将那些故事看作从终极恐怖转向“励志性”重建的象征。

我为本书采访的一位女性希韦娅 · P（Cywia P），自 2015 年接受我采访后便经常在公开活动上讲述自己的故事，比如美国大屠杀纪念馆的“亲历者”演讲系列（用的是她英语化的婚后名字“西尔维娅 · R”[Sylvia R]）。她是了不起的讲述者，故事本身也极其动人。网络上可以看到她的多段讲述视频。有一个网站称其演讲“暖心、
267 励志，[彰显]一个幼童的勇气，她在不止不休的恐惧和孤独中找到了希望、爱意和善良，支撑自己度过早年乃至一生。”在各段网络视频里，希韦娅从未太过改变讲法。她的故事是这样的。

1935 年 1 月，希韦娅生于波兰罗兹。1939 年 9 月，德军占领了罗兹，之后不久，她和父母及姐姐就被困在了犹太人隔离区。遣送开始后，她那足智多谋的父亲就开始寻找可以藏匿她的地方，并坚持不懈了数年，这救了她的命。藏匿期间，德军会搞突袭，别人被带走、送了命，令她大为恐惧，而其中一次经历是她五年隔离区生活中“最糟糕”的一次。与她和家人住的院子一墙之隔是一片墓地。在一次突击搜查中，父亲帮她爬过墙去，还在墓地里挖了一个浅坑。他让希韦娅躺在里面，安静不动地等着，然后用草盖住她。希韦娅在坑里躺了一整夜外加次日整个白天。待在墓地里的恐惧很难消除。她回忆道：“从坑里出来后，我真是开始害怕一切东西。那持续了很久，久到我已长大成人。40 年来，我一直梦见自己在那个坑里，德国人要来杀我。”[5]

但是，这和希韦娅 2015 年时给我讲的故事不一样，至少不完

全一样。其中的差异源自我们双方的意图。当她近年来讲起早年生活时，她的受众是主要想听大屠杀相关历史的人。她人生的其余部分，大屠杀之后的数十年岁月，在聚焦大屠杀的叙述中都被简化成了一个目的：展示她后续自我重建的成功（如果读者可以接受非犹太教意象，也可以说在墓地被埋过的她象征性地复活了）。而在我采访她时，我这个听众的意图非常不同：我想听她讲战后的人生，想扭转那个让大屠杀在她的人生故事中占据了太多空间，把别的一切都压缩成“励志”“暖心”信息的情状。她给我讲了她的家人困 268
在犹太人隔离区的生活，以及她父亲藏匿她的诸多努力。她也给我讲了她“最糟糕”的经历：在墓地被埋，以及之后几十年的恐惧和噩梦。但就像随口一提似的，她说在墓地的那晚以及在隔离区的几年都不是她生命中最艰难的部分；不，她生命中最难的部分是她丈夫去世后的哀痛，那是在战争结束很多、很多年后。[6]

这种说法非常独特，令我惊讶，因为它挑战了我们当下面对幸存者故事时常有的简化观点，即战时的遭遇一定是个人经历中最糟糕的事情，而那之后的生活就是缓慢而稳步地远离恐惧，朝着成功的重建不断迈进。突然间，希韦娅颠覆了我们之间的关系：我不再是满怀敬意的听众，她也不再是珍贵见证的保有人。她最大的人生变故是伴侣去世，与常人无异。战争及其恐怖退居次要，重要的则是每个人都会经历的丧痛时刻。这让我想起我在 2014 年末采访的另一位幸存者杰基 · Y 的结束语。他的话精准捕捉到了一种冲动，在我看来，它牵拉着所有此类故事的核心。他当时叹着气说：“我觉得，到最后，我和我的过去就像两列火车，它走了一条路，我走了另一条路。”[7]

注释

引言

1. Interview with Litzi H. (born S.), 27 March 1995, interviewer Vanessa Ring, USC (University of Southern California) Shoah Foundation Visual History Archive.
2. 'Lingfield Colony' report, August 1946, Alice Goldberger collection, 2007.423, USHMMA.
3. 近年来出版了一系列关于大屠杀时期和之后的儿童的文集，尤其是 Simone Gigliotti and Monica Tempian (eds), *The Young Victims of the Nazi Regime: Migration, the Holocaust, and Postwar Displacement* (London: Bloomsbury, 2016); Henning Borggräfe, Akim Jah, Nina Ritz, and Steffen Jost, with Elisabeth Schwabauer (eds), *Freilegungen: Rebuilding Lives – Child Survivors and DP Children in the Aftermath of the Holocaust and Forced Labour* (Göttingen: Wallstein Verlag, 2017); and Sharon Kangisser Cohen, Eva Fogelman, and Dalia Ofer (eds), *Children in the Holocaust and its Aftermath: Historical and Psychological Studies of the Kestenberg Archive* (Oxford: Berghahn Books, 2017)。
4. Joseph Schwartz, 'Jewish Children in Europe Today', *New York Times*, 1 October 1948.
5. 美犹联合救济委员会的数字可见 Zorach Warhaftig and Jacob Freid, *Uprooted: Jewish Refugees and Displaced Persons after Liberation* (New York: American Jewish Congress, 1946), p. 119; 以及 *Jewish Chronicle*, 13 July 1945, p. 1。后来的历史学家使用的数字，可见 Debórah Dwork, *Children with a Star: Jewish Youth in Nazi Europe* (New Haven: Yale University Press, 1991), p. xii。
6. 美犹联合救济委员会估计，1947 年欧洲有 6 万名这样的儿童，另有 35000 名儿童住在美犹联救会资助的照护机构，85000 名儿童与美犹联救会资助的父母或亲人同住。见 *New York Times*, 11 February 1947。

7. Susanne Urban, '"More Children are to be Interviewed": Child Survivors' Narratives in the Child Search Branch Files', in Borggräfe et al., *Freilegungen*, p. 73. 美犹联救会修订后的数字，见 Jacques Bloch, 'The Jewish Child in Europe: Rehabilitation Work of the OSE', *Jewish Chronicle*, 6 November 1948。在苏联的难民情况，尤可参见 Mark Edele, Sheila Fitzpatrick, and Atina Grossmann (eds), *Shelter from the Holocaust: Rethinking Jewish Survival in the Soviet Union* (Detroit, MI: Wayne State University Press, 2017) 一书中的文章。值得注意的是，美犹联救会的数字也没有包括战前通过儿童转移计划逃离的难民，尽管这一群体同样庞大，仅去往英国的就有 1 万人。

8. 青少年显然比儿童更成熟，能够系统地明白危险及照顾自己，也更容易进入集中营或被用作奴工，因此存活率更高。同时，尽管大屠杀期间，割礼给犹太男孩带来了特别的危险，但年纪较长的女孩可能要承担更多照顾弟妹的责任，从而增加了自身的风险。大屠杀期间与当今的儿童难民对比，见 Rebecca Clifford, 'Britain's Response to WWII Child Refugees Puts Modern Society to Shame', *The Conversation*, 8 February 2017。

9. 尤可参见 Tara Zahra, *The Lost Children: Reconstructing Europe's Families after World War II* (Cambridge, MA: Harvard University Press, 2011); Daniella Doron, *Jewish Youth and Identity in Postwar France: Rebuilding Family and Nation* (Bloomington, IN: Indiana University Press, 2015); Ruth Balint, 'Children Left Behind: Family, Refugees and Immigration in Postwar Europe', *History Workshop Journal*, 82 (2016), pp. 151–72; 以及 Gigliotti and Tempian (eds), *The Young Victims of the Nazi Regime* 中的文章。

10. 后来，儿童救助会负责把儿童从居尔运出，但菲丽丝和她姐姐在那之前一点被带出了集中营。参见 Laura Hobson Faure, 'Orphelines ou soeurs? Penser la famille juive pendant et après la Shoah', 20 & 21. *Revue d'histoire*, 145 (2020), pp. 91–104。另见 Katy Hazan, *Les Orphelins de la Shoah: Les Maisons de l'espoir, 1944–1960* (Paris: Belles Lettres, 2000)。

11. Interview with Felice Z. S. (born Z.), 23 April 1983; interviewer unstated, 'American Gathering of Jewish Holocaust Survivors' collection, RG-50.477*1361, USHMMA.

12. Interview with Denny M., 31 July 1997, interviewer Miriam Feldman-Rosman, USC Shoah Foundation VHA.

13. Interview with Nicole D., 10 May 1995, catalogue no. 15431, interviewer Lyn Smith, Imperial War Museum Archive.

14. 我希望本书里写到的所有儿童都有过战争经历（即使他们不记得），因此我没有纳入在战前通过儿童转移计划逃离欧洲大陆的儿童的故事。

15. 'Lingfield Colony' report, August 1946, Alice Goldberger collection, 2007.423, USHMMA.

16. Nicholas Stargardt, 'Children's Art of the Holocaust', *Past and Present*, 161 (1998), pp. 191–235. 关于儿童在历史中的能动性，见 *Journal of the History of Childhood and Youth* (2008) 第一期的文章，尤其是 Mary Jo Maynes, 'Age as a Category of Historical Analysis: History, Agency, and Narratives of Childhood', *Journal of the History of Childhood and Youth*, 1 (2008), pp. 114–24。

17. Christine Wells, Catriona Morrison, and Martin Conway, 'Adult Recollections of Childhood Memories: What Details can be Recalled?', *The Quarterly Journal of Experimental Psychology*, 67:7 (2013), pp. 1,249–61.

第一章　另一场战争开始了

1. 关于儿童救助会的历史，见 Sabine Zeitoun, *Histoire de l'OSE: de la Russie tsariste à l'occupation en France* (Paris: L'Harmattan, 2010); and Debórah Dwork, *Children with a Star: Jewish Youth in Nazi Europe* (New Haven, CT: Yale University Press, 1991), pp. 55–65。
2. 战争期间，法国约有 8000—10000 名犹太儿童与收留家庭藏在一起，见 Daniella Doron, *Jewish Youth and Identity in Postwar France: Rebuilding Family and Nation* (Bloomington, IN: Indiana University Press, 2015), p. 12。
3. 齐拉的故事依档案记录和她后来的口述史重构。见 'Zilla C.', RG-43.113M, USHMMA。关于她后来给出的口述史，见 interview with Zilla C., 14 November 1987, interviewer Judith Kestenberg, Kestenberg Archive of Testimonies of Child Holocaust Survivors, Hebrew University of Jerusalem Archives。齐拉被法国天主教女青年 Jacqueline Prandi 解救的细节，可见以色列犹太大屠杀纪念馆（Yad Vashem，字面义为"纪念与名号"）网站：https://db.yadvashem.org/righteous/family.html?language=en&itemId=6956109 (accessed 3 June 2020)。齐拉于 2007 年离世。
4. Interview with Zilla C., Kestenberg Archive.
5. Dwork, *Children with a Star*, p. 257.
6. 居尔营最初修建是为了安置 1939 年逃离西班牙内战的难民，但 1940 年秋，法国落入纳粹掌控几个月后，德国巴登和普法尔茨地区有 6500 名犹太人被瓦格纳−比科尔计划（Operation Wagner-Bürckel.）被遣送至此。
7. 菲丽丝和贝亚特被带出居尔营之前，她们的父母言辞恳切地给孩子们在美国的叔叔写信，寻求帮助（但并未得到帮助）。信里写道："孩子们的情况很糟。贝亚特体重掉了很多，我们每个人都瘦脱了相。请做点什么吧，别等到为时已晚。" Letter from David, Hugo, and Leopold Z. to Julius Z., 15 December 1940, Felice Z. S. collection, USHMMA.
8. Interview with Felice Z. S. (born Z.), 2 February 1998, interviewer Rosalie Franks, USC Shoah Foundation VHA.
9. 出处同上。
10. Interview with Felice Z. S. (born Z.), 30 December 1992, interviewer Joni Sue Blinderman, Fortunoff Video Archive for Holocaust Testimony, Yale University Library.
11. 很明显，藏匿单独一个孩子要比藏匿几个兄弟姐妹或一家人容易。一个孩子很容易被当作亲戚或是来自被轰炸区的撤离人员而放过。如果他们年纪足够小，在很多国家也不需要身份文件。见 Dwork, *Children with a Star*, p. 34。
12. 我在本书里特意使用了"收留家庭"一词，而非"营救家庭"。这是一个艰难的决定，因为一些家庭的举动表现出了惊人的勇气，在这种情况下"营救"一词特别贴切。但是，"收留家庭"一词所指更宽，可以涵盖被藏匿儿童的种种经历，反映他们当时的生活现实：有些收留家庭冒着生命危险庇护犹太儿童，有些则没有；有些因藏匿儿童得了报酬；有些将藏匿的儿童用作免费劳力；有些不知道其中的风险，随着情况愈发危险开始后悔这一选择；有些则不顾危险，对藏匿的儿童视如己出：齐拉 · C 和 Jacqueline Prandi，以及菲丽丝 · Z 与朱丽叶 · 帕图，就是最后这种情况。齐拉和菲丽丝后来都着力让以色列犹太大屠杀纪念馆认定她们的营救者（此处该词合适）为"国际义人"。朱丽叶及其丈夫加斯东（Gaston）于 1971 年得到认定（那时加斯东已离世），Jacqueline Prandi 于 2013 年得到认定（此时齐拉都已去世六年）。

13. 关于儿童的藏匿经历，见 Susanne Vromen, *Hidden Children of the Holocaust: Belgian Nuns and their Daring Rescue of Young Jews from the Nazis* (Oxford: Oxford University Press, 2010); Diane Wolf, *Beyond Anne Frank: Hidden Children and Postwar Families in Holland* (Berkeley, CA: University of California Press, 2007); Nahum Bogner, *At the Mercy of Strangers: The Rescue of Jewish Children with Assumed Identities in Poland* (Jerusalem: Yad Vashem, 2009); Emunah Gafny, *Dividing Hearts: The Removal of Jewish Children from Gentile Families in Poland in the Immediate Post-Holocaust Years* (Jerusalem: Yad Vashem, 2009); and Mary Fraser Kirsh, 'Remembering the "Pain of Belonging": Jewish Children Hidden as Catholics in Second World War France', in Simone Gigliotti and Monica Tempian (eds), *The Young Victims of the Nazi Regime: Migration, the Holocaust, and Postwar Displacement* (London: Bloomsbury, 2016)。除了儿童救助会等援助组织外，政党组织、犹太童子军等儿童团体、大学生社团，以及新教和天主教组织等都在战争期间帮助过儿童藏匿，见 Dwork, *Children with a Star*, p. 35。

14. 荷兰在此方面是个例外，在战后，主管犹太孤儿照护的组织没有大规模地要求孤儿与营救者分开。更多细节见第三章尾注 20。

15. Interview with Maurits C., 9 June 1986, interviewer Debórah Dwork, quoted in Dwork, *Children with a Star*, p. 263.

16. Independent Commission of Experts Switzerland – Second World War (ICE), *Switzerland and Refugees in the Nazi Era* (Bern: BBL, 1999), p. 174.

17. Michal Ostrovsky, '"We are standing by": Rescue Operations of the United States Committee for the Care of European Children', *Holocaust and Genocide Studies*, 29:2 (2015), pp. 230–50.

18. ICE, *Switzerland and Refugees*, p. 167.

19. 关于来往苏联的逃难，尤可参见 Mark Edele, Sheila Fitzpatrick, and Atina Grossmann (eds), *Shelter from the Holocaust: Rethinking Jewish Survival in the Soviet Union* (Detroit, MI: Wayne State University Press, 2017)。

20. ICE, *Switzerland, National Socialism, and the Second World War* (final report) (Zurich: Pendo Verlag, 2002). 其中有犹太儿童，数量不详。

21. Robert Gildea, *Fighters in the Shadows: A New History of the French Resistance* (London: Faber & Faber, 2015), pp. 199–200. See also Zeitoun, *Histoire de l'OSE*, pp. 35–60; and Renée Posnanski, *Les Juifs en France pendant la Seconde Guerre Mondiale* (Paris: Hachette, 1997), pp. 409–26.

22. 该政策执行到了 1943 年末，但很多家庭直到战争结束才实现家人重逢。

23. "瑞士移民儿童援助组织"成立于战前的 1933 年，但在战争期间，该组织受国家警察部委托，为在瑞士拘留营里与父母同住的儿童寻找新家。到了战争尾声，有超过 2500 名儿童受该组织照护，其中超过半数被安置在寄养家庭中。见 Salome Lienert, *Das Schweizer Hilfswerk für Emigrantenkinder, 1933–1947* (Zurich: Chronos Verlag, 2013); and Sara Kadosh, 'Jewish Refugee Children in Switzerland, 1939–1950', in J. K. Roth and Elisabeth Maxwell (eds), *Remembering for the Future* (London: Palgrave Macmillan, 2001), pp. 1,207–23。

24. Interview with Cecile S. (born H.), 25 October 1988, interviewers Bernard Weinstein and Selma Dubnick (Kean College Oral History Project), Fortunoff Video Archive for Holocaust Testimonies, Yale University Library.

25. ICE, *Switzerland and Refugees*, p. 122.

26. 该引语及其后的引语均来自 interview with Cécile S. (born H.), FVA。

27. Doc. 239, 'Jewish Refugee Records', RG-58.001 M.0384, USHMMA.

28. 出处同上。

29. 出处同上，以及 'Cecile and Esther R.', 'Case files from the Schweizer Hilfswerk für Emigrantenkinder', J.255, RG-58.003M, USHMMA。

30. Interview with Cecile S. (born H.), FVA.

31. Interview with Litzi H. (born S.), USC Shoah Foundation VHA.

32. Interview with Litzi H. (born S.), USC Shoah Foundation VHA; interview with Denny M., 31 July 1997, interviewer Miriam Feldman-Rosman, USC Shoah Foundation VHA.

33. 关于泰雷津，见 Tara Zahra, *The Lost Children: Reconstructing Europe's Families after World War II* (Cambridge, MA: Harvard University Press, 2011), pp. 78–87; and Nicholas Stargardt, *Witnesses of War: Children's Lives under the Nazis* (London: Pimlico, 2006)。

34. Interview with Denny M., USC Shoah Foundation VHA.

35. Stargardt, *Witnesses of War*, pp. 197–228.

36. Sarah Moskovitz, *Love Despite Hate: Child Survivors of the Holocaust and their Adult Lives* (New York: Schocken Books, 1983), p. 11.

37. Martin Gilbert, *The Boys: The Story of 732 Young Concentration Camp Survivors* (London: Weidenfeld & Nicolson, 1996), p. 236.

38. Zahra, *The Lost Children*, p. 86; and H. G. Adler, *Theresienstadt, 1941–1945: The Face of a Coerced Community* (Cambridge: Cambridge University Press, 2017), p. 315.

39. Interview with Peter D. (born B.), 27 May 1984, interviewer Sarah Moskovitz, Kestenberg Archive of Testimonies of Child Holocaust Survivors, Hebrew University of Jerusalem Archives.

40. 出处同上。

41. 出处同上。

42. Dwork, *Children with a Star*, p. 157.

43. Mark Mazower, *Hitler's Empire: Nazi Rule in Occupied Europe* (London: Allen Lane, 2008).

44. Stargardt, *Witnesses to War*, p. 183.

45. Nechama Tec, *Jewish Children Between Protectors and Murderers* (Washington, DC: USHMM, 2005), p. 8.

46. Interview with Sybil H., 2 August 1985, interviewer Judith Kestenberg, Kestenberg Archive of Testimonies of Child Holocaust Survivors, Hebrew University of Jerusalem Archives; 'Alfus CM-1 file', digital documents 78873070_1 to 78873071_4, ITS Digital Archives, USHMMA; 'Esther H. T/D file', digital documents 93106671_1 to 93106689_2; and 'Sybil H. T/D file', digital documents 9351167_1 to 93511695_2, ITS Digital Archives, USHMMA.

47. Danuta Czech, *Auschwitz Chronicle*, 1939–1945 (New York: Holt, 1997), p. 674.

48. Nikolaus Wachsmann, *KL: A History of the Nazi Concentration Camps* (London: Abacus, 2016), p. 356.

49. Helena Kubica, 'Children', in Yisrael Gutman and Michael Berenbaum, *Anatomy of the Auschwitz Death Camp* (Bloomington, IN: University of Indiana Press, 1994), p. 413.

50. 出处同上。

51. 出处同上，p. 414。另见 Nili Keren,'The Family Camp', in Gutman and Berenbaum, *Anatomy of the Auschwitz Death Camp*, pp. 428–40。

52. Wachsmann, *KL*, p. 359.

53. Stargardt, *Witnesses to War*, p. 222. 一些是双胞胎（或者是看起来像双胞胎的亲兄弟姐妹），会被单拎出来送到约瑟夫·门格勒（Josef Mengele）及其手下做医学实验的区域。有些不知为何，最终到了儿童营房，与来自欧洲各地的非犹太籍儿童在一起，其中包括 1943 年 9 月后通过民间途径从苏联占领区来的大量儿童。另可见 Kubica, 'Children', p. 422。

54. Stargardt, *Witnesses to War*, p. 227. 茜比尔的母亲和叔叔阿姨都活了下来。

55. Kubica, 'Children', p. 424. 奥斯维辛解放后，苏联的一个医疗委员会立即给这里的 180 名儿童（年龄在半岁到 14 岁）做了体检，该委员会报告道，大多数儿童都身患疾病，其中 60% 维生素缺乏，40% 有结核。所有儿童都比平均体重低 5—17 公斤，尽管其中大部分人是 1944 年下半年才转来该集中营，只在那里度过了几个月时间。

56. Interview with Sybil H., Kestenberg Archive.

57. 有意思的是，茜比尔和瓦拉都对面包的细节印象深刻，尽管两人自 1945 年后再未见过彼此。1985 年，精神分析师朱迪丝·凯斯滕伯格在华沙找到瓦拉时，瓦拉回忆起见过茜比尔在解放时拿着一整块面包。瓦拉当时问茜比尔从哪里得到的面包，茜比尔回答说自己"筹办"（organise）来的，这是集中营里"洗劫"的俚语。Interview with Wala D., 27 July 1985, interviewer Judith Kestenberg, Kestenberg Archive of Testimonies of Child Holocaust Survivors, Hebrew University of Jerusalem Archives. 关于"筹办"的俚语用法，见 Stargardt, *Witnesses to War*, p. 365。

58. 瓦拉回忆，当时茜比尔年近 4 岁，不是儿童营房里最小的。

59. Interview with Sybil H., Kestenberg Archive.

第二章　成人凝视

1. Judith Hemmendinger and Robert Krell, *The Children of Buchenwald* (Jerusalem: Gefen Publishers, 2000).

2. Naomi Seidman, 'Elie Wiesel and the Scandal of Jewish Rage', *Jewish Social Studies*, 3:1 (1996), pp. 1–19, here p. 8.

3. Judith Hemmendinger, *Revenus du néant* (Paris: L' Harmattan, 2002), pp. 7–10.

4. Judith Hemmendinger, 'Readjustment of Young Concentration Camp Survivors through a Surrogate Family Experience' (paper from Third International Conference on Family Therapy, Jerusalem, 1979), no pp. See also Eugène Minkowski, *Les Enfants de Buchenwald* (Geneva: Union OSE, 1946).

5. Hemmendinger, 'Readjustment of Young Concentration Camp Survivors'. 关于布痕瓦尔德男孩及海门丁格参与的故事，亦可见 Alex Grobman, *Rekindling the Flame: American Jewish Chaplains and the Survivors of European Jewry, 1944–1948* (Detroit, MI: Wayne State Uni-

versity Press, 1993); Daniella Doron, *Jewish Youth and Identity in Postwar France: Rebuilding Family and Nation* (Bloomington, IN: Indiana University Press, 2015), ch. 4; Katy Hazan and Eric Ghozian (eds), *A la Vie! Les enfants de Buchenwald, du shtetl à l'OSE* (Paris: Fondation pour la mémoire de la Shoah, 2005); Judith Hemmendinger, *Survivors: Children of the Holocaust* (Bethesda, MD: National Press, 1986), and Tara Zahra, *The Lost Children: Reconstructing Europe's Families after World War II* (Cambridge, MA: Harvard University Press, 2011), pp. 114–16。

6. 出处同上，p. 4。
7. 出处同上，pp. 4–7。
8. Phyllis Bottome, 'The Jewish Child', *The Jewish Chronicle*, 31 October 1947.
9. Michal Shapira, *The War Inside: Psychoanalysis, Total War, and the Making of the Democratic Self in Postwar Britain* (Cambridge: Cambridge University Press, 2013).
10. 关于社会工作的历史，见 John Ehrenreich, *The Altruistic Imagination: A History of Social Work and Social Policy in the United States* (Ithaca, NY: Cornell University Press, 1985); and Roy Lubove, *The Professional Altruist: The Emergence of Social Work as a Career, 1870–1930* (Cambridge, MA: Harvard University Press, 1965)。
11. 'They Learn to Be Children Again', *John Bull*, 9 October 1948.
12. Anna Freud and Sophie Dann, 'An Experiment in Group Upbringing', *The Psychoanalytic Study of the Child*, vol. VI (New York: International Universities Press, 1951), pp. 127–68.
13. Alice Bailey, *The Problems of the Children in the World Today* (New York: Lucis, 1946), quoted in Zahra, *The Lost Children*, p. 10.
14. 针对解放后的贝尔根–贝尔森和布痕瓦尔德集中营的报刊、电视及广播报道，见 Joanne Reilly, *Belsen: The Liberation of a Concentration Camp* (London: Routledge, 1998), ch. 3。
15. 关于英国的战争孤儿计划，见 Martin Gilbert, *The Boys: The Story of 732 Young Concentration Camp Survivors* (London: Weidenfeld & Nicolson, 1996); and Mary Fraser Kirsh, 'The Lost Children of Europe: Narrating the Rehabilitation of Child Holocaust Survivors in Great Britain and Israel', unpublished PhD thesis, University of Wisconsin-Madison, 2012。
16. Reilly, *Belsen*, ch. 3.
17. Margot Hicklin, *War-Damaged Children: Some Aspects of Recovery* (London: Association of Psychiatric Social Workers, 1946).
18. 出处同上。
19. 有意思的是，希克林虽然很清楚她管理的孩子来自泰雷津，却将他们称作"贝尔森、布痕瓦尔德、奥斯维辛的孩子"，因为这些地名"在纽伦堡审判中每天都说"，她的读者更为熟悉。Hicklin, *War-Damaged Children*, p. 10.
20. Maxwell Luchs to AJDC Paris, 7 June 1946, digital document NY AR 45-54 00205 0920, JDC Archives.
21. Paul Friedman, 'Psychiatric Report', 18 September 1947, folder CYP.98, 'Cyprus Operation, 1945–1949', JDC Archives. 弗里德曼也综述了该报告的主要结论，发表在《评论》(*Commentary*) 杂志上，见 Paul Friedman, 'The Road Back for the DPs: Healing the Psychological Scars of Nazism', *Commentary*, 1 December 1948。

22. Friedman, 'The Road Back for the DPs'.

23. 出处同上。

24. Shapira, *The War Inside*, p. 1.

25. 关于儿童照护模式从身体到心灵的转向，亦可见 Cathy Urwin and Elaine Sharland, 'From Bodies to Minds in Childcare Literature: Advice to Parents in Inter-War Britain', in Roger Cooter (ed.), *In the Name of the Child: Health and Welfare in England, 1880–1940* (New York: Routledge, 1992), pp. 174–99。美犹联合救济委员会就聘请保罗 · 弗里德曼领衔难民营儿童研究一事咨询了安娜 · 弗洛伊德，见 William Schmidt to Paul Friedman, 8 June 1946, digital document NY AR 45-54 00205 0915, JDC Archives。

26. Urwin and Sharland, 'From Bodies to Minds', p. 191. 此前并非没有专家提倡基于"情感"的路径，比如精神分析师苏珊 · 艾萨克斯（Susan Isaacs）在 20 世纪二三十年代时采用精神动力法研究儿童的情绪。但是，强调卫生的方法在以英国为代表的英语世界最有影响力，后来是战争改变了这一切。

27. 关于保罗 · 弗里德曼对"精神卫生"运动的支持，见 William Schmidt to Paul Friedman, 14 June 1946, digital document NY AR 45-54 00024 0847, JDC Archives。

28. 对志愿者讨论的总结，见 HA 2-5/10/11, MFDoc 052, Rose Henriques Archive, Wiener Library。

29. 其实值得注意的是，保罗 · 弗里德曼在他的报告里几乎没提到幸存儿童玩耍的问题，但他 1947 年发布报告后，相伴而来的广大媒体报道都聚焦在他"讲述了自己看到从集中营解救出的儿童不知道如何玩耍，他看到玩具发给孩子们，但孩子们不知道如何使用"（比如可见 *New York Times*, 11 February 1947）。成年人也同样因儿童战时的玩耍行为感到困扰，见 Nicholas Stargardt, *Witnesses of War: Children's Lives under the Nazis* (London: Pimlico, 2006), pp. 174–8; and Patricia Heberer, *Children during the Holocaust* (Lanham, MD: AltaMira Press, 2011), pp. 284–90。

30. Toby Shafter, 'How DP Children Play', *Congress Weekly*, 26 March 1948.

31. 十几年来，梅兰妮 · 克莱因、安娜 · 弗洛伊德等人都在表示，玩耍能揭示儿童的内心情绪和精神状态。克莱因认为，儿童玩耍可以像成人自由联想那样用在精神分析疗程当中，该观点起初遭到其他分析师的强烈抨击，但而今在儿童精神分析中仍颇有使用。Shapira, *The War Inside*, p. 90.

32. 当然，"青少年行为不良"的问题在冷战时期有广泛的影响，见社会学家 Stanley Cohen 的经典之作 *Folk Devils and Moral Panics* (London: MacGibbon and Kee, 1972)。

33. 'Rescuing 150,000 Children from Delinquency' (report on a speech by Bernard B. Gillis, vice-chair of British branch of the World Jewish Congress), *Jewish Telegraph Agency*, 16 September 1955.

34. Shafter, 'How DP Children Play'.

35. *Jewish Chronicle*, 17 October 1947.

36. Urwin and Sharland, 'From Bodies to Minds', p. 191; Zahra, *The Lost Children*, p. 19.

37. Paul Friedman, 'Cyprus: Psychiatric Report', folder CYP.98, 'Cyprus Operation, 1945–1949', JDC Archives. See also 'Cyprus Camp for Jewish Kids Seen as a Psychological Limbo', *New York Times*, 5 November 1947.

38. Friedman, 'Cyprus: Psychiatric Report', section 2, p. 7.

39. Zvi Friedmann, unpublished memoir, p. 29, USHMMA.

40. Elie Wiesel quoted in Katy Hazan, *Les Orphelins de la Shoah: Les Maisons d'espoir, 1944–1960* (Paris: Belles Lettres, 2000), p. 249.

第三章　认领儿童

1. 关于匈牙利劳动营（一种针对犹太男性的强迫劳动制度），尤可参见 Randolph Braham 的以下作品：*The Hungarian Labor Service System, 1939–1945* (New York: Columbia University Press, 1977); *The Politics of Genocide: The Holocaust in Hungary* (New York: Columbia University Press, 1981); and *The Wartime System of Labor Service in Hungary: Varieties of Experience* (Boulder, CO: Rosenthal Institute for Holocaust Studies, 1995)。

2. 关于对匈牙利的占领，见上述 Randolph Braham 作品，另见 David Cesarani (ed.), *Genocide and Rescue: The Holocaust in Hungary, 1944* (Oxford: Berg, 1997)。1944 年，布达佩斯出现了一系列受中立国使馆和机构保护的安全屋，其中就有一些专为儿童设立（有些为国际红十字会主办，有些由宗教和复国组织运行），见 Robert Rozett, 'International Intervention: The Role of Diplomats in Attempts to Rescue Jews in Hungary', in Randolph Braham (ed.), *The Nazis' Last Victims: The Holocaust in Hungary* (Detroit, MI: Wayne State University Press, 1998), pp. 137–52.

3. 此处及后面的引语来自 interview with Robert Z. (born B.), 14 December 1995, interviewer Cheryl Wetstein, USC Shoah Foundation Visual History Archive。

4. 和该项研究中的其他儿童一样，罗伯特也在法国由儿童救助会管理的一所儿童之家里等待转运，他所在的是塞纳–瓦兹省（Seine-et-Oise）的莱格利希纳。

5. 'Report on Robert B.', 14 July 1950, Cb 03 (Robert B.), UJRA records, CJCA.

6. 当时对遗尿症与儿童心理创伤间关联的理解，见 Amanda Jane Jones, *Bringing Up War Babies: The Wartime Child in Women's Writing and Psychoanalysis at Mid-Century* (London: Routledge, 2018), pp. 130–2。更近的研究可见 William Lane M. Robson and Alexander K. C. Leung, 'Secondary Nocturnal Enuresis', *Clinical Pediatrics*, 39:7 (2000), pp. 379–85; and Tal Eidlitz-Markus, Avinoam Shuper, and Jacob Amir, 'Secondary Enuresis: Post-Traumatic Stress Disorder in Children after Car Accidents', *Israeli Medical Association Journal (IMAJ)*, 2 (2000), pp. 135–7。

7. 'Report on Robert B.', 14 July 1950, Cb 03 (Robert B.), UJRA records, CJCA.

8. Joseph Schwartz, 'Jewish Children in Europe To-day', New York Times, 1 October 1948.

9. Tara Zahra, *The Lost Children: Reconstructing Europe's Families after World War II* (Cambridge, MA: Harvard University Press, 2011), p. 13.

10. 虽然有些"无人陪伴儿童"通过这些海外援助机构的指定计划实现了移民，还有很多儿童也移民到了相同国家，但是和家人一起的，没有通过这些计划。相关国家并未记载这些移民是否为犹太人，因此无法评估战后移居某国的幸存儿童总数。

11. 尽管难以精准确认数字，但藏在法国的儿童很可能最多：据估计，战时在法国有 1 万名儿童与基督教（主要是天主教）收留家庭及机构藏在一起，大多数都活了下来。因此藏匿的儿童约占法国 3 万名幸存儿童的三分之一。Daniella Doron, *Jewish Youth and Identity in Post-war France: Rebuilding Family and Nation* (Bloomington, IN: Indiana University

Press, 2015), p. 12.

12. 引用出处同上，p. 85。

13. 出处同上，p. 53。

14. *Jewish Chronicle*, 21 November 1947.

15. Michael Marrus, 'The Vatican and the Custody of Jewish Child Survivors', *Holocaust and Genocide Studies*, 21:3 (2007), pp. 378–403; Annette Wieviorka, *Déportation et génocide* (Paris: Plon, 1992), p. 390.

16. Franck Caestecker, 'The Reintegration of Jewish Survivors into Belgian Society, 1943–47', in David Bankier (ed.), *The Jews Are Coming Back: The Return of the Jews to their Countries of Origin after World War II* (Oxford: Berghahn Books, 2005), pp. 72–107.

17. Doron, *Jewish Youth*, p. 57; Wieviorka, *Déportation*, p. 388; Katy Hazan, 'Récuperer les enfants cachés: Un impératif pour les oeuvres juives dans l' après-guerre', *Archives Juives*, 37:2 (2004), pp. 16–31.

18. 关于不同国家让"失落的儿童"复原的努力，亦可见 Diane Wolf, *Beyond Anne Frank: Hidden Children and Postwar Families in Holland* (Berkeley, CA: University of California Press, 2007); and Joel S. Fishman, 'The War Orphan Controversy in the Netherlands: Majority-Minority Relations', in J. Michman and T. Levie (eds), *Dutch Jewish History: Proceedings of the [Second] Symposium on the History of Jews in the Netherlands*, 28 November–3 December 1982, Tel-Aviv/Jerusalem, pp. 421–32 (on the Netherlands); Luc Dequeker, 'Baptism and Conversion of Jews in Belgium, 1939–1945', in Dan Michman (ed.), *Belgium and the Holocaust: Jews, Belgians, Germans* (Oxford: Berghahn Books, 1998), pp. 235–71 (on Belgium); Nahum Bogner, *At the Mercy of Strangers: The Rescue of Jewish Children with Assumed Identities in Poland* (Jerusalem: Yad Vashem, 2009) (on Poland).

19. 当法国法院 1952 年下令让布伦将孩子们归还给他们身在以色列的姑姑后，布伦与教堂负责人合作藏起了孩子，此事受到了全球关注。1953 年 6 月，僧侣透露孩子们被藏在巴斯克地区。Catherine Poujol, *L'Affaire Finaly: Les Enfants cachés* (Paris: Berg International, 2006). 多伦也对此案及其影响做了有用的总结，见 *Jewish Youth*, pp. 68–73。

20. *Jewish Chronicle*, 5 September 1947. 不同于别的西欧国家致力于让犹太孤儿在战后回到亲人身边，荷兰官方将这些孤儿认作国家的被监护人，这意味着在实践中，若荷兰的收留家庭想把犹太儿童留下，更可能得到官方的支持，见 Joel S. Fishman, 'Jewish War Orphans in the Netherlands: The Guardianship Issue, 1945–1950', *Wiener Library Bulletin*, 27 (1973–4), pp. 31–6。露特 · 海勒这样的案子绝非孤例。本书采访过一名儿童罗伯特 · T（Robert T），1947 年他爷爷来认领他时，他仍与战时收留家庭住在一起。最后，罗伯特的爷爷试图带着 6 岁的他逃离荷兰，但被双双抓住，罗伯特被送回荷兰，安置在一所孤儿院。此案被荷兰的国家和地方媒体广泛报道，见 *Het Vrije Volk*, 18 July 1947; *Nieuwe Leidsche Courant*, 18 July 1947; and *Leidsche Courant*, 18 July 1947。我要感谢罗伯特及其女儿 Miriam 为我提供这些文章的存件。

21. *Jewish Chronicle*, 8 April 1951.

22. *New York Times*, 18 November 1949.

23. 机构的工作者私下会承认"失落的儿童"数字虚高，但不太愿意在公共场合做此表示，因为这一话题能吸引公众的关注，也帮助美犹联合救济委员会等主要援助机构继续募集到足够的运营资金——这些援助机构的资金完全来自人们给犹太联合捐募协会（United

Jewish Appeal）的捐款。事实上，“失落的儿童”问题能让捐款人慷慨解囊，因此机构越来越难承认该问题其实并不严重。见 Doron, *Jewish Youth*, p. 65; and Poujol, *Les enfants cachés*, p. 29。

24. Paulette Szabason Goldberg, *Just Think It Never Happened* (Victoria, Australia: Makor Jewish Community Library, 2002).

25. 出处同上，pp. 34–5。尽管如此夸张的绑架容易被看作记忆错乱——被带走可能对于幼童发生得太过突然、无从解释，就被他们记成了绑架——但档案里有充足的证据表明犹太机构的确曾以此方式从非犹太援助者那里绑走过儿童，见 Doron, *Jewish Youth*, p. 77。

26. Paul Friedman, 'The Road Back for the DPs: Healing the Psychological Scars of Nazism', *Commentary*, 1 December 1948.

27. Ivan Jablonka 已指出幸存儿童战后的历史本质上就是跨国的。Ivan Jablonka, 'Introduction', in idem (ed.), *L'Enfant-Shoah* (Paris: Presses Universitaires de France, 2014), pp. 11–30.

28. 1945 年至 50 年代中期，国际寻人服务局收到了近 35 万份帮助寻找失踪儿童的请求，见 Keith Lowe, *Savage Continent: Europe in the Aftermath of World War II* (London: Viking, 2012), p. 27。

29. Avinoam J. Patt, 'Introduction', in Avinoam J. Patt and Michael Berkowitz (eds), *We Are Here: New Approaches to Jewish Displaced Persons in Postwar Germany* (Detroit, MI: Wayne State University Press, 2010), p. 3.

30. Lynn Taylor, *In the Children's Best Interests: Unaccompanied Children in American-Occupied Germany, 1945–1952* (Toronto: University of Toronto Press, 2017), pp. 30–40.

31. 到 1946 年，美犹联救会负责法国犹太组织 70% 的预算，援助着 4 万多人。Laura Hobson Faure, *Un 'Plan Marshall juif': La présence juive américaine en France après la Shoah, 1944–1954* (Paris: Armand Colin, 2013).

32. Antoine Burgard, '"Une Nouvelle Vie dans un nouveau pays": Trajectoires d'orphelins de la Shoah vers le Canada (1947–1952)', unpublished PhD thesis (Université Lumière Lyon 2, 2017), p. 60; Zahra, *The Lost Children*, p. 12.

33. Zahra, *The Lost Children*, p. 12. 关于“渗透入境者”，尤可参见 Zeev Mankowitz, *Life Between Memory and Hope* (Cambridge: Cambridge University Press, 2009)。关于“逃亡”组织，见 Yehuda Bauer, *Flight and Rescue: Brichah* (Jerusalem: Magnes Press, 1970)。

34. Susanne Urban, 'Unaccompanied Children and the Allied Child Search', in Simone Gigliotti and Monica Tempian (eds), *The Young Victims of the Nazi Regime: Migration, the Holocaust, and Postwar Displacement* (London: Bloomsbury, 2016), p. 280.

35. Burgard, '"Une Nouvelle Vie dans un nouveau pays"', p. 54.

36. 为应对此种状况以及 1945 年 8 月的哈里森报告，联合国善后救济总署在德国美占区，尤其是慕尼黑附近建造了只接收犹太人的难民营。第一个此类难民营是费尔达芬（Feldafing），那里曾为希特勒青年团营地；最大的此类难民营则是佛伦瓦尔德（Föhrenwald）。

37. 如前所见，精神科医生保罗·弗里德曼对困在塞浦路斯的幸存儿童的悲惨境遇尤其感兴趣。他针对这些儿童的报告可见 Paul Friedman, 'Cyprus: Psychiatric Report', folder CYP.98, 'Cyprus Operation, 1945–1949', JDC Archives.

38. 'Report on Jewish Infiltree Children', 1946, folder 7.27, Rachel Greene Rottersman papers, USHMMA. See also Taylor, *In the Children's Best Interests*, ch. 5.

39. Urban, 'Unaccompanied Children', p. 290.

40. 关于联合国善后救济总署的年龄限制，见 Susanne Urban, '"More Children Are to Be Interviewed": Child Survivors' Narratives in the Child Search Brach Files', in Henning Borggräfe, Akim Jah, Nina Ritz, and Steffen Jost, with Elisabeth Schwabauer (eds), *Freilegungen: Rebuilding Lives – Child Survivors and DP Children in the Aftermath of the Holocaust and Forced Labour* (Göttingen: Wallstein Verlag, 2017), p. 71。如果儿童看起来身体或心理健康欠佳，会被认为不符合此类计划。关于残疾和不合格问题，见 Ruth Balint, 'Children Left Behind: Family, Refugees and Immigration in Postwar Europe', *History Workshop Journal*, 82 (August 2016), pp. 151–72。南非计划接收 400 名儿童，却从未达成，见 Suzanne D. Rutland, 'A Distant Sanctuary: Australia and Child Holocaust Survivors', in Gigliotti and Tempian (eds), *The Young Victims*, p. 78。

41. Doron, *Jewish Youth*, p. 84.

42. Jacques Bloch, 'The Jewish Child in Europe: Rehabilitation work of the OSE', *Jewish Chronicle*, 6 November 1948.

43. Ben Lappin, *The Redeemed Children: The Story of the Rescue of War Orphans by the Jewish Community of Canada* (Toronto: University of Toronto Press, 1963), p. 15.

44. 出处同上，p. 16；以及 Margarete Myers Feinstein, 'Jewish Observance in Amalek's Shadow: Mourning, Marriage and Birth Rituals among Displaced Persons in Germany', in Patt and Berkowitz, *We Are Here*, p. 276。

45. Central British Fund committee meeting notes, 12 November 1945, CBF collection, reel 37, Wiener Library.

46. 引自 Rutland, 'A Distant Sanctuary', p. 75。

47. 战后波兰有一系列反犹暴乱，其中最重大的一次于 1946 年 7 月发生在凯尔采（Kielce），当时有 42 名大屠杀幸存者被杀害，另有多人受伤。波兰民族主义者也对收留犹太幸存儿童的孤儿院进行有预谋的袭击。见 Karolina Panz, '"They did not want any more Jews there": The Fate of Jewish Orphans in Podhale, 1945–1946', in Borggräfe et al., *Freilegungen*, pp. 93–104。扎科帕内犹太孤儿院的负责人丽娜·库赫勒担心此类袭击，遂将她照顾的儿童非法带出波兰，将整座孤儿院移到巴黎，见 Lena Kuchler-Silbermann, *My Hundred Children* (London: Souvenir, 1961)。在巴黎，该孤儿院里一些年纪较大的孩子接受了立陶宛–美国学者大卫·博德的采访。博德这一系列针对大屠杀幸存成人和儿童的采访，保留了已知仅有的早期完整录音。关于大卫·博德的工作，见 Alan Rosen, *The Wonder of their Voices: The 1946 Holocaust Interviews of David Boder* (Oxford: Oxford University Press, 2010); Alan Rosen, '"We Know Very Little in America": David Boder and Un-Belated Testimony', in David Cesarani and Eric Sundquist (eds), *After the Holocaust: Challenging the Myth of Silence* (London: Routledge, 2012), pp. 102–14; Rachel Deblinger, 'David P. Boder: Holocaust Memory in Displaced Persons Camps', in Cesarani and Sundquist (eds), *After the Holocaust*, pp. 115–26; and Donald L. Niewyk (ed.), *Fresh Wounds: Early Narratives of Holocaust Survival* (Chapel Hill, NC: University of North Carolina Press, 1998)。博德的采访及其翻译可见网址 https://iit.aviaryplatform.com/collections/231 (accessed 3 June 2020)。

48. 尽管以色列于 1948 年 5 月建国，但据 Morris Laub，直到 1949 年，英国人一直将"到了打仗年纪"的犹太移民控制在塞浦路斯，见 Morris Laub, *Last Barrier to Freedom: Internment of Jewish Holocaust Survivors on Cyprus, 1946–1949* (Jerusalem: Magnes Press, 1985)。

49. 战后，有7.2万至10万名犹太难民移民美国，10万至12万人移民以色列。Adara Goldberg估计有3.5万名大屠杀幸存者最终移居加拿大，见Adara Goldberg, *Holocaust Survivors in Canada: Exclusion, Inclusion, Transformation, 1947–1955* (Winnipeg: University of Manitoba Press, 2015)。至于澳大利亚，Suzanne Rutland称，至1961年，当地原本较少的犹太人口翻了三倍，到了6.1万，主要是由战后移民构成，见Rutland, 'A Distant Sanctuary', p. 72。

50. 国际难民组织于1948年成为正式实体，但实际上已于1946年4月由一个筹备委员会创立。该组织于1952年停止活动，为联合国难民事务高级专员办事处（United Nations High Commissioner for Refugees，简称"联合国难民署"）取代，后者运行至今。

51. 关于美犹联合救济委员会削减预算对儿童救助会的影响，见Katy Hazan, *Les Enfants de l'après-guerre dans les Maisons de l'OSE* (Paris: Somogy Editions d'Art, 2012), p. 17。

52. Mary Fraser Kirsh, 'The Lost Children of Europe: Narrating the Rehabilitation of Child Holocaust Survivors in Great Britain and Israel', unpublished PhD thesis (University of Wisconsin-Madison, 2012), p. 134. 关于英国的计划，也可见Martin Gilbert, *The Boys: The Story of 732 Young Concentration Camp Survivors* (London: Weidenfeld & Nicolson, 1996)。

53. CBF committee meeting minutes, 15 November 1945, reel 37, file 198/6; CBF committee meeting minutes, undated but after 4 December 1945, reel 37, file 198/11, Wiener Library.

54. 澳大利亚能完成额度，部分原因是两次提高了年龄限制，先是提高到16岁，后又在1950年提至21岁。尽管澳大利亚犹太福利协会自1945年起就在难民营里寻找儿童，但首批儿童到达该国时已是1948年1月，那时美犹联救会的预算削减鼓励了儿童救助会为澳大利亚的移民计划挑选儿童。关于加拿大的计划，无论是在加犹会档案当中还是后来的历史学家之间，都对通过该计划来到加拿大的儿童总数没有定论。在该计划实施的1947—1952年间，加犹会给出的官方"孤儿"数字为1116，但后来该机构的数字援引的又是"超过1200名犹太孤儿"。后来的历史学家给出的总数有1121（Burgard, '"Une Nouvelle Vie dans un nouveau pays"', p. 39）或1123（Fraidie Martz, *Open Your Hearts: The Story of the Jewish War Orphans in Canada* [Montreal: Véhicule Press, 1996]; and Goldberg, *Holocaust Survivors in Canada*）。1959年，加犹会的地方办公室汇总的数字为1275，见Lappin to Saalheimer, 20 July 1959, CA box 71, folder 659, 'Study on war orphans', UJRA collection, CJCA。

55. 见美国照顾欧洲儿童委员会季报《风暴的孤儿》（*Orphans of the Storm*）1947年12月刊。大多数幼童是国际寻人服务局儿童搜寻处从纳粹"日耳曼化中心"带出来的参与了"生命之泉"（Lebensborn）计划的非犹太儿童。关于美国照顾欧洲儿童委员会，见Michal Ostrovsky, '"We Are Standing By": Rescue Operations of the United States Committee for the Care of European Children', *Holocaust and Genocide Studies*, 29:2 (2015), pp. 230–50。关于1948年《流离失所者法案》的影响，见Leonard Dinnerstein, *America and the Survivors of the Holocaust* (New York: Columbia University Press, 1982), p. 288。另见Mark Wyman, *DPs: Europe's Displaced Persons* (New York: Cornell University Press, 1998); Haim Genizi, *America's Fair Share: The Admission and Resettlement of Displaced Persons, 1945–1952* (Detroit, MI: Wayne State University Press, 1993); and Beth B. Cohen, 'American Jews and Holocaust Survivors, 1946–54', in Patt and Berkowitz, *We Are Here*。

56. 关于加拿大的情况，以下资料尤为有用：Irving Abella and Harold Troper, *None Is Too Many: Canada and the Jews of Europe, 1933–1948* (Toronto: University of Toronto Press, 2012); Franklin Bialystok, *Delayed Impact: The Holocaust and the Canadian Jewish Commu-*

nity (Montreal: McGill-Queen's University Press, 2000); Burgard, '"Une Nouvelle Vie dans un nouveau pays"'; Martz, *Open Your Hearts*; and Goldberg, *Holocaust Survivors in Canada*。

57. 1947 年枢密院令，重刊于 Lappin, *The Redeemed Children*, p. 12。加拿大联邦政府规定儿童必须由经认证的个案工作机构照护，这意味着加拿犹会必须雇用受个案工作模式训练的社工来照顾孤儿。有意思的是，1947 年枢密院令里有对专业个案工作标准的要求，但 1942 年枢密院令中没有，这显示出战后儿童照护标准的变化之大。

58. Manfred Saalheimer to Ruth and William Hirsch, Ca Subject Files (FOR-MED), box 26, 'Homes, Prospective 1947–1949', UJRA, CJCA.

59. Ca Subject Files (FOR-MED), box 26, 'Homes, Prospective 1947–1949', UJRA, CJCA. 一些有意经该计划收养儿童的家庭在战争结束三年后才表达对婴儿的偏好，这显示了他们对欧洲的情况不甚了解，见 Manfred Saalheimer, 'Bringing Jewish Orphan Children to Canada', *Canadian Jewish Review*, 5 December 1947, pp. 7 and 82。

60. *Peterborough Evening Examiner*, 14 November 1947.

61. 关于英国的儿童转移计划中寄养家庭的问题，见 Judith Tydor Baumel, *Never Look Back: The Jewish Refugee Children in Great Britain, 1938–1945* (West Lafayette, IN: Purdue University Press, 2012). 加拿大犹太人大会主要利用普林、瓦滕贝格（Wartenberg）的儿童中心以及海德堡附近的阿格拉斯特豪森国际儿童中心来实施计划。加犹会在欧洲只有三名办公人员（埃塞儿·奥斯特里、曼弗雷德·萨尔海默及 Lottie Levinson），因此严重依赖其他机构来采访儿童及准备相应的案卷。他们主要依靠美犹联合救济委员会、国际难民组织及儿童救助会，见 Burgard, '"Une Nouvelle Vie dans un nouveau pays"', pp. 145–74。关于联合国善后救济总署的儿童中心，见 Verena Buser, 'Displaced Children: 1945 and the Child Tracing Division of the United Nations Relief and Rehabilitation Administration', *The Holocaust in History and Memory*, 7 (2014), pp. 109–23; and Taylor, *In the Children's Best Interests*, pp. 60–9。

62. 'Rejections, Prien and Wartenberg', 1948, box Cb 01, UJRA, CJCA.

63. 引自 Lappin, *The Redeemed Children*, p. 49。

64. 出处同上，p. 37。在加犹会的档案里，我只找到 67 名出生于 1935—1944 年的儿童。此计划下的儿童，第一拨于 1947 年 9 月 13 日抵达哈利法克斯，最后一名于 1952 年 3 月 10 日到达。

65. Lappin, *The Redeemed Children*, p. 53.

66. 出处同上，p. 60。

67. 出处同上，p. 56。

68. 出处同上，p. 85；以及 'Outline for Homefinding Committee', 1948, file 'Home Finding Committee, emergency 1948', box 26, Ca Subject Files (FOR-MED), UJRA collection, CJCA。

69. Greta Fischer, 'The Refugee Youth Program in Montreal, 1947–1952', unpublished Masters thesis in social work (McGill University, 1955).

70. Lappin, *The Redeemed Children*, p. 745.

71. 'Z., Freda, 1948–9', Cb 03, UJRA collection, CJCA.

72. 'R., Tomas, 1949–1952', Cb 03, UJRA collection, CJCA.

73. 'J., Marcel' (pseudonym), Cb 03, UJRA collection, CJCA. 马塞尔的"无人陪伴儿童"身份

被拉赫儿·罗特斯曼验证过。罗特斯曼是阿格拉斯特豪森儿童中心的负责人，在联合国善后救济总署为无人陪伴儿童找寻亲属的工作中也扮演重要角色。她的精彩论文收录于美国大屠杀纪念馆档案（Rachel Greene Rottersman papers）。

74. 'J., Marcel', 1948–1950, Cb 03, UJRA collection, CJCA.

75. Esther Gorosh to H. Frank, September 1949, 'J., Marcel', 1948–1950, Cb 03, UJRA collection, CJCA.

76. Estelle Mindess to Manfred Saalheimer, 26 July 1950, 'J., Marcel', 1948–1950, Cb 03, UJRA collection, CJCA. 这是马塞尔案卷中的最后一份文件。

77. 关于专为裁缝而设的计划，见 Bialystok, *Delayed Impact*, pp. 50–6。但多萝塔却无法像她姑姑那样通过该计划移民。

78. 'J., Dorota (pseudonym), 1948–1958', Cb 03, box 35, UJRA collection, CJCA.

79. 出处同上。

80. Clare Greenwald to Manfred Saalheimer, 24 November 1949, 'J., Dorota, 1948–1958', Cb 03, box 35, UJRA collection, CJCA.

81. Sophie S. to CJC Vancouver office, 20 September 1949, 'J., Dorota, 1948–1958', Cb 03, box 35, UJRA collection, CJCA.

82. 很明显，多萝塔的一些文件在某个时候被移出了案卷：她的案卷封存于 1958 年，而其中最后一份文件的时间是 1949 年。加犹会的案卷经常出这种状况；有些情况下，有些案卷的几乎所有内容都被移除了。我没能找到多萝塔本人，因此也不确定她的故事如何结束，也不知道随着长大，她是如何理解自己的故事的。

第四章　家庭重聚

1. 'Form to be used for referring unaccompanied children for immigration to Canada', 1948, B., Isak [pseudonym], 1948–1949, Cb 03, box 32, UJRA collection, CJCA.

2. 'Report for period from 3 October 1948 to 3 April 1949', B., Isak, 1948–1949, Cb 03, box 32, UJRA collection, CJCA.

3. Isak B. case file, digital document numbers 78956203 through 78956208 and 109400522 through 109400548, ITS Digital Archive, USHMMA.

4. Thelma Tessler to Manfred Saalheimer, 11 February 1949, B., Isak, 1948–1949, Cb 03, box 32, UJRA collection, CJCA.

5. Director of area no. 7, IRO Headquarters, to APO 407 U.S. Army, 5 April 1949, digital document 84173576, ITS Digital Archive, USHMMA.

6. Rebecca Jinks, *Representing Genocide: The Holocaust as Paradigm?* (London: Bloomsbury, 2016), p. 139.

7. 本书研究的 100 名儿童中，有几个在战争期间从未与父母分开，他们有时认为战后的转变相较他人更顺利些。

8. Daniella Doron, *Jewish Youth and Identity in Postwar France: Rebuilding Family and Nation* (Bloomington, IN: Indiana University Press, 2015), pp. 5–15; Maud Mandel, *In the Aftermath*

of Genocide: Armenians and Jews in Twentieth-Century France (Durham, NC: Duke University Press, 2003).

9. Mary Fraser Kirsh, 'The Lost Children of Europe: Narrating the Rehabilitation of Child Holocaust Survivors in Great Britain and Israel', unpublished PhD thesis (University of Wisconsin-Madison, 2012), p. 2.

10. Tara Zahra, *The Lost Children: Reconstructing Europe's Families after World War II* (Cambridge, MA: Harvard University Press, 2011), pp. ix–x.

11. 关于联合国善后救济总署及其儿童工作，见 Ben Shephard, *The Long Road Home: The Aftermath of the Second World War* (London: Bodley Head, 2010), pp. 300–44。

12. 引自 Kirsh, 'The Lost Children of Europe', p. 145。

13. USCOM quarterly report no. 1, 1 December 1947, p. 2, press clippings collection, Wiener Library.

14. Ben Lappin, *The Redeemed Children: The Story of the Rescue of War Orphans by the Jewish Community of Canada* (Toronto: University of Toronto Press, 1963), p. 68.

15. Anna Freud and Dorothy Burlingham, *War and Children* (London, 1943), p. 45. 这一时期与儿童福利有关的专家，很多都追随弗洛伊德和伯林厄姆，如特蕾莎 · 布罗斯（Thérèse Brosse，法国人）原是心内科医生，战后成为儿童"精神卫生"专家，她在 1946 年写道，儿童的战争"创伤"主要就是与母亲的分离，见 Thérèse Brosse, *War-Handicapped Children: Report on the European Situation* (Paris: UNESCO, 1950)。

16. Laura Lee Downs 的研究表明，该观点在法国没什么影响，人们还是认为将儿童与父母分开、送往乡下是健康的，即使战争已经结束。Laura Lee Downs, 'Milieu Social or Milieu Familial? Theories and Practices of Childrearing among the Popular Classes in 20th-Century France and Britain: The Case of Evacuation (1939–45)', *Family and Community History*, 8:1 (May 2005), pp. 49–66.

17. 鲍比的用语引自 Zahra, *The Lost Children*, p. 65。

18. Joanne Reilly, *Belsen: The Liberation of a Concentration Camp* (London: Routledge, 1998), pp. 50–77; Michael Berkowitz and Suzanne Brown-Fleming, 'Perceptions of Jewish Displaced Persons as Criminals in Early Postwar Germany: Lingering Stereotypes and Self-Fulfilling Prophecies', in Avinoam J. Patt and Michael Berkowitz (eds), *We Are Here: New Approaches to Jewish Displaced Persons in Postwar Germany* (Detroit, MI: Wayne State University Press, 2010), pp. 167–93.

19. 原话来自国际难民组织的儿童照护人员 Yvonne de Jong 1948 年 6 月的一份报告，引自 Zahra, *The Lost Children*, p. 110。很多照护工作者尽管担心幸存女性的"母性本能"，但往往还是认为鳏夫不适合养育儿童，见 Zahra, *The Lost Children*, p. 103。

20. 原话来自"英国关爱难民营儿童运动"的执行主任 Dorothy Hardisty，引自 Kirsh, 'The Lost Children of Europe', p. 143。英国中央基金等机构试图对该过程保持一定的掌控，维护他们随时从幸存儿童的父母或亲人身边带走儿童的权利，虽然实践中极少这样做。

21. Zahra, *The Lost Children*, p. 102. 到 1953 年，儿童救助会注意到越来越多的"社会案例"来到他们的照护之家，即父母有一方或双方在世，但由于父母恶劣的身体或精神状况无法在家里生活的儿童。有些儿童被法院从父母身边带走。见 'OSE maisons d'enfants 1953', file 50 (1949–1953), Erich A. Hausmann papers, RG-58.026, USHMMA。

22. Interview with Erwin Shmuel B., July 1979, interviewed by Sarah Moskovitz, quoted in Sarah Moskovitz, *Love Despite Hate: Child Survivors of the Holocaust and their Adult Lives* (New York: Schocken Books, 1983), p. 195.

23. Memorial book for Erwin B., Kibbutz Ein Harod Meuhad Archives. 感谢基布兹档案员 Anat Zisling 容我参阅该书。

24. Interview with Erwin Shmuel B., in Moskovitz, *Love Despite Hate*, pp. 196–7.

25. 出处同上。

26. Interview with Erwin B., 26 June 2001, interviewer Renée Messi, Kibbutz Ein Harod Meuhad Archives.

27. Memorial book for Erwin B., Kibbutz Ein Harod Meuhad Archives.

28. Diane Wolf, *Beyond Anne Frank: Hidden Children and Postwar Families in Holland* (Berkeley, CA: University of California Press, 2007), p. 163.

29. 黛安 · 沃尔夫发现儿童与幸存父母的关系往往"疏远、冷淡、隔膜"。出处同上，pp. 163–4, 200。

30. Shoshana Felman, 'Education and Crisis', in Shoshana Felman and Dori Laub, *Testimony: Crises of Witnessing in Literature, Psychoanalysis, and History* (New York: Routledge, 1992), pp. 44–6.

31. 这些是荷兰心理学家 Bloeme Evers-Emden 某项研究的发现，引自 Wolf, *Beyond Anne Frank*, p. 181。

32. Interview with Henri O., 15 December 2014, interviewer Rebecca Clifford. See also Henri O., 'A Bridge Too Far', in The Child Survivors' Association of Great Britain, *We Remember: Child Survivors of the Holocaust Speak* (Leicester: Matador, 2011), pp. 113–24.

33. 关于忌妒的问题，见 Eva Fogelman, 'The Psychology behind Being a Hidden Child', in Jane Marks, *The Hidden Children: The Secret Survivors of the Holocaust* (New York: Ballantine Books, 1993), pp. 292–307。

34. 对很多幸存者的子女来说也如此。尤可参见 Helen Epstein, *Children of the Holocaust: Conversations with Sons and Daughters of Survivors* (New York: G. P. Putnam & Sons, 1979)。

35. Interview with Saul A., 13 January 1985, interviewer D.A., Kestenberg Archive of Testimonies of Child Holocaust Survivors, Hebrew University of Jerusalem Archives. 海伦 · 爱泼斯坦（Helen Epstein）在她的《大屠杀的孩子》(*Children of the Holocaust*）一书里也讲了类似事情。

36. Bernard Trossman, 'Adolescent Children of Concentration Camp Survivors', *Canadian Psychiatric Association Journal*, 13:2 (April 1968), pp. 121–3.

37. Interview with Eric C., 23 October 1995, interviewer Gary Lubell, USC Shoah Foundation Visual History Archive.

38. Interview with Judith S. (born K.), 20 January 1993, interviewer Joni-Sue Blinderman, Fortunoff Video Archive for Holocaust Testimonies, Yale University Library.

39. AJDC Paris to AJDC Berlin, 19 August 1946, digital document 85308968, ITS Digital Archive, USHMMA.

40. Wolf, *Beyond Anne Frank*, p. 271.

41. Interview with Daisy G. (born L.), 29 July 1987, interviewer Judith Kestenberg, Kestenberg Archive of Testimonies of Child Holocaust Survivors, Hebrew University of Jerusalem Archives.

42. Maurice Halbwachs, *Les Cadres sociaux de la mémoire* (Paris: Presses Universitaires de France, 1925).

第五章 城堡儿童

1. Erich Hausmann, *J'Aurais Pu Choisir les Accents circonflexes!* (Paris: FSJU-Hamoré, 2007), p. 45. Interview with Felice Z. S. (born Z.), 2 February 1998, interviewer Rosalie Franks, USC Shoah Foundation VHA. 儿童救助会在塔韦尼瓦塞尔城堡的照护之家至今仍在，仍由儿童救助会运行，现名“埃利 · 威塞尔儿童之家”。豪斯曼后来结婚了，育有 6 名子女。他担任塔韦尼照护之家负责人到 1957 年。

2. Interview with Felice Z. S. (born Z.), USC Shoah Foundation VHA.

3. 出处同上。

4. Interview with Hélène Weksler (born Ekhajser), March 1994, quoted in Katy Hazan, *Les Orphelins de la Shoah: Les Maisons de l'espoir, 1944–1960* (Paris: Les Belles Lettres, 2000), pp. 307–8. 她还讨论过实际的、面向将来的问题，如工作和事业、性教育、如何寻找婚姻伴侣等。

5. Interview with Felice Z. S. (born Z.), 30 December 1992, interviewer Joni Sue Blinderman, Fortunoff Video Archive for Holocaust Testimonies, Yale University Library.

6. Daniella Doron, *Jewish Youth and Identity in Postwar France: Rebuilding Family and Nation* (Bloomington, IN: Indiana University Press, 2015), p. 119.

7. 'Evaluation of Bad-Schallerbach Children's Home in U.S. Zone Austria', 5 June 1951, p. 2, Syma Crane papers, series 1, USHMMA.

8. 克罗克的生平得自她个人文件的查检指南，收藏于美国大屠杀纪念馆档案处。https://collections.ushmm.org/findingaids/1997.A.0373_01_fnd_en.pdf (accessed 3 June 2020).

9. 'Evaluation of Bad-Schallerbach Children's Home in U.S. Zone Austria', 5 June 1951, pp. 6, 13, 21, USHMMA.

10. 引自 Boaz Cohen, 'Survivor Caregivers and Child Survivors: Rebuilding Lives and the Home in the Postwar Period', *Holocaust and Genocide Studies*, 32:1 (2018), pp. 49–65; here 62 f 15。

11. 丽娜 · 库赫勒在她的自传 *My Hundred Children* (London: Souvenir Press, 1961) 中用优美的语言讲了自己的故事。该书最初于 1948 年用意第绪语在巴黎出版，名为 *Meine Kinder*。关于对扎科帕内儿童之家的袭击，见 Karolina Panz, '"They did not want any more Jews there": The Fate of Jewish Orphans in Podhale, 1945–1946', in Henning Borggräfe, Akim Jah, Nina Ritz, and Steffen Jost (eds), *Freilegungen: Rebuilding Lives – Child Survivors and DP Children in the Aftermath of the Holocaust and Forced Labour* (Göttingen: Wallstein Verlag, 2017), pp. 93–104。

12. Interview with Lena Kuchler, 8 September 1946, interviewer David P. Boder. 该采访的文字转写可见大屠杀之声（Voices of the Holocaust）项目的网站：https://iit.aviaryplatform.

com/collections/231 (accessed 3 June 2020)。

13. 关于儿童法庭，见 Christian Höschler, 'International Families? Community Living in the IRO Children's Village Bad Aibling, 1948–1951', in Borggräfe et al. (eds), *Freilegungen*, pp. 105–24, here p. 113。

14. Ernst Papanek, *Out of the Fire* (New York: William Morrow, 1975), pp. 86–7.

15. 关于帕帕内克，见他的精彩自传 *Out of the Fire*；亦可见 Tara Zahra, *The Lost Children: Reconstructing Europe's Families after World War II* (Cambridge, MA: Harvard University Press, 2011), pp. 99–100。关于科尔蒂，见 Christian Höschler, 'International Families? Community Living in the IRO Children's Village Bad Aibling, 1948–1951', in Borggräfe et al. (eds), *Freilegungen*。亦可见科尔蒂的同事 Elisabeth Rotten 的著作：*Children's Communities: A Way of Life for War's Victims* (Paris: UNESCO, 1949)。位于瑞士小镇特罗根（Trogen）的裴斯塔洛齐儿童村是照科尔蒂的提议成立的，他的提议在欧洲的幸存儿童之家广获采纳。

16. Doron, *Jewish Youth*, p. 136; Zahra, *The Lost Children*, pp. 105–6.

17. Doron, *Jewish Youth*, p. 137.

18. Zahra, *The Lost Children*, p. 19.

19. 战后关于家庭和集体生活的辩论已经被其他学者充分研究，所以我此处不再赘述细节。尤可参见 Zahra, *The Lost Children*, pp. 59–87, and Doron, *Jewish Youth*, pp. 118–61。

20. 威尔考特尼的约 30 名儿童中，只有 8 名被安置到寄养家庭，其中绝大多数是幼儿。那里的人曾试图把大一点的儿童送去寄养，但这些孩子拒绝了——他们虽然比被寄养的同伴大不了多少，但已能清楚地表达自己的意愿。主管爱丽丝·戈德伯格尊重了他们的意愿。另外，由于直到 50 年代中期，外国儿童都无法在英国得到合法收养，情况就更加复杂。'Reports to foster parents in America', Alice Goldberger papers, series 4, USHMMA.

21. Olga Gurvic is quoted in Doron, *Jewish Youth*, p. 124.

22. 出处同上，pp. 126–7。

23. 引自出处同上，p. 130。薇薇特·萨缪尔 1919 年生在巴黎，本姓赫尔曼（Hermann），见 Katy Hazan, *Les Enfants de l'après-guerre dans les Maisons de l'OSE* (Paris: Somogy Editions d'Art, 2012), p. 17。

24. Doron, *Jewish Youth*, p. 131. 儿童救助会将约 1500 名儿童安置在寄养家庭，但这不像在加拿大等国那样是优先选择。关于法国犹太人在战后想要拿回自己财产的困难，见 Maud Mandel, *In the Aftermath of Genocide: Armenians and Jews in Twentieth-Century France* (Durham, NC: Duke University Press, 2003)。

25. 'OSE maisons d'enfants 1953', p. 4, file 50, Erich A. Hausmann papers, RG-58.026, USHMMA.

26. Doron, *Jewish Youth*, p. 158.

27. 豪斯曼与儿童救助会的领导者 Bô Cohn 及 Andrée Salomon 尤其交好，他们通过战前的犹太青少年运动结识。

28. 豪斯曼的生平信息得自他的个人文件，收藏于苏黎世联邦理工学院。其电子副本可在美国大屠杀纪念馆找到。也可见他的自传 *J'Aurais Pu Choisir les Accents circonflexes!* (Paris: FSJU-Hamoré, 2007)。丰特奈欧罗丝的很多儿童随他一起到了塔韦尼。豪斯曼任塔韦尼负责人直到 1957 年。他于 2008 年离世。

29. 埃凯瑟青春期时经历了几座集中营，包括奥斯维辛和拉文斯布吕克，见 Hazan, *Les En-*

fants de l'après-guerre, p. 69; and Hazan, *Les Orphelins de la Shoah*, pp. 307–8。

30. Hausmann, *J'Aurais Pu Choisir*, pp. 30, 40–2. 关于伊雷娜·奥波隆，见 Susan Gross Solomon 的精彩论文 'Patient Dossiers and Clinical Practice in 1950s French Child Psychiatry', *Revue d'histoire de l'enfance 'irregulière'*, 18 (2016), pp. 275–96。
31. Hausmann, *J'Aurais Pu Choisir*, pp. 47–52.
32. 出处同上 p. 47。
33. Paulette Szabason Goldberg, *Just Think It Never Happened* (Victoria, Australia: Makor Jewish Community Library, 2002), p. 47.
34. 出处同上，pp. 43–4。
35. 出处同上，p. 44。
36. Interview with Jacques F. (born K.), 24 November 1991, interviewers Myra Katz and Froma Willen, Fortunoff Video Archive for Holocaust Testimonies, Yale University Library.
37. Interview with Beate Z. M. (born Z.), 20 January 1998, interviewer Rosalie Franks, USC Shoah Foundation VHA.
38. Hazan, *Les Enfants*, p. 12.
39. 豪斯曼在他的回忆录里说，随着时间推移："大屠杀的受害者搬走了，'去殖民化'的受害者搬进了塔韦尼：北非的犹太难民开始进入法国本土，有些太过贫穷、无所适从，感到自己无法再照顾自己的子女。"
40. Hausmann, *J'Aurais Pu Choisir*, p. 57.
41. Eugénie (Jenny) Masour 负责儿童救助会里儿童的海外安置工作，引自 Laura Hobson Faure, 'Orphelines ou soeurs? Penser la famille juive pendant et après la Shoah', *Revue d'histoire*, 145 (2020), pp. 91–104。我要感谢 Laura 早期即与我分享该论文。
42. Hobson Faure, 'Orphelines ou soeurs?'.
43. Szabason Goldberg, *Just Think It Never Happened*, pp. 51–3.
44. Interview with Felice Z. S. (born Z.), USC Shoah Foundation VHA.
45. Felice Z. to J. Patoux, 18 January 1951, 'Felice Z. S. collection', USHMMA.
46. Regine C. to Erich Hausmann, 12 July 1981, file 52, Erich A. Hausmann papers, RG-58.026, USHMMA.

第六章 变形记

1. Jackie Y., 'Lost and Waiting to Be Found' (unpublished memoir), 2005. 我感谢杰基惠予他的回忆录副本。
2. Interview with Jackie Y., 16 December 2014, interviewer Rebecca Clifford, author's collection.
3. Jackie Y., 'Lost and Waiting to Be Found'.
4. Interview with Jackie Y., author's collection.
5. Jackie Y., 'Lost and Waiting to Be Found'.
6. 例子有 Gerald Reitlinger 的 *The Final Solution: An Attempt to Exterminate the Jews of Eu-*

rope (New York: Vallentine Mitchell)，首次出版于 1953 年，但发行量有限；以及 Léon Poliakov 的 *Bréviaire de la haine* (Paris: Calmann-Levy)，1951 年在法国少量出版，英语版于 1954 年面世，印数较法语版稍多但也有限。关于早期的大屠杀历史编纂学，见 Michael Marrus, *The Holocaust in History* (Hanover, NH: University Press of New England, 1987)。

7. "纪念书籍计划"中有许多有用的相关信息，见 https://www.jewishgen.org/Yizkor (accessed 3 June 2020)。

8. Hasia Diner, *We Remember with Reverence and Love: American Jews and the Myth of Silence after the Holocaust, 1945–1962* (New York: New York University Press, 2009); Laura Jockusch, *Collect and Record! Jewish Holocaust Documentation in Early Postwar Europe* (Oxford: Oxford University Press, 2012).

9. 关于《流离失所者法案》，见 Beth Cohen, *Case Closed: Holocaust Survivors in Postwar America* (New Brunswick, NJ: Rutgers University Press, 2007)。

10. Gill Rossini, *A Social History of Adoption in England and Wales* (Barnsley: Pen and Sword, 2014), pp. 99–111. 到 50 年代，这一情况有了改变：儿童精神分析学家约翰·鲍比等人的著作表示，禁止一切对原生家庭的讨论于心理健康无益，最好是早点告诉儿童真相，以免他们后来发现而遭受巨大冲击。因此，在这一时期，我们开始看到宣扬诚实对待亲子间的收养关系的"自然"收养群体，但直到 70 年代这种思想都较为小众。

11. 直到50年代中期，在英格兰和威尔士收养外国孩子都属于非法，即使后来合法了，家庭也面临着官僚机构的繁文缛节。战时非婚生子女数量上升，1950 年的《收养法》(Adoption Act) 试图让收养的法律程序现代化起来，但该法案并未解决外国儿童的收养问题，尽管接收了"儿童转移计划"1 万名儿童的众多家庭中有很多想要正式收养这些孩子。

12. Interview with Gittel H., 9 February 1985, interviewer Milton Kestenberg, Kestenberg Archive of Testimonies of Child Holocaust Survivors, Hebrew University of Jerusalem Archives.

13. Interview with Peter D. (born B.), 27 May 1984, interviewer Sarah Moskovitz, Kestenberg Archive of Testimonies of Child Holocaust Survivors, Hebrew University of Jerusalem Archives.

14. Interview with Denny M., 31 July 1997, interviewer Miriam Feldman-Rosman, USC Shoah Foundation VHA.

15. 出处同上。

16. Sarah Moskovitz, *Love Despite Hate: Child Survivors of the Holocaust and their Adult Lives* (New York: Schocken Books, 1983), p. 228.

17. Katy Hazan, *Les Enfants de l'après-guerre dans les Maisons de l'OSE* (Paris: Somogy Editions d'Art, 2012), p. 12.

18. 出处同上，p. 42；以及 Daniella Doron, *Jewish Youth and Identity in Postwar France: Rebuilding Family and Nation* (Bloomington, IN: Indiana University Press, 2015), p. 152。

19. Interview with Jackie Y., author's collection.

20. Interview with Peter D. (born B.), Kestenberg archive.

21. Interview with Felice Z. S. (born Z.), USC Shoah Foundation VHA.

22. Interview with Suzanne A. (born N.), 22 January 1990, interviewer Lisa Newman, Toronto

Jewish Congress Archives of the Holocaust Project, USC Shoah Foundation VHA.

23. 'Report, June to November 1949', 'N., Suzanne 1947–1950', box 37, Cb 03, UJRA collection, CJCA.

24. 此处及后面的引语出自：interview with Suzanne A. (born N.), USC Shoah Foundation VHA。

25. Edith Ludowyk Gyomroi, 'The Analysis of a Young Concentration Camp Victim', *The Psychoanalytic Study of the Child*, XVIII (1963), pp. 484–510, here p. 488.

26. Herzog, *Cold War Freud*, p. 90; 以及第七章尾注 22。

27. Gyomroi, 'The Analysis of a Young Concentration Camp Victim', pp. 496–7.

28. 'Anfragekarte', 24.11.1987, in Central Names Index, International Tracing Service collection, 0.1, document 47004551, WLA.

29. 1949—1953 年，西德各州基于占领国公布的赔款规定制定了自己的赔款条例，联邦德国最终成形后，这些法规被《联邦赔偿法》取代，见 Milton Kestenberg, 'Discriminatory Aspects of the German Indemnification Policy: A Continuation of Persecution', in Martin S. Bergmann and Milton E. Jucovy (eds), *Generations of the Holocaust* (New York: Columbia University Press, 1982), pp. 62–79, here p. 63。

30. Anne Rothfeld, 'A Source for Holocaust Research: The United Restitution Organization Files', *Perspectives on History: The Newsmagazine of the American Historical Association*, April 2000.

31. 关于赔款程序中的幸存儿童及幸存者子女，见 Kestenberg, 'Discriminatory Aspects'。关于赔款过程的一般情况，见 Michael Bazyler, *Holocaust Justice: The Battle for Restitution in America's Courts* (New York: New York University Press, 2003); Stuart E. Eizenstat, *Imperfect Justice: Looted Assets, Slave Labor, and the Unfinished Business of World War II* (New York: Perseus Books, 2003); Marilyn Henry, *Confronting the Perpetrators: A History of the Claims Conference* (New York: Vallentine Mitchell, 2007); Christian Pross, *Paying for the Past: The Struggle over Reparations for Surviving Victims of the Nazi Terror* (Baltimore, MD: Johns Hopkins University Press, 1998); Ronald W. Zweig, *German Reparations and the Jewish World: A History of the Claims Conference* (Boulder, CO: Westview, 1987); and Elazar Barkan, *The Guilt of Nations: Restitution and Negotiating Historical Injustices* (New York: W. W. Norton, 2000)。

32. URO Köln to L. Montefiore, 30 September 1959, A2049/198/13, West London Synagogue Archives, Hartley Library, University of Southampton.

33. 后续的法律修订，以及被拒后长达数十年的上诉，意味着赔款事宜远远超出最初的截止时间 1958 年，对一些群体（包括一些幸存儿童）来说甚至持续至今。

34. Interview with Mirjam S., September 1978, interviewer Sarah Moskovitz, in Moskovitz, *Love Despite Hate*, pp. 184–5. 弥艳 · S 于 2017 年离世。

35. 出处同上。

36. URO Köln to Germany Embassy, London, 18 February 1959, A2049/198/13, West London Synagogue Archives, Hartley Library, University of Southampton.

37. Kestenberg, 'Discriminatory Aspects', p. 66.

38. Interview with Janek E. (pseudonym), 30 September 1994, interviewer Klara Firestone, USC

Shoah Foundation VHA. 我此处用了雅内克在联合赔偿组织的记录，而使用这些记录的研究者必须签署声明，保证只使用赔偿申请人的化名，因此我（在本书中）只能使用“雅内克”这一化名，尽管他接受“视觉历史档案”采访时用的是本名。

39. Oscar Myer to Janek E., Janek E. file (pseudonym), box 1, MS1U-13-4, URO Los Angeles records, RG-28.004, USHMMA，语法错误为保留原文。联合赔偿组织的顾问提供的信息只有部分正确：布津是卢布林区的一所强制劳动营，于 1943 年秋成为马伊达内克营的分支。但雅内克不可能知道那不是封闭的犹太人隔离区，而是强制劳动营——对一个身陷其中、知道自己的手足被害于此的孩子来说，这种区分总归意义不大。

40. Statement dated 16 April 1957, Janek E. file (pseudonym), box 1, MS1U-13-4, URO Los Angeles records, RG-28.004, USHMMA. 案卷中没有保留雅内克最初的英文陈述，只有德语翻译，此处我从德语回译到英文。

41. Jackie Y., ‘Lost and Waiting to Be Found’.

42. Moskovitz, *Love Despite Hate*, p. 228.

第七章　创伤

1. Martin Gilbert, *The Boys: The Story of 732 Young Concentration Camp Survivors* (London: Weidenfeld & Nicolson, 1996), pp. 254–86; and Elisabeth Young-Bruehl, *Anna Freud: A Biography* (New York: Summit Books, 1989), pp. 320–2.

2. 1945 年 8 月从泰雷津来的 300 名孩子是通过英国中央基金的“千名孤儿”计划来到英国的第一批儿童，其中最年幼的被送到了威尔考特尼，但这 6 名儿童例外：他们在斗牛犬坡屋经过一年观察期后才进入威尔考特尼。杰基 · Y 是这 6 名儿童中最年长的，他到英国时三岁半。

3. 那时，没人提到把集中营幸存儿童继续用作实验对象的不妥与反讽之处。约翰 · 西格尔多年后这样写道幸存儿童：“任何对检验人类发展理论感兴趣的人，做梦都想得到允许，去研究在各早期发展阶段偏离标准养育模式有何长期后果。”无论是在弗洛伊德发表著名作品的时期，还是后来西格尔写作之时，都未有人质疑过这其中的伦理问题。Sigal in foreword to Hans Keilson, *Sequential Traumatization in Children: A Clinical and Statistical Follow-Up Study on the Fate of the Jewish War Orphans in the Netherlands* (Jerusalem: Magnes Press, 1979), p. xi.

4. 关于汉普斯特德战时托儿所的历史，见 Michal Shapira, *The War Inside: Psychoanalysis, Total War, and the Making of the Democratic Self in Postwar Britain* (Cambridge: Cambridge University Press, 2013), pp. 66–77。

5. Anna Freud and Sophie Dann, ‘An Experiment in Group Upbringing’, *The Psychoanalytic Study of the Child*, vol. VI (1951), pp. 127–68. 关于约翰 · 鲍比的研究，见 Shapira, *The War Inside*, pp. 198–214; Tara Zahra, *The Lost Children: Reconstructing Europe's Families after World War II* (Cambridge, MA: Harvard University Press, 2011), pp. 65–6; and Young-Bruehl, *Anna Freud*, pp. 322–3。

6. Freud and Dann, ‘An Experiment in Group Upbringing’. 当今的临床观点可见 Salman Akhtar, *The Mother and her Child: Clinical Aspects of Attachment, Separation, and Loss* (New York: Jason Aronson, 2012)。

7. Freud and Dann, 'An Experiment in Group Upbringing'.

8. 出处同上。关于弗洛伊德和鲍比的论点分歧的更多细节，可见 Anna Freud, 'Discussion of Dr. John Bowlby's Paper', *The Psychoanalytic Study of the Child*, XV (1960), pp. 53–62。

9. Dagmar Herzog, *Cold War Freud: Psychoanalysis in an Age of Catastrophes* (Cambridge: Cambridge University Press, 2017), p. 92. 关于安娜 · 弗洛伊德与"战争儿童美国寄养父母计划"的关系，见 Amanda Jones, *Bringing up War Babies: The Wartime Child in Women's Writing and Psychoanalysis at Mid-Century* (New York: Routledge, 2018), pp. 78–80。

10. 关于战后心理学、心理分析以及"创伤"概念的发展情况，有用的文本有：Mari Jo Buhle, *Feminism and its Discontents: A Century of Struggle with Psychoanalysis* (Cambridge, MA: Harvard University Press, 1998); Eli Zaretsky, *Secrets of the Soul: A Social and Cultural History of Psychoanalysis* (New York: Vintage, 2005); George Makari, *Revolution in Mind: The Creation of Psychoanalysis* (New York: HarperCollins, 2008); and John Burnham (ed.), *After Freud Left: A Century of Psychoanalysis in America* (Chicago, IL: University of Chicago Press, 2012)。关于诊断创伤后应激障碍的历史，见 Yael Danieli (ed.), *International Handbook of Multigenerational Legacies of Trauma* (New York: Springer, 1998); Leo Eitinger and Robert Krell, *The Psychological and Medical Effects of Concentration Camps and Related Persecutions on Survivors of the Holocaust* (Vancouver: University of British Columbia Press, 1985); Charles R. Figley, *Trauma and its Wake: The Study and Treatment of Post-Traumatic Stress Disorder*, vol. 1 (Hove: Psychology Press, 1985); Mardi Jon Horowitz (ed.), *Essential Papers on Post-Traumatic Stress Disorder* (New York: New York University Press, 1999); and Andreas Maercker, Zahava Salomon, and Matthias Schutzwohl (eds), *Post-Traumatic Stress Disorder: A Lifespan Developmental Perspective* (New York: Bertrams, 1999)。

11.《牛津英语词典》电子版。

12. Michael R. Trimble, 'Post-Traumatic Stress Disorder: History of a Concept', in Figley, *Trauma and its Wake*, pp. 5–14; Adrian C. Brock (ed.), *Internationalizing the History of Psychology* (New York: New York University Press, 2006), p. 236; Tracey Loughran, 'Shell Shock, Trauma, and the First World War: The Making of a Diagnosis and its Histories,' *Journal of the History of Medicine and Allied Sciences*, 67:1 (January 2012), pp. 94–119.

13. 引自 Martin S. Bergmann and Milton E. Jucovy (eds), *Generations of the Holocaust* (New York: Columbia University Press, 1982), p. 9。

14. Beth B. Cohen, 'American Jews and Holocaust Survivors, 1946–54', in Avinoam J. Patt and Michael Berkowitz (eds), *We Are Here: New Approaches to Jewish Displaced Persons in Postwar Germany* (Detroit, MI: Wayne State University Press, 2010).

15. 弗洛伊德的观点见 Wolfgang Schneider and Michael Pressley (eds), *Memory Development between Two and Twenty*, 2nd edn (Mahwah, NJ: Lawrence Erlbaum Associates, 1997), p. 3。关于皮亚杰及其影响，见 Patricia J. Bauer, 'Development of Memory in Early Childhood', in Nelson Cowan (ed.), *The Development of Memory in Childhood* (Hove: Psychology Press, 1997), p. 84; and Robyn Fivush, 'Event Memory in Early Childhood', ibid, p. 140。今日的心理学家对"婴儿期遗忘"的原因未必都有一致意见，但他们确实都同意，除了不同文化间的些微差异，我们无法直接记住人生最早期的事情。在 2000 年的一项元分析中，D. C. Rubin 发现最早有记忆的平均年龄是 3 岁半，但对有些人来说，"婴儿期遗忘"可以延续至六七岁，见 D. C. Rubin, 'The Distribution of Early Childhood Memories', *Memory*, 8:4 (2000), pp. 265–9。心理学家还证明，尽管很多成人坚信自己有 3 岁前的记忆，但

这其实是错觉，尤可见 Christine Wells, Catriona Morrison, and Martin Conway, 'Adult Recollections of Childhood Memories: What Details Can Be Recalled?', *The Quarterly Journal of Experimental Psychology*, 67:7 (2013), pp. 1249–61。

16. 比如可见 Robyn Fivush, 'The Functions of Event Memory: Some Comments on Nelson and Barsalou' (1988), pp. 277–82; Robyn Fivush, Catherine Haden, and Salimah Adam, 'Structure and Coherence of Preschoolers' Personal Narratives over Time: Implications for Childhood Amnesia', *Journal of Experimental Child Psychology*, 60 (1995), pp. 32–50; and Katherine Nelson, 'The Psychological and Social Origins of Autobiographical Memory', *Psychological Science*, 4:1 (1993), pp. 1–8。

17. Fivush, Haden, and Adam, 'Structure and Coherence of Preschoolers' Personal Narratives over Time', pp. 32–56; Nelson, 'The Psychological and Social Origins of Autobiographical Memory', pp. 1–8; David B. Pillemer and Sheldon H. White, 'Childhood Events Recalled by Children and Adults', in Hayne W. Reese (ed.), *Advances in Child Development and Behaviour* (San Diego, CA: Academic Press, 1989), pp. 297–340; Fivush, 'The Functions of Event Memory', pp. 277–82.

18. William G. Niederland, 'Clinical Observations on the "Survivor Syndrome"', *International Journal of Psycho-Analysis*, 49 (1968), pp. 313–15.

19. 出处同上，p. 98。

20. Herzog, *Cold War Freud*, p. 90.

21. 出处同上，p. 90。

22. 学者倾向于认为只有西德的精神科医生拒不承认创伤性事件有长期影响，但实际上，西欧和北美都有否认此点、坚持自己想法的精神科医生，直到 70 年代都是如此，见 Svenja Goltermann, *The War in their Minds: German Soldiers and their Violent Pasts in West Germany* (Ann Arbor, MI: University of Michigan Press, 2017)。

23. 关于赔款过程的大多学术研究都聚焦在犹太幸存者，但非犹太裔的幸存者在争取赔款时也面临同样严峻的挑战。近期的研究揭示了非犹太裔的纳粹受害者是如何协商、争取和分配赔款的，这里值得关注的研究有 Susanna Schrafstetter, 'The Diplomacy of *Wiedergutmachung*: Memory, the Cold War, and the Western European Victims of Nazism, 1956–1964', *Holocaust and Genocide Studies*, 7:3 (2003), pp. 459–79。

24. Milton Kestenberg, 'Discriminatory Aspects of the German Indemnification Policy: A Continuation of Persecution', in Bergmann and Jucovy, *Generations of the Holocaust*, pp. 62–79. 其实，到 1960 年，弗洛伊德就表示她早期关于泰雷津幼童的研究是对他们的长期精神健康过于乐观了："这些从出生和婴儿期就开始反复经历创伤性分离的孩子，在潜伏期能实现相对稳定的关系；但自前青春期起，他们无一例外地表现出孤僻、抑郁、自责或敌对性的情绪波动。" Anna Freud, 'Discussion of Dr. John Bowlby's Paper,' pp. 53–62, here p. 59.

25. Bergmann and Jucovy, *Generations of the Holocaust*, pp. 10–11.

26. 有两本书巩固了这一早期研究：Henry Krystal (ed.), *Massive Psychic Trauma* (New York: International Universities Press, 1968); and Henry Krystal and William G. Niederland, *Psychic Traumatization: After Effects in Individuals and Communities* (Boston: Little, Brown, 1971)。

27. Vivian Rakoff, J. J. Sigal, and N. B. Epstein, 'Children and Families of Concentration Camp Survivors', *Canada's Mental Health*, 14:4 (July–August 1966), pp. 24–6, here p. 24. 也可见薇薇安 · 拉科夫在犹太大众期刊《观点》(*Viewpoints*) 上发表的更早期文章，该文章是关

于幸存者子女精神健康问题的最早公开发表：Vivian Rakoff, 'Long-Term Effects of the Concentration Camp Experience', *Viewpoints* (March 1966), pp. 17–21. 另外，在大约同一时期，拉科夫和西格尔在蒙特利尔麦吉尔大学的同事 Bernard Trossman 开始看到越来越多的幸存者子女来该校诊所咨询精神健康问题，见 Bernard Trossman, 'Adolescent Children of Concentration Camp Survivors', *Canadian Psychiatric Association Journal*, 13:2 (April 1968), pp. 121–3。

28. Rakoff, Sigal, and Epstein, 'Children and Families', p. 25.

29. H. Z. Winnik, 'Contribution to Symposium on Psychic Traumatization through Social Catastrophe', *International Journal of Psycho-Analysis*, 49 (1968), pp. 298–301. 威尼克在 1967 年的哥本哈根大会上宣读了这篇论文。大会上也有其他学者谈及了幸存儿童和青少年，其中就有在美国执业的精神分析师 Hans Fink，他讲述了如何治疗一位名为约瑟夫（Joseph）的幸存青少年，并提出结论称约瑟夫的“首要病因不能解释为未解决的、无意识的婴儿期冲突”，见 Hans Fink, 'Development Arrest as a Result of Nazi Persecution during Adolescence', *International Journal of Psycho-Analysis*, 49 (1968), pp. 327–9。

30. 关于该荷兰援助组织的历史，凯尔松的 *Sequential Traumatization in Children* 一书中有有用的信息。亦可见 Diane Wolf, *Beyond Anne Frank: Hidden Children and Postwar Families in Holland* (Berkeley, CA: University of California Press, 2007); and Joel S. Fishman, 'Jewish War Orphans in the Netherlands: The Guardianship Issue, 1945–1950', *Wiener Library Bulletin*, 27 (1973–4), pp. 31–6。

31. Keilson, *Sequential Traumatization*, pp. 12–18.

32. 出处同上，p. 48。

33. 出处同上，p. 80。

34. 出处同上，p. 82。凯尔松于 1978 年完成了该研究，其结果于 1979 年在德国首次出版。

35. Wolf, *Beyond Anne Frank*, pp. 95–125.

36. Ian Hacking, 'Memory Sciences, Memory Politics', in Paul Antze and Michael Lambek (eds), *Tense Past: Cultural Essays in Trauma and Memory* (New York: Routledge, 1996), pp. 67–87; Ruth Leys, *Trauma: A Geneaology* (Chicago, IL: University of Chicago Press, 2000), pp. 5–17.

37. American Psychiatric Association, 'Post-Traumatic Stress Disorder', *Diagnostic and Statistical Manual of Mental Disorders*, 3rd edn (Washington, DC: American Psychiatric Association, 1980).

38. Freud and Dann, 'An Experiment in Group Upbringing'. See also Mary Fraser Kirsh, 'The Lost Children of Europe: Narrating the Rehabilitation of Child Holocaust Survivors in Great Britain and Israel', unpublished PhD thesis (University of Wisconsin-Madison, 2012), p. 137.

39. 到了 70 年代晚期，“幸存者综合征”一词已广为北美英语媒体使用，它不仅用来指纳粹大屠杀幸存者，也用于指自然灾害等其他更常见事件的幸存者。

40. Bergmann and Jucovy, *Generations of the Holocaust*, pp. 4–6.

41. Judith Kestenberg, 'Psychoanalytic Contributions to the Problem of Children of Survivors from Nazi Persecution', *Israel Annals of Psychiatry and Related Disciplines*, 10:4 (1972); Judith and Milton Kestenberg, 'Background of the Study', in Bergmann and Jucovy, *Generations of the Holocaust*, pp. 33–43, here pp. 37–8. See also Helen Epstein, Children of the Holocaust: *Conversations with Sons and Daughters of Survivors* (New York: G. P. Putnam &

Sons, 1979), pp. 217–18.

42. Interview with R.G., 17 August 1984, interviewer Judith Kestenberg, Kestenberg Archive of Testimonies of Child Holocaust Survivors, Hebrew University of Jerusalem Archives.

43. Interview with Gittel H., 9 February 1985, interviewer Milton Kestenberg, Kestenberg Archive of Testimonies of Child Holocaust Survivors, Hebrew University of Jerusalem Archives. 记者海伦 · 爱泼斯坦在 70 年代后期采访大屠杀幸存者的子女时，发现后来她书里写到的很多幸存者子女都与精神科医生和精神分析师有过类似的不快经历，但他们的不快来自专家对他们父母症状的盘问。她举了 Ruth Alexander 的例子。Ruth 上本科时去看了大学的一位精神科医生，医生问了她父母的社交情况和消化问题，让她感到："非常不舒服。我感觉他并不了解我，却又自以为了解。我不喜欢他接连发问。我在想：他以为他是谁啊？" 引自 *Epstein, Children of the Holocaust*, p. 200。

44. Interview with Denny M., July 1977, interviewer Sarah Moskovitz, *Love Despite Hate: Child Survivors of the Holocaust and their Adult Lives* (New York: Schocken Books, 1983), pp. 92–100.

45. Moskovitz, *Love Despite Hate*, p. 226.

46. Epstein, *Children of the Holocaust*, pp. 202–3.

第八章 幸运儿

1. 'Cecilia W. to A. Eisenstadt, OSE Paris', 1966, doc. 12, file 6, RG-43.113M, USHMMA.

2. 此处及后面的引语来自 interview with Zilla C.,14 November 1987, interviewer Judith Kestenberg, Kestenberg Archive of Testimonies of Child Holocaust Survivors, Hebrew University of Jerusalem Archives。

3. 齐拉的博士研究后来发表为 *Suicide in French Thought from Montesquieu to Cioran* (New York: Peter Lang, 1999)。2007 年去世前夕，齐拉正在写作她的第二本书，该书研究的是战后法国知识分子的角色，探索有些知识分子在战后是如何隐藏其战时行为的。

4. Serge Klarsfeld, *Le Mémorial de la déportation des Juifs de France* (Paris: Association des Fils et Filles des Déportés Juifs de France, 1978)，其英文版为 *Memorial to the Jews Deported from France, 1942–1944* (New York: B. Klarsfeld Foundation, 1983)。克拉斯菲尔德的书对那些有亲人从法国被遣送的幸存者十分重要。就像历史学家安奈特 · 维维奥尔卡在该书出版时所写："那些没有坟墓的死者的家人，终于知道了他们的命运。" 见 Annette Wieviorka, *The Era of the Witness*, trans. Jared Stark (Ithaca, NY: Cornell University Press, 2006), p. 29. 也可见我写的 *Commemorating the Holocaust: The Dilemmas of Remembrance in France and Italy* (Oxford: Oxford University Press, 2013), p. 58。

5. 该领域的历史学家经典著作包括 Wieviorka, *The Era of the Witness; Peter Novick, The Holocaust and Collective Memory* (London: Bloomsbury, 2001); Henry Rousso, *The Vichy Syndrome: History and Memory in France since 1944*, trans. Arthur Goldhammer (Cambridge, MA: Harvard University Press, 1991); 以及 Tony Judt 为他的杰作 *Postwar: A History of Europe since 1945* (London: Pimlico, 2007) 所写的后记。

6. 埃利 · 威塞尔的《夜》的英文版于 1960 年面世，译者 Stella Rodway (London: Panther Books)。普里莫 · 莱维的《这是不是个人》的英文版于 1959 年首次出版 (New York:

Orion Press)。这些书为英语读者所熟知，但对说其他欧洲语言（包括意第绪语）及希伯来语的读者来说并不一定是五六十年代之交最重要的回忆录。

7. Wieviorka, *The Era of the Witness*, pp. 98, 107. 在美国，该迷你电视剧吸引了 1.2 亿观众。

8. 本书研究的幸存者中，有几位在采访中回忆到迷你电视剧《大屠杀》对他们的情感冲击，一人提到了艾希曼审判带来的冲击，但其他人在谈论记忆时，都没有提到学者所看重的事件。这并不意味着这些事件在发生时对幸存儿童没有影响（采访可能在数年乃至数十年后进行），但这的确提醒我们，在衡量随着时间推移对幸存儿童的记忆有所影响的因素时，视线应该超出经典的“回忆载体”标准。

9. 关于美国法庭上首次启用儿童证人，以及这一转变的影响，见 Michael Sherwin, ‘The Law in Relation to the Wishes and Feelings of the Child’, in Ronald Davie, Graham Upton, and Ved Varma (eds), *The Voice of the Child: A Handbook for Professionals* (London: Falmer Press, 1996)。

10. 但是，儿童权利的概念早在《儿童权利公约》(Convention of the Rights of the Child) 问世前数十年前即已存在：第一部《儿童权利宣言》(Declaration of the Rights of the Child) 由“拯救儿童”组织（Save the Children）的创始人 Eglantyne Jebb 起草，并于 1924 年在国际联盟全体大会（League of Nations General Assembly）上获得通过。

11. 关于这些发展的有用概述，见 Robyn Fivush, ‘Event Memory in Early Childhood’, in Nelson Cowan (ed.), *The Development of Memory in Childhood* (Hove: Psychology Press, 1997), pp. 139–57。

12. Wieviorka, *The Era of the Witness*, pp. 96–7.

13. Eva Illouz, *Saving the Modern Soul: Therapy, Emotions, and the Culture of Self-Help* (Berkeley, CA: University of California Press, 2008).

14. 关于通过加犹会的计划移民来加拿大的儿童的数量，见第三章尾注 55。

15. Ben Lappin, *The Redeemed Children: The Story of the Rescue of War Orphans by the Jewish Community of Canada* (Toronto: University of Toronto Press, 1963), p. 156.

16. 出处同上，p. 156。住在多伦多的人也被问到是否愿意接受“犹太女性理事会”(Council of Jewish Women) 志愿者的采访。可惜，这些珍贵采访的记录都没有留下，如今只能看到采访问题清单，见 ‘Note to interviewers, 4 September 1959’, ‘Study on war orphans’, folder 659, CA box 71, UJRA collection, CJCA。

17. 空白问卷的副本可见 ‘Questionnaire – European Youth Group Study’, folder 659, CA box 71, UJRA collection, CJCA。尽管加犹会的档案员和我搜寻了全部馆藏，也遍询加拿大的其他档案馆，却仍找不到已作答问卷的一丝痕迹。因此我们认为，本·拉平在完成研究后，很可能销毁了记录。

18. Lappin, *The Redeemed Children*, p. 156. 拉平对问卷的全部报告见 pp. 146–56。他的结论从书名《被救赎的孩子》中就能清晰看出：加犹会的计划把这些孩子从战时经历中“救赎”了出来，将他们变成了合格的加拿大犹太公民。

19. 出处同上。

20. Sidney Katz, ‘The Redeemed Children: The Story of One of the Great Humanitarian Acts of the Twentieth Century’, *Maclean’s*, 10 February 1962, pp. 11–13, 42–4. 关于加犹会对该文章的回应，见 IOI no. 2598, January 1962, CJCA。

21. Mintz to Heinz Frank, 7 August 1962, W. file, Cb 03, UJRA collection, CJCA.

22. Interview with 'Esther Traubova Mandel' (pseudonym), November 1978, interviewer Sarah Moskovitz, in *Love Despite Hate: Child Survivors of the Holocaust and their Adult Lives* (New York: Schocken Books, 1983), p. 134.

23. 对女性尤其如此，人们期待女性婚后烹饪“洁食”：尽管她们可能在施行“洁食”的照护之家长大，但很少有人有在私人家庭里按犹太教规打理“洁食”厨房的直接经历。

24. Interview with Lea R., 24 November 2010, catalogue no. 33131, interviewer Lyn Smith, Imperial War Museum Archive.

25. Interview with Agnes G.-S. (born G.), 22 October 2014, interviewer Rebecca Clifford, author's collection.

26. Interview with Jacques F. (born K.), 24 November 1991, interviewers Myra Katz and Froma Willen, Fortunoff Video Archive for Holocaust Testimonies, Yale University Library.

27. Paulette Szabason Goldberg, *Just Think It Never Happened* (Victoria, Australia: Makor Jewish Community Library, 2002), p. 94.

28. Moskovitz, *Love Despite Hate*, p. 234.

29. Interview with Peter. D. (born B.), 27 May 1984, interviewer Sarah Moskovitz, Kestenberg Archive of Testimonies of Child Holocaust Survivors, Hebrew University of Jerusalem Archives.

30. Jackie Y., 'Lost and Waiting to Be Found', unpublished memoir, 2005, p. 6.

31. 出处同上，p. 6。

32. Interview with Saul A., 13 January 1985, interviewer D.A., Kestenberg Archive of Testimonies of Child Holocaust Survivors, Hebrew University of Jerusalem Archives.

33. 随着心理学家对创伤概念愈发感兴趣，他们也更多使用催眠和引导性意象来“恢复”童年的性虐待记忆，一如上一章的探讨。但即使在那时，大多数心理学家和精神分析师都不认同“恢复记忆”倡导者的观点，而是认识到那些方法过多地受治疗师个人输入的影响。见 B. J. Cohler, 'Memory Recovery and the Use of the Past: A Commentary on Lindsay and Read from Psychoanalytic Perspectives', *Applied Cognitive Psychology*, 8 (1994), pp. 365–78。

34. 关于“恢复记忆”在当时的历史语境下形成风潮的概述，见 Wolfgang Schneider and Michael Pressley (eds), *Memory Development between Two and Twenty*, 2nd edn (Mahwah, NJ: Lawrence Erlbaum, 1997), pp. 24–5。关于巴斯和戴维斯的书的影响，见 Blake Eskin, *A Life in Pieces* (London: Aurum Press, 2002), pp. 66–8。

35. Elizabeth Loftus, 'Creating False Memories', *Scientific American*, 277:3 (September 1997), pp. 70–5. See also idem, 'Tricked by Memory', in Jeffrey Jaclyn, Glenace Edwall, and Donald A. Ritchie (eds), *Memory and History: Essays on Recalling and Interpreting Experience* (Lanham, MD: University Press of America, 1994), pp. 17–32; Eugene Winograd, 'The Authenticity and Utility of Memories', in Robyn Fivush and Ulrich Neisser (eds), *The Remembering Self: Construction and Accuracy in the Self-Narrative* (Cambridge: Cambridge University Press, 1994), pp. 243–51; and S. J. Dallam, 'Crisis or Creation: A Systematic Examination of False Memory Claims', *Journal of Child Sexual Abuse*, 9:3 (2002), pp. 9–36.

36. Interview with Paul K., Jacques F. (born K.), and Felice Z. S. (born Z.), April 1983, interviewer unknown, American Gathering of Jewish Holocaust Survivors Oral History Collection, RG-50.477.1361, USHMMA. 接受采访几年后，雅克从儿童救助会得到了他个人卷宗的副

本，确认了他的收留家庭的姓氏确实是博卡余。

37. Interview with Gittel H., 9 February 1985, interviewer Milton Kestenberg, Kestenberg Archive of Testimonies of Child Holocaust Survivors, Hebrew University of Jerusalem Archives.

38. Interview with Gittel H. (second interview), interviewer I.B., Kestenberg Archive of Testimonies of Child Holocaust Survivors, Hebrew University of Jerusalem Archives.

39. Interview with Suzanne A. (born N.), 22 January 1990, interviewer Lisa Newman, Toronto Jewish Congress Archives of the Holocaust Project, USC Shoah Foundation VHA.

40. Martin S. Bergmann and Milton E. Jucovy, prelude, in *Generations of the Holocaust* (New York: Columbia University Press, 1982), p. 6.

41. 出处同上。

第九章 成为幸存者

1. Interview with Harry M., 23 April 2015, interviewer Rebecca Clifford, author's collection.

2. 83 集会估计有 16000 人参会，但有 3 万人参加了晚间的公共活动，见 Mike Feinsilber, '16,000 Survivors with 16,000 Stories', Associated Press, 12 April 1983。2400 名幸存儿童是我在仔细阅读集会上收集的 32 个文件夹（有成千上万页）里的个人书面证词（'American Gathering of Jewish Holocaust Survivors collection', RG-02.002, USHMMA）以及集会上采集的口述证词（'American Gathering of Jewish Holocaust Survivors oral history collection', RG-50.119, USHMMA, and 'Oral history interviews of the Bay Area Oral History Project', RG-50.477, USHMMA）后估计的数字。幸存儿童贡献了约 15% 的书面证词和 13% 的口述证词，因此估计他们的参会数量在 2000—2400 人。但由于很多参会的幸存儿童不确定自己是否算幸存者，因此很有可能没有提供证词，若是如此，实际参会人数会更多。

3. 定义见美国大屠杀纪念馆网站：https://www.ushmm.org/remember/the-holocaust-survivors-and-victims-resource-center/survivors-and-victims (accessed 3 June 2020)。该定义如此包容，是 1993 年纪念馆开馆前政治意味浓厚且有时颇为激烈的论辩的结果。关于非犹太幸存者和纪念馆的历史，见 Edward T. Linenthal, *Preserving Memory: The Struggle to Create America's Holocaust Museum* (New York: Viking, 1995), pp. 114–23。

4. Laura Jockusch and Avinoam J. Patt, 'Holocaust Survivors Diasporas', in Hasia Diner (ed.), *Oxford Handbook of Jewish Diasporas* (New York: Oxford University Press, forthcoming).

5. Jockusch and Patt, 'Holocaust Survivors Diasporas'. 关于"幸存者"一词的早期用法，见 Joseph W. Schwarz, *The Redeemers: A Saga of the Years 1945–1952* (New York: Farrar, Straus and Young, 1953); and Robert Muhlen, *The Survivors: A Report on the Jews in Germany Today* (New York: T. Y. Crowell, 1962)。首份就大量幸存者证词所做的批判性分析是 Terrence Des Pres, *The Survivor: An Anatomy of Life in the Death Camps* (New York: Oxford University Press, 1976)。该书读者众多，推动了"幸存者"一词成为大屠杀特殊经历的代名词。

6. Annette Wieviorka, *The Era of the Witness,* trans. Jared Stark (Ithaca, NY: Cornell University Press, 2006), pp. 88 and 102.

7. 组织者 Lawrence Goldberg，引自 *Washington Post*, 9 April 1983。

8. *Washington Post* staff, *The Obligation to Remember* (Washington, DC: The Washington Post,

1983), p. 34. 福格尔曼针对幸存者子女的心理问题的研究是开拓性的。她是最早组织幸存者子女心理治疗小组的心理学家之一，于 1976 年在波士顿成立了第一个此类小组。她的研究经记者海伦 · 爱泼斯坦的讨论变得广为人知，见 Helen Epstein, 'Heirs of the Holocaust', *New York Times Magazine*, 19 June 1977, p. 175。

9. Margaret R. Somers, 'The Narrative Constitution of Identity: A Relational and Network Approach,' *Theory and Society*, 23 (1994), p. 614.

10. Helen Epstein, *Children of the Holocaust: Conversations with Sons and Daughters of Survivors* (New York: G. P. Putnam & Sons, 1979). 针对该问题，由身为幸存者子女的学者写作的优秀学术著作，尤可参见 Arlene Stein, *Reluctant Witnesses: Survivors, Their Children, and the Rise of Holocaust Consciousness* (Oxford: Oxford University Press, 2014); and Marianne Hirsch, *The Generation of Postmemory: Writing and Visual Culture After the Holocaust* (New York: Columbia University Press, 2012)。

11. Wieviorka, *Era of the Witness*, p. 119.

12. Charles Fenyvesi, '"The trick is to remember and to forget": Surviving the Holocaust', reprinted in *The Obligation to Remember* (Washington, DC: The Washington Post, 1983), p. 38. 这里指的是 1978 年在美国播出的迷你电视剧《大屠杀》。

13. Linenthal, *Preserving Memory*, pp. 17–23.

14. 关于纪念委员会的建立，见 Linenthal, *Preserving Memory*, pp. 38–56。关于对大屠杀的记忆在以色列的发展，见 Tom Segev, *The Seventh Million: The Israelis and the Holocaust* (New York: Henry Holt, 2000)。

15. 在集会上将钥匙正式交给美国大屠杀纪念委员会主席埃利 · 威塞尔的，是时任副总统的老乔治 · 布什，见 *Washington Post* staff, *The Obligation to Remember*, p. 46。

16. "大屠杀犹太幸存者子女国际组织"（International Network of Children of Jewish Holocaust Survivors）的负责人 Menachem Rosensaft 带头为幸存者子女组织了一系列活动。Rosensaft 自己也是一名幸存者子女，战争刚结束时出生于贝尔根-贝尔森难民营。他在 1981 年的以色列集会上组织了类似的系列活动。"大屠杀犹太幸存者子女国际组织"是基于在耶路撒冷取得的关系创立的，在这个意义上，耶路撒冷集会对幸存者子女比对幸存儿童更为重要。

17. Epstein, *Children of the Holocaust*. See also *Washington Post* staff, *The Obligation to Remember*, p. 34. 值得注意的是，在美国（在别国可能也是），幸存者子女小组的成立比幸存儿童小组早了近 10 年。

18. Neil Henry, 'The Children: Inheritors of a Painful Legacy', reprinted in *The Obligation to Remember*, p. 34.

19. 'American Gathering of Jewish Holocaust Survivors collection', RG-02.002, USHMMA.

20. 共有 320 场采访，其中约 40 场是幸存儿童参与的（这些采访被分入两个不同的组，但都采录自集会：RG-50.119 and RG-50.477, USHMMA）。

21. Interview with Felicia N., interviewer unspecified, 11 April 1983, American Gathering of Jewish Holocaust Survivors Oral History collection, RG-50.119*0099, USHMMA. 菲丽希娅 2011 年过世。解救她的 Renée Vérité 太太是安置她的照护之家的一名厨师，该机构由犹太地下组织"阿姆洛街"（Rue Amelot）掌管。照护之家关闭时，孩子们便开始藏匿，Vérité 太太把孤儿院的一些孩子带到自己在索姆省边费（Bienfay, Somme）的家，战争期间一直

藏着他们。1995 年，她被以色列犹太大屠杀纪念馆认定为“国际义人”。更多细节见以色列犹太大屠杀纪念馆网站 https://db.yadvashem.org/righteous/family.html?language=en&itemId=4018052 (accessed 3 June 2020)。

22. Interview with Jacques F. (born K.), interviewed by Myra Katz and Froma Willen, 24 November 1991, Fortunoff Video Archive for Holocaust Testimonies, Yale University Library. 后面的引语都取自该采访。
23. Interview with Felice Z. S. (born Z.), interviewed by Joni Sue Blinderman, 30 December 1992, Fortunoff Visual Archive for Holocaust Testimonies, Yale University Library; interview with Felice Z. S. (born Z.), interviewed by Rosalie Franks, 2 February 1998, Shoah Foundation Visual History Archive.
24. Interview with Felice Z. S. (born Z.), FVA. 菲丽丝也参加了 1993 年在耶路撒冷举行的第二届国际藏匿儿童集会。
25. Interview with Jacqueline R., interviewed by Dana Kline and Lucille B. Ritro, 13 June 1992, Fortunoff Visual Archive for Holocaust Testimonies, Yale University Library.
26. Interview with Harry M., author's collection; interview with Jacques F. (born K.), FVA.
27. Interview with Harry M., author's collection.
28. 最早以心理治疗为导向的小组出现在洛杉矶（与心理学家萨拉 · 莫斯科维茨有关）和纽约（与精神分析师朱迪丝 · 凯斯滕伯格有关）。
29. Interview with Paul Z., 24 April 2015, interviewer Rebecca Clifford, author's collection.
30. Interview with Paul Z., author's collection; interview with Jacques F. (born K.), FVA; interview with Harry M., author's collection.
31. 比如，关于澳大利亚 1987 年成立的第一个此类小组，可见大屠杀幸存者视觉历史基金会对丽琪 · H 的采访；关于英国 90 年代前期成立的第一个类似组织，见基金会对 Joanna M 的采访：interview with Felizitas (Litzi) H. (born S.), 27 March 1995, interviewer Vanessa Ring, Shoah Foundation VHA; interview with Joanna M. (born Bela R.), 15 February 1998, interviewer Shirley Murgraff, Shoah Foundation VHA。
32. Interview with Henri O., 15 December 2014, interviewer Rebecca Clifford, author's collection.
33. Daisy Miller, 'A Bit of Child Survivor History', *Mishpocha* (autumn 1999), p. 8.
34. Paulette Szabason Goldberg, *Just Think It Never Happened* (Victoria, Australia: Makor Jewish Community Library, 2002), p. 3.
35. *Mishpocha* (spring 1999); *Mishpocha* (spring 2007).
36. 'Letter from the Chair', *Mishpocha* (spring 1999), p. 2.

第十章 故事

1. Interview with Denny M., 31 July 1997, interviewer Miriam Feldman-Rosman, USC Shoah Foundation VHA.
2. 更早期也有证词收集项目，其中最著名的是以色列犹太大屠杀纪念馆的项目，该纪念馆自 50 年代起就有口述史部门。但是直到 70 年代晚期，美国的此类采访收集项目才开始繁荣发展，这些项目后来成了对大屠杀幸存者的故事最为重要、利用最好的收集。见 Lynn Abrams, *Oral History Theory* (London: Routledge, 2010), p. 154。

3. 如 Lynn Abrams 所言，这些项目从属于美国的大趋势，即鼓励“受害者”将自己视为“幸存者”，无论他们是经历了性侵还是大屠杀，见 Abrams, *Oral History Theory*, p. 154。

4. Alessandro Portelli, *The Battle of Valle Giulia: Oral History and the Art of Dialogue* (Madison, WI: University of Wisconsin Press, 1997), p. 185.

5. Rachel Deblinger 观察到，大卫 · 博德 1946 年采访幸存成人和儿童时，之所以能毫不犹豫地提出那些后来看起来不合适的问题，部分原因是幸存者告诉他的内容他从未听过，以至于他真的无法理解。他的采访捕捉到了性虐待、囚犯间的暴力及暴力报复等行为的细节，这些在后来的采访中都消失了。见 Rachel Deblinger, ‘David P. Boder: Holocaust Memory in Displaced Persons Camps’, in David Cesarani and Eric Sundquist (eds), *After the Holocaust: Challenging the Myth of Silence* (London: Routledge, 2012), pp. 115–26。Christopher Browning 的观点则与之相反，他认为一些禁忌主题近年来才出现在幸存者访谈当中，见 Browning, *Remembering Survival: Inside a Nazi Slave-Labor Camp* (New York: W. W. Norton, 2011)。

6. Dorothy Macardle, *Children of Europe* (London: Victor Gollancz, 1949), p. 245; Margot Hicklin, *War-Damaged Children: Some Aspects of Recovery* (London: Association of Psychiatric Social Workers, 1946); Bernard Gillis quoted in ‘Rescuing 150,000 Children from Delinquency’, *Jewish Telegraphic Agency* (16 September 1955); ‘Greta Fischer Papers’, p. 26, RG-19.034*01, USHMMA. See also Michael Berkowitz and Suzanne Brown-Fleming, ‘Perceptions of Jewish Displaced Persons as Criminals in Early Postwar Germany: Lingering Stereotypes and Self-fulfilling Prophecies’, in Avinoam J. Patt and Michael Berkowitz (eds), *We Are Here: New Approaches to Jewish Displaced Persons in Postwar Germany* (Detroit, MI: Wayne State University Press, 2010), pp. 167–93. 关于道德恐慌，见 Stanley Cohen, *Folk Devils and Moral Panics* (London: MacGibbon and Kee, 1972)。

7. Atina Grossman, ‘Entangled Histories and Lost Memories: Jewish Survivors in Occupied Germany, 1945–49’, in Patt and Berkowitz (eds), *We Are Here*, pp. 14–30, here p. 17.

8. Naomi Seidman, ‘Elie Wiesel and the Scandal of Jewish Rage’, *Jewish Social Studies*, 3:1 (1996), pp. 1–19; here p. 5.

9. Interview with R.G., 17 August 1984, interviewer Judith Kestenberg, Kestenberg Archive of Testimonies of Child Holocaust Survivors, Hebrew University of Jerusalem Archives.

10. Interview with L.A., 25 November 1989, interviewer Milton Kestenberg, Kestenberg Archive of Testimonies of Child Holocaust Survivors, Hebrew University of Jerusalem Archives.

11. Interview with Janek E. (pseudonym), 30 September 1994, interviewer Klara Firestone, USC Shoah Foundation VHA. 因为我在第六章中用了雅内克在联合赔偿组织的档案，在本书中就我只能使用他的化名，尽管他在接受“视觉历史档案”采访时用的是本名。

12. 一些大屠杀“修正主义者”，如英国的 David Irving 和法国的 Robert Faurisson 在这一时期收获了大量的媒体关注，扩大了他们理论的影响力。

13. Raul Hilberg, *The Destruction of the European Jews*, 3rd edn (New Haven, CT: Yale University Press, 2003); Shoshana Felman and Dori Laub, *Testimony: Crises of Witnessing in Literature, Psychoanalysis, and History* (New York: Routledge, 1992), p. 59.

14. Sara Horowitz in Henry Greenspan, Sara R. Horowitz, Éva Kovács, et al., ‘Engaging Survi-

vors: Assessing "Testimony" and "Trauma" as Foundational Concepts', *Dapim: Studies on the Holocaust*, 28:3 (2014), pp. 190–226, here p. 194.

15. Henry Greenspan, in Greenspan et al., 'Engaging Survivors', p. 193.

16. 福图诺夫项目现有约4400份采访视频,其中有220份视频来自生于1935及之后的幸存儿童。

17. 70 年代晚期也有更小型的项目，如萨拉 · 莫斯科维茨为其 *Love Despite Hate* 一书收集的采访，或历史学家 Yaffa Eliach 收集的、现藏于纽约犹太遗产博物馆（Museum of Jewish Heritage in New York）的采访，但这些项目都范围有限。莫斯科维茨也在凯斯滕伯格项目及福图诺夫项目中担任采访者。

18. Interview with Aniko S., 21 April 1985, interviewer J.S.K., Kestenberg Archive of Testimonies of Child Holocaust Survivors, Hebrew University of Jerusalem Archives.

19. 我说"很可能"，是因为我无法了解到凯斯滕伯格的团队在多大程度上将项目整体的信息（比如以项目信息表或同意书的形式）告知了参与者。

20. 凯斯滕伯格采访近年被学者使用的例子，见 Sharon Kangisser Cohen, Eva Fogelman, and Dalia Ofer (eds), *Children in the Holocaust and its Aftermath: Historical and Psychological Studies of the Kestenberg Archive* (Oxford: Berghahn Books, 2017)。我本人认为凯斯滕伯格采访是很好的来源，但并不是因为其最初目的，而是由于这些项目生动地展示了在 80 年代的特定历史条件下，长大了的、人到中年的幸存儿童在如何理解自己的过去；采访者与幸存儿童的互动在这一时期如何影响了后者的故事；以及我们如何理解研究者此时对幸存儿童感兴趣的动机。

21. Noah Shenker, *Reframing Holocaust Testimony* (Bloomington, IN: Indiana University Press, 2015), pp. 112–13.

22. 视觉历史档案的导引文字引自 Annette Wieviorka, *The Era of the Witness,* trans. Jared Stark (Ithaca, NY: Cornell University Press, 2006), p. 114; and Shenker, *Reframing Holocaust Testimony*, p. 119.

23. *Schindler's List*, dir. Steven Spielberg, 1993.

24. 该项目今已包括了对亚美尼亚、柬埔寨和卢旺达大屠杀，1937 年中国南京大屠杀，以及仍在中非共和国、南苏丹和缅甸持续着的冲突的幸存者的采访。

25. Wieviorka, *The Era of the Witness*, pp. 114–15.

26. Interview with Zdenka H., 29 July 1997, interviewer Miriam Feldman-Rosman, USC Shoah Foundation VHA.

27. Interview with Zdenka H., 2007 (exact date not given), interviewer Sheila Melzack, 'The Girls' collection, WLA. 我在 2017 年采访兹丹卡时，问起了视觉历史档案的采访，她说那次经历相当"恐怖"，在那之后她再也没看过基金会给她的采访视频。

28. Geoffrey Hartman, 'The Humanities of Testimony: An Introduction', *Poetics Today*, 27:2 (2006), pp. 249–60.

29. 关于"调和"和"违和",见 Graham Dawson, *Making Peace with the Past? Memory, Trauma and the Irish Troubles* (Manchester: Manchester University Press, 2007); and Abrams, *Oral History Theory*, pp. 66–70。

30. Henry Greenspan, 'On Testimony, Legacy and the Problem of Helplessness in History', *Holocaust Studies*, 13:1 (2007); pp. 44–56.

31. Interview with 'Leora' (pseudonym), 15 December 2014, interviewer Rebecca Clifford, author's collection.

第十一章 沉默

1. 关于安娜·弗洛伊德的"双重方法"，见 Nick Midgley, 'Anna Freud: The Hampstead War Nurseries and the Role of the Direct Observation of Children for Psychoanalysis', *International Journal of Psychoanalysis*, 88:4 (2007), pp. 939–59。
2. 'Lingfield Colony reports' (April, October, June 1946 respectively), Alice Goldberger collection, 2007.423, USHMMA.
3. Howard Byrne, 'They Learn to be Children Again', *John Bull*, October 1948.
4. 尤可参见 Eva Illouz, *Saving the Modern Soul: Therapy, Emotions, and the Culture of Self-Help* (Berkeley, CA: University of California Press, 2008)。社会学家 Illouz 认为，说谈话疗法对情绪有益的各种新看法，出现在两次世界大战之间，但在 60 年代之后才"广获接受"。
5. Interview with Bela R., 2007, interviewer Sheila Melzack, 'The Girls' project, WLA.
6. David Cesarani, introduction, in David Cesarani and Eric Sundquist (eds), *After the Holocaust: Challenging the Myth of Silence* (London: Routledge, 2012), p. 1.
7. Henry Greenspan, *The Awakening of Memory: Survivor Testimony in the First Years after the Holocaust* (Washington, DC: USHMM, 2000); Hasia Diner, *We Remember with Reverence and Love: American Jews and the Myth of Silence after the Holocaust, 1945–1962* (New York: New York University Press, 2009), p. 369. 迪纳此处特指幸存者对五六十年代时美国犹太社群"巨大的沉默"的记忆。
8. Boaz Cohen, 'The Children's Voice: Postwar Collection of Testimonies from Child Survivors of the Holocaust', *Holocaust and Genocide Studies*, 21:1 (2007), pp. 73–95.
9. Rebecca Clifford, 'Emotions and Gender in Oral History: Narrating Italy's 1968', *Modern Italy*, 17:2 (2012), pp. 209–22.
10. Susanne Urban, '"More Children are to be Interviewed": Child Survivors' Narratives in the Child Search Brach Files', in Henning Borggräfe, Akim Jah, Nina Ritz, and Steffen Jost, with Elisabeth Schwabauer, *Freilegungen: Rebuilding Lives – Child Survivors and DP Children in the Aftermath of the Holocaust and Forced Labour* (Göttingen: Wallstein Verlag, 2017), p. 78. See also Verena Buser, 'Displaced Children: 1945 and The Child Tracing Division of the United Nations Relief and Rehabilitation Administration', in *The Holocaust in History and Memory*, 7 (2014), pp. 109–23.
11. Julia Reus, '"Everywhere Where Human Beings Are, We Can Find Our Children": On the Organization of the ITS Child Search Branch', in Borggräfe et al., *Freilegungen*, p. 51.
12. 我们应注意一种可能性，即虽然加拿大犹太人大会这一机构想要确保计划里的所有儿童是父母双亡，但其工作人员个人可能合力通融。
13. Pearl Leibovitch of the Jewish Child Welfare Bureau to the CJC, 2 February 1950, 'Aaron B.' file, 1947–50, Cb 03, UJRA collection, CJCA.
14. Interview with Aaron B., 17 May 1998, interviewer Yana Katzap, USC Shoah Foundation VHA.

15. David Cesarani, introduction, in *After the Holocaust*, p. 16.

16. Laura Jockusch, *Collect and Record! Jewish Holocaust Documentation in Early Postwar Europe* (Oxford: Oxford University Press, 2012), p. 4.

17. 此处尤可参见Jeffrey Herf, *Divided Memory: The Nazi Past in the Two Germanys* (Cambridge, MA: Harvard University Press, 1997); and Pieter Lagrou, *The Legacy of Nazi Occupation: Patriotic Memory and National Recovery in Western Europe, 1945–1965* (New York: Cambridge University Press, 2000)。

18. 关于历史委员会，尤可参见 Jockusch, *Collect and Record!* See also Ada Schein, '"Everyone Can Hold a Pen": The Documentation Project in the DP Camps in Germany', in David Bankier and Dan Michman (eds), *Holocaust Historiography in Context: Emergence, Challenges, Polemics and Achievements* (New York, 2008), pp. 103–34.

19. Boaz Cohen and Beate Müller, 'A Teacher and his Students: Child Holocaust Testimonies from Early Postwar Polish Bytom', *East European Jewish Affairs*, 46:1 (2016), pp. 68–115, here p. 71. See also Cohen, 'The Children's Voice', pp. 111–12. 犹太人历史中央委员会对儿童的采访中，有 55 份于 1947 年在波兰编辑出版（Maria Hochberg-Mariańska and Noe Grüss, *Dzieci Oskarżają*; 英译为《孩子在控诉》/ *The Children Accuse*），另有一个较短的意第绪语版于 1947 年在布宜诺斯艾利斯出版，名为 *Kinder-Martyrologie*。

20. Laura Jockusch, *Collect and Record!*, p. 264, n 152; Cohen, 'The Children's Voice', pp. 87–9.

21. 博德采访的 20 名儿童绝大多数都是青少年：和别的证词收集者不同，博德担心向幼童询问受迫害经历对他们的心理有害。

22. 科恩和缪勒注意到很多儿童的讲述竟然不含感情，因此猜测涉及情绪的内容很可能被故意删去了。Cohen and Müller, 'A Teacher and His Students' , pp. 68–115, here p. 70.

23. Cohen, 'The Children's Voice', pp. 80, 84.

24. Boaz Cohen and Beate Müller, 'The 1945 Bytom Notebook: Searching for the Lost Voices of Child Holocaust Survivors', in Freilegungen: *Überlebende – Erinnerungen – Transformationen* (Göttingen: Wallstein Verlag, 2013). 黪似乎是在难民营写下的孩子们的讲述，他于 1949 年移民美国。

25. Interview with A.F., interviewer Shlomo Tsam, in Cohen and Müller, 'A Teacher and his Students', p. 82. 黪采访的 42 名儿童中有 4 名要求匿名，A.F 是其中一位。

26. Interview with Buzha (Busia) W., interviewer Shlomo Tsam, in Cohen and Müller, 'A Teacher and his Students', pp. 89–90. 布扎 · W（Weiner）离开波兰去了德国的一个难民营，被短暂安置在普林的儿童中心，后于 1947 年 4 月移民美国。

27. 关于幸存儿童在战后的讲述，尤可参见博阿斯 · 科恩的著作。也可见 Joanna Beata Michlic 的著作，尤其她的 'Jewish Children in Nazi-Occupied Poland: Survival and Polish-Jewish Relations during the Holocaust as Reflected in Early Postwar Recollections', *Search and Research – Lectures and Papers*, XIV (Jerusalem: Yad Vashem, 2008), p. xiv。

28. Paul Friedman, 'The Road Back for the DPs: Healing the Psychological Scars of Nazism', *Commentary* (1 December 1948).

29. Miriam Warburg, 'Children Without Parents', *Jewish Chronicle*, 15 April 1949.

30. Margot Hicklin, *War-Damaged Children: Some Aspects of Recovery* (London: Association of Psychiatric Social Workers, 1946), pp. 8, 12.

31. Interview with Bela R., 'The Girls' project.

32. Interview with Joanna M. (born Bela R.), 21 October 2014, interviewer Rebecca Clifford, author's collection.

33. 'Lingfield Colony report', August 1946, p. 2, Alice Goldberger collection, 2007.423, USHMMA.

34. 'Lingfield Colony report', October 1952, Alice Goldberger collection, 2007.423, USHMMA.

结语 最后的见证者

1. Interview with Agnes G.-S. (born G.), 22 October 2014, interviewer Rebecca Clifford, author's collection. 阿格尼丝是一名历史学家、作家，关于大屠杀历史已出版三本书籍。

2. Memorial book for Erwin B., Kibbutz Ein Harod Meuhad.

3. Chad McDonald, '"We Became British Aliens": Kindertransport Refugees Narrating the Discovery of their Parents' Fates', Holocaust Studies, 24:4 (2018), pp. 395–417. 关于幸存者叙事中的变化反映了他们需要掌控无法控制的过去这一观点，尤可参见 Mark Roseman, *A Past in Hiding: Memory and Survival in Nazi Germany* (New York: Metropolitan Books, 2000)。

4. Elena Lappin, 'The Man with Two Heads', *Granta*, 66 (1999), p. 13.

5. https://www.kentlandstowncrier.com/2018/05/presentation-by-child-holocaust-survivor-sylvia-rozines/ (accessed 3 June 2020). 希韦娅"亲历者"访谈（用她英语化的婚后名字西尔维娅·R）的例子，见 https://www.youtube.com/watch?v=o_dIkuC8668 (accessed 3 June 2020)。

6. Interview with Sylvia R. (born Cywia P.), 22 May 2015, interviewer Rebecca Clifford, author's collection.

7. Interview with Jackie Y., 16 December 2014, interviewer Rebecca Clifford, author's collection.

参考文献

除特殊说明外，非英语文字的翻译皆出自作者本人。

档案来源

American Jewish Joint Distribution Committee, New York City

  1945–54 records

  Cyprus Operation records, 1945–9

Canadian Jewish Congress Archives (CJCA)

  IOI collection

  United Jewish Relief Agencies of Canada collection (UJRA)

Hartley Library, University of Southampton

  West London Synagogue archives

Hebrew University of Jerusalem Archives

  Kestenberg Archive of Testimonies of Child Holocaust Survivors

Illinois Institute of Technology

  Voices of the Holocaust Project, online at https://iit.aviaryplatform.com/collections/231

Imperial War Museum, London

  Oral History collection

United States Holocaust Memorial Museum Archives, Washington DC (USHMMA)

  Alice Goldberger papers

  American Friends Service Committee records

  American Gathering of Jewish Holocaust Survivors collection

Bay Area Oral History Project collection
Case files from the Schweizer Hilfswerk für Emigrantenkinder (SHEK)
Erich A. Hausmann papers
Felice Z.S. papers
Greta Fischer papers
International Tracing Service collection
Jewish Refugee records, Switzerland
Oeuvre de Secours aux Enfants records (OSE)
Oral History collection
Rachel Greene Rottersman papers
Syma Crane papers
United Restitution Office Los Angeles and Toronto collections

USC Shoah Foundation Institute
Visual History Archive (VHA)

Wiener Library Archives, London (WLA)
Central British Fund for German Jewry collection
Dann Family papers
International Tracing Service collection
Press clippings collection
Rose Henriques archive
The Girls oral history collection

Yad Vashem, Jerusalem
The Righteous Among the Nations Database, online at https://righteous.yadvashem.org

Yale University Library
Fortunoff Video Archive for Holocaust Testimonies (FVA)

纸质版一手、二手来源

Abella, Irving, and Troper, Harold, *None Is Too Many: Canada and the Jews of Europe, 1933–1948* (Toronto: University of Toronto Press, 2012)

Abrams, Lynn, *Oral History Theory* (London: Routledge, 2010)

Adler, H. G., Theresienstadt, *1941–1945: The Face of a Coerced Community* (Cambridge: Cambridge University Press, 2017)

Akhtar, Salman, *The Mother and her Child: Clinical Aspects of Attachment, Separation, and Loss* (New York: Jason Aronson, 2012)

Althoff, Becky, 'Observations on the Psychology of Children in a D.P. Camp', *Journal of Social Casework*, XXIX:1 (1948), pp. 17–22

American Psychiatric Association, 'Post-Traumatic Stress Disorder', in *Diagnostic and Statistical Manual of Mental Disorders*, 3rd edn (Washington, DC: American Psychiatric Association, 1980)

Anderson, Mark, 'Child Victim as Witness to the Holocaust: An American Story?', *Jewish Social Studies*, 14:1 (2007), pp. 1–22

Andlauer, Anna, *The Rage to Live: The International D.P. Children's Center Kloster Indersdorf, 1945–46* (self-published, 2012)

Auslander, Leora, 'Coming Home? Jews in Postwar Paris', *Journal of Contemporary History*, 40:2 (2005), pp. 237–59

Azouvi, François, *Le Mythe du grand silence: Auschwitz, les Français, la mémoire* (Paris: Fayard, 2012)

Bailey, Alice, *The Problems of the Children in the World Today* (New York: Lucis, 1946)

Bailly, Danielle (ed.), *Traqués, Cachés, Vivants: Des Enfants juifs en France (1940–1945)* (Paris: L'Harmattan, 2004)

Balint, Ruth, 'Children Left Behind: Family, Refugees and Immigration in Postwar Europe', *History Workshop Journal*, 82 (2016), pp. 151–72

Bankier, David (ed.), *The Jews Are Coming Back: The Return of the Jews to Their Countries of Origins after World War II* (Oxford: Berghahn Books, 2005)

Bardgett, Susanne, 'Belsen and the BBC: What Wireless Listeners Learned', *History Today*, 56:8 (2006), pp. 30–7

Bardgett, Susanne, Cesarani, David, Reinisch, Jessica, and Steinert, Johannes-Dieter (eds), *Survivors of Nazi Persecution in Europe after the Second World War. Vol. I: Landscapes after Battle* (London: Vallentine Mitchell, 2010)

Barkan, Elazar, *The Guilt of Nations: Restitution and Negotiating Historical Injustices* (New York: W. W. Norton, 2000)

Bauer, Patricia J., 'Development of Memory in Early Childhood', in Nelson Cowan (ed.), *The Development of Memory in Childhood* (Hove: Psychology Press, 1997)

Bauer, Yehuda, *American Jewry and the Holocaust: The American Jewish Joint Distribution Committee, 1939–1945* (Detroit, MI: Wayne State University Press, 1981)

——*Flight and Rescue: Brichah* (Jerusalem: Magnes Press, 1970)

——*My Brother's Keeper: A History of the American Jewish Joint Distribution Committee*, 1929–1939 (Philadelphia, PA: Jewish Publication Society of America, 1974)

——*Out of the Ashes: The Impact of American Jews on Post-Holocaust European Jewry* (New York: Pergamon Press, 1989)

Baumel-Schwartz, Judith Tydor, 'Jewish Refugee Children in the USA (1934–45): Flight, Resettlement, Absorption', in Simone Gigliotti and Monica Tempian (eds), *The Young Victims of the Nazi Regime: Migration, the Holocaust and Postwar Displacement* (London: Bloomsbury, 2016), pp. 11–30

——*Never Look Back: The Jewish Refugee Children in Great Britain 1938–1945* (West Lafayette, IN: Purdue University Press, 2012)

——*Unfulfilled Promise: Rescue and Resettlement of Jewish Refugee Children in the United States 1934–1945* (Juneau: Denali, 1990)

Bazyler, Michael, *Holocaust Justice: The Battle for Restitution in America's Courts* (New York: New York University Press, 2003)

Beaglehole, Ann, '"The Children Are a Triumph": New Zealand's Response to Europe's Children and Youth, 1933–49', in Simone Gigliotti and Monica Tempian (eds), *The Young Victims of the Nazi*

Regime: Migration, the Holocaust and Postwar Displacement (London: Bloomsbury, 2016), pp. 91–112

Bergmann, Martin S., and Jucovy, Milton E. (eds), *Generations of the Holocaust* (New York: Columbia University Press, 1982)

Berkowitz, Michael, and Brown-Fleming, Suzanne, 'Perceptions of Jewish Displaced Persons as Criminals in Early Postwar Germany: Lingering Stereotypes and Self-Fulfilling Prophecies', in Avinoam J. Patt and Michael Berkowitz (eds), We Are Here: New Approaches to Jewish Displaced Persons in Postwar Germany (Detroit, MI: Wayne State University Press, 2010), pp. 167–93

Bessel, Richard, and Schumann, Dirk (eds), *Life After Death: Approaches to a Cultural and Social History of Europe during the 1940s and 1950s* (Cambridge: Cambridge University Press, 2003)

Bialystok, Franklin, *Delayed Impact: The Holocaust and the Canadian Jewish Community* (Montreal: McGill-Queen's University Press, 2000)

Blackstock, *Charity, Wednesday's Children* (London: Hutchinson, 1966)

Bluglass, Kerry, *Hidden from the Holocaust: Stories of Resilient Children who Survived and Thrived* (London: Praeger, 2003)

Boder, David P., *I Did Not Interview the Dead* (Urbana, IL: University of Illinois Press, 1949)

Bogner, Nahum, *At the Mercy of Strangers: The Rescue of Jewish Children with Assumed Identities in Poland* (Jerusalem: Yad Vashem, 2009)

Borggräfe, Henning, Jah, Akim, Ritz, Nina, and Jost, Steffen, with Schwabauer, Elisabeth (eds), *Freilegungen: Rebuilding Lives – Child Survivors and DP Children in the Aftermath of the Holocaust and Forced Labour* (Göttingen: Wallstein Verlag, 2017)

Braham, Randolph, *The Hungarian Labor Service System, 1939–1945* (New York: Columbia University Press, 1977)

——*The Nazis' Last Victims: The Holocaust in Hungary* (Detroit, MI: Wayne State University Press, 1998)

——*The Politics of Genocide: The Holocaust in Hungary* (New York: Columbia University Press, 1981)

——*The Wartime System of Labor Service in Hungary: Varieties of Experience* (Boulder, CO: Rosenthal Institute for Holocaust Studies, 1995)

Brauner, Alfred, and Brauner, Françoise, *L'Accueil des enfants survivants* (Paris: Cahier du groupement de recherches practiques pour l'enfance, 1994)

Brock, Adrian C. (ed.), *Internationalizing the History of Psychology* (New York: New York University Press, 2006)

Brosse, Thérèse, *War-Handicapped Children: Report on the European Situation* (Paris: UNESCO, 1950)

Brown-Fleming, Suzanne, *Nazi Persecution and Postwar Repercussions: The International Tracing Service Archive and Holocaust Research* (Lanham, MD: Rowman & Littlefield, 2016)

Browning, Christopher, *Remembering Survival: Inside a Nazi Slave-Labor Camp* (New York: W. W. Norton, 2011)

Bruttmann, Tal, Ermakoff, Ivan, Mariot, Nicolas, and Zalc, Claire (eds), *Pour Une MicroHistoire de la Shoah* (Paris: Seuil, 2012)

Buhle, Mari Jo, *Feminism and its Discontents: A Century of Struggle with Psychoanalysis* (Cambridge, MA: Harvard University Press, 1998)

Burgard, Antoine, '"Une Nouvelle Vie dans un nouveau pays": Trajectoires d'orphelins de la Shoah vers le Canada (1947–1952)', unpublished PhD thesis (Université Lumière Lyon 2, 2017)

Burnham, John (ed.), *After Freud Left: A Century of Psychoanalysis in America* (Chicago, IL: University of Chicago Press, 2012)

Buser, Verena, 'Displaced Children: 1945 and The Child Tracing Division of the United Nations Relief and Rehabilitation Administration', The Holocaust in History and Memory, 7 (2014), pp. 109–23

Caestecker, Franck, 'The Reintegration of Jewish Survivors into Belgian Society, 1943–47', in David Bankier (ed.), *The Jews Are Coming Back: The Return of the Jews to their Countries of Origin after World War II* (Oxford: Berghahn Books, 2005), pp. 72–107

Cahn, Eric, *Maybe Tomorrow: A Hidden Child of thc Holocaust* (Arvada, CO: Casan Publishing, 1995)

Cahn, Zilla, *Suicide in French Thought from Montesquieu to Cioran* (New York: Peter Lang, 1999)

Celinscak, Mark, *Distance from the Belsen Heap: Allied Forces and the Liberation of a Nazi Concentration Camp* (Toronto: University of Toronto Press, 2015)

Cesarani, David, 'Camps de la mort, camps de concentration et camps d'internement dans la mémoire collective britannique', *Vingtième Siècle. Revue d'histoire*, 54 (1997), pp. 13–23

——(ed.), *Genocide and Rescue: The Holocaust in Hungary, 1944* (Oxford: Berg, 1997)

Cesarani, David, and Sundquist, Eric (eds), *After the Holocaust: Challenging the Myth of Silence* (London: Routledge, 2012)

Clifford, Rebecca, 'Britain's Response to WWII Child Refugees Puts Modern Society to Shame', *The Conversation* (8 February 2017)

——*Commemorating the Holocaust: The Dilemmas of Remembrance in France and Italy* (Oxford: Oxford University Press, 2013)

——'Emotions and Gender in Oral History: Narrating Italy's 1968', *Modern Italy*, 17:2 (2012), pp. 209–22

——'Families after the Holocaust: Between the Archives and Oral History', *Oral History*, 46:1 (2018), pp. 42–54

——'Who Is a Survivor? Child Holocaust Survivors and the Development of a Generational Identity', *Oral History Forum d'histoire orale*, 37 (2017)

Close, Kathryn, *Transplanted Children: A History* (New York: USCOM, 1953)

Cohen, Beth B., 'American Jews and Holocaust Survivors, 1946–54', in Avinoam J. Patt and Michael Berkowitz (eds), *We Are Here: New Approaches to Jewish Displaced Persons in Postwar Germany* (Detroit, MI: Wayne State University Press, 2010)

——*Case Closed: Holocaust Survivors in Postwar America* (New Brunswick, NJ: Rutgers University Press, 2007)

——*Child Survivors of the Holocaust: The Youngest Remnant and the American Experience* (New Brunswick, NJ: Rutgers University Press, 2018)

Cohen, Boaz, 'The 1945 Bytom Notebook: Searching for the Lost Voices of Child Holocaust Survivors', in Rebecca Boehling, Susanne Urban, and René Bienet (eds), *Freilegungen: Überlebende – Erinnerungen – Transformationen* (Göttingen: Wallstein Verlag, 2013), pp. 122–37

——'"And I Was Only a Child": Children's Testimonies, Bergen-Belsen 1945', in Suzanne Bardgett and David Cesarani (eds), *Belsen 1945: New Historical Perspectives* (London: Vallentine Mitchell, 2006), pp. 153–69

——'The Children's Voice: Postwar Collection of Testimonies from Child Survivors of the Holocaust', *Holocaust and Genocide Studies*, 21:1 (2007), pp. 73–95

——'Survivor Caregivers and Child Survivors: Rebuilding Lives and the Home in the Postwar Period', *Holocaust and Genocide Studies*, 32:1 (2018), pp. 49–65

Cohen, Boaz, and Horvath, Rita, 'Young Witnesses in the DP Camps: Children's Holocaust Testimony in Context', *Journal of Modern Jewish Studies*, 11:1 (2012), pp. 103–25

Cohen, Boaz, and Müller, Beate, 'A Teacher and his Students: Child Holocaust Testimonies from Early Postwar Polish Bytom', *East European Jewish Affairs*, 46:1 (2016), pp. 68–115

Cohen, Daniel G., *In War's Wake: European Refugees in the Postwar Order* (Oxford: Oxford University Press, 2011)

Cohen, Stanley, *Folk Devils and Moral Panics* (London: MacGibbon and Kee, 1972)

Cohler, B. J., 'Memory Recovery and the Use of the Past: A Commentary on Lindsay and Read from Psychoanalytic Perspectives', *Applied Cognitive Psychology*, 8 (1994), pp. 365–78

Cole, Tim, *Holocaust City: The Making of a Jewish Ghetto* (London: Routledge, 2003)

Cole, Tim, Giordano, Alberto, and Knowles, Anne Kelly (eds), *Geographies of the Holocaust* (Bloomington, IN: Indiana University Press, 2014)

Cowan, Nelson (ed.), *The Development of Memory in Childhood* (Hove: Psychology Press, 1997)

Czech, Danuta, *Auschwitz Chronicle, 1939–1945* (New York: Holt, 1997)

Dallam, S. J., 'Crisis or Creation: A Systematic Examination of False Memory Claims', *Journal of Child Sexual Abuse*, 9:3 (2002), pp. 9–36

Danieli, Yael (ed.), *International Handbook of Multigenerational Legacies of Trauma* (New York: Springer, 1998)

Davie, Maurice, *Refugees in America: Report of the Committee for the Study of Recent Immigration from Europe* (New York: Harper & Brothers, 1947)

Davie, Ronald, Upton, Graham, and Varma, Ved (eds), *The Voice of the Child: A Handbook for Professionals* (London: Falmer Press, 1996)

Dawson, Graham, *Making Peace with the Past? Memory, Trauma and the Irish Troubles* (Manchester: Manchester University Press, 2007)

De Young, Alexandra, Kenardy, Justin, and Cobham, Vanessa, 'Trauma in Early Childhood: A Neglected Population', *Clinical Child and Family Psychology Review*, 14:3 (2011), pp. 231–50

Deblinger, Rachel, 'David P. Boder: Holocaust Memory in Displaced Persons Camps', in David Cesarani and Eric Sundquist (eds), *After the Holocaust: Challenging the Myth of Silence* (London: Routledge, 2012), pp. 115–26

Dequeker, Luc, 'Baptism and Conversion of Jews in Belgium, 1939–1945', in Dan Michman (ed.), *Belgium and the Holocaust: Jews, Belgians, Germans* (Oxford: Berghahn Books, 1998), pp. 235–71

Des Pres, Terrence, *The Survivor: An Anatomy of Life in the Death Camps* (New York: Oxford University Press, 1976)

Diner, Hasia R., *We Remember with Reverence and Love: American Jews and the Myth of Silence after the Holocaust, 1945–1962* (New York: New York University Press, 2009)

Dinnerstein, Leonard, *America and the Survivors of the Holocaust* (New York: Columbia University Press, 1982)

Dodd, Lindsey, *French Children under the Allied Bombs, 1940–45: An Oral History* (Manchester: Manchester University Press, 2016)

Doron, Daniella, *Jewish Youth and Identity in Postwar France: Rebuilding Family and Nation* (Bloomington, IN: Indiana University Press, 2015)

——'Lost Children and Lost Childhoods: Memory in Post-Holocaust France', in Seán Hand and Steven T. Katz (eds), *Post-Holocaust France and the Jews, 1945–1955* (New York: New York University Press, 2015), pp. 85–117

Downs, Laura Lee, *Childhood in the Promised Land: Working-Class Movements and the Colonies de Vacances in France, 1880–1960* (Durham, NC: Duke University Press, 2002)

——'Milieu Social or Milieu Familial? Theories and Practices of Childrearing among the Popular Classes in 20th-Century France and Britain: The Case of Evacuation (1939–45)', *Family and Community History*, 8:1 (2005), pp. 49–66

Draper, Paula, 'Canadian Holocaust Survivors from Liberation to Rebirth', *Canadian Jewish Studies*, 4 (1997), pp. 39–42

Draper, Paula, and Troper, Harold (eds), *Archives of the Holocaust, Vol. 15: National Archives of Canada, Ottawa, and Canadian Jewish Congress Archives, Montreal* (New York: Garland Publishing, 1991)

Dwork, Debórah, *Children with a Star: Jewish Youth in Nazi Europe* (New Haven, CT: Yale University Press, 1991)

Eckl, Marlen, '"This Tear Remains Forever . . .": German-Jewish Refugee Children and Youth in Brazil (1933–45): Resettlement Acculturation, Integration', in Simone Gigliotti and Monica Tempian (eds), *The Young Victims of the Nazi Regime: Migration, the Holocaust, and Postwar Displacement* (London: Bloomsbury, 2016), pp. 51–70

Edele, Mark, Fitzpatrick, Sheila, and Grossmann, Atina (eds), *Shelter from the Holocaust: Rethinking Jewish Survival in the Soviet Union* (Detroit, MI: Wayne State University Press, 2017)

Ehrenreich, John, *The Altruistic Imagination: A History of Social Work and Social Policy in the United States* (Ithaca, NY: Cornell University Press, 1985)

Eidlitz-Markus, Tal, Shuper, Avinoam, and Amir, Jacob, 'Secondary Enuresis: Post-Traumatic Stress Disorder in Children after Car Accidents', *IMAJ*, 2 (2000), pp. 135–7

Eitinger, Leo, and Krell, Robert, *The Psychological and Medical Effects of Concentration Camps and Related Persecutions on Survivors of the Holocaust* (Vancouver: University of British Columbia Press, 1985)

Eizenstat, Stuart E., *Imperfect Justice: Looted Assets, Slave Labor, and the Unfinished Business of World War II* (New York: Perseus Books, 2003)

Engel, David, 'Patterns of Anti-Jewish Violence in Poland, 1944–1946', *Yad Vashem Studies*, 26 (1998), pp. 43–85

Epstein, Helen, *Children of the Holocaust: Conversations with Sons and Daughters of Survivors* (New York: G. P. Putnam & Sons, 1979)

——'Heirs of the Holocaust', *New York Times Magazine* (19 June 1977)

Eskin, Blake, *A Life in Pieces* (London: Aurum Press, 2002)

Feldman, David, Mazower, Mark, and Reinisch, Jessica (eds), *Postwar Reconstruction in Europe: International Perspectives, 1945–1949* (Oxford: Oxford University Press, 2011)

Felman, Shoshana, and Laub, Dori, Testimony: *Crises of Witnessing in Literature, Psychoanalysis, and History* (New York: Routledge, 1992)

Figley, Charles R., *Trauma and its Wake: The Study and Treatment of Post-Traumatic Stress Disorder*, vol. I (Hove: Psychology Press, 1985)

Finder, Gabriel, 'Yizkor! Commemoration of the Dead by Jewish Displaced Persons in Postwar Germany', in Alon Confino, Paul Betts, and D. Schumann (eds), *Between Mass Death and Individual Loss: The Place of the Dead in Twentieth-Century Germany* (New York: Berghahn Books, 2008)

Fink, Hans, 'Development Arrest as a Result of Nazi Persecution during Adolescence', *International Journal of Psycho-Analysis*, 49 (1968), pp. 327–9

Fischer, Greta, 'The Refugee Youth Program in Montreal, 1947–1952', unpublished Masters thesis in social work (McGill University, 1955)

Fishman, Joel S., 'Jewish War Orphans in the Netherlands: The Guardianship Issue, 1945–1950', *Wiener Library Bulletin*, 27 (1973–4), pp. 31–6

——'The War Orphan Controversy in the Netherlands: Majority-Minority Relations', in J. Michman and T. Levie (eds), *Dutch Jewish History: Proceedings of the [Second] Symposium on the History of Jews in the Netherlands*, 28 November–3 December 1982, Tel-Aviv/Jerusalem, pp. 421–32

Fivush, Robyn, 'Event Memory in Early Childhood', in Nelson Cowan (ed.), *The Development of Memory in Childhood* (Hove: Psychology Press, 1997), pp. 139–57

——'The Function of Event Memory: Some Comments on Nelson and Barsalou', in Ulric Neisser and Eugene Winograd (eds), *Remembering Reconsidered: Ecological and Traditional Approaches to the Study of Memory* (New York: Cambridge University Press, 1988), pp. 277–82

Fivush, Robyn, Haden, Catherine, and Adam, Salimah, 'Structure and Coherence of Preschoolers' Personal Narratives over Time: Implications for Childhood Amnesia', *Journal of Experimental Child Psychology*, 60:1 (1995), pp. 32–56

Fogelman, Eva, 'Intergenerational Group Therapy: Child Survivors of the Holocaust and Offspring of Survivors', *Psychoanalytic Review*, 75:4 (1988), pp. 619–40

——'The Psychology behind Being a Hidden Child', in Jane Marks, *The Hidden Children: The Secret Survivors of the Holocaust* (New York: Ballantine Books, 1993), pp. 292–307

Fogg, Shannon, *The Politics of Everyday Life in Vichy France: Foreigners, Undesirables, and Strangers* (Cambridge: Cambridge University Press, 2009)

Freud, Anna, 'Discussion of Dr. John Bowlby's Paper', *The Psychoanalytic Study of the Child*, XV (1960), pp. 53–62

Freud, Anna, and Burlingham, Dorothy, *War and Children* (London, 1943)

Freud, Anna, and Dann, Sophie, 'An Experiment in Group Upbringing', *The Psychoanalytic Study of the Child*, vol. VI (1951), pp. 127–68

Friedländer, Saul, *When Memory Comes* (Madison, WI: University of Wisconsin Press, 1979)

Friedman, Paul, 'The Road Back for the DPs: Healing the Psychological Scars of Nazism', *Commentary* (1 December 1948)

Gafny, Emunah Nachmany, *Dividing Hearts: The Removal of Jewish Children from Gentile Families in Poland in the Immediate Post-Holocaust Years* (Jerusalem: Yad Vashem, 2009)

Gallant, Mary, *Coming of Age in the Holocaust: The Last Survivors Remember* (Lanham, MD: University Press of America, 2002)

Gatrell, Peter, *The Making of the Modern Refugee* (Oxford: Oxford University Press, 2013)

Gay, Ruth, *Safe Among the Germans: Liberated Jews after World War Two* (New Haven, CT: Yale University Press, 2002)

Genizi, Haim, *America's Fair Share: The Admission and Resettlement of Displaced Persons, 1945–1952* (Detroit, MI: Wayne State University Press, 1993)

Gershon, Karen (ed.), *We Came as Children* (London: Victor Gollancz, 1966)

Gigliotti, Simone, and Monica Tempian (eds), *The Young Victims of the Nazi Regime: Migration, the Holocaust, and Postwar Displacement* (London: Bloomsbury, 2016)

Gilbert, Martin, *The Boys: The Story of 732 Young Concentration Camp Survivors* (London: Weidenfeld & Nicolson, 1996)

Gildea, Robert, *Fighters in the Shadows: A New History of the French Resistance* (London: Faber & Faber, 2015)

Goldberg, Adara, *Holocaust Survivors in Canada: Exclusion, Inclusion, Transformation, 1947–1955* (Winnipeg: University of Manitoba Press, 2015)

Goldberg, Paulette Szabason, *Just Think It Never Happened* (Victoria, Australia: Makor Jewish Community Library, 2002)

Goltermann, Svenja, *The War in their Minds: German Soldiers and their Violent Pasts in West Germany* (Ann Arbor, MI: University of Michigan Press, 2017)

Greenspan, Henry, *The Awakening of Memory: Survivor Testimony in the First Years after the Holocaust* (Washington, DC: USHMM, 2000)

——'The Humanities of Contingency: Interviewing and Teaching Beyond "Testimony" with Holocaust Survivors', *The Oral History Review*, 8 (2019), pp. 360–79

——'On Testimony, Legacy and the Problem of Helplessness in History', *Holocaust Studies*, 13:1 (2007), pp. 44–56

Greenspan, Henry, Horowitz, Sara R., Kovács, Éva, et al., 'Engaging Survivors: Assessing "Testimony" and "Trauma" as Foundational Concepts', *Dapim: Studies on the Holocaust*, 28:3 (2014), pp. 190–226

Grobman, Alex, *Rekindling the Flame: American Jewish Chaplains and the Survivors of European Jewry, 1944–1948* (Detroit, MI: Wayne State University Press, 1993)

Grossmann, Atina, *Jews, Germans, and Allies: Close Encounters in Occupied Germany* (Princeton, NJ: Princeton University Press, 2007)

Gurvic, Olga, *Quelques Problèmes de l'enfance abandonée* (Geneva: OSE, 1946)

Gutman, Yisrael, and Saf, Avital (eds), *She'erit Hapletah, 1944–1948: Rehabilitation and Political Struggle* (Jerusalem: Yad Vashem, 1990)

Gyomroi, Edith Ludowyk, 'The Analysis of a Young Concentration Camp Victim', *The Psychoanalytic Study of the Child*, XVIII (1963), pp. 484–510

Hacking, Ian, 'Memory Sciences, Memory Politics', in Paul Antze and Michael Lambek (eds), *Tense Past: Cultural Essays in Trauma and Memory* (New York: Routledge, 1996)

Halbwachs, Maurice, *Les Cadres sociaux de la mémoire* (Paris: Presses Universitaires de France, 1925)

Harris, Mark Jonathan, and Oppenheimer, Deborah, *Into the Arms of Strangers: Stories of the Kindertransport* (London: Bloomsbury, 2000)

Hartman, Geoffrey, 'The Humanities of Testimony: An Introduction', *Poetics Today*, 27:2 (2006), pp. 249–60

Hausmann, Erich, J'Aurais Pu Choisir les Accents circonflexes! (Paris: FSJU-Hamoré, 2007)

Hazan, Katy, *Les Enfants de l'après-guerre dans les Maisons de l'OSE* (Paris: Somogy Editions d'Art, 2012)

——*Les Orphelins de la Shoah: Les Maisons de l'espoir, 1944–1960* (Paris: Belles Lettres, 2000)

——'Récuperer les Enfants cachés: Un impératif pour les oeuvres juives dans l'après-guerre', *Archives Juives*, 37:2 (2004), pp. 16–31

Hazan, Katy, and Ghozian, Eric (eds), *A La Vie! Les Enfants de Buchenwald, du shtetl à l'OSE* (Paris: Fondation pour la mémoire de la Shoah, 2005)

Heberer, Patricia, *Children during the Holocaust* (Lanham, MD: AltaMira Press, 2011)

Hemmendinger, Judith, 'The Children of Buchenwald: After Liberation and Now', in Shalom Robinson (ed.), *Echoes of the Holocaust* (Jerusalem: Jerusalem Center for Research into the Late Effects of the Holocaust, 1994)

——'Readjustment of Young Concentration Camp Survivors through a Surrogate Family Experience' (paper presented at the Third International Conference on Family Therapy, Jerusalem, 1979)

——*Revenus du néant* (Paris: L'Harmattan, 2002)

——*Survivors: Children of the Holocaust* (Bethesda, MD: National Press, 1986)

Hemmendinger, Judith, and Krell, Robert, *The Children of Buchenwald* (Jerusalem: Gefen Publishers, 2000)

Henry, Marilyn, *Confronting the Perpetrators: A History of the Claims Conference* (New York: Vallentine Mitchell, 2007)

Herf, Jeffrey, Divided Memory: *The Nazi Past in the Two Germanys* (Cambridge, MA: Harvard University Press, 1997)

Herzog, Dagmar, Cold War Freud: Psychoanalysis in an Age of Catastrophes (Cambridge: Cambridge

University Press, 2017)

Heuman, Johannes, *The Holocaust and French Historical Culture, 1945–65* (Basingstoke: Palgrave Macmillan, 2015)

Hicklin, Margot, *War-Damaged Children: Some Aspects of Recovery* (London: Association of Psychiatric Social Workers, 1946)

Hilberg, Raul, *The Destruction of the European Jews*, 3rd edn (New Haven, CT: Yale University Press, 2003)

Hirsch, Marianne, *Family Frames: Photography, Narrative and Postmemory* (Cambridge, MA: Harvard University Press, 1997)

——*The Generation of Postmemory: Writing and Visual Culture after the Holocaust* (New York: Columbia University Press, 2012)

Hitchcock, William I., *The Bitter Road to Freedom: A New History of the Liberation of Europe* (London: Faber & Faber, 2009)

Hobson Faure, Laura, 'Orphelines ou soeurs? Penser la famille juive pendant et après la Shoah', 20 & 21. *Revue d'histoire*, 145 (2020), pp. 91–104

——'Penser L'Accueil des immigrés juifs: l'American Jewish Joint Distribution Committee et les oeuvres sociales juives françaises après la Shoah', in Colette Zytnicki (ed.), *Terre d'exil, terre d'asile. Migrations juives en France aux XIXe et XXe siècles* (Paris: L'Eclat, 2010)

——*Un 'Plan Marshall juif': La présence juive américaine en France après la Shoah, 1944–1954* (Paris: Armand Colin, 2013)

Hobson Faure, Laura, and Vanden Daelen, Veerle, 'Imported from the United States? The American Jewish Welfare System in Post-WWII Europe: The Cases of Belgium and France, 1944–1960', in Avinoam Patt, Atina Grossmann, Linda G. Levi, and Maud S. Mandel (eds), *The Joint Distribution Committee: 100 Years of Jewish History* (Detroit, MI: Wayne State University Press, 2017)

Hobson Faure, Laura et al. (eds), *L'Oeuvre de Secours aux Enfants et les populations juives au XXe siècle* (Paris: Armand Colin, 2014)

Hochberg-Mariańska, Maria, and Grüss, Noë (eds), *The Children Accuse*, trans. Bill Johnston (London: Vallentine Mitchell, 1996)

Hoffman, Eva, *After Such Knowledge: A Meditation on the Aftermath of the Holocaust* (London: Vintage, 2004)

Holborn, Louise, *The International Refugee Organization. A Specialized Agency of the United Nations: Its History and Work, 1946–1952* (Oxford: Oxford University Press, 1956)

Holian, Anna, *Between National Socialism and Soviet Communism: Displaced Persons in Postwar Germany* (Ann Arbor, MI: University of Michigan Press, 2011)

Horowitz, Mardi Jon (ed.), *Essential Papers on Post-Traumatic Stress Disorder* (New York: New York University Press, 1999)

Höschler, Christian, 'International Families? Community Living in the IRO Children's Village Bad Aibling, 1948–1951', in Henning Borggräfe, Akim Jah, Nina Ritz, and Steffen Jost, with Elisabeth Schwabauer (eds), *Freilegungen: Rebuilding Lives – Child Survivors and DP Children in the Aftermath of the Holocaust and Forced Labour* (Göttingen: Wallstein Verlag, 2017), pp. 105–24

Humbert, Laure, '"When Most Relief Workers Had Never Heard of Freud": UNRRA in the French Occupation Zone, 1945–1947', in Sandra Barkhof and Angela Smith (eds), *War and Displacement in the Twentieth Century: Global Conflicts* (London: Routledge, 2014), pp. 199–223

Illouz, Eva, *Saving the Modern Soul: Therapy, Emotions, and the Culture of Self-Help* (Berkeley, CA: University of California Press, 2008)

Independent Commission of Experts Switzerland – Second World War (ICE), *Switzerland and Refugees in the Nazi Era (Interim Report)* (Bern: BBL, 1999)

——*Switzerland, National Socialism, and the Second World War (Final Report)* (Zurich: Pendo Verlag, 2002)

Jablonka, Ivan, *Histoire des grands-parents que je n'ai pas eus* (Paris: Seuil, 2012)

Jablonka, Ivan (ed.), *L'Enfant Shoah* (Paris: Presses Universitaires de France, 2014)

Jinks, Rebecca, *Representing Genocide: The Holocaust as Paradigm?* (London: Bloomsbury, 2016)

Jockusch, Laura, *Collect and Record! Jewish Holocaust Documentation in Early Postwar Europe* (Oxford: Oxford University Press, 2012)

Jockusch, Laura, and Patt, Avinoam J., 'Holocaust Survivors Diasporas', in Hasia R. Diner (ed.), *Oxford Handbook of Jewish Diasporas* (New York: Oxford University Press, forthcoming)

Jones, Amanda, *Bringing Up War Babies: The Wartime Child in Women's Writing and Psychoanalysis at Mid-Century* (New York: Routledge, 2018)

Judt, Tony, *Postwar: A History of Europe since 1945* (London: Pimlico, 2007)

Kadosh, Sara, 'Jewish Refugee Children in Switzerland, 1939–1950', in J. K. Roth and Elisabeth Maxwell (eds), *Remembering for the Future* (London: Palgrave Macmillan, 2001)

Kangisser Cohen, Sharon, *Child Survivors of the Holocaust in Israel: Social Dynamics and Post-War Experiences* (Brighton: Sussex Academic Press, 2005)

Kangisser Cohen, Sharon, Fogelman, Eva, and Ofer, Dalia (eds), *Children in the Holocaust and its Aftermath: Historical and Psychological Studies of the Kestenberg Archive* (Oxford: Berghahn Books, 2017)

Kaplan, Jacob, *L'Affaire Finaly* (Paris: Cerf, 1993)

Kaplan, Marion, *Between Dignity and Despair: Jewish Life in Nazi Germany* (Oxford: Oxford University Press, 1998)

Karpf, Anne, *The War After: Living with the Holocaust* (London: Minerva, 1997)

Kavanaugh, Sarah, *ORT, the Second World War and the Rehabilitation of Holocaust Survivors* (London: Vallentine Mitchell, 2008)

Keilson, Hans, *Sequential Traumatization in Children: A Clinical and Statistical Follow-Up Study on the Fate of the Jewish War Orphans in the Netherlands* (Jerusalem: Magnes Press, 1992)

Keren, Nili, 'The Family Camp', in Yisrael Gutman and Michael Berenbaum (eds), *Anatomy of the Auschwitz Death Camp* (Bloomington, IN: Indiana University Press, 1994)

Kestenberg, Judith, 'Memories from Early Childhood', Psychoanalytic Review, 75:4 (1988), pp. 561–71

——'Psychoanalytic Contributions to the Problem of Children of Survivors from Nazi Persecution', *Israel Annals of Psychiatry and Related Disciplines*, 10:4 (1972)

Kestenberg, Judith, and Brenner, Ira (eds), *The Last Witness: The Child Survivor of the Holocaust* (Washington, DC: American Psychiatric Press, 1996)

Kestenberg, Judith, and Fogelman, Eva (eds), *Children During the Nazi Reign: Psychological Perspective on the Interview Process* (London: Praeger, 1994)

Kestenberg, Judith, and Kestenberg, Milton, 'Background of the Study', in Martin S. Bergmann and Milton E. Jucovy (eds), *Generations of the Holocaust* (New York: Columbia University Press, 1982), pp. 33–43

Kestenberg, Milton, 'Discriminatory Aspects of the German Indemnification Policy: A Continuation of Persecution', in Martin S. Bergmann and Milton E. Jucovy (eds), *Generations of the Holocaust* (New York: Columbia University Press, 1982), pp. 62–79

Kieval, Hillel J., 'Legality and Resistance in Vichy France: The Rescue of Jewish Children', *Proceedings of the American Philosophical Society*, 124:5 (1980), pp. 339–66

Kirsh, Mary Fraser, 'The Lost Children of Europe: Narrating the Rehabilitation of Child Holocaust Survivors in Great Britain and Israel', unpublished PhD thesis (University of Wisconsin-Madison, 2012)

——'Remembering the "Pain of Belonging": Jewish Children Hidden as Catholics in Second World War France', in Simone Gigliotti and Monica Tempian (eds), *The Young Victims of the Nazi Regime: Migration, the Holocaust, and Postwar Displacement* (London: Bloomsbury, 2016)

Klarsfeld, Serge, *French Children of the Holocaust: A Memorial* (New York: New York University Press, 1996)

——*Le Mémorial de la déportation des Juifs de France* (Paris: Association des Fils et Filles des Déportés Juifs de France, 1978)

——*Memorial to the Jews Deported from France, 1942–1944* (New York: B. Klarsfeld Foundation, 1983)

Knox, Katherine, and Kushner, Tony, *Refugees in an Age of Genocide: Global, National and Local Perspectives during the Twentieth Century* (London: Frank Cass, 1999)

Kolinski, Eva, *After the Holocaust: Jewish Survivors in Germany after 1945* (London: Pimlico, 2004)

Königseder, Angelika, and Wetzel, Juliane, *Waiting for Hope: Jewish Displaced Persons in Post World War II Germany*, trans. John A. Broadwin (Evanston, IL: Northwestern University Press)

Kovarsky, Marcel, 'Casework with Refugee Children', *Jewish Social Service Quarterly*, 24 (June 1948), pp. 402–7

Krell, Robert Suedfeld, Peter, and Soriano, Erin, 'Child Holocaust Survivors as Parents: A Transgenerational Perspective', *American Journal of Orthopsychiatry*, 74:4 (2004), pp. 502–8

Krell, Robert, and Glassner, Martin Ira (eds), And Life Is Changed Forever: Holocaust Childhoods Remembered (Detroit, MI: Wayne State University Press, 2006)

Krell, Robert, and Sherman, Marc I. (eds), Medical and Psychological Effects of Concentration Camps on Holocaust Survivors (New Brunswick, NJ: Transaction Publishers, 1997)

Krystal, Henry (ed.), *Massive Psychic Trauma* (New York: International Universities Press, 1968)

Krystal, Henry, and Niederland, William G. (eds), *Psychic Traumatization: After Effects in Individuals and Communities* (Boston, MA: Little, Brown, 1971)

Kubica, Helena, 'Children', in Yisrael Gutman and Michael Berenbaum, *Anatomy of the Auschwitz Death Camp* (Bloomington, IN: Indiana University Press, 1994)

Kuchler-Silbermann, Lena, *My Hundred Children* (London: Souvenir, 1961)

Lagrou, Pieter, *The Legacy of Nazi Occupation: Patriotic Memory and National Recovery in Western Europe, 1945–1965* (New York: Cambridge University Press, 2000)

Langer, Lawrence L., 'The Dilemma of Choice in the Death Camps', in Alan Rosenberg and Gerald Myers (eds), *Echoes from the Holocaust: Philosophical Reflections on a Dark Time* (Philadelphia, PA: Temple University Press, 1988), pp. 118–27

——*Holocaust Testimonies: The Ruins of Memory* (New Haven, CT: Yale University Press, 1993)

Lappin, Ben, *The Redeemed Children: The Story of the Rescue of War Orphans by the Jewish Community of Canada* (Toronto: University of Toronto Press, 1963)

Lappin, Elena, 'The Man with Two Heads', *Granta*, 66 (1999), pp. 7–66

Laqueur, Walter (ed.), *The Holocaust Encyclopedia* (New Haven, CT: Yale University Press, 2001)

Laub, Morris, *Last Barrier to Freedom: Internment of Jewish Holocaust Survivors in Cyprus, 1946–1949* (Jerusalem: Magnes Press, 1985)

Lavsky, Hagit, *New Beginnings: Holocaust Survivors in Bergen-Belsen and the British Zone in Germany* (Detroit, MI: Wayne State University Press, 2002)

Lazare, Lucien (ed.), *The Encyclopedia of the Righteous Among the Nations: France* (Jerusalem: Yad Vashem, 2003)

Lenroot, Katherine, 'The United States Program for the Care of Refugee Children', *Proceedings of the National Conference of Social Work* (1941)

Levi, Primo, *If This Is a Man* (New York: Orion Press, 1959)

Levy, Daniel, and Sznaider, Natan, *The Holocaust and Memory in the Global Age* (Philadelphia, PA: Temple University Press, 2005)

Leys, Ruth, *Trauma: A Geneaology* (Chicago, IL: University of Chicago Press, 2000)

Lienert, Salome, *Das Schweizer Hilfswerk für Emigrantenkinder, 1933–1947* (Zurich: Chronos Verlag, 2013)

Linenthal, Edward T., *Preserving Memory: The Struggle to Create America's Holocaust Museum* (New York: Viking, 1995)

Loftus, Elizabeth, 'Creating False Memories', *Scientific American*, 277:3 (1997), pp. 70–5

——'Tricked by Memory', in Jeffrey Jaclyn, Glenace Edwall, and Donald A. Ritchie (eds), *Memory and History: Essays on Recalling and Interpreting Experience* (Lanham, MD: University Press of America, 1994), pp. 17–32

London, Louise, *Whitehall and the Jews, 1933–1948: British Immigration Policy, Jewish Refugees and the Holocaust* (Cambridge: Cambridge University Press, 2001)

Loughran, Tracey, 'Shell Shock, Trauma, and the First World War: The Making of a Diagnosis and its Histories', *Journal of the History of Medicine and Allied Sciences*, 67:1 (January 2012), pp. 94–119

Lowe, Keith, *Savage Continent: Europe in the Aftermath of World War II* (London: Viking, 2012)

Lubove, Roy, *The Professional Altruist: The Emergence of Social Work as a Career, 1870–1930* (Cambridge, MA: Harvard University Press, 1965)

Macardle, Dorothy, *Children of Europe* (London: Victor Gollancz, 1949)

Maercker, Andreas, Salomon, Zahava, and Schutzwohl, Matthias (eds), *Post-Traumatic Stress Disorder: A Lifespan Developmental Perspective* (New York: Bertrams, 1999)

Makari, George, *Revolution in Mind: The Creation of Psychoanalysis* (New York: HarperCollins, 2008)

Mandel, Maud, *In the Aftermath of Genocide: Armenians and Jews in Twentieth-Century France* (Durham, NC: Duke University Press, 2003)

Mankowitz, Zeev, *Life Between Memory and Hope* (Cambridge: Cambridge University Press, 2009)

Marks, Jane, *The Hidden Children: The Secret Survivors of the Holocaust* (New York: Ballantine Books, 1993)

Marrus, Michael, *The Holocaust in History* (Hanover, NH: University Press of New England, 1987)

——*The Unwanted: European Refugees in the Twentieth Century* (New York: Oxford University Press, 1985)

——'The Vatican and the Custody of Jewish Child Survivors', *Holocaust and Genocide Studies*, 21:3 (2007), pp. 378–403

Martz, Fraidie, Open Your Hearts: The Story of the Jewish War Orphans in Canada (Montreal: Véhicule Press, 1996)

Masour-Ratner, Jenny, and Hazan, Katy, *Mes Vingt Ans à l'OSE* (Paris: Le Manuscrit, 2006)

Maynes, Mary Jo, 'Age as a Category of Historical Analysis: History, Agency, and Narratives of Childhood', *Journal of the History of Childhood and Youth*, 1 (2008), pp. 114–24

Mazower, Mark, *Dark Continent: Europe's Twentieth Century* (London: Penguin, 1998)

——*Hitler's Empire: Nazi Rule in Occupied Europe* (London: Allen Lane, 2008)

McDonald, Chad, '"We Became British Aliens": Kindertransport Refugees Narrating the Discovery of their Parents' Fates', *Holocaust Studies*, 24:4 (2018), pp. 395–417

McLaughlin, Jeff, and Schiff, Vera, *Bound for Theresienstadt: Love, Loss and Resistance in a Nazi Concentration Camp* (London: McFarland and Company, 2017)

Michlic, Joanna B., 'Jewish Children in Nazi-Occupied Poland: Survival and Polish-Jewish Relations during the Holocaust as Reflected in Early Postwar Recollections', *Search and Research – Lectures and Papers* (Jerusalem: Yad Vashem, 2008), p. xiv

——'"The War Began for Me after the War": Jewish Children in Poland, 1945–1949', in Jonathan Friedman (ed.), *The Routledge History of the Holocaust* (London: Routledge, 2011), pp. 482–97

——'Who Am I? Jewish Children Search for Identity in Postwar Poland', *Polin: Studies in Polish Jewry*, 20 (2007), pp. 98–121

Michman, Dan, *The Emergence of Jewish Ghettos during the Holocaust* (Cambridge: Cambridge University Press, 2011)

Midgley, Nick, 'Anna Freud: The Hampstead War Nurseries and the Role of the Direct Observation of Children for Psychoanalysis', *International Journal of Psycho-Analysis*, 88:4 (2007), pp. 939–59

Minkowski, Eugène, *Les Enfants de Buchenwald* (Geneva: Union OSE, 1946)

Moskovitz, Sarah, *Love Despite Hate: Child Survivors of the Holocaust and their Adult Lives* (New

York: Schocken Books, 1983)

Moskovitz, Sarah, and Krell, Robert, 'The Struggle for Justice: A Survey of Child Holocaust Survivors' Experiences with Restitution', in John K. Roth and Elisabeth Maxwell (eds), *Remembering for the Future: The Holocaust in an Age of Genocide*. Vol. 2: *Ethics and Religion* (New York: Palgrave, 2001), pp. 923–37

Muhlen, Robert, *The Survivors: A Report on the Jews in Germany Today* (New York: T. Y. Crowell, 1962)

Müller, Beate, 'Trauma, Historiography and Polyphony: Adult Voices in the CJHC's Early Postwar Child Holocaust Testimonies', *History & Memory*, 24:2 (2012), pp. 157–95

Myers Feinstein, Margarete, *Holocaust Survivors in Postwar Germany, 1945–1957* (Cambridge: Cambridge University Press, 2010)

——'Jewish Observance in Amalek's Shadow: Mourning, Marriage and Birth Rituals among Displaced Persons in Germany', in Avinoam J. Patt and Michael Berkowitz (eds), *We Are Here: New Approaches to Jewish Displaced Persons in Postwar Germany* (Detroit, MI: Wayne State University Press, 2010)

Nelson, Katherine, 'The Psychological and Social Origins of Autobiographical Memory', *Psychological Science*, 4:1 (1993), pp. 1–8

Nicholas, Lynn H., *Cruel World: The Children of Europe in the Nazi Web* (New York: Vintage, 2006)

Niederland, William G., 'Clinical Observations on the "Survivor Syndrome"', *International Journal of Psycho-Analysis*, 49 (1968), pp. 313–15

Niewyk, Donald L. (ed.), *Fresh Wounds: Early Narratives of Holocaust Survival* (Chapel Hill, NC, and London: University of North Carolina Press, 2011)

Norton, Jennifer Craig, *The Kindertransport: Contesting Memory* (Bloomington, IN: Indiana University Press, 2019)

Novick, Peter, *The Holocaust and Collective Memory* (London: Bloomsbury, 2001)

Ofer, Dalia, Ouzan, Françoise, and Baumel-Schwartz, Judith Tydor (eds), *Holocaust Survivors: Resettlement, Memories, Identities* (Oxford: Berghahn Books, 2011)

Ogilvie, Sarah, and Miller, Scott, Refuge *Denied: The St. Louis Passengers and the Holocaust* (Madison, WI: University of Wisconsin Press, 2006)

Ostrovsky, Michal, '"We Are Standing By": Rescue Operations of the United States Committee for the Care of European Children', *Holocaust and Genocide Studies*, 29:2 (2015), pp. 230–50

Panz, Karolina, '"They Did Not Want Any More Jews There": The Fate of Jewish Orphans in Podhale, 1945–1946', in Henning Borggräfe, Akim Jah, Nina Ritz, and Steffen Jost, with Elisabeth Schwabauer (eds), *Freilegungen: Rebuilding Lives – Child Survivors and DP Children in the Aftermath of the Holocaust and Forced Labour* (Göttingen: Wallstein Verlag, 2017), pp. 93–104

Papanek, Ernst, *Out of the Fire* (New York: William Morrow, 1975)

Passerini, Luisa, 'Work Ideology and Consensus under Italian Fascism', *History Workshop Journal*, 8:1 (1979), pp. 82–108

Patt, Avinoam J., *Finding Home and Homeland: Jewish Youth and Zionism in the Aftermath of the Holocaust* (Detroit, MI: Wayne State University Press, 2009)

Patt, Avinoam J., and Berkowitz, Michael (eds), *We Are Here: New Approaches to Jewish Displaced Persons in Postwar Germany* (Detroit, MI: Wayne State University Press, 2010)

Perra, Emiliano, 'Narratives of Innocence and Victimhood: The Reception of the Miniseries Holocaust in Italy', *Holocaust and Genocide Studies*, 22:3 (2008), pp. 411–40

Pillemer, David B., and White, Sheldon H., 'Childhood Events Recalled by Children and Adults', in Hayne W. Reese (ed.), *Advances in Child Development and Behaviour* (San Diego, CA: Academic Press, 1989), pp. 297–340

Poliakov, Léon, *Bréviaire de la haine* (Paris: Calmann-Levy, 1951)

Portelli, Alessandro, *The Battle of Valle Giulia: Oral History and the Art of Dialogue* (Madison, WI: University of Wisconsin Press, 1997)

——*The Death of Luigi Trastulli and Other Stories: Form and Meaning in Oral History* (Albany, NY: State University of New York Press, 1991)

——*The Order Has Been Carried Out: History, Memory, and Meaning of a Nazi Massacre in Rome* (New York: Palgrave Macmillan, 2003)

——'What Makes Oral History Different?', in Robert Perks and Alistair Thomson (eds), *The Oral History Reader*, 2nd edn (New York: Routledge, 2006), pp. 32–42

Posnanski, Renée, *Les Juifs en France pendant la Seconde Guerre Mondiale* (Paris: Hachette, 1997)

Poujol, Catherine, '1945–1953: Petite Chronique de l'affaire des enfants Finaly', *Archives Juives*, 37:2 (2004), pp. 7–15

——*L'Affaire Finaly: Les Enfants cachés* (Paris: Berg International, 2006)

Pross, Christian, *Paying for the Past: The Struggle over Reparations for Surviving Victims of the Nazi Terror* (Baltimore, MD: Johns Hopkins University Press, 1998)

Proudfoot, Malcolm, *European Refugees, 1939–1952: A Study in Forced Population Movement* (London: Faber & Faber, 1957)

Rakoff, Vivian, 'Long-Term Effects of the Concentration Camp Experience', *Viewpoints* (March 1966), pp. 17–21

Rakoff, Vivian, Sigal, J. J., and Epstein, N. B., 'Children and Families of Concentration Camp Survivors', *Canada's Mental Health*, 14:4 (July–August 1966), pp. 24–6

Reilly, Joanne, *Belsen: The Liberation of a Concentration Camp* (London: Routledge, 1998)

Reinisch, Jessica, 'Internationalism in Relief: The Birth (and Death) of UNRRA', *Past and Present* (2011), pp. 258–89

Reinisch, Jessica, and White, Elizabeth (eds), *The Disentaglement of Populations: Migration, Expulsion and Displacement in Post-War Europe, 1944–9* (Basingstoke: Palgrave Macmillan, 2011)

Reitlinger, Gerald, *The Final Solution: An Attempt to Exterminate the Jews of Europe* (New York: Vallentine Mitchell, 1953)

Reus, Julia, '"Everywhere Where Human Beings Are, We Can Find Our Children": On the Organization of the ITS Child Search Branch', in Henning Borggräfe, Akim Jah, Nina Ritz, and Steffen Jost, with Elisabeth Schwabauer (eds), *Freilegungen: Rebuilding Lives – Child Survivors and DP Children in the Aftermath of the Holocaust and Forced Labour* (Göttingen: Wallstein Verlag,

2017), pp. 41–69

Robson, William Lane M., and Leung, Alexander K. C., 'Secondary Nocturnal Enuresis', *Clinical Pediatrics*, 39:7 (2000), pp. 379–85

Roseman, Mark, *A Past in Hiding: Memory and Survival in Nazi Germany* (New York: Metropolitan Books, 2000)

Rosen, Alan, '"We Know Very Little in America": David Boder and Un-Belated Testimony', in David Cesarani and Eric Sundquist (eds), *After the Holocaust: Challenging the Myth of Silence* (London: Routledge, 2012), pp. 102–14

——*The Wonder of Their Voices: The 1946 Holocaust Interviews of David Boder* (Oxford: Oxford University Press, 2010)

Rossini, Gill, *A Social History of Adoption in England and Wales* (Barnsley: Pen and Sword, 2014)

Rossler, Peter, *The Words to Remember It: Memoirs of Child Holocaust Survivors* (Melbourne: Scribe, 2009)

Roth, John K., and Maxwell, Elisabeth (eds), *Remembering for the Future: The Holocaust in an Age of Genocide. Vol. 3: Memory* (New York: Palgrave, 2001)

Rothberg, Michael, *Multidirectional Memory: Remembering the Holocaust in the Age of Decolonization* (Stanford, CA: Stanford University Press, 2009)

Rothfeld, Anne, 'A Source for Holocaust Research: The United Restitution Organization Files', *Perspectives on History: The Newsmagazine of the American Historical Association* (April 2000)

Rotten, Elisabeth, *Children's Communities: A Way of Life for War's Victims* (Paris: UNESCO, 1949)

Rousso, Henry, *The Vichy Syndrome: History and Memory in France since 1944*, trans. Arthur Goldhammer (Cambridge, MA: Harvard University Press, 1991)

Rozett, Robert, 'International Intervention: The Role of Diplomats in Attempts to Rescue Jews in Hungary', in Randolph Braham (ed.), *The Nazis' Last Victims: The Holocaust in Hungary* (Detroit, MI: Wayne State University Press, 1998), pp. 137–52

Rubin, D. C., 'The Distribution of Early Childhood Memories', *Memory*, 8:4 (2000), pp. 265–9

Rutland, Suzanne D., 'A Distant Sanctuary: Australia and Child Holocaust Survivors', in Simone Gigliotti and Monica Tempian (eds), *The Young Victims of the Nazi Regime: Migration, the Holocaust, and Postwar Displacement* (London: Bloomsbury, 2016)

——'Postwar Anti-Jewish Refugee Hysteria: A Case of Racial or Religious Bigotry?', *Journal of Australian Studies*, 77 (2003), pp. 69–79

Saalheimer, Manfred, 'Bringing Jewish Orphan Children to Canada', *Canadian Jewish Review* (5 December 1947), pp. 7 and 82

Salvatici, Silvia, '"Help the People to Help Themselves": UNRRA Relief Workers and European Displaced Persons', *Journal of Refugee Studies*, 25:3 (2012), pp. 428–51

Samuel, Vivette, *Rescuing the Children: A Holocaust Memoir* (Madison, WI: University of Wisconsin Press, 2002)

Schein, Ada, '"Everyone Can Hold a Pen": The Documentation Project in the DP Camps in Germany', in David Bankier and Dan Michman (eds), *Holocaust Historiography in Context: Emergence,*

Challenges, Polemics and Achievements (New York, 2008), pp. 103–34

Schmideberg, Melitta, *Children in Need* (London: George Allen and Unwin, 1948)

Schneer, David, *Through Soviet Jewish Eyes: Photography, War, and the Holocaust* (New Brunswick, NJ: Rutgers University Press, 2011)

Schneider, Wolfgang, and Pressley, Michael (eds), *Memory Development between Two and Twenty*, 2nd edn (Mahwah, NJ: Lawrence Erlbaum Associates, 1997)

Schrafstetter, Susanna, 'The Diplomacy of Wiedergutmachung: Memory, the Cold War, and the Western European Victims of Nazism, 1956–1964', *Holocaust and Genocide Studies*, 7:3 (2003), pp. 459–79

Schwarz, Joseph W., *The Redeemers: A Saga of the Years, 1945–1952* (New York: Farrar, Straus and Young, 1953)

Segev, Tom, *The Seventh Million: The Israelis and the Holocaust* (New York: Henry Holt, 2000)

Seidman, Naomi, 'Elie Wiesel and the Scandal of Jewish Rage', *Jewish Social Studies*, 3:1 (1996), pp. 1–19

Shafter, Toby, 'How DP Children Play', *Congress Weekly* (26 March 1948)

Shapira, Michal, *The War Inside: Psychoanalysis, Total War, and the Making of the Democratic Self in Postwar Britain* (Cambridge: Cambridge University Press, 2013)

Sharples, Caroline, and Jensen, Olaf (eds), *Britain and the Holocaust* (Basingstoke: Palgrave Macmillan, 2013)

Sheftel, Anna, and Zembrzycki, Stacey, 'We Started over Again, We Were Young: Postwar Social Worlds of Child Holocaust Survivors in Montreal', *Urban History Review*, 39:1 (2010), pp. 20–30

Shenker, Noah, *Reframing Holocaust Testimony* (Bloomington, IN: Indiana University Press, 2015)

Shephard, Ben, *The Long Road Home: The Aftermath of the Second World War* (London: Bodley Head, 2010)

Sherman, Judith H., *Say the Name: A Survivor's Tale in Prose and Poetry* (Albuquerque, NM: University of New Mexico Press, 2005)

Sherwin, Michael, 'The Law in Relation to the Wishes and Feelings of the Child', in Ronald Davie, Graham Upton, and Ved Varma (eds), *The Voice of the Child: A Handbook for Professionals* (London: Falmer Press, 1996)

Śliwowska, Wiktoria (ed.), *The Last Eyewitnesses: Children of the Holocaust Speak* (Evanston, IL: Northwestern University Press, 1993)

Snyder, Timothy, *Bloodlands: Europe Between Hitler and Stalin* (London: Vintage, 2011)

Solomon, Susan Gross, 'Patient Dossiers and Clinical Practice in 1950s French Child Psychiatry', *Revue d'histoire de l'enfance 'irregulière'*, 18 (2016), pp. 275–96

Somers, Margaret R., 'The Narrative Construction of Identity: A Relational and Network Approach', *Theory and Society*, 23 (1994), pp. 605–49

Sonnert, Gerhard, and Holton, Gerald, *What Happened to the Children Who Fled Nazi Persecution* (New York: Palgrave, 2008)

Stargardt, Nicholas, 'Children's Art of the Holocaust', *Past and Present*, 161 (1998), pp. 191–235

——*Witnesses of War: Children's Lives under the Nazis* (London: Pimlico, 2006)

Stein, Arlene, *Reluctant Witnesses: Survivors, Their Children, and the Rise of Holocaust Consciousness* (Oxford: Oxford University Press, 2014)

Steinitz, Lucy Y., and Szonyi, David M. (eds), *Living after the Holocaust: Reflections by the Post-War Generation in America* (New York: Bloch Publishing, 1975)

Sterling, Eric (ed.), *Life in the Ghettos during the Holocaust* (Syracuse, NY: Syracuse University Press, 2005)

Stewart, John, *Child Guidance in Britain, 1918–1955: The Dangerous Age of Childhood* (London: Pickering and Chatto, 2013)

——'"The Dangerous Age of Childhood": Child Guidance and the "Normal" Child in Great Britain, 1920–1950', *Paedagogica Historica*, 47 (2011), pp. 785–803

Stone, Dan, 'The Domestication of Violence: Forging a Collective Memory of the Holocaust in Britain, 1945–6', *Patterns of Prejudice*, 33:2 (1999), pp. 13–24

——(ed.), *The Historiography of the Holocaust* (London: Palgrave Macmillan, 2004)

——'The Holocaust and its Historiography', in Dan Stone (ed.), *The Historiography of Genocide* (Basingstoke: Palgrave Macmillan, 2008), pp. 373–99

——*The Liberation of the Camps: The End of the Holocaust and Its Aftermath* (New Haven, CT: Yale University Press, 2015)

Strutz, Andrea, '"Detour to Canada": The Fate of Juvenile Austrian-Jewish Refugees after the "Anschluss" of 1938', in Simone Gigliotti and Monica Tempian (eds), *The Young Victims of the Nazi Regime: Migration, the Holocaust, and Postwar Displacement* (London: Bloomsbury, 2016), pp. 31–50

Suleiman, Susan Rubin, 'The 1.5 Generation: Thinking about Child Survivors and the Holocaust', *American Imago*, 59:3 (2002), pp. 277–95

——'Orphans of the Shoah and Jewish Identity in Post-Holocaust France: From the Individual to the Collective', in Seán Hand and Steven T. Katz (eds), *Post-Holocaust France and the Jews, 1945–1955* (New York: New York University Press, 2015), pp. 118–38

Sutro, Nettie, *Jugend Auf Der Flucht, 1933–1948* (Zurich: Chronos Verlag, 1952)

Tannen, Deborah, *Talking Voices: Repetition, Dialogue, and Imagery in Conversational Discourse* (Cambridge: Cambridge University Press, 2007)

Taylor, Lynn, *In the Children's Best Interests: Unaccompanied Children in American-Occupied Germany, 1945–1952* (Toronto: University of Toronto Press, 2017)

Tec, Nechama, *Jewish Children Between Protectors and Murderers* (Washington, DC: USHMM, 2005)

The Child Survivors' Association of Great Britain, *We Remember: Child Survivors of the Holocaust Speak* (Leicester: Matador, 2011)

Trimble, Michael R., 'Post-Traumatic Stress Disorder: History of a Concept', in Charles R. Figley (ed.), *Trauma and its Wake: The Study and Treatment of Post-Traumatic Stress Disorder*, vol. I (Hove: Psychology Press, 1985), pp. 5–14

Trossman, Bernard, 'Adolescent Children of Concentration Camp Survivors', *Canadian Psychiatric Association Journal*, 13:2 (April 1968), pp. 121–3

Urban, Susanne, '"More Children are to be Interviewed": Child Survivors' Narratives in the Child Search Brach Files', in Henning Borggräfe, Akim Jah, Nina Ritz, and Steffen Jost, with Elisabeth Schwabauer (eds), *Freilegungen: Rebuilding Lives – Child Survivors and DP Children in the Aftermath of the Holocaust and Forced Labour* (Göttingen: Wallstein Verlag, 2017), pp. 70–92

——'Unaccompanied Children and the Allied Child Search', in Simone Gigliotti and Monica Tempian (eds), *The Young Victims of the Nazi Regime: Migration, the Holocaust, and Postwar Displacement* (London: Bloomsbury, 2016)

Urwin, Cathy, and Sharland, Elaine, 'From Bodies to Minds in Childcare Literature: Advice to Parents in Inter-War Britain', in Roger Cooter (ed.), *In the Name of the Child: Health and Welfare in England, 1880–1940* (New York: Routledge, 1992)

Valent, Paul, *Child Survivors of the Holocaust* (New York: Routledge, 2002)

Vegh, Claudine, Je Ne Lui Ai Pas Dit Au Revoir: Des Enfants de déportés parlent (Paris: Gallimard, 2005)

Vromen, Suzanne, *Hidden Children of the Holocaust: Belgian Nuns and Their Daring Rescue of Young Jews from the Nazis* (Oxford: Oxford University Press, 2010)

——'Linking Religion and Family: Memories of Children Hidden in Belgian Convents during the Holocaust', in Marie Louise Seeberg, Irene Levin, and Claudia Lenz (eds), *The Holocaust as Active Memory* (Farnham, Surrey: Ashgate, 2013), pp. 15–28

Wachsmann, Nikolaus, *KL: A History of the Nazi Concentration Camps* (London: Abacus, 2016)

Warhaftig, Zorach, and Freid, Jacob, *Uprooted: Jewish Refugees and Displaced Persons after Liberation* (New York: American Jewish Congress, 1946)

Washington Post staff, *The Obligation to Remember* (Washington, DC: The Washington Post, 1983)

Wells, Christine, Morrison, Catriona, and Conway, Martin, 'Adult Recollections of Childhood Memories: What Details Can Be Recalled?', *The Quarterly Journal of Experimental Psychology*, 67:7 (2013), pp. 1,249–61

Whitworth, Wendy (ed.), *Journeys: Children of the Holocaust Tell their Stories* (London: Quill Press, 2009)

Wiesel, Elie, *Night*, trans. Stella Rodway (London: Panther Books, 1960)

Wieviorka, Annette, *Déportation et génocide* (Paris: Plon, 1992)

——*The Era of the Witness*, trans. Jared Stark (Ithaca, NY: Cornell University Press, 2006)

Winnik, H. Z., 'Contribution to Symposium on Psychic Traumatization through Social Catastrophe', *International Journal of Psycho-Analysis*, 49 (1968), pp. 298–301

Winograd, Eugene, 'The Authenticity and Utility of Memories', in Robyn Fivush and Ulric Neisser (eds), *The Remembering Self: Construction and Accuracy in the Self-Narrative* (Cambridge: Cambridge University Press, 1994), pp. 243–51

Wolf, Diane, *Beyond Anne Frank: Hidden Children and Postwar Families in Holland* (Berkeley, CA: University of California Press, 2007)

Wyman, Mark, *DPs: Europe's Displaced Persons* (New York: Cornell University Press, 1998)

Young, Jackie, 'Lost and Waiting to Be Found', unpublished memoir, 2005

Young-Bruehl, Elisabeth, *Anna Freud: A Biography* (New York: Summit Books, 1989)

Zahra, Tara, '"A Human Treasure": Europe's Displaced Children Between Nationalism and Internationalism', *Past and Present*, 210:6 (2011), pp. 332–50

——*The Lost Children: Reconstructing Europe's Families after World War II* (Cambridge, MA: Harvard University Press, 2011)

Zaretsky, Eli, *Secrets of the Soul: A Social and Cultural History of Psychoanalysis* (New York: Vintage, 2005)

Zeitoun, Sabine, *Histoire de l'OSE: De la Russie tsariste à l'Occupation en France* (Paris: L'Harmattan, 2010)

Zoff, Otto, *They Shall Inherit the Earth* (New York: The John Day Company, 1943)

Zweig, Ronald W., *German Reparations and the Jewish World: A History of the Claims Conference* (Boulder, CO: Westview, 1987)

插图来源

1. United States Holocaust Memorial Museum, courtesy of Lydia Chagoll.
2. Photo by Edgar Ainsworth/Picture Post/Hulton Archive.
3. United States Holocaust Memorial Museum, courtesy of Felice Zimmern Stokes.
4. United States Holocaust Memorial Museum, courtesy of Tosca Kempler.
5. Yad Vashem Photo Archive, Jerusalem, 6950/7.
6. Yad Vashem Photo Archive, Jerusalem, 6627/182.
7. United States Holocaust Memorial Museum, courtesy of Judith Koppel Steel.
8. United States Holocaust Memorial Museum, courtesy of Judith Koppel Steel.
9. United States Holocaust Memorial Museum, courtesy of Robert Waisman.
10. Photo by Mondadori via Getty Images.
11. United States Holocaust Memorial Museum.
12. United States Holocaust Memorial Museum, courtesy of Claude & Judith Feist Hemmendinger.
13. United States Holocaust Memorial Museum, courtesy of Felice Zimmern Stokes.
14. Alice Goldberger papers, United States Holocaust Memorial Museum.
15. Alice Goldberger papers, United States Holocaust Memorial Museum.
16. Alice Goldberger papers, United States Holocaust Memorial Museum.
17. Alex Dworkin Canadian Jewish Archives. Canadian Jewish Congress (CJC)

Collection, Series FA3, Box 1 file 5.

18. United States Holocaust Memorial Museum, courtesy of Zdenka Husserl.

19. Dutch National Archives, The Hague, Fotocollectie Algemeen Nederlands Persbureau (ANEFO), 1945-1989, bekijk toegang 2.24.01.04 Bestanddeelnummer 923-9360.

20. Private collection of Jackie Young.

21. Courtesy of West London Synagogue and Hartley Library, University of Southampton.

22. Private collection of Paulette Szabason Goldberg.

23. Alex Dworkin Canadian Jewish Archives. CJC Collection, series PP, photographed for Canadian Jewish Congress by PIC photos.

24. Courtesy of Marita Keilson.

25. Courtesy of Janet Kestenberg Amighi.

26. Private collection of Paulette Szabason Goldberg.

27. Courtesy of AJR Refugee Voices Archive/Dr Bea Lewkowicz. The image is the second picture of the following link: https://www.ajrrefugeevoices.org.uk/RefugeeVoices/jackie-young.

致谢

我感到无比开心能感谢那些在我写作本书时提供帮助的人，尤其是那些通过采访与我分享生平故事的幸存儿童。这些故事并未全数用在本书——那样的话需要十本书才能写完——但每一场采访都塑造了我的理解，也改变了我自己。我要深深感谢这些人：阿格尼丝·G-S、Andrew B、Angela S、Avigdor C、Danielle B、Dora K、Esther S、Eva M、Françoise R、Hanneke D、哈利·M、亨利·O、杰基·Y、雅克·F、Joan S、Joanna M、莱亚·R、“蕾奥拉”、Louise L-I、Manny M、保罗·Z、Peter G、Peter W、Robert T、西尔维娅·R、Vera S、兹丹卡·H。能听到你们的故事是巨大的荣幸。

我想感谢英国国家学术院（British Academy）、利华休姆信托基金（Leverhulme Trust）及西北大学大屠杀教育基金会的莎伦·阿布拉姆森研究资助计划（Sharon Abramson Research Grant scheme of the Holocaust Educational Foundation of Northwestern University）为我慷慨提供经费支持。英国国家学术院资助我在华盛顿特区访问半年，我在那里完成了本书的大部分档案研究。利华休姆信托基金的研究奖金让我可以完全脱离我在斯旺西大学的日常任务，不仅令我有时间写作，也让我可以清理头脑，从而以全新的方式、面向全新的读者进行写作实验。莎伦·阿布拉姆森研究计划资助了我后来的多次档案馆之行，以及对一些幸存儿童的采访。没有这些赞助方的帮助，本书就无法写成。

我也想感谢耶鲁大学出版社的每个人。在蔓延全球的疫情当中，他们用无与伦比的专业性和幽默感引领着我，使本书得以完成。我很少得到如此优秀的团队的全力支持：在逆境当中，他们每天都在创造奇迹。我尤其要感谢我的编辑 Julian Loose，每当我偏离幸存儿童的声音太远时，他都会把我拉回来。他帮助我将注意力集中在这段历史中最有意义的元素上，他是我遇到的考虑最周到、最尽心尽力的编辑。

在开展档案研究时，我十分依赖一些图书馆员和档案馆员的专业知识、智慧和明智判断。我尤其想要感谢美国大屠杀纪念馆的 Megan Lewis、Ron Coleman 和 Becky Erbelding，他们在半年时间里不知疲倦地鼓励着我。我特别感激 Ron，他在我研究初期就向我提出了一个极好的问题（“你理想的文献是什么样的？”）。这个问题帮我弄清楚了我要在档案中找什么——谢谢你，Ron。蒙特利尔阿力克斯·德沃金加拿大犹太档案馆（Alex Dworkin Canadian Jewish Archives）馆长 Janice Rosen，在指导我研究档案馆藏的同时，还启发我从新的角度思考使用幸存儿童档案的伦理问题。伦敦维纳图书馆（Wiener Library）的工作人员在我多次访问时热情地欢迎我——特别感谢 Christine Schmidt 对我的项目的热情支持。同时，非常感谢纽约美国犹太联合救济委员会档案馆的 Isabelle Rohr，她为一份缺失的档案帮我找了六个月——结果真找到了！我还要感谢这些地方的工作人员：蒙特利尔犹太公共图书馆，华盛顿特区的国会图书馆，耶鲁大学、伦敦大学皇家霍洛威学院、南安普顿大学和耶路撒冷希伯来大学的图书馆，以及伦敦帝国战争博物馆的档案馆。

许多杰出的历史学家不但用作品给了我很大启发，还主动提出阅读本书的部分或全部，并提供了有益的批评意见。我要感谢 Martin Conway、Robert Gildea、Chris Millington、Mark Roseman、Susan Solomon 和 Dan Stone，他们不惜时间和思考帮助了我，提出的建议使这本书更加有力，我希望他们每个人都能在最终的成果中看到自己的影子。我特别感激 Robert Gildea，他不仅在过去的 15 年里一直支持我和我的工作，还教会了我如何做口述历史，即便他自己也是自学成才。

其他同行和友人也给了我启发，丰富了本书。Josie McLellan 鼓励我尝试新的写作方式。博阿斯 · 科恩、Laura Hobson Faure 和 Antoine Burgard 分享了他们关于幸存儿童的研究洞见，并向我提供了他们即将出版的书和文章；他们的学术成果堪称典范。Tom Allbeson 与我分享了他在自己的研究中发现的资料。我无法找到比斯旺西大学历史系的同事们更善良、更和蔼的人了：我特别感谢 David Turner 以及“冲突、重建和记忆”研究组的所有成员。我还很幸运地与一支优秀的本科生团队合作，他们为我誊写采访记录并担任研究助手：感谢 Chris Brent、Nathan Davies、Josh Foley、Genevieve George、Eleri Powell、Angharad Williams 和 Freya Worrall。

这本书的初步研究是在华盛顿特区为期六个月的访学期间进行的，当时我是乔治城大学宝马德国和欧洲研究中心的访问学者。我感谢 Anna von der Goltz 对我的热情欢迎。我的部分写作是在法国格勒诺布尔–阿尔卑斯大学完成的，我很高兴能与罗讷–阿尔卑斯历史研究实验室（LARHRA）的 Anne Dalmasso 和 Anne-Marie Granet Abisset 共事。Anne-Marie 慷慨地借给我她的办公室，那里可以看到阿尔卑斯山的美景。我远眺山峰，就是从那里，战时的儿童救助会成员将犹太儿童偷运到中立国瑞士以确保他们安全。我经常想起玛丽安·科恩，她是一位年轻的抵抗者，在试图将一群犹太儿童带到靠近安纳马斯的边境时被盖世太保抓住。她的勇气给了我强烈的鼓舞。

本书的很大一部分是我在生病期间写作的，生病本身也让我要对一些人表达特别的感谢。感谢我的好朋友 Catherine、George 和 Lizzy：谢谢你们阅读书中的部分内容并分享了你们的想法。感谢我的母亲茱莉亚：谢谢你为我分忧解难，让我不用为自己担心太多。感谢我的外婆 Ibolya，对我来说你一直是 Mamuka（匈牙利语“老妈妈”）：谢谢你相信我写这本书是“为了家人”。也许我是的。感谢我的伴侣 Herschel：谢谢你在我最虚弱的时候，在精神、身体和工作上都给了我那么多关爱，这并不容易，我对你的感激无法衡量。你慷慨地放弃了你自己大量的研究时间，让我能够不受打扰地写作，即便是在我累得无法取得太多进展的时候。你明白，在我做不了太多别的事情时，能够写作会让我大有改观——哪怕只写一两段。

我最该感谢的是我的孩子，麦克斯和艾蒂（Ada）。当疾病摧残我的时候，是他们帮助我去关注真正重要的事情。他们引导我把儿童看作有意志和自己处事方式的行为主体。能看着他们发现自我，是我这一生最大的荣幸之一。

索引

（按汉语拼音顺序排列，页码见本书边码）

K

L

M

Y

Z

M 译丛

imaginist [MIRROR]

001 没有宽恕就没有未来

[南非] 德斯蒙德·图图 著

002 漫漫自由路：曼德拉自传

[南非] 纳尔逊·曼德拉 著

003 断臂上的花朵：人生与法律的奇幻炼金术

[南非] 奥比·萨克斯 著

004 历史的终结与最后的人

[美] 弗朗西斯·福山 著

005 政治秩序的起源：从前人类时代到法国大革命

[美] 弗朗西斯·福山 著

006 事实即颠覆：无以名之的十年的政治写作

[英] 蒂莫西·加顿艾什 著

007 苏联的最后一天：莫斯科，1991 年 12 月 25 日

[爱尔兰] 康纳·奥克莱利 著

008 耳语者：斯大林时代苏联的私人生活

[英] 奥兰多·费吉斯 著

009 零年：1945：现代世界诞生的时刻

[荷] 伊恩·布鲁玛 著

010 大断裂：人类本性与社会秩序的重建

[美] 弗朗西斯·福山 著

011 政治秩序与政治衰败：从工业革命到民主全球化

[美] 弗朗西斯·福山 著

012 罪孽的报应：德国和日本的战争记忆

[荷] 伊恩·布鲁玛 著

013 档案：一部个人史

[英] 蒂莫西·加顿艾什 著

014 布达佩斯往事：冷战时期一个东欧家庭的秘密档案

[美] 卡蒂·马顿 著

015 古拉格之恋：一个爱情与求生的真实故事

[英] 奥兰多·费吉斯 著

016 信任：社会美德与创造经济繁荣

[美] 弗朗西斯·福山 著

017 奥斯维辛：一部历史

[英] 劳伦斯·里斯 著

018 活着回来的男人：一个普通日本兵的二战及战后生命史

[日] 小熊英二 著

019 我们的后人类未来：生物科技革命的后果

[美] 弗朗西斯·福山 著

020　奥斯曼帝国的衰亡：一战中东，1914—1920
[美] 尤金 · 罗根 著
021　国家构建：21 世纪的国家治理与世界秩序
[美] 弗朗西斯 · 福山 著
022　战争、枪炮与选票
[英] 保罗 · 科利尔 著
023　金与铁：俾斯麦、布莱希罗德与德意志帝国的建立
[美] 弗里茨 · 斯特恩 著
024　创造日本：1853—1964
[荷] 伊恩 · 布鲁玛 著
025　娜塔莎之舞：俄罗斯文化史
[英] 奥兰多 · 费吉斯 著
026　日本之镜：日本文化中的英雄与恶人
[荷] 伊恩 · 布鲁玛 著
027　教宗与墨索里尼：庇护十一世与法西斯崛起秘史
[美] 大卫 · I. 科泽 著
028　明治天皇：1852—1912
[美] 唐纳德 · 基恩 著
029　八月炮火
[美] 巴巴拉 · W. 塔奇曼 著
030　资本之都：21 世纪德里的美好与野蛮
[英] 拉纳 · 达斯古普塔 著
031　回访历史：新东欧之旅
[美] 伊娃 · 霍夫曼 著
032　克里米亚战争：被遗忘的帝国博弈
[英] 奥兰多 · 费吉斯 著
033　拉丁美洲被切开的血管
[乌拉圭] 爱德华多 · 加莱亚诺 著
034　不敢懈怠：曼德拉的总统岁月
[南非] 纳尔逊 · 曼德拉、曼迪拉 · 蓝加 著
035　圣经与利剑：英国和巴勒斯坦——从青铜时代到贝尔福宣言
[美] 巴巴拉 · W. 塔奇曼 著
036　战争时期日本精神史：1931—1945
[日] 鹤见俊辅 著
037　印尼 Etc.：众神遗落的珍珠
[英] 伊丽莎白 · 皮萨尼 著
038　第三帝国的到来
[英] 理查德 · J. 埃文斯 著